国家自然科学基金重大项目

互联网背景下金融创新与风险管理若干基础理论与方法系列专著

金融领域的另类数据：

投资者、交易员和风险管理者的指南

The Book of Alternative Data:

A Guide for Investors, Traders and Risk Managers

〔英〕亚历山大·德涅夫（Alexander Denev）
〔英〕赛义德·阿门（Saeed Amen）　　　　著

沈德华　译

本书受国家自然科学基金面上项目（项目名称：投资者交易网络、关注度分配与资产价格：来自加密货币市场的经验证据；项目号：72071141）和重大项目（项目名称：互联网背景下金融市场微观参与者行为规律及其风险效应研究；项目号：71790594）支持

科 学 出 版 社

北 京

图字号：01-2021-3870 号

内 容 简 介

　　本书基于金融领域的另类数据，提供了机器学习方法和数据源的实用概述。作者 Alexander Denev 和 Saeed Amen 首次对另类数据进行了全面阐述，使另类数据价值研究能够系统地呈现在读者面前。全书分为另类数据简介与理论、另类数据的实际应用两个部分。作者多方阐述了另类数据的发展与挑战，提供了大量有价值的案例研究和实际例子，为读者提供利用另类数据获益的理论与方法，同时也是读者避开另类数据中复杂的理论与技术陷阱的指南。

　　本书适合各类投资者、交易员、风险管理者等相关从业人员以及任何期望了解另类数据的读者阅读。

Title: The Book of Alternative Data: A Guide for Investors, Traders and Risk Managers
by: Alexander Denev, Saeed Amen
ISBN: 9781119601791

图书在版编目（CIP）数据

金融领域的另类数据：投资者、交易员和风险管理者的指南 /
（英）亚历山大·德涅夫（Alexander Denev）等著；沈德华译. —北京：科学出版社，2023.7
　（互联网背景下金融创新与风险管理若干基础理论与方法系列专著）
　书名原文：The Book of Alternative Data: A Guide for Investors, Traders and Risk Managers
　国家自然科学基金重大项目
　ISBN 978-7-03-073864-6

　Ⅰ. ①金…　Ⅱ. ①亚… ②沈… 　Ⅲ. ①金融-数据处理-研究
Ⅳ. ①F830.41

　中国版本图书馆 CIP 数据核字（2022）第 220224 号

责任编辑：徐　倩 / 责任校对：姜丽策
责任印制：赵　博 / 封面设计：无极书装

科 学 出 版 社 出版
北京东黄城根北街 16 号
邮政编码：100717
http://www.sciencep.com

北京厚诚则铭印刷科技有限公司印刷
科学出版社发行　各地新华书店经销

*

2023 年 7 月第 一 版　开本：720 × 1000　1/16
2024 年 5 月第三次印刷　印张：23 3/4
字数：424 000
定价：256.00 元
（如有印装质量问题，我社负责调换）

丛书编委会

总　序

互联网背景下，数字技术与经济社会各个领域的联系日益密切，以前所未有的速度、广度和深度影响着经济活动，以此为基础的数字经济正在成为全球资源要素配置、经济结构转变、竞争格局重塑的关键力量，成为经济复苏和发展的重要引擎。作为经济活动的关键组成部分，金融活动乘着互联网、大数据、人工智能等新一代数字信息技术的"东风"，在积累海量数据、形成丰富应用场景的同时，也推动金融体系的功能和结构发生了深刻变化。以互联网为依托的金融创新以及由此而产生的金融风险得到了学界和业界的广泛关注。

近年来，我国金融行业的改革和发展成绩斐然，产品服务日益丰富，普惠金融深入推进，各项设施不断完善。作为利用前沿数字技术的行业，金融业积极利用互联网等新一代数字信息技术为自身赋能，进行数字化转型，通过改变金融服务触达用户的方式、增加投融资双方的信息透明度、扩展风险分析的大数据资源和分析能力、揭示新的风险定价因素、强化风险管理的及时性和细节、创造新的金融产品市场等基本途径，提升了金融的社会资金配置效率和提供金融服务的效率，为克服金融服务过去的一些薄弱环节提供了新的解决方案。比如，金融机构借助数字金融技术进行转型升级，利用作为"信用背书"的网上交易流水为小微企业经营者发放完全无抵押的贷款，合理地确定贷款利率；利用网店销售数据、资金关系等非标信息进行风控，为小微企业解决"融资难、融资贵"问题。又比如，移动支付、在线理财、非接触银行等金融服务的兴起，推动数字经济迅猛增长，也在抗击新冠肺炎疫情、促进生产生活恢复和发展方面发挥了重要作用。再比如，中国人民银行数字货币的推出提高了支付的安全性，也使得跨境结算变得更加便利，有助于推动中国企业的海外投资和"一带一路"倡议的顺利推行。还比如，监管机构利用互联网技术为上市公司信息披露、小投资者权益保护提供了新的途径，有助于建立规范、透明、开放、有活力、有韧性的资本市场。

然而，我们也应该看到，在互联网背景下的金融创新快速发展的实践中，也存在着不平衡、不充分的问题；从学术意义上来看，由于理论赖以成立的一些基础性假设（如信息的完备性、不同的金融活动参与者的信息获取和处理能力的均等性等）并非总是成立，这些都为金融体系的风险管理带来了新的挑战。依托互联网等新一代数字信息技术所进行的金融创新，在一定程度上模糊了金融业和非金融业之间的传统边界，以创新为企业基因的大科技公司（Big Tech）与以风险交易为核心的金融机构，在风险文化上存在着天然的差异，在这类金融创新和实操的过程中常常会看到"风险意识"被有意或者无意地弱化。可以看到，某些不当的所谓"金融创新"在某种程度上助长了违法违规的"金融"行为，加重而非减少了投融资者之间的信息不对称性，提高而非降低了金融交易成本，加剧而非缓解了"脱实向虚"的倾向，集聚而非分散了系统风险，进而背离了金融创新的初衷。因此，互联网背景下的金融创新和风险管理实践，为金融经济学的研究提出了全新的科学问题。如何理解这些创新所产生的新价值、新影响、新规律，如何应对这些创新所带来的新风险、新机遇、新问题，进而如何基于对上述科学规律的认知，在实践中对这些金融创新进行评价和监管，值得深入思考和探究。

为了系统地分析互联网背景下金融创新的内在机理和外在表现，提炼互联网背景下风险管理的思路与方法，我们有幸承担了国家自然科学基金重大项目"互联网背景下金融创新与风险管理若干基础理论与方法"（71790590）的研究任务，这个项目成为国内首个探讨互联网、大数据如何对金融活动和潜在风险产生影响的国家自然科学基金重大项目。

本重大项目以我国互联网信息技术与金融交易活动深度融合为现实研究对象，以现有的相关理论与实践现实之间存在的差异为线索，从参与主体、重要功能、市场影响和管理技术四个角度出发，深入研究了互联网背景下金融市场微观参与者行为规律及其风险效应、金融产品/服务创新与风险及其定价、金融机构创新规律与业绩表现、金融市场效率与监管等四个大方面的相关问题，覆盖了金融创新与风险管理的微观、中观和宏观层次，试图以此建立互联网背景下金融创新与风险管理的新的理论认知体系，以期理解我国金融体制机制变革与新一代数字信息技术进步的关系。图 0-1 揭示了整个项目的研究框架和思路。

为此，我们组织了一支来自天津大学、上海交通大学、清华大学和湖南大学等多个机构，聚集了海内外优秀金融学者的研究团队，结合中国实际情况和国际前沿理论，在深入调研、把握规律的基础上，围绕前述研究框架开展了一系列科学探索。经过四年多的不懈努力，取得了一批创新的研究成果。

1. 形成了互联网背景下的金融市场参与者行为及其宏观影响规律的认识

本重大项目研究了在互联网背景下金融市场微观参与者的信息行为、决策行为与价值判断，构建了一个基于复杂性科学视角的"信息行为–交易行为–市场涌现"金融市场规律认知新框架，建设了一个基于微观行为指标的金融数据库，获得了对互联网背景下金融市场参与者行为规律的深刻理解，揭示了由这些信息行为和交易行为所涌现出来的金融市场动力学形态及其风险效应，为互联网背景下的金融创新监管提供了理论支持和政策建议。

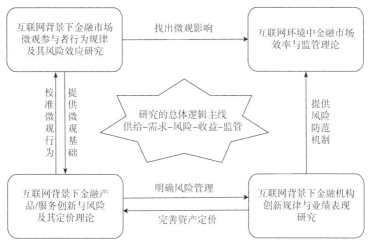

图 0-1　项目研究框架图

2. 建立了互联网背景下金融产品/服务创新及其定价的新理论与新方法

本重大项目研究了互联网带来的外部交易环境变化和金融创新如何导致金融产品/服务供需特性的变化与损益特性的变化，总结了互联网背景下金融产品/服务创新的定价机制以及其对金融市场的影响规律，为加强金融风险管理与促进金融市场健康发展提供了理论依据。

3. 探究了互联网背景下金融机构的创新激励机制、演化规律与绩效影响

本重大项目研究了具有开放性、便利性及普及性的互联网背景下金融机构创新规律与业绩表现，归纳了互联网背景下激励因素发挥作用的机制以及金融机构创新的演化规律，从服务实体经济的角度建立了金融机构创新绩效的评价体系，并在此基础上，总结了创新给金融监管带来的挑战和机遇，提供了相关政策建议。

4. 揭示了互联网背景下金融风险的特殊性质及其管理规律

本重大项目研究了互联网环境中的金融效率和金融监管，探讨了个体信用因素的动态特征及对市场交易效率的影响、管制约束条件下交易成本及信息对称性对市场效率的作用机理、互联网背景下信用评价与违约风险控制、网络借贷平台定价机制与风险评价、市场监管规范效应等问题，提出了互联网背景下个体与平台信用评价和风险管理的理论与方法，开发了信用评估的关键技术。

以上述四部分研究内容及其成果为基础，本重大项目研究团队撰写的一大批

论文相继发表在相关领域的国际国内顶级期刊上［如 UT Dallas（The University of Texas at Dallas，得克萨斯大学达拉斯分校）界定的 24 种期刊之中的 *The Review of Financial Studies*、*Journal of Financial Economics*、*Journal of Accounting Research*、*Management Science*、*Information Systems Research*、*INFORMS Journal on Computing*，以及《管理科学学报》、《经济研究》、《管理世界》等］，并在相关领域国内外知名的系列学术会议［如 AFA Annual Meeting（American Finance Association Annual Meeting，美国金融学年会）、CICF（China International Conference in Finance，中国金融国际年会）、EFA Annual Meeting（European Finance Association Annual Meeting，欧洲金融学年会）、WFA Annual Meeting（Western Finance Association Annual Meeting，美国西部金融学年会）、中国金融学年会等］上做报告，这些都体现了国内外同行对我们学术工作的认可。同时，我们重视将研究成果服务于管理部门和金融机构决策实践，形成重要的社会影响。我们的研究工作成果支持了地方（如上海市）金融监管方面的立法工作；从互联网背景下新业态及监管、新冠肺炎疫情应对、我国经济发展及金融改革等多方面为中央和地方政府提供了近 40 项政策建议，部分报告得到了中央或地方领导的批示。我们也重视把创新成果应用于金融实践并获得多项奖励：项目成员作为中国证券监督管理委员会上市公司并购重组审核委员会委员和深圳证券交易所创业板上市委员会委员，多次参会并针对上市公司重大事项提供专业意见；与深圳证券交易所、上海期货交易所、招商银行等进行合作，帮助它们制定监管政策、优化产品服务。此外，本重大项目的学术研究活动也在人才培养方面取得了显著的效果，例如，项目团队的卓越青年学者获得了国家杰出青年科学基金资助，一些团队成员还获得了若干其他类型的国家级杰出人才称号；有些获得了中国青年经济学家奖、重要的系列学术会议优秀论文奖等学术奖励；培养的一批优秀毕业博士生获聘国内外一流高校与金融机构的任职。

为了更好地向大众展示我们所取得的研究成果，特编撰了这一系列的专著。希望能够有助于相关领域辛勤耕耘的学者进一步深入研究，并吸引更多青年学者投身这一前景广阔的前沿研究领域，由此激发出更多有深度思想、有价值意义的高水平研究，为这一领域的发展壮大做出我们这个研究团队的一点贡献。

而今，本重大项目已近尾声，但是关于互联网背景下金融创新与风险管理的规律和方法的研究正欣欣向荣、蒸蒸日上。随着技术的不断突破、监管的持续跟进、观念的迭代升级，这一领域也将不断涌现出新的现象、新的问题、新的规律，值得更进一步地探讨和分析。比如，数字人民币的推出、加密货币交易的禁止、零售金融业务的全程数字化改造、线上场景对线下场景的加速替代等，都已经开始引起社会各界的关注。在未来，我们认为至少如下几个方向值得继续探索：首先，随着互联网技术在金融产业应用场景的不断增加，涉及的因素越来越多，除了每一因素独立发挥作用，不同因素之间的交互作用也会越来越复杂，如何更清晰地识别某一特定互联网因素对金融创新与风险管理的影响以及建立它们之间的因果关系，都将依旧是一项富有挑战的工作；其次，随着数据存储水平和网络链路优化技术的提高，短视频、直播等网络新业态崛起，这些图像、音频、视频也会影响金融交易活动的进行，如何对异构的非结构化数据进行处理、融合、从中提取有效信息也是一个值得重视的课题；最后，随着国家大数据立法的步伐加快、个人隐私保护持续加码，在这样的强监管背景下，高度依赖于数据收集的金融科技也面临着新的挑战，如何保护好数据被收集对象的权益并设定好技术标准、提高技术安全也是亟待解决的问题。总之，如何在新一代数字信息技术发展的时代背景下，进一步释放数字经济的效能，如何使金融体系通过数字化变革实现自身的健康发展，让互联网背景下的金融创新真正服务于我国的社会经济可持续发展，如何通过新一代数字信息技术的手段，守住不发生系统性金融风险的底线，这些问题的解决，都需要更多不同领域的学者和实践者共同贡献智慧。

本重大项目之所以能够在过去的几年中顺利展开，离不开众多组织机构、学界同仁的鼎力支持和关怀，离不开项目团队集体以及每个成员的辛勤努力和无私付出。为此，我们首先要感谢国家自然科学基金委员会各级领导的高瞻远瞩、深谋远虑，对项目的立项、推进给予了极大的推动和殷切的关怀；感谢本重大项目的指导专家组和各位学界同仁对我们工作的悉心指导、坚定支持和巨大帮助；感谢项目各团队所依托的单位（天津大学、上海交通大学、清华大学和湖南大学）为项目实施提供了良好的学术环境和支撑条件；感谢项目推进过程中为我们提供了热情帮助的相关实践部门和金融机构（如深圳证券交易所、上海期货交易所、招商银行等），它们为本重大项目的执行提供了强有力的支持。其次要感谢所有参与本重大项目研究的老师和同学，是大家持续多年的倾情投入，才催生了这样的累累学术硕果，完美地体现了团队的精神和力量。最后也感谢促使本系列专著得以出版的科学出版社领导和编辑，特别是我们热情的老朋友马跃先生，正是他们的鼓励和支持，使得本系列专著得以顺利面世。

生逢盛世，吾辈之幸；学无止境，漫路求索。

编委会

序　言

　　数据日益增多，遍布于世界的每个角落。这一事实本身并不足以证明数据的有效性。实际上，如果缺乏相应有助于我们理解的信息，那么数据就没有用处。只有当使用者富有深刻的见解和洞察力，并且通过适当的方式进行处理时，才能使数据发挥效用。在大数据时代之前，我们通过结构化数据集计算得出的平均数、标准差、相关性等统计数字来阐明我们对世界的理解。模型在（少数）已经充分"被理解"的输入变量上进行校准，并通过诸如线性回归这样惯用的方法获得输出。

　　因而，解读大数据，进而解读另类数据，会遇到很多挑战。我们将在本书中讨论大数据具有的，包括数量（Volume）、速率（Velocity）、多样化（Variety）和其他"V"字母开头的特征。除非数据集结构合理并且已提取出相关特征，否则我们不可能计算出统计数字。在预测方面，大数据所衍生出的输入变量数量庞大，传统的统计方法容易出现过拟合。此外，现在根据数据计算或在此数据基础上建立模型，往往需要以高频和动态的方式进行，以求解释数据在高频世界中永远在变化的性质。

　　由于技术和方法上的进步，理解大数据，进而理解另类数据成为容易解决的问题。人工智能和机器学习的最新发展，使得从混乱的海量数据中提取特征成为可能。云基础设施可以通过灵活而强大的计算来处理这些数据流，并且快速而高效地训练模型。目前在使用的大部分编程语言都是开源的，这些语言中有许多像Python一样在机器学习和数据科学领域拥有大量库，这使得开发技术栈来对大型数据集进行大量数字运算更加容易。

　　当我们决定写这本书的时候，我们认为这个领域的图书在市场上存在空白。在数据，尤其是另类数据的重要性与日俱增的情况下，这个空白的存在显得有些奇怪。我们生活在富有数据的世界中，其中很多数据集都能够以较低的成本获得。因此，我们认为写一本长篇的书来解决如何利用数据获益的挑战是值得的。但我们承认，另类数据的世界和它的用例的确正在并将在不久的将来发生变化。因此，本书所铺就的道路也会随之发生变化。尤其"另类数据"这个标签可能会变得过时，因为它可能很快就会变成主流。另类数据可能就直接变成了"数据"。在今天看来为了使另类数据可用而在技术和方法上做出的重大业绩，可能很快就会变成微不足道的工作。来自超出我们想象的信息源的新数据集可能开始出现，而量子计算或许会彻底革新我们看待数据的方式。

我们决定将本书的读者对象锁定在投资界。当然，它也可以应用在其他地方，实际上哪里都可以。在金融范畴内，我们还可以讨论信贷决策、保险定价等领域的问题，由于本书重点关注投资者可能面临的问题，因此本书中不会讨论这些特定的应用。当然，我们可能会考虑将这些应用添加到本书后续的版本中。

在编写本书时，我们正生活在遭受新冠疫情影响的世界。在这个世界中，做出正确而及时的决定对决策者而言非常重要。延迟或不当的决策在当前环境下会导致灾难性的后果。从资产管理人的角度来看，在官方宏观经济数据和公司财务报表发布之前创建临时预报，可以得到更好的投资决策。现在等待几个月才能了解经济状况已经不够了。投资者希望能够以非常高的频率来预估这些状况。近期在科技和人工智能方面的进步让这一切成为可能。

那么，让我们开始我们的另类数据之旅吧！希望你会喜欢这本书！

前　　言

另类数据是近年来迅速发展起来的全新话题，引起了投资者、相关从业人员的广泛关注。因此，有必要系统、全面地对另类数据进行分析和介绍。本书分为两个部分，详尽地阐述了另类数据。其中，第一部分阐述另类数据理论，第二部分讨论了另类数据的实际应用。

本书第一部分包括第 1 章至第 6 章。在第 1 章中，本书尝试对另类数据进行准确的定义，并进一步定义在投资者群体中使用了另类数据的统计数据。随后，在第 2 章中讨论了评估另类数据过程中的难题，以及另类数据的价值在买方和卖方之间是如何变化的。在第 3 章中讨论了与另类数据相关的多种风险，特别是在使用另类数据集时需要注意的法律问题。此外，第 3 章还讨论了许多与另类数据相关的挑战，如实体匹配和结构化。第 4 章中介绍了机器学习领域的最新发展，能够帮助我们从另类数据中提取有益的信息，但仅凭这些发展不足以形成基于另类数据的成功的投资策略。因此在第 5 章中，进一步阐述了形成基于另类数据交易策略的过程。第 6 章介绍了基于因子的投资以及常见因子模型，并探讨了如何在这种情况中使用另类数据。

在本书的第二部分，我们讨论了另类数据的实际应用。首先，在第 7 章至第 9 章讨论了如何处理数据缺失和离群值检测。本书剩余章节侧重于介绍从多种另类数据和多个资产类别中获取的具体另类数据集以及投资者、交易者和风险管理者运用另类数据集的例子。

在第 10 章中，本书给出了基于因子分析进行交易的投资者使用另类数据的具体例子，展示了如何使用汽车数据来交易汽车股票。在第 11 章中，探讨了调查数据和众包数据。第 12 章中主要介绍了采购经理人指数（purchasing managers' index，PMI），阐述它如何有助于预测发布频率较低的国内生产总值数据。

在第 13 章中，本书给出了卫星图像的使用案例，其中一个例子是使用停放在停车场的汽车数量数据来预测欧洲零售商的每股收益指标。在第 14 章，使用手机定位数据为美国零售商做了类似的分析。第 15 章主要讨论了基于社交媒体以及网络新闻的文本数据进行投资，并给出了许多实例，包括使用 Twitter 数据来预测工资，以及使用彭博新闻（简称彭博社）数据来进行外汇交易。投资者关注度是第 16 章的重点，本书在第 16 章中讨论了不同的（但相关的）新闻供求概念。

正如在本书第 17 章所讨论的，消费者交易数据集已经在"追踪"零售业股票的分析师中流行起来。第 18 章讨论了一些政府、行业和公司数据的实例，包括基于政府数据（如工作签证申请）的创新措施进行股票交易。在第 19 章中，本书回到以市场数据为基础的另类数据集，包括外汇市场流量数据和交易记录数据。本书最后一章第 20 章阐明了使用另类数据进行私募投资的好处。传统意义上，私募投资市场的可用数据往往非常少，而另类数据可以填补私募投资领域的数据缺口。

　　投资者使用另类数据时可能会遇到不少挑战。我们在整本书中详细讨论了使用另类数据带来的诸多问题，从相对较短的发展历史到成本，再到构建原始数据的困难。然而，正如我们所指出的，在将另类数据纳入投资过程时，也有许多方法帮助我们解决面临的挑战并降低风险，团队合作也可以帮助克服这些障碍。最终，随着时间的推移，金融市场中将会有更多参与者选择在他们投资过程中使用另类数据，来帮助他们找到具有优势且不太容易受到阿尔法（Alpha）值快速衰减影响的交易策略。而使用另类数据较晚的投资者可能会面临落后的风险。现在，我们仍处于采用另类数据的相对早期阶段，还有足够的时间赶上来！

致　　谢

我们想要感谢提出建议、修正我们错误的朋友和同事。

感谢 Marcos Lopez de Prado（马科斯·洛佩兹·德·普拉多）博士，他给予了我们编写这本书的想法；感谢 Kate Lavrinenko（凯特·拉夫林年科），没有她的帮助，关于离群值的章节就无法完成；感谢 Dave Peterson（戴夫·彼得森），他对全书进行了校对并提供了全面而有帮助的反馈意见；感谢 Henry Sorsky（亨利·索斯基），他与我们共同编写了汽车行业基本数据缺失的章节，并对许多章节进行校对、指出错误；感谢 Doug Dannemiler（道格·丹内米勒）为我们另类数据风险方面的研究所做的相关工作；感谢 Mike Taylor（迈克·泰勒）对数据供应商部分的贡献；感谢 Jorge Prado（豪尔赫·普拉多）围绕数据拍卖提出的想法。

我们还要感谢 Paul Bilokon（保罗·比洛肯）和 Matthew Dixon（马修·迪克森）在写作过程中提供的支持。我们也非常感谢 Wiley（威利），尤其是 Bill Falloon（比尔·法隆），感谢他热情地接受了我们的提案，感谢 Amy Handy（艾米·汉迪）在评审过程中秉持严谨和建设性的态度。最后但同样重要的是，我们要感谢我们的家人，没有他们的不断支持，这项工作是不可能完成的。

目　　录

第一部分　简介与理论

第二部分 实际应用

第一部分　简介与理论

第1章 另类数据：现状

1.1 引 言

另类数据这一话题在金融领域引发了热议。在本书中，我们力图详细讨论这一话题，展示如何利用另类数据来加强对金融市场的理解、提高收益和更好地进行风险管理。

本书的目标读者是通过非传统方法来寻求超额收益的投资者。这些方法与基本面分析以及单纯依靠金融市场中广泛存在的数据进行的定量（研究）方法不同。同时，本书也面向那些想要通过现有标准化和广泛应用的数据集中未出现的信息来识别会造成负面影响事件的早期信号的风险管理师[①]。

在编写本书时，对于另类数据是否能在投资过程中在更标准化的数据源之上增加价值，业内意见不一。报刊上有一些关于对冲基金和银行的新闻，它们已经尝试使用另类数据，但未能从中获取价值。然而，我们必须强调，另类数据中缺乏预测信号只是潜在失败的原因之一。实际上，我们将试图通过实际案例说服读者，在许多情况下，可以从另类数据中收集有用的信号。与此同时，我们还会解释为什么任何旨在提取和成功应用这些信号的策略都是算法、流程、技术和严谨的成本效益分析的结合。如果不能正确处理其中任一个，都会导致无法从另类数据中提取出有用的见解。因此，证明数据集中存在信号并不足以从卓越的投资策略中获益，这是因为还有许多其他微妙的问题在起作用，而这些问题大多是动态的，我们将在后面解释。

在本书中，我们将详细讨论可以使另类数据有效达到我们之前提到的目的的技术方法。这些技术属于机器学习（machine learning，ML）和人工智能（artificial intelligence，AI）领域。然而，我们不想用这些"深奥"的术语给人不必要的复杂印象。因此，我们采用一些更简单、更传统的方法，比如线性回归和逻辑回归[②]这些在金融界早已熟悉的方法。实际上，在许多情况下，使用更简单的方法从金融领域的另类数据集中获取信号往往非常有用。然而这并不是一本关于机器学习的教材，因此我们不会钻研每种方法的细节，我们只提供简练的介绍。

---

① 现今在保险和信贷市场上发现了很多另类数据的应用。我们在此不再明确地讨论它们，尽管我们将要检验的另类数据通用性也适用于这些情况。

② 实际上，大多数机器学习/人工智能教材也是从简单的方法入手的。

必要时，我们会向读者推荐合适的参考文献。

这也不是一本关于技术和基础设施的书，尽管技术和基础设施是另类数据在现实世界中使用的基础。当然，这些包含数据工程的主题仍然非常重要。实际上，对于任何在数据中发现的信号，要在现实生活中发挥作用，这些主题都是必要的。然而，考虑到详细处理这些问题需要广泛和深入的专业知识，因此这些主题本身就值得被写成一本书。不过，必须强调的是，现实生活中我们所应用的提取信号的方法往往会受到技术的限制。我们是否需要一种算法来快速工作并实现实时交付，还是可以忍受一些延迟？因此，我们选择的算法类型在很大程度上取决于这样的技术限制。尽管本书不是严格意义上的技术性书籍，但我们还是会自始至终在这些重要的方面进行提示。

在本书中，我们会通过实际案例研究，展示如何利用不同的另类数据源来实现在金融领域中的不同目的。这些案例研究将包含各种数据源，并针对每个数据源详细讨论如何解决特定的问题，如通过基本行业数据来预测股票收益，或从调查指数来预测经济变量。这些案例研究是独立的，且能代表现实世界应用中可能出现的各种情况，涉及多个不同的资产类别。

最后，这本书不会成为所有现存另类数据源的目录簿。我们认为为现存另类数据源形成目录簿是徒劳的，因为在动态世界中，这种数据集的数量和种类每天都在增长。在我们看来，更重要的是如何使现有数据变得有用的过程和方法。在探索如何有效使用另类数据的过程中，我们也会非常务实地检查在筛选数据集时出现的常见问题，以及任何实际应用程序都可能出现的失误和错误。

本书的结构如下。第一部分是另类数据的概况，以及使其应用在投资决策中的过程和方法。第 1 章将定义另类数据并创建一个分类法。第 2 章将讨论如何为数据集定价这一微妙的问题。这一主题目前在业内正受到热烈讨论。第 3 章将讨论另类数据相关的风险，尤其是法律风险，我们还将研究实施另类数据策略面对的技术性问题的细节。第 4 章介绍与理解另类数据相关的机器学习和结构化技术。同样，为了更深入地理解这些技术，我们将向读者推荐一些合适的参考文献。

第 5 章将研究测试背后的过程和以另类数据信号为基础的策略的实施。我们将推荐一种快速故障方法来解决问题。在一个数据集众多且进一步激增的世界里，我们相信这是一种较好的方法。

第二部分重点关注一些真实世界中的用例。第 6 章介绍了因子投资，并对如何将另类数据整合到分析框架中进行讨论。其中一个用例与投资策略没有直接关系，但在任何项目一开始的时候都是一个问题，必须在尝试其他事情之前予以处理。这个问题就是数据缺失（见第 7 章和第 8 章）。第 9 章解决了另一个在数据中普遍存在的异常值问题。之后，本书将研究投资策略和经济预测的用例，这些用例基于广泛的不同类型的另类数据集，它们存在于许多不同的资产类别中，包括公开市场，如股票和外汇。本书还研究了另类数据在理解私募市场方面的适用性（第 20 章），由于缺乏公开信息，私募市场通常是更加不透明的。本书还将讨论包括汽车供应链数据（第 10 章）、卫星图像（第 13 章）和机器可读新闻（第 15 章）的另类数据集。在许多情况下，本书还将通过针对不同资产类别的交易策略来对用例进行说明。

那么，在开启这段旅程之前，让我们再解释一下金融界所谓"另类数据"的含义，以及它为什么会成为如此热门的一个话题。

1.2　什么是"另类数据"？

众所周知，信息可以提供优势。因此，金融从业者历来试图收集尽可能多的数据。然而，随着时间的推移，这些信息的性质会发生变化，尤其是大数据革命[①]开始以来。从市场价格和资产负债表等"标准"来源发展到其他来源，特别是那些严格意义上不属于金融范畴的来源。例如，卫星图像、社交媒体、船舶移动和物联网。这些来自"非标准"源的数据被称为另类数据。

在实践中，另类数据有多个特征，我们在下面尝试列举出来。通常，它至少具有以下一个特征。

- 相对来说，不常被市场参与者使用
- 收集成本更高，因此购买（成本）价格也更高
- 通常在金融市场外
- 历史较短
- 使用起来更具挑战性

我们必须注意到，构成另类数据的内容可能随着时间推移发生显著变化，这取决于它的可获得性，以及它在流程中的嵌入程度。显然，今天大多数金融市场的数据比几十年前更商品化也更容易获取。因此，它通常不被称为另类的。例如，股票收盘价的每日时间序列可以从许多途径轻易获取，因此它被认为是非另类的。相比之下，非常高频的外汇数据，尽管是金融数据，但更加昂贵、专业而小众。综合性的外汇交易量和流量数据也是如此，这些数据相对不易获取。因此，这些市场衍生的数据集可以被认为是另类的。数据集的成本和可用性很大程度上取决于几个因素，如资产类别和频率。因此，这些因素决定了是否给数据集贴上"另

---

① 这场革命没有确切的开始时间，当然这也不是瞬间发生的事件。在《谢谢你迟到了：一个乐观主义者在加速时代的繁荣指引》一书中，Thomas Friedman（托马斯·弗里德曼）把 2007 年作为起点，因为这一年是计算能力、软件、传感器和连通性发生重大进步的一年。"大数据"一词从 20 世纪 90 年代就出现了，它由当时硅谷图形公司的首席科学家 John Mashey（约翰·马西）提出。

类"的标签。当然，我们不可能给出明确的定义，"另类"和"非另类"的界限也有些模糊。同样有可能的是，在不久的将来，我们认为"另类"的数据将会更加标准化和主流化。因此，它可能会失去"另类"的标签，而仅仅被称为数据。

近年来，另类数据的领域有了显著扩张。其中一个主要原因是产生数据的设备和流程激增。此外，与手动操作相比，许多数据可以自动记录。数据存储的成本也在降低，从而使将数据更长久地保存在磁盘上变得可行。世界上还充斥着"废气数据"，这些数据是由那些主要目的不是收集、生成和出售数据的流程产生的。从这个意义上讲，数据具有"副作用"。金融市场中废气数据最明显的例子就是市场数据。交易者在交易所和场外交易的基础上进行交易。每当他们发布报价或同意与交易对手按某个价格交易时，他们就创建了一个数据点。这个数据是作为交易活动的废气而存在的。发布市场数据的概念并不新鲜，多年来一直是市场的重要组成部分，也是交易所收入的重要组成部分。

然而，还有其他类型的废气数据被相对较少地使用。以一家大型新闻专线机构为例。作为日常工作的一部分，记者们不断地撰写新闻来将信息告知读者。这样每天会生成大量的文本，这些文本可以存储在磁盘上并进行结构化处理。像谷歌、Facebook 和 Twitter 这样的公司，它们的用户产生了大量的数据，包括搜索、帖子和点赞。这些废气数据是用户活动的副产品，通过向用户投放广告来实现盈利。此外，我们每个人每次使用手机都会创建废气数据，创建我们的位置记录，并在网上留下数字足迹。

产生并记录这些废气数据的公司开始越来越多地考虑在本身组织之外通过数据获利的方法。然而，大多数废气数据仍未得到充分利用。此类数据被称为"暗数据"。它是内部的、通常被存档、一般无法访问，且其结构化不够完善，较难进行分析。它可以是已归档的电子邮件、项目通信等。一旦这些数据被结构化，这些数据对于生成内部见解以及外部获利方面更加有用。

1.3　另类数据的分类

正如已提到过的，我们不会描述所有另类数据的来源，但尝试提供一个足以涵盖实践中遇到的大多数情况的简洁分类。首先，我们可以将另类数据源划分为以下高级类别的生成体[①]：个人、机构[②]和传感器，以及这些生成体的派生或组合。后者很重要，因为它会导致数据集实际上的无限增长。例如，从数据中提取的一

---

① 在此，我们从联合国分类中获得灵感，尽管在本书中，我们对生成者和收集者进行了区分。
② 对于"机构"，我们指的是公司、公共实体或政府机构等由个人组成的组织。

系列交易信号可以看作另一个转换后的数据集。

数据收集者可以是机构，也可以是个人。它们可以存储由其他数据生成体创建的信息。例如，信用卡机构可以从个人消费者那里收取交易费用。音乐会场地可以使用传感器来跟踪进入特定音乐厅的人数。数据收集可以是手动的，也可以是自动的（如手写和传感器）。后者在现在很普遍，尽管在几十年前，情况恰恰相反。[①]记录的数据既可以是数字形式，也可以是模拟形式。这种划分总结在表 1.1 中。

表 1.1　另类数据的分类

谁生成数据？	谁收集数据？	如何收集的？	如何记录的？
自然过程	个人	人工地	通过数字法
个人			
机构	机构	自动/机械地	通过类比法

我们可以根据生成的数据类型将高级类别进一步分为更细粒度的类别，因为一张列表永远不会面面俱到。例如，个人产生互联网流量和活动、身体活动和定位（如通过移动电话）以及消费者行为（如消费、销售）；机构生成报告（如企业报告、政府报告）、机构行为（如市场活动）；自然过程收集关于物理变量的信息（如可以通过传感器检测温度或光度）。

作为个体，我们通过自己的行动产生数据，如消费、行走、交谈、浏览网页等。这些活动中的每一个都会留下可以存储并可以在以后进行分析的数字足迹。我们的行动资本是有限的，这意味着我们可以执行的行动数量有限。因此，我们可以自行生成的数据量也是有限的。机构的行动资本也是有限的，如并购、公司报告等。传感器的数据生成能力同样是有限的，这是由支撑其结构的频率、带宽和其他物理限制所决定的。然而，数据也可以由计算机从以前的数据源中人工生成汇总、插值、推断数据。计算机可以像上面提到的那样转换和推导数据。因此，出于实际目的，我们可以说数据的数量是无限的。一个由计算机产生数据的例子是电子做市商，它不断地与市场进行交易并发布报价，为其交易活动留下数字足迹。

如何驾驭这个无限的数据宇宙，以及如何选择可能包含对我们有价值的数据集，是一门艺术。实际上，由于受到时间和预算的限制，在没有预先筛选的情况下，冒险地检查许多数据源，可能会有风险且不符合成本效益原则。毕竟，

①　如果我们想用从前的旧记录来丰富短期时间序列（例如可以追溯到 19 世纪的气温或河流水位时间序列），或是用 20 世纪 90 年代的银行贷款损失来进行违约损失（loss-given-default，LGD）建模，那么这种考虑可能很重要。

即使是"免费"的数据集也有相应的成本，即花费在分析数据上的时间和精力。我们之后将讨论如何处理寻找数据集的问题，以及一个新的来处理这个任务的职业——数据侦察员和数据策略师是如何出现的。

公司可以收集数据，然后以原始格式转售给其他方。这意味着不进行或只进行最低限度的数据预处理。之后可以通过清理数据、质量控制来检查运行数据，或者通过其他来源充实数据来处理数据。然后，经过处理的数据可以转化为信号，供投资专业人士使用[1]。当数据供应商进行此种处理时，它们可以为多个客户进行此种处理，从而降低总成本。

例如，这些信号可以是预测某一资产类别或某一家公司的回报的影响因素，或者是极端事件的早期预警指标。随后可以进行转换，以将一个信号或一系列信号转换为包含多个时间步骤的策略，例如，基于在投资范围内的每个时间步骤确定投资组合的权重。数据转换的四个阶段如图 1.1 所示。

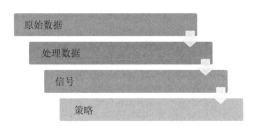

图 1.1 数据转换的四阶段：从原始数据到策略

1.4 另类数据的特征

另类数据领域是大数据众多讨论中的一部分[2]。大数据，以及因此产生的另类数据，通常具有 3 个"V"特征，这已经成为描述它的通用框架。

（1）数量（Volume，递增的）指的是生成的数据量。例如，个人在网络上的行为（浏览网页、刷微博、上传图片等）或金融交易的行为被更频繁地跟踪。这些行为在全球汇总成数十亿条记录[3]。在网络兴起之前，情况并非如此。此外，计算机算法也被用来进一步处理、聚合数据，从而使产生的数据量成倍增加。传统的数据库已经不能再存储和分析这些数据集了。相反，分布式系统现在更

---

[1] 正在处理的数据可能有不同的级别。从这个意义上说，数据也可以进行半处理。我们在这里不使用这种细微的区别，但这一点仍要谨记。

[2] "大数据"中"大"的定义是主观的，其下限不断向上修正。

[3] 经济发展与合作组织估计，2015 年，全球数据量为 8 泽字节（zettabytes）（8 万亿千兆字节），比 2010 年增长了 8 倍。到 2020 年，随着包括物联网在内的技术创造出大量新的数据集，这一数据量预计将增长 40 倍以上。见经合组织，"*Data-driven Innovation*：*Big Data for Growth and Well-being*"，经合组织出版，2015 年，第 20 页。

适用于这些目的。

（2）多样性（Variety，递增的）既指数据源的多样性，也指来自这些数据源的数据形式的多样性。后者可以以不同的方式结构化（如 CSV、XML、JSON[①]、数据库表等）、半结构化，也可以是非结构化。多样性的增加归因于可以跟踪的活动集和物理变量的增加，以及能够收集数据的设备和传感器的更大范围的渗透。试图理解不同形式的数据可能会带来分析方面的挑战。这些挑战可能涉及如何构建这些数据集，以及如何从这些数据集中提取特征。

（3）速率（Velocity，递增的）是指数据生成、传输和刷新的速度。事实上，随着计算能力和连通性的提高，获取一段数据的时间已经缩短。

实质上，三个"V"特征标志着在流程中摄取、清理、转换和整合数据的技术和分析挑战正在增加。例如，一个常见的分析挑战是在许多数据集中跟踪关于一个特定公司的信息。如果我们想要利用手头所有数据集的信息，就必须通过该公司的标识符连接它们。其中一个障碍可能是公司在不同的数据集中以不同的名称或标记出现。这是因为一家公司可能在不同的司法管辖区拥有数百家子公司，其拼写也不同，后缀如"ltd."被省略等。随着我们添加越来越多的数据集，这个问题的复杂性呈指数级增长。我们将在后面记录链接和实体映射的章节中专门讨论这背后的挑战（第 3 章）。

这三个"V"更多地与技术问题相关，而不是与具体的业务问题相关。最近又定义了四个"V"，即变异性（Variability）、真实性（Veracity）、有效性（Validity）和价值（Value），这四个"V"更侧重于大数据的使用。

（4）变异性（递增）是指数据流的规律性和质量不一致（如异象）。正如我们在上面解释的，数据源的多样性和从数据源生成数据的速度已经增加。从这个意义上说，变异性的规律是多样性和速率造成的。

（5）真实性（递减）是指对数据源的信心或信任。事实上，随着数据源的增加，评估来自各数据源数据的可靠性变得越来越困难。虽然人们可以对数据很有信心，比如来自美国劳工统计局的数据，但对于规模较小、不知名的数据提供者来说，人们往往需要更大的信心。这涉及数据是否真实，以及提供者对数据进行转换的质量，如清洗、填补缺失值等。

（6）有效性（递减）是指数据对于其预期用途的准确程度。比如，数据可能纯粹因为物理限制而无效。这些限制可能会降低准确性，也会导致观测数据缺失。例如，在建筑物之间狭窄的街道上，GPS 信号可能会衰减（在这种情况下，将它们覆盖在路标上可能是纠正错误定位信息的良好解决方案）。

---

① CSV：common separated values，逗号分隔值。XML：extensible markup language，可扩展标记语言。JSON：JavaScript object notation，JavaScript 对象表示方法。三者即为通用的表格、网页、编程语言的存档格式。

（7）价值（递增）是指数据的商业影响。这是进行数据分析的最终动机。一般来说，人们认为总体价值是不断增长的，但这并不意味着所有数据都有商业价值。这必须通过具体案例加以证明，这也是本书的目的所在。

我们还发现了其他"V"开头的特征，如脆弱性（Vulnerability）、波动性（Volatility）和可视化（Visualization）。我们不会在这里讨论它们，因为我们相信它们只是我们刚刚讨论过的七个"V"的边缘性补充。

最后，我们注意到，如果孤立地看，另类数据领域的某些部分并没有具有所有这些"V"特征。例如，它们可能以较小的样本规模出现，或者以较低的频率产生，也就是"小数据"。例如，专家调查可能非常不规则，并且基于小样本的调查对象，通常在 1000 人左右。因此，这七个"V"应该被解释为现在数据的一般特征。因此，它们描绘了数据世界的广阔图景，尽管一些另类数据集仍然能够表现出更典型的前大数据时代的特征。

1.5　为什么选择另类数据？

既然我们已经定义了另类数据是什么，那么是时候问为什么投资专业人士和风险管理师应该关注它？德勤的一份报告（Deloitte，2017）显示，"那些（在未来 5 年内）不更新投资流程的公司可能面临战略风险，很可能被那些有效地将另类数据纳入其证券估值和交易信号流程的竞争对手打败"。

现今在金融行业有一种普遍的理念，如上文引述，及时获取和挖掘另类数据集可以为投资者提供能快速获利的见解（时间范围是几个月，而不是几年），或者用来标记潜在风险。见解可以分为两种类型：要么是预期的，要么是对现有信息的补充。因此，信息优势是使用另类数据的主要原因。

例如，对于第一种类型，可以使用另类数据来产生见解，以替代其他更"主流"的宏观经济数据。那些"主流"的见解可能无法迅速且足够高频地出现。然而，它们仍然被认为是影响投资组合表现的重要因素。投资者希望预测到这些宏观数据点，并根据早期的洞察重新调整投资组合。例如，作为经济活动主要指标的 GDP 数据，每季度公布一次。这是因为汇编 GDP 数据是一个劳动密集型和细致的过程，需要一定的时间。此外，这些数字的修订可能是频繁的。不过，提前知道下一个 GDP 数据，尤其是在其他市场参与者之前，可以提供一种优势。例如，中央银行密切关注通货膨胀和经济活动（即 GDP），将其作为决定下一个利率变动的依据。外汇和债券交易员试图预测央行的行动，并进行有利可图的交易。此外，在日内交易中，对官方数据预测良好的交易员可以利用市场对任何意外数据的短期反应进行交易。

有什么比季度公布频率更高的代理变量能代替 GDP 呢？每月发布的采购经理人指数（PMI）提供了一种可能[①]。这些数据是基于对制造业和服务业等行业的调查得出的[②]。调查是根据在被认为具有广泛代表性的抽样公司中工作的高级采购主管（或类似人员）小组对问卷的答复进行的。例如，问题可以是"与一个月前相比，贵公司的产出是更高、相同还是更低？"或者"未来 6 个月的商业前景如何？"。

前面提到的各个部分的信息聚合到 PMI 指标中，该指标基于其相对于 50 的大小来进行解释。任何高于 50 的数值都被视为处于上升状态，而低于 50 则可能预示着经济衰退。

美国的实际 GDP 增长率与 PMI 之间的相关性如图 1.2 所示，中国的实际 GDP 增长率与 PMI 之间的相关性见图 1.3。我们可以看到，像 PMI 这样的指数，虽然不是 100%与 GDP 相关，但不失为一个很好的近似值。一种解释是两种衡量方法所代表的内容具有相对差异。GDP 衡量的是已经发生的经济产出。因此，它被定义为硬数据。相比之下，考虑到调查问题的性质，PMI 往往更具前瞻性。我们将这种前瞻性的、基于调查发布的数据定义为软数据。我们应该注意的是，软数据并不总是被之后的硬数据完美地证实，即使它们通常是相关的。

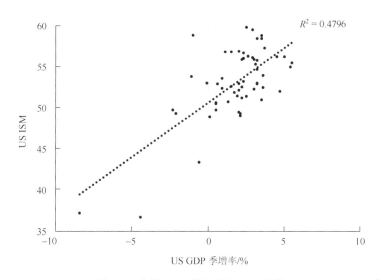

图 1.2　美国 GDP 增长率与 PMI 指数

相关性 68%；时间段为 2005 年第一季度至 2016 年第一季度；圆点表示季度值
资料来源：基于 PMI 的数据来自 ISM 和 Haver Analytics；GDP 来自美国经济分析局和 Haver Analytics

---

① 另一个（可能）是污染程度等级可以作为经济活动的代理变量。
② 采购经理人指数的三个主要生产者是供应管理学会（Institute for Supply Management，ISM）、新加坡采购与材料管理学会（Singapore Institute of Purchasing and Materials Management，SIPMM）和 IHS Markit 公司。

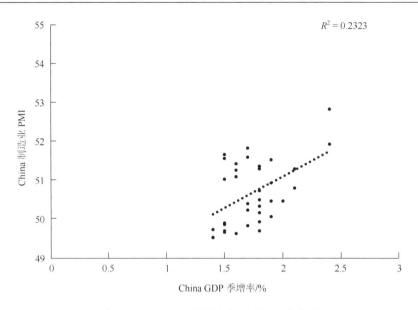

图 1.3　中国 GDP 增长率与采购经理人指数

相关性 69%；时间周期为 2005 年第一季度至 2019 年第三季度
资料来源：基于 PMI 的数据来自中国物流与采购联合会和 Haver Analytics；GDP 来自中国国家统计局和 Haver Analytics

　　PMI 指标被认为是另类数据，尤其是当我们考虑以更细化的形式来看待它们的时候。我们会在第 12 章更详细地研究这些指标。

　　另类数据源也可以用来预测公司的业绩，而不仅仅是长期预测/短期预测更广泛的宏观经济环境。例如，价值投资植根于这样一种理念：股价应该反映公司的长期基本面（同时也反映宏观环境），因此，最好的预测指标是公司当前的基本面。然而，如果我们能在市场之前了解（或预测）当前的基本面，或许我们能做得更好？我们稍后将检验这个假设。在这种情况下，另类数据的一个例子是数百万消费者零售交易的汇总、匿名交易数据，这些数据可以映射到发生这些交易的购物中心的销售数字上。因此，早在正式的损益表公布之前，就可以比较准确地预测商场的业绩，从而预测商场的基本面。

　　另类数据还可以作为补充，而不仅仅是替代或取代我们已经提到的其他数据来源。因此，投资者将关注它是否存在与现有信号不相关（或弱相关）的信号。例如，除了财务报表中披露的公司基本面信息，工业企业未来业绩的一个很好的预测指标可能是工厂的产能和利用率，或消费者对品牌的忠诚度。或者，我们还可以收集其温室气体排放的数据。其中一些信息可能并没有在资产负债表中体现，但可以作为衡量公司长期业绩的指标。

　　在图 1.4 中，我们展示了一些不同市场参与者使用另类数据的例子。

在线价格＝通货膨胀	应用程序＋信用卡＝业绩表现	社交＋搜索＝收入
全球 FSI 公司利用技术在线跟踪 500 万种产品的价格，以了解价格冲击和监测 70 个国家的转移通货膨胀（1）	对冲基金通过分析包括信用卡交易、地理位置和应用下载在内的另类数据组合来分析汉堡连锁店的表现（2）	900 亿美元资产的全球资产管理公司将搜索引擎数据与社交媒体数据相结合，以预测公司活动的结果，如季节收益（3）
移动足迹＝经济	卫星＋船舶＝定价错误证券	网页＋Twitter＝市场移动事件
对冲基金利用从移动设备提取的位置数据来预测经济前景和房地产投资信托（real estate investment trust，REIT）价值（4）	对冲基金利用船舶和油罐的卫星情报来确定即将到来的对石油生产商和商品价格的影响（5）	数据提供商利用 3 亿个网站、1.5 亿个 Twitter 信息源，结合 FactSet 报告，来衡量媒体食物链的上升趋势（如从博客到新闻通讯社），以突出潜在的市场大事件（6）

图 1.4　不同市场参与者使用另类数据的案例

资料来源：（1）《创新资产管理师》，Eagle Alpha；（2）《Foursquare 想成为衡量真实世界的尼尔森》研究简报，CB Insights，2016 年 6 月 8 日；（3）Simone Foxman 和 Taylor Hall，《阿卡迪亚人使用微软的大数据技术来帮助下注》，彭博社，2017 年 3 月 7 日；（4）Rob Matheson，《用位置数据衡量经济》，MIT 新闻，2018 年 3 月 27 日；（5）Fred R. Bleakley，《CargoMetrics 破解了运输数据的密码》，《机构投资者》，2016 年 2 月 4 日；（6）Accern 网站的数据

1.6　谁在用另类数据？

在 2010 年一篇开创性的论文之后（Bollen et al.，2011），另类数据的话题开始在学术界和对冲基金行业引起关注。该论文显示，当使用 Twitter 情绪数据时，预测道琼斯指数收盘价的每日涨跌变化的准确率为 87.6%。这为另类数据提供了灵感，从那时起，量化对冲基金就一直走在使用和投资另类数据领域的前列。不过，在一开始，只有大银行和大型对冲基金才有能力访问情绪数据，这是因为，访问全部 Twitter 信息流的年成本约为 150 万美元[①]。应该指出的是，一些非常成熟的量化基金很可能在另类数据一词流行之前就已经长期使用另类数据。Zuckerman（2019）讨论了一家非常成熟的量化分析公司 Renaissance Technologies 多年来是如何使用不同寻常的数据形式的。

截至原书稿发稿时，几家资产管理公司正在组建数据科学团队，对另类数据世界进行试验。据作者所知，到目前为止，许多尝试都失败了。这可能是由多种原因造成的，其中一些原因与它们所获得的数据集中是否存在信号无关，而是与是否设置了正确的程序有关。作为谨慎的第一步，许多人用另类数据来辅助确认来自更传统数据源的信息。

Fortado 等（2017）谈到了对冲基金在使用另类数据时面临的许多价格和流通障碍。其中一些是相当明显的，如与另类数据相关的成本。此外，与采购相关的

---

① Opimas 预计（Marenzi，2017）"另类数据将极大地促进对冲基金人口的进一步萎缩，因为在智能投资新世界中无法利用有效竞争所需的信息的公司将会逐渐落后"。

内部障碍也会降低数据集的购买速度。使用另类数据还需要管理层的参与来提供预算，不仅用于购买另类数据，而且需要聘请有足够经验的数据科学家从数据中提取价值。事实上，麦肯锡在 2016 年曾指出，只有一小部分数据正在被分析，约 1%。

如上一段所述，数据使用不足的原因多种多样。另一个原因可能是覆盖面。例如，系统性基金试图通过投资于多种资产来分散其投资组合。虽然机器可读的新闻几乎覆盖了所有资产，但其他数据集，如卫星图像，可能只对一小部分资产可用。因此，在许多情况下，从卫星图像得出的策略可能被认为太小众而无法执行，因此它们被定义为低容量策略。管理着大量资产的大型公司通常需要将资金配置到具有大容量的策略上，即使风险调整后的回报率可能低于低容量策略。我们将在本章后面对什么是交易策略的容量给出更详细的定义。

是否购买数据集的决定通常基于性能度量，如回溯测试。正如我们所提到的，另类数据的一个困境是它的历史较短。为了有一个有效的回测，最好采用较长的历史记录。买方公司当然可以简单地等待更多的历史数据。然而，这可能会因过度拥挤而导致数据值衰减。我们将在第 2 章中处理评估另类数据的问题。

所有这些考虑都表明，就像每一项创新一样，开始时只有少数大胆的参与者冒险使用另类数据，在这一过程中，其他公司可能也会参与进来（例如，不那么成熟的资产管理公司）。图 1.5 中说明了我们的想法。

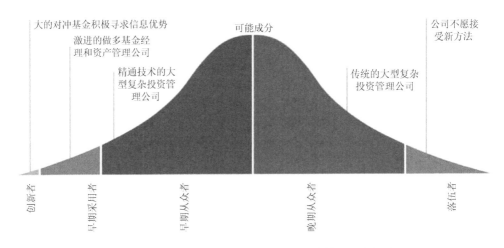

图 1.5　另类数据应用曲线：分阶段的投资管理组成部分

当然，我们预计，随着技术的发展和人才壁垒的减少，以及市场对另类数据的认知度提高，未来十年，每个投资者都会至少利用一些另类数据。

1.7　策略容量与另类数据

当谈到一个策略的容量时，具体指的是什么？本质上，指的是可以分配给它的资本量，从而不至于让策略的性能显著降低。换句话说，我们希望确保我们的策略的回报足够大，以抵消在市场上执行它的交易成本，以及其他在使用类似交易策略的市场参与者对信号的排挤。

试图了解其他市场参与者是否也在采用类似的策略是一项挑战。一种方法是观察策略回报与基金回报的相关性，尽管这可能只对主导基金资产管理规模的策略有用。我们还可以尝试查看从整个市场收集的仓位和流量数据。至于交易成本，至少对于流动性更强的市场而言，这个问题更容易衡量。

交易成本不仅包括实际执行价格与当前市场中间价格之间的价差，还包括市场影响，即在执行过程中价格的变动程度。通常情况下，对于大额订单，我们需要分散风险，并在较长时间内执行，在此期间价格可能会对我们不利。正如我们所预料的，交易较大的订单，所产生的交易成本会增加。然而，这种关系并不是线性的。例如，在实践中，将交易的名义规模增加一倍，很可能交易成本增加远远超过两倍。从股票和期权到加密货币，许多不同市场的经验交易数据表明，订单规模和市场影响之间存在平方根关系（Lehalle，2019）。交易成本取决于多个因素以及订单的规模，如标的市场的波动性、资产的交易量等。如果交易的资产具有非常高的波动性和较低的交易量，我们就会预期市场影响非常大。

以交易频率相对较高的交易策略为例，在没有交易成本的情况下，平均每笔交易可以赚取 1 个基点。在这种情况下，如果交易成本超过每笔交易 1 个基点，则策略将是亏损的。相比之下，如果一个交易策略有较高容量，那么我们可以分配大量的资金给它，而不会因为交易成本的增加而导致我们的回报显著下降。举例来说，我们希望每笔交易获利 20～30 个基点。如果我们交易的是流动性相对较强的资产，如欧元/美元，那么我们可以进行更大规模的交易，交易成本将远远低于我们的目标损益。因此，我们可以为这种策略分配更多的资金。需要注意的是，如果我们交易的是流动性很差的资产，通常交易成本要高得多，那么这样的策略可能会被视为低容量策略。

一个了解策略容量的简单方法是看回报与交易成本的比率。如果这个比率非常高，就意味着可以为这个策略配置大量的资金。相反地，如果这个比率非常低，那么很可能这个策略的容量要低得多，而且我们无法用它进行非常大的名义规模交易。

将大量资金只部署在利基策略上太过耗费人力，因为要创造和实施许多战略需要大量的研究。不同类型的策略需要不同的技能组合。对于更专注于基本面的公司来说，拥有一个仅供一小部分公司使用的数据集并不是什么障碍。通常情况下，它们会深入挖掘更详细的内容，以调查更狭窄的资产范围。因此，对于较小的贸易公司，利基策略可能更有吸引力，因为它们较少受到策略容量的影响。换句话说，它们通常在市场上进行较小的名义规模的交易，因为它们的资产管理规模（asset under management，AUM）较小，受交易成本的影响较小。因此，它们能够运行交易更频繁的策略，如高频交易策略，或有更多流动性较差的资产的策略。

下面我们总结了一些高容量策略的典型特性：

- 回报对交易成本的增加不太敏感
- 可以在不影响收益的情况下配置更多的资金
- 可以在各种行情下进行交易
- 较低频率
- 较低的夏普比率

这里我们对低容量策略做同样的处理：

- 收益对交易成本敏感
- 较高的资金量会使该策略出现亏损
- 局限于少量的行情
- 较高频率
- 较高的夏普比率

图 1.6 说明了交易成本如何影响交易策略，展示了 Cuemacro 的大宗商品交易顾问（commodity trading advisor，CTA）策略的风险调整回报率，该策略依赖于对 2000 年至 2019 年期间交易成本的不同假设。通常，这些策略被称为 CTA 策略，因为最初进行交易的公司主要是交易大宗商品。然而，近来在多种不同资产类别的流动性期货交易中采用了这些策略，包括外汇、固定收益、股票指数和大宗商品。CTA 策略涉及趋势跟踪，通常还涉及基于成交量目标的某种风险分配，而且仓位通常是杠杆化的。

Cuemacro 的 CTA 策略旨在代表典型的 CTA 回报。我们注意到，将交易成本从 0 个基点增加到 2.5 个基点，信息比率从 0.7 左右降低到 0.6，这是一个相对较小的差异。这并不奇怪，因为这种策略的交易频率相对较低，而且依赖于识别长期趋势。因此，与交易成本相比，每笔交易的回报通常相当大。CTA 策略的各种特性表明，我们可以将其标记为一种高容量策略。提高低容量策略的交易成本会对信息比率和年化收益率都产生负面影响。

为什么策略容量这个概念在另类数据的背景下很重要？一旦我们知道可以部署到某一策略上的大概资金量，我们就可以了解能够赚取的美元价值，而不是单纯的回报率百分比。这反过来帮助我们评估有多少价值与特定的另类数据集相关联，如果我们要用另类数据来产生交易信号的话。假设一个另类数据集能让我们开发出回报率为 25%的交易策略，然而，该策略的容量非常有限。因此，我们最多只能分配 100 万美元给它，交易成本不会对我们的回报造成很大影响。另一个数据集可以让我们获得 5%的回报率，但该策略的容量要大得多（比如 10 亿美元），因为它可以部署在许多资产上。如果我们有很多可用的资金来部署，那么第二个数据集就会产生更多的美元价值。因此，我们可能愿意为第二个数据集支付更多的费用。相比之下，如果可用资本非常有限，我们就不太可能愿意为第二个数据集支付同样多的钱，因为我们将无法用尽该策略的大部分容量。正如书中其他部分所讨论的，我们还需要评估与使用数据集相关的其他成本，如将其纳入我们的投资流程所花费的时间。在第 2 章中，我们将从买卖双方的角度更详细地讨论另类数据的价值。

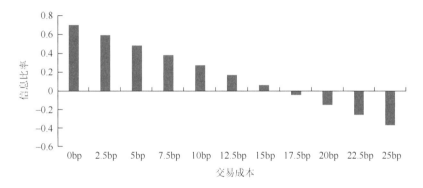

图 1.6　交易成本对 Cuemacro CTA 策略信息比率的影响资料

资料来源：根据 Cuemacro 的数据

bp 表示基点（basis point），常用于金融方面债券和票据利率的改变量的度量单位，1 个基点 = 0.01%

1.8　另类数据的维度

到目前为止，我们已经对另类数据及其使用的不同方面进行了一些详细的考虑和分析。每当投资者衡量是否购买数据集时，他们必须同时考虑所有这些方面，以及其他重要问题，如业务用途和技术限制。在本节中我们总结了对于潜在的数据源应从哪些维度进行预测（最好在购买之前）。当然，最终最重要的是 Alpha 值的提取量，但在冒险进行 Alpha 值研究之前，应该根据以下维度进行一些预筛选。以下是这些维度的清单：

资产类别的相关性

- 股权
- 信用

- 费率
- 现金和现金等价物
- 外汇
- 大宗商品
- 私人市场
- 房地产
- 基础设施
- 加密货币
- 它们的混合体

资产类别内的覆盖范围[①]（1～10 分），例如：

- 全部——10 分
- ……
- 无——1 分

资产类别内的广度[②]（1～10 分），例如：

- 全部——10 分
- ……
- 无——1 分

资产类别的深度[③]（1～10 分），例如：

- 全部——10 分
- ……
- 无——1 分

免费数据？

- 是，仅限原始数据
- 是，经处理的数据集
- 否

历史（1～10 分），例如：

- 短——1 分
- ……
- 中——5 分
- ……
- 非常久——10 分

[①] 覆盖范围：数据集中涵盖了多少种工具（如库存），以及跨哪个行业、地区等。

[②] 广度：在一个数据集中，工具（如库存）可以生成多少个特征。

[③] 深度：在数据集中由工具（如库存）产生的特征有多细。例如，我们是否有关于整个供应链和制造库存资产的信息？

数据频率

- 日内
- 每日
- 每周
- 每月
- 每季度
- 每年
- 其他

发布滞后性（1～10 分），例如：

- 实时——10 分
- ······
- 延迟——5 分
- ······
- 严重滞后——1 分

处理程度

- 原始的
- 半处理的
- 完全处理的

结构水平

- 无结构的
- 半结构化的
- 结构化的

研究成本（1～10 分）

- 研究工作可以依赖现有的流程，只需要很少的劳动时间——10 分
- ······
- 需要一些额外的研究工作和计算成本——5 分
- ······
- 劳动强度大，计算成本高——1 分

数据质量

- 缺失数据量（%）
- 离群值数量（%）

数据偏差

- 具有广泛的面板，是无偏差的——10 分
- ······
- 具有极其有限的样本和狭窄的面板（例如，来自有限地域的个体、收入群

体等）——1 分

数据可用性（1～10 分），例如：

- 公开数据集——10 分

- ……

- 广泛销售，收取订阅费——7 分

- ……

- 独有的——1 分

数据原创性（1～10 分），例如：

- 与市场上很多其他数据集相似——1 分

- ……

- 独一无二的——10 分

技术性（1～10 分），例如：

- 可通过应用程序接口（API）提供——10 分

- ……

- CSV 文件——1 分

试用版本的可用性

- 有，有偿试用

- 有，免费试用

- 无

合法性（1～10 分），例如：

- 使用数据没有法律限制——10 分

- ……

- 仅在某些司法管辖区有限制——5 分

- ……

- 严格限制使用数据——1 分

投资组合效应——与其他已经购买的数据集的正交程度（1～10 分）

投资风格适宜性

- 宏观的

- 具体行业/部门

- 特定资产

投资策略的时间频率

- 日内

- 每日

- 每周

- 每月

- 每季度
- 每年
- 其他

通过考虑这些维度中的一些或所有来构建记分卡是决定是否购买数据集的一种选择。如果分数高于某个阈值，则可以进一步考虑获取数据集。在某种程度上，数据代理商和侦察员可以外包此类评分工作。在很多情况下，金融公司会要求数据公司填写问卷来回答与上述问题类似的问题。

在建立记分卡时，还必须考虑直接排除（或包含）数据集以作进一步考虑的规则，例如，在使用数据集时有严格的法律限制时，可以直接将该数据集列入黑名单，而不在其他维度上打分。

1.9　谁是另类数据的供应商？

我们注意到，多年来另类数据激增，增加了对市场的供应，这一趋势可能会随着时间的推移而加速。实际上，Neudata 的统计数据显示，另类数据集的数量现在大约有 1000 个（图 1.7）。

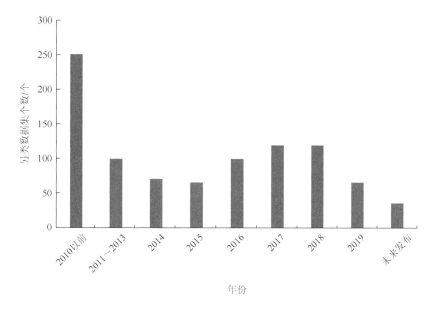

图 1.7　每年商业性发布的另类数据集

资料来源：根据 Neudata 的数据整理

另类数据供应商的规模和业务范围大不相同。它们可以包括知名的现有市场数据公司，如彭博社，该公司出售自己的另类数据集，如机器可读新闻（第 15 章），或 IHS Markit，它出售与原油运输相关的另类数据集（第 14 章）。许多类似的公司也在创建自己的数据市场，成为第三方另类数据供应商。许多另类数据供应商可能是初创企业。传统上与该领域没有关联的大型企业，也可以成为另类数据供应商。它们可以直接向数据用户出售它们从废气中获得的数据集。这些公司包括万事达信用卡，它出售消费者交易数据（第 17 章）。在实践中，许多希望将自己的废气数据货币化的公司通常会与另类数据供应商或咨询公司合作。这些供应商可以使用它们在另类数据处理方面的专长实现这些数据集的货币化，其中包括构建数据结构、创建数据产品和向用户营销和销售数据等。

拥有内部废气源需要公司从事大量与销售数据无关的业务。因此，许多另类数据供应商的原始数据来自许多不同的外部来源，而不是只使用它们自己的废气数据。在与另类数据关联度最高的品牌方面，我们展示了一份来自 Greenwich Associates（2018）的市场参与者调查。如图 1.8 所示，该调查基于 36 名受访者。排名第一的是 Quandl，它是一个另类数据集的聚合者和市场。紧随其后的是出售自己的卫星图像数据集的 Orbital Insight。Neudata 是一家另类数据搜索公司（第 5 章）。Thinknum 是基于网络数据创建数据集。

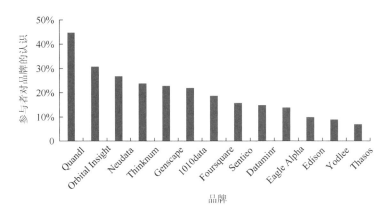

图 1.8　与另类数据关联度最高的品牌

资料来源：根据来自 Greenwich Associates 的数据

正如我们所看到的，最受认可的另类数据供应商在它们所做的工作以及它们的业务重点方面存在显著差异。当然，我们承认这个样本相对较小，而且考虑到另类数据领域的快速发展，这些名称最近可能已经发生了变化。事实上，自调查发表以来，许多新公司已经进入了这一领域，比如彭博社，该公司推出了发布另类数据的平台。

在 5.4 节中，我们将更深入地探讨数据厂商如何分配其数据产品的细节。

1.10 买方对另类数据集的使用

当另类数据的供应增加时，买方公司消化这些数据的能力是否也增加了？我们在 1.5 节中提到，由于各种原因，另类数据的使用总体上仍然受限，但这一领域的趋势是怎样的呢？

alternativedata.org 2019 年的一项调查显示，2017 年在基金中工作的全职另类数据员工人数超过 1000 人，到本书出版时，这一数字很可能已经显著增加。通常情况下，这些员工有 10 年以上的工作经验，往往来自资产管理以外的领域，如技术、学术界，或是自己从事数据提供商工作。基金处理另类数据集能力的提高，或许不出所料地伴随着另类数据集本身实际支出的增加。据预测，买方公司在另类数据上的支出到 2020 年可能增加到接近 20 亿美元（图 1.9）。而 2016 年这一数字为 2.32 亿美元。我们预计，在未来十年，买方的另类数据支出将继续增长。

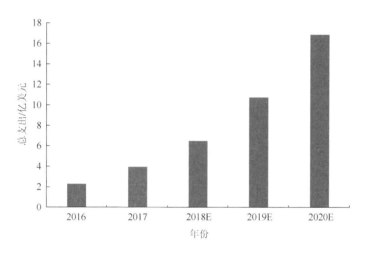

图 1.9 买方在另类数据上的总支出

资料来源：根据 alternativedata.org 上的数据

E 表示预测年份

我们注意到，另类数据集的一个主要区别属性是，它们并不纯粹来自金融市场。各基金对不同类型另类数据集的使用差异很大。从 Web 抓取得到的数据集目前在基金中是最流行的（图 1.10），紧随其后的是信用卡/借记卡数据集。与使用印刷时可用的数据相比，那些来自卫星图像、地理定位和电子邮件收据的数据集就不太受欢迎。

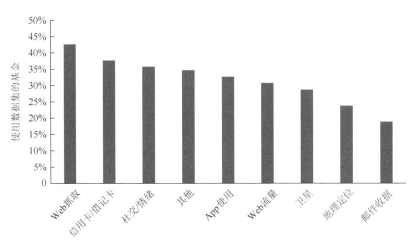

图 1.10 从网络抓取中获得的"另类数据集"：目前最受欢迎的基金

资料来源：来自 alternativedata.org. 的数据

1.11 小 结

我们已经简要介绍了什么是另类数据，以及在使用它时遇到的一些挑战。但我们仅仅触及了这个庞大而复杂的世界的表面。在下一章中，我们将深入挖掘这个世界的更多细节，这些细节是实际应用的基础。因此，我们将重新审视这里介绍的许多概念和主题。在本书的第二部分，我们将探讨现实世界中的案例研究，以便读者能进一步熟悉本章以及后面几章所讨论的概念。

第 2 章　另类数据的价值

2.1　引　言

在讨论另类数据时，一个关键问题是如何给它赋值。这需要从数据消费者和数据生产者的角度来解决。数据只有在能够直接或间接获利的情况下，从数据消费者的角度来看才有价值。从数据供应商的角度来看，创建和分发数据集的成本需要在出售数据集时得到补偿。当然，数据供应商在出售数据时也会想要增加利润。

本章将详细讨论这个话题，并给出一些来帮助评估另类数据的方向。我们注意到，在撰写本书时，如何找到"正确"的价格来分配给数据集的问题仍没有解决方案。市场参与者可以趋同于一个价格的市场平台的发展仍处于起步阶段，而且，考虑到数据的性质，许多挑战仍然存在，我们将在稍后部分讨论这些挑战。我们还将说明，拥有标准化的市场可能对数据供应商来说并不是经济上的最优解。

2.2　投资价值的衰减

无论是否是另类的数据，最终都被用于投资和风险管理领域来进行预测。在投资领域，如果所有或大多数市场参与者基于同样的信息做出同样的预测，他们就可以据此进行交易，但机会很快就会消失。有效市场假说（efficient market hypothesis，EMH）中用半强有效市场的形式反映了这一观点，其主张公共信息（几乎）立即体现在金融资产的价格中，因此任何基于这些信息想要长期超越市场表现的希望都是徒劳的。如果这是真的，其直接结果是，只有通过内部信息（或本书中所说的对数据集的独家或受限获取），才能获得经风险调整后的高收益。我们不会讨论这个假说的有效性[1]，但每个人都会同意的是，如果一则信息已经公开了一段时间，那么它大概率失去了大部分投资价值[2]。从这个意义上说，数据是一种易逝的资产。

---

[1] 与其检查这些假设的有效性（这非常困难），我们不如对比主动型基金经理与其相关指数的表现。Soe 和 Poirier（2016，第 1 页）认为在 2016 全年，84.6%、87.9%和 88.8%的大盘、中盘和小盘基金经理的表现分别低于标准普尔（简称标普）500 指数、标普中盘 400 指数和标普小盘 600 指数。报告还指出，在 5 年的时间范围内，其中 91.9%、87.9%和 97.6%的大盘、中盘和小盘基金表现低于各自的基准。10 年期间的情况也同样惨：分别为 85.4%、91.3%和 90.8%。

[2] 我们也承认，基于相同的原因，从本书的案例研究结果中得出的投资线索可能会弄巧成拙。

这对于数据提供者来说可能是一个问题，即他们的数据集将面临迅速过时的风险。事实上，根据我们的经验，一些最初出现的另类数据集的 Alpha 值生成能力正在下降（例如，股票的新闻情绪和盈利预测记录）。

所有这些推理可能会让我们得出这样的结论：除非在数据发布后立即加以利用，否则无论数据是否是另类的，都没有什么价值，而只有拥有速度优势才能获得超越市场的收益。然而，人们对此也有一些反对意见。首先，数据的多样性，可以降低信号衰减的速度，并且新的数据源不断出现。因此，大量的市场参与者能够获得所有的数据，并在获得某个数据集后立即将其纳入自己的流程中，就变得不太可能了，更不用说与其他参与者正在使用的、完全相同的其他数据源结合在一起的情况了。比起标准化的金融市场数据，另类数据源数量更多，类型也更加多样化。因此，两个不同的市场参与者发现完全相同的数据集并同时获得这些数据的可能性较小。他们也不太可能挖掘这些数据集，并将它们与从其他数据源收集到的信号结合起来。我们可以说，实质上随着数据的出现，通常使用的数据源有了更多的自由度[①]。

其次，假设两个投资者挖掘相同的数据集，由于用于将原始数据转换为信号的技术可能会有很大不同，因此，可能导致不同的结果，除非有一个非常强的方向性信号，特别是他们可能会用不同的数据集来增强它。例如，线性回归模型无法利用数据中的非线性关系，而深度学习模型则自然而然地将其纳入其中。两者在下一个投资期限内可能会导致完全不同的预测，从而指向不同的行为（如买入与卖出）。

再次，另一个影响数据集价值持久性的因素是投资者的不同的投资任务、视野、风格和风险偏好。因此，从正交数据源的组合中可以提取的相关特征数量会进一步增加。例如，对方向性交易感兴趣的投资者会关注趋势和能够预测趋势的特征；波动性投资者则会寻找推动资产价格双向波动的信号。做多、多空策略等风格也决定了数据中哪些是相关的，哪些是不相关的。有时数据集可以与许多不同的投资风格相关。我们以机器可读的新闻为例，长线投资者可以在一段较长时间内从机器可读的新闻文章中汇总情绪，为自己的交易提供参考。相比之下，高频交易员将在更细的层面上使用机器可读新闻，利用它触发非常短期的交易，同时出于风险管理的目的，以确定某项资产何时在交易所暂停交易。

尽管如此，预测的及时性和后续行动的速度对于充分利用数据集也至关重要。事实上，对冲基金已经在尽可能靠近证券交易所的服务器上投资了数百万美元，

---

① 当然，这在很大程度上也取决于数据销售商的分销策略。例如，数据是独家提供还是有限制地提供？还是每个潜在的买家都能买到？数据集的相对可用性可能会影响数据集支付的订阅费用。即使一个数据集不是独家提供，高昂的成本也给使用它的公司增加了隐性障碍。我们将在 2.4 节中讨论这一点。

以获得超越竞争对手的时间优势。对于延迟敏感策略，如高频交易，这是非常重要的。然而，正如我们刚才解释的那样，这并不是唯一重要的事情。同样重要的是，至少要对市场的走向做出准确预测。

总之，在正确的时间访问正确的数据，有利于数据集在发布后的短期机会窗口中盈利。在这些数据集变得更加商品化之前，能够迅速发现有价值数据集的市场参与者将占据优势。然而，数据集是否具有积极的投资价值还将取决于其他因素，如它的价格。在下一节中，我们将转而研究定价这个微妙的问题。

最后，我们注意到关于投资价值衰减的争论可能与时间有关。如果经济进入一个与数据集所包含数据类型无关的时期，那么数据集可能会暂时停止提供信号，但在未来的时期可能会再次出现。例如，在相对平静的时期，政治新闻几乎不会对金融市场产生影响，但在政治动荡时期（如英国脱欧），它可能是最重要的信号来源。

2.3　数　据　市　场

目前买卖双方之间的数据交换大多是临时的，通过非正式的伙伴关系或私人协议进行数据交易。在这种情况下，数据定价往往由卖方决定，对买方来说，卖方收集、处理和包装数据的成本是不可见的（Heckman et al.，2015）。Heckman 等认为，这种信息不对称导致定价缺乏透明度，对卖方和买方都会产生伤害。前者无法在市场上进行最优定价，后者无法从战略上评估不同数据服务商的定价方案。Heckman 等（2015）认为，一个结构化程度较高的数据市场，其标准化的定价模式将改善各方的交易体验。

事实上，尽管我们离采用标准化模型还很远但最近我们已经看到了数据市场的兴起[①]。数据市场（也称为 data as a service，数据即服务，或 DaaS）本质上是一个平台，数据销售者和数据购买者可以在其中建立连接，出售和购买数据。一个典型的数据市场包括三个主要角色：数据销售者、数据购买者和数据市场所有者。数据销售者向数据市场提供数据，并设定相应的价格。数据购买者购买他们需要的数据。数据市场所有者充当卖家和买家之间的中间人，有时与这些供应商协商定价机制并管理数据交易。通常情况下，市场所有者将从数据销售者处得到补偿金。

从数据用户的角度来看，数据市场可以帮助简化过程。通常，数据市场将提供一个公共计费点，并通过公共 API 访问数据，以及更容易地浏览来自许多供应商的可用数据集。数据用户只需要签署一套合同，而不必在参与之前与每个数据供应商分别谈判保密协议（Non-disclosure agreement，NDA）和法律协议。因此，

---

① 无论是私人还是数据市场交易在很大程度上都不受监管。

使用流程可能会更快。即使是试用，数据供应商也可能热衷于签订 NDA，以保护他们的数据。数据用户还可以从数据市场获得其他服务，如对该市场所承载的数据集进行研究，或帮助分析数据的工具。

随着大数据的发展，数据市场的数量也在不断增加，机构收集的数据量也在增加，数据本身也越来越被视为一种资产。数据市场通常与云服务整合在一起。数据市场的例子包括 Quandl（现在为纳斯达克所有）、Eagle Alpha、Qlik 数据市场、D&B 数据交易所、BattleFin Ensemble 和 AWS 公共数据集。也有来自现有市场数据供应商的另类数据市场，其中包括 FactSet，它运营着 Open：FactSet 市场。彭博社也有一个另类数据的市场，其数据集来自 Predata 等多家供应商。借助 BattleFin Ensemble 平台，客户可以在平台上直接评估数据集，在托管的 Jupyter Notebooks 上使用 Python，并与 Refinitiv 的参考数据相结合。

数据市场的定价模型可以分为以下几种（Muschalle，2012）。

（1）免费模型，数据服务可以免费使用。

（2）免费增值模式将免费服务和增值服务结合在一起（在这种定价模式中，消费者免费获取数据的机会有限，并为高级服务付费）。

（3）打包模型，即购买者以固定价格购买一定量的数据。

（4）按次付费模式，购买者根据数据服务的使用情况付费。

（5）固定收费模式，包括数据购买者每月支付订阅费，以换取不受限制的访问数据服务权利。

（6）两部分收费模式，即买方支付固定的基本费用，当其使用量超过某一预定配额时，再收取额外费用。

在撰写本书时，关于通过数据市场（和私下）出售的数据的可信性（真实性）的问题仍有待解决。虽然像天气或宏观经济数据这样的外部数据是可信的，并且很容易通过许多方式进行验证，但这并不适用于第三方供应商提供的许多数据集，这些数据集可能是相对独特的。将后者纳入决策过程更为困难，因为它的真实性和可靠性无法评估。为了解决市场信任问题，目前提出了区块链等解决方案。区块链数据是不可变、可审计、完全可追溯的。目前对应该如何运作还没有明确的解决方案，因为目前区块链的运行方式存在固有的障碍，需要考虑速度和延迟时间问题。区块链可以包含的数据量是有限的，这是另一个大问题。已经有人提出了仅基于包含在区块链中的元数据和驻留在单独数据存储中的大数据集的解决方案，但仍在试验中。目前，已经有一些基于区块链技术的交易所在运行，如 Ocean Protocol 和 IOTA Protocol，使用户能够连接到世界各地的实时传感器，并通过支付订阅费来接收实时流数据。我们相信这是一个正在发展的领域，一旦区块链技术从被许多人认为是炒作中沉淀下来，这方面会有更多的发展。

综上所述，到目前为止，在将数据卖给客户时数据公司大多采用价格歧视策略。根据可以在市场上收集到的信息，数据通常是根据每个客户的相对购买力来定价的。我们还提到，信息经济学是不完美的：通常很难收集到大量的客户信息，因此，定价模型在完成收益最大化的任务时可能是低效的。这种收入管理的困境如今依然存在于不同的行业，这也是为什么很多行业不断更新定价模型，以提高税收效率，实现利润最大化的原因（比如 Uber 如何根据大量实时信息动态调整价格，通过动态定价实现收入最大化）。我们还提到，数据市场提供了一个平台，在这个平台上，数据集的价格可以在所有客户之间保持一致。但对于数据供应商来说，这真的是实现收入最大化的方法吗？在回答这个问题之前，我们先来深入了解一下数据估值的细节。

2.4 数据的货币价值（第一部分）

购买数据的价格包括购置成本和卖方加价。让我们举个例子，在一个大的地理区域内建立一个监测温度和湿度的系统，用来估计农作物的产量。购买温度和湿度传感器将有一笔初始费用。然后还有运行成本，如传感器的电费和传感器的维护费用，因为传感器可能会出现故障，特别是在恶劣的气候条件下。收集的数据还需要储存费用，以及将数据整合到其他系统中的成本。还有就是最基本的收购成本。如果数据是废气数据，并不意味着获取成本为零，但这意味着企业可能已经在其他地方利用这些数据赚钱了。我们的例子中，可能是一个农民设置了这个天气监测解决方案，以帮助提高他们自己作物的产量。然而，即使有了废气数据，我们也可能需要包括额外的成本，如营销、数据产品化、起草合同的法律成本等。还有一种情况是，我们可以寻求通过使用额外的外部数据集来增强我们正在销售的数据，这些数据集需要购买并加载到现有的数据集中。

卖方的加价取决于卖方的定价方法，这可能取决于该数据集有多独特，继而，是否可以收取垄断价格，以及它被分配给多少其他买家。数据价格可能具有相当大的变化幅度，从几千美元（如情绪分析）到数百万美元（如消费者交易数据）。

另外，买方愿意支付的价格将决于他们的效用（即在这种估计不确定的情况下，其业务的附加值是多少，有哪些下行风险等）。因此，数据价格是决定数据源是否会为投资或对冲策略增加价值的因素之一。有时，这一价值可以直接以 Alpha 值衡量，即高于基准的超额回报，直接转化为货币价值。有时，增加的价值很难量化，如在成本节约的情况下（经营的 Alpha 值）。显然，即使为数据集支付的价格是预先设定和固定的，且在获得数据之前对数据样本进行了一些测试，也无法事先明确地知道 Alpha 值产生的价值。当然，我们还应该注意到，数据集的相对唯一性本身并不意味着数据集可以用于生成 Alpha 值。

在进一步探讨定价问题之前，让我们先退一步从更普遍的角度来研究数据的价值。我们要解决的第一个问题是：如果一家公司拥有数据，那么如果它只想将数据记录在账簿上，如何确定数据的价值呢？这个问题很难回答，因为数据就像品牌价值一样，是一种无形资产。它没有正式记录在资产负债表上，因此不具有会计价值。考虑到我们生活在信息时代，这似乎是一个奇怪的事实。例如，在"9·11"事件之后，位于双子塔的许多公司提出信息资产损失的索赔，但这些索赔被保险公司拒绝，理由是信息不是有形财产，因此没有价值。在当时，还不存在广泛的云基础设施来备份数据。

然而，在资产负债表上记录数据的价值原则上是可行的，而且可以通过间接方式进行，如计算购置成本。这可能包括开始记录数据所需的资本支出（如传感器）或从第三方购买数据的成本，再加上加载到数据库中的"安装"成本。运行成本，如维护数据库、传感器和其背后的人类工作，也可以纳入其中。但要确定数据的价值，肯定还需要更多的东西。这里更值得思考的问题是数据对商业的影响是什么。答案在于法务、销售和更广泛的业务等方面。它可以包括不同的评估成分，如收入潜力、使用频率、声誉、合规性和法律风险。所有这些都可能是非常具体的。我们稍后将解释成本价值法的简化版本。

因此，对数据资产进行估值是可以（也应该！）做到的，无论其是否实现外部商业化。实际上，了解组织内数据的价值意味着数据将成为更好维护和更有用的资源。如果组织内的数据被低估，那么就不太可能花费时间和精力来存储或分析数据。

麻省理工学院斯隆管理学院的一份报告（Short and Todd，2017）就企业应如何完成这项任务提出了建议。首先，报告建议可以通过制定公司范围内的政策来完成，其次，通过获取估值专业知识来实现对数据资产的估值。最后，报告指出自上而下或自下而上的评估过程在公司内部是最有效的。在自上而下的数据评估方法中，公司识别它们的关键应用程序，并为这些应用程序中使用的数据赋值。自下而上的方法是启发式地定义数据值。实际上，这涉及从公司核心数据集的数据使用情况图中提取数据。这种方法的关键步骤包括评估数据流和数据之间的连接。通过这些步骤，可以实现对数据使用模式的详细分析。关于这个话题的更多细节，请参考 Short 和 Todd（2017）的文章。

了解数据资产的内部价值是好事，但一个更棘手的问题是，如果一家公司想通过这些数据从外部盈利，该如何确定合适的价格。例如，微软在 2016 年以 260 亿美元收购了领英（LinkedIn）。该平台当时拥有约 4 亿注册用户，其中约 1 亿活跃用户。也就是说，每名活跃用户的获取成本为 260 美元。收购的消息引起了评级机构的注意，微软的股价立即下跌了 3%。虽然交易方同意了这笔交易，但这个价格合理吗？收购几年后，这个问题的答案仍不明朗。

另一个例子是凯撒娱乐公司在 2016 年根据《破产法》第 11 章申请破产保护时对客户数据库的估值。据一些债权人透露，该数据库的价值约为 10 亿美元。这一数字是通过计算之前从凯撒娱乐公司购买客户数据库服务的公司在不能访问该数据库后所遭受的利润损失得出的。然而，这份破产报告也指出，凯撒娱乐公司以外的公司很难整合和使用这个数据集。因此，数据库的价值难以计算，而且很大程度上受到各种因素影响。

有学者提出了数据估值的基本方法和财务方法。了解数据的基本估值对于那些不准备为数据规定货币价值，但又对评估质量和潜力感兴趣的组织来说是有意义的。因此，它可以用作货币价值的一个主要指标。

数据的财务估值可以通过计算成本价值、市场价值和经济价值三种方式进行。我们将在下面的章节中逐一介绍。

2.4.1　成本价值

当数据没有活跃市场时，成本价值法是首选。它反映的是根据以下公式生成、获取和收集数据所产生的年化财务费用：

$$CV = \frac{\sum_i \text{Process Expense}_i \times \text{Attribution\%}_i \times T}{t}$$

其中，T 表示数据的平均生命周期；t 表示计算流程费用的时间段；Process Expense_i 表示获取数据所涉及的第 i 个流程的费用；$\text{Attribution\%}_i$ 表示归因于数据获取的 Process Expense_i 的百分比。公式中还可以包含一个可选的术语，以考虑信息资产不可用、被盗或损坏对业务的影响。

当然，在成本价值法中也有主观性因素。这些因素包括可归因于获取数据的过程所占的百分比，以及在数据丢失的情况下可能造成的商业损失（如果包括这一术语）。会计人员通常更喜欢用这种方法来评估无形资产，因为它更保守，波动性更小。

2.4.2　市场价值

市场价值法着眼于数据资产在市场[①]中的潜在货币价值，因此不能应用于非出售资产，如内部数据集。正如我们在 2.3 节中讨论的，已经有一些全面运行的在线市场平台在销售数据集[②]，尽管它们只包括流通中的一小部分数据集，且不受监管，也没有标准化的定价模型。

---

① 这里我们也指私人交易所。

② 重要的是，数据也可以私下交换以及交换商品、服务或合同折扣。

一个微妙的澄清是，大多情况下，数据的所有权（及数据采集背后的过程）实际上并没有被出售，而是授权使用的。许可证的数量可能是无限的，因为几乎不需要任何成本就可以复制数据。然而，向许多市场参与者出售数据会导致市场流动性下降，这意味着越多的投资者交易它，数据的价值就会越低[1]。从排他性价格（即某一客户而非其他任何客户使用数据的权利的价格）开始的市场价格可应用于可变贴现因子。成本价值或经济价值可以作为确定这种排他性价格的起点，然后可以对其应用可变贴现因子。如下式所示：

$$MV = \frac{\text{Exclusive Prce} \times \text{Number of Licensees}}{\text{Premium (Number of Licensees)}}$$

Number of Licensees（许可证持有人的数量）可以通过对潜在买家市场的研究来量化。Premium 贴现因子需要根据广泛的市场分析主观估计且它取决于 Number of Licensees。

2.4.3　经济价值

经济价值法考虑了当数据资产被纳入创收过程时，收入减去支出的实际变化。所谓变化，是指与未使用该数据资产的情况相比。这是会计中传统的收入法。费用包括在成本价值部分描述的获取、管理和应用数据的成本。这种度量需要在特定时期 t（A/B 测试）进行试验，估计两种备选方案之间的收入差异，并减去信息的生命周期成本。简而言之，就是：

$$EV=[\text{Revenue}_A - \text{Revenue}_B - \text{Expense}] \times \frac{T}{t}$$

其中，T 表示数据的平均寿命。正如我们将在下面解释的那样，在风险管理和投资中，不是 A/B 测试，而是回溯测试是首选方法。当然，数据供应商不知道数据消费者的经济价值，且两个不同的数据消费者的经济价值极大可能是不相同的。稍后我们将说明数据集的估值取决于资产管理人的敞口，而在市场上不同的参与者之间，这可能相差很大，甚至是几个数量级的差异。

在本节中，我们将从一个公司的角度出发，希望了解其数据资产的价值，这既是为了内部目的，也是为了通过向市场销售来实现外部盈利。然而，从买方的角度来看，数据集的价值又如何呢？在考虑是否购买数据集时，投资和风险管理师必须估算从数据中获得的额外经济价值。虽然一般来说，很难衡量数据的价值，比如在品牌建设、增强竞争力和其他类似的商业用途方面，但数据集对资产管理

---

[1] 可以说，这并不适用于交易之外的领域。例如，Jones 和 Tonetti（2019）讨论了与广泛使用来实现社会收益最大化相关的数据和政策方面的内容。

公司的影响可以直接用货币来衡量。这听起来很容易，但实际上，它带有一些模糊性。我们将在下一节中讨论这个问题。

2.5　评估（另类）数据策略，包括或不包括回溯测试

我们认为，如果从外部购买，为了了解需要为数据集支付多少钱，企业需要量化从购买数据集中获得的额外价值。在资产和风险管理中，最可能的量化方法是回溯测试，尽管这并不总是可行的，关于这点我们将在后面解释。从本质上讲，人们想要看到，如果企业在过去将该数据集纳入其策略中，会有怎样的表现。该测试是在历史数据上执行的，因此被称为回溯测试。通常假设回测的结果在未来会保持不变。当然，这种方法也有局限性，因为有时未来与过去不尽相同。

特别是，对于系统性投资者来说，数据集的价值可以通过估算数据集在投资期限内释放的增强收益减去成本来衡量。对于风险管理者来说，其价值可以通过评估数据集在多大程度上有助于预测和减轻超出既定风险承受水平的极端负回报（如对冲、撤资等）来量化。对于自由裁量投资者来说，衡量标准可以是投资决策中的增值。在实践中，所有这些都可能是近似估计，因为没有唯一和确定的方法来进行这种测量。正如我们现在要解释的，这在很大程度上取决于衡量价值和基础数据的模型选择，涉及系统性投资者、自由裁量投资者和风险管理者等不同群体。

2.5.1　系统性投资者

对于系统性投资者来说，量化从数据集获得的改进预测能力的一个好方法是通过使用或不使用该数据集来计算的样本外性能测试（分别为策略 A 和策略 B）[①]。例如，我们可以以 $(t-15, t-10)$ 期间校准两个模型——策略 A 和策略 B，其中 t 是当前时间，并在 $(t-10, t-9)$ 之间测试它们的绩效，数字 9、10、15 可以是天、月——任何我们的选择。然后我们可以翻转，在 $(t-14, t-9)$ 上重新校准模型，并在 $(t-9, t-8)$ 期间测试它们，以此类推。最后，我们将通过一些措施来确定策略 A 是否优于策略 B。这些衡量标准可以是夏普比率、复合年收益率（compound annual return，CAR）等。这些类型的回测应该在预期要应用数据集的所有资产类别中进行。例如，我们可以使用相同的数据集，在股票、固定收益、外汇等

---

① 这与 2.4.3 节中的经济价值方法非常相似。然而，这里所描述的并不是 A/B 测试，即在同一时间对不同的子群体采用不同的战略，然后评估和比较两种影响。当然，没有什么能阻止我们采用这样的方法，将投资组合一分为二，但从商业角度来看，这可能很难证明。回溯测试是投资的首选方法。

领域生成增强策略。这些测试的综合值可以用来评估策略 A 的总体表现。

乍一看，这似乎很容易，但必须牢记一些方法论上的注意事项。首先，根据样本外测试所选择的时间窗口（如一周、一个月、两年），以及样本内拟合所选择的时间窗口和翻转的时间步长，所选择的性能测量可能会产生不同的结果。如果窗口长度变化，一个对于某些特定样本内和样本外时间窗口长度的赢家策略可能会变成输家策略。其次，输入/输出变量的频率也会产生影响（即我们是否按日、季度或其他频率校准数据）。再次，对交易成本的不同假设也可能导致不同的结论。最后，即使我们在前三个维度上取得了明显的胜利，也可能是由于所使用的预测模型的类型合适。如果模型的函数形式改变，比如从线性变为非线性，我们可以看到策略 A 和策略 B 的表现会发生翻转[①]。

这些考虑因素更普遍地适用于时间序列领域的模型。它们的预测性能，由建模者通过一些衡量方法决定，取决于选择的：①用于校准（样本内拟合）的时间窗口；②用于样本外测试的时间窗口；③数据的频率；④解释变量；⑤模型的函数形式。所有这些考虑都表明，我们并不能总拥有一个明确的赢家模型。结论中的一些差异性可以通过缩小基于经济推理或技术限制的选择的假设空间来消除。例如，我们可能基于对建模领域的经济学知识，坚信线性模型是数据集上唯一合适的策略。这样我们就只能局限于探索线性模型。在其他时候，我们会由于技术基础设施而别无选择，例如，能够抓取数据的最低频率为一周。即使在这些类型的限制之后，剩下的选择仍然很多。我们将在 2.6 节中再次讨论这一点。

最后，我们可能会得出结论，策略 A 优于策略 B。此外，我们可能会说，它比我们事先设定的阈值要好一些。有时情况并非如此，这意味着数据集不具有信号或者包含一个非常弱的信号，它不会形成一个可行的策略。但这并不意味着，如果结合其他另类数据集，结论还是相同的。事实上，根据我们的经验，当组合多个数据源时，通常会检测到强信号。因此，在单独使用时，在仅找到弱信号后丢弃数据源可能为时过早。

另一个复杂的问题是，我们从讨论过的所有测试中得出的结论可能在很大程度上取决于时间。无论今天有效的结论是什么，都可能在将来我们决定重新测试这两种策略的下一个日期发生变化。这可能是过度拥挤（每个人都开始使用该数据源，因此投资价值下降）和/或金融市场不断变化（即缺乏平稳性），使得某些信息过时[②]。如果我们能够了解一个数据集提供的附加价值，那么它可以帮助我们判断大概要为一个数据集支付多少钱。通常情况下，通过我们与行业参与者的

---

① 模型中也可能存在确定性成分，即用于重新平衡投资组合的规则（如做多表现最好的 5%的股票，做空表现最差的 5%的股票，做多表现最好的 10%的股票，等等）。这对结论也有影响。

② 此外，不断变化的数据保护条例可能使某一数据源完全不可用。关于这个问题的详细讨论见 3.1 节。

各种讨论，根据经验，数据买家寻求获得数据集购买价格的 10 倍左右的收益，精确的数值可能因公司而异。换句话说，如果一家公司相信它可以从一个数据集上赚到 100 万美元，这就意味着它愿意为这个数据集支付大约 10 万美元。

　　然而，与数据集相关的成本不仅仅是购买价格。正如我们已经提到的，计算中还要考虑到成本方面，不仅包括数据集的购买价格，还包括分析数据集所花费的时间，以及将其纳入策略的费用（资本支出和运营费用）[①]。这些费用可能包括数据质量检查和转换，如填补缺失的数据空白、匹配实体标识符等。如果一个策略的容量策略非常大，那么数据和制定交易策略的成本在收益中所占的比例很可能比容量非常小的策略要小。

　　最后，我们注意到，如果资产管理公司的政策要求至少有一定年限的回测才能实施一项策略，这可能会阻碍另类数据的采用，因为这类数据集的历史通常较短。这些公司可能会错过另类数据浪潮带来的信息优势，除非它们调整自己的政策，以更好地反映这一新的现实。我们也建议，一种缓解与短期历史相关的问题的方法是，数据供应商扩大数据集范围，例如，添加更多的股票。当然，在理想情况下，量化分析师更喜欢历史悠久、涵盖资产数量广泛的数据集。

2.5.2　自由裁量投资者

　　有时，另类数据能够以与我们目前讨论的策略不同的方式来使用。买或卖信号不一定是特定另类数据集的输出。对于自由裁量投资者来说尤其如此，他们往往希望自己做出最终的买卖决定。相反，在许多情况下，另类数据被投资者用作决策过程中的额外输入。特别是，另类数据的使用可能更多地基于特定主题，深入挖掘感兴趣的一个特定的公司或政治事件。

　　在这种情况下，一次性购买数据集的情况并不少见，尤其是那些需要更多信息（例如，关于一家工厂正在监控的资产的状况）的自由裁量投资者。在这种情况下，调查数据总是有帮助的，我们将在第 11 章中说明这一点。在第 11 章的例子中，不可能进行统计评估，因为一次性数据集指的是一次性评估，缺乏重复性。但是在这种情况下，我们如何给数据集贴上价格标签呢？这显然是非常困难的。然而，解决这个问题的一种方法是询问这个额外的数据集是否改变了你的观点，或者至少帮助增加了额外的证据。数据集是否帮助回答了没有

---

　　① 因此，在实施策略之前，先进行概念验证（proof-of-concept，POC），对数据样本进行信号检测，是确保时间和资源不被不必要地浪费的最佳方式。如果在 POC 阶段检测到信号，那么可以考虑实施策略。第 6 章将详细讨论从 POC 到全面运作的步骤和其中的微妙之处。

它就无法回答的问题？对这类问题的回答是非常主观的[①]，因此买方愿意提供的价格差异是很大的。

其他时候，投资者可能会对重复的事件感兴趣。然而，这些事件在时间上并不是规律地分布。例如，我们可能希望订阅一个信息服务，该服务能监视特定地理位置上的军事冲突。这些当然不是定期的。因此，我们需要一个关于这些事件在时间上的分布和它们过去的影响的（近似）模型，以便对这些信息进行（近似的）估值补充。

同样，与系统性投资者的情况一样，很大程度上要由买卖双方的谈判过程来决定价格。然而，竞争——例如在调查/专家网络服务提供商的市场——把价格压低到略高于成本的水平。我们注意到，这些类型的公司提供的是收集数据的服务，而这比利用传感器、数据库、平台和人员的数据流的成本更透明。这就把更多的谈判权力留给了数据买家。

2.5.3　风险管理者

从定义上讲，极端事件是罕见的，但它们是风险管理者最关心的问题之一。它们在时间上往往也很不规律，彼此之间的性质也很不相同。长期资本管理公司失败、"9·11"事件和金融危机从根本上来说是不同的，而为预测这些事件所要寻找的潜在预警指标每次都可能存在于不同的数据源中。因此，衡量一种另类数据源在多大程度上可以用于预测极端事件是困难的，它可能缺乏统计证实。从这个意义上说，回测是不可能的，因此为数据集定价可能会更棘手。同样，在这种情况下，估值必须在主观基础上进行。

然而，另类数据可以为风险管理师提供洞见，帮助预测一些风险指标（如短期波动率），这些指标可以作为更广泛的风险控制的输入。这些预测可以被追溯检验，因此前一节的考虑适用。例如，第 15 章介绍了如何利用新闻来帮助预测联邦公开市场委员会和欧洲央行会议等事件导致的数据波动性。

2.6　数据的货币价值（第二部分）

如前所述，截至今天，新兴数据市场面临的最大和最重要的挑战之一是缺乏一种广为接受的评估方法。这使得数据市场的运作更加困难。在本节中，我们将

---

① 我们必须注意的是，即使在 2.5.1 节我们提出了一个"客观的"的统计方法，我们还是指出了一些主观因素，如时间窗口的选择、频率等。在这种情况下，另一个反对"客观性"的论点是，历史数据可能不能代表未来，因此有时在回测中进行主观调整是必要的。

继续为这一主题带来一些清晰的认识，并给出一个解决方案。在我们看来，还需要对这一主题进行更多深入的研究。我们将分别站在数据买方和数据卖方的角度思考问题。

2.6.1 买方视角

资产定价理论给出了如何从买方角度处理数据定价问题的提示，我们稍后将解释其中的一些注意事项。

在 2.5 节中，我们一直对数据的价格保持默认态度，因为我们假设它是固定的、外生的，并通过回溯测试来确定使用它的收益是否大于成本。然而，在我们到目前为止所描述的情况中，价格可以被视为一个自由参数，用来确定收益等于成本的盈亏平衡点。这可以看作买方愿意为数据支付的最高价格，如果出价较高，它可以作为谈判的依据，将出价降下来。总而言之，最高价格只是指在投资策略中，与不使用该数据集时（策略 A 与策略 B）相比，使该数据集有利可图的盈亏平衡价格。盈亏平衡价格也将取决于投资组合中平均头寸投注规模。我们持有的头寸越大，潜在利润就越大，因此我们愿意为数据集支付的金额也就越大。

然而，这种推理有一个问题。在我们所描述的过程中，有两个不确定性的来源，这些都必须纳入价格中。这两个来源是：①由策略和/或特征提取的模型的潜在随机性造成的不确定性；②由模型和回测的超参数的选择（如时间窗口长度、翻转）造成的不确定性。

前者的出现是因为我们在设计策略时常使用模型来进行预测，这些模型会有随机误差项[①]。正如我们已经提到的，后者来自我们在选择超参数时所拥有的各种选择。在构造一个非常复杂的非结构化数据集时，很可能涉及几个 ML 处理层，每层都涉及选择不同的超参数。

总之，一个策略会产生一个结果的分布，而不是一个精确的点预测。接下来我们将介绍因超参数的选择而导致的不确定性。

一般来说，给定任何一个投资者，资产 i 在时间 t 时的价格由基本定价方程给出：

$$p_t^i = E_t[m_{t+1}x_{t+1}^i] \qquad (2.1)$$

其中，m_{t+1} 表示随机折现因子；x_{t+1}^i 表示在 $t+1$ 时的收益，这个收益可以是策略 A 的最终收益的分配。

---

① 如果用线性回归模型，它们不可避免地存在一个随机误差项 ε，$y = \beta x + \varepsilon$。

　　我们强调，这可能是一个非均衡价格（即不是许多参与者在市场中行动的结果，而是私人估值的结果）。众所周知，Cochrane（2009）讨论的随机折现因子为

$$m_{t+1} = \frac{U'(w_{t+1})}{\gamma}$$

其中，$U'(w_{t+1})$ 表示效用函数在 w_{t+1} 财富水平下的导数（相对于财富），财富水平在 $t = 0$ 时为 w_0。随机折现因子是由 γ——拉格朗日乘子的倒数和在 $t + 1$ 时财富的边际效用得出的。它是一个随机折现因子，因为投资者不能确切地知道自己在 $t + 1$、w_{t+1} 时的财富，它也就成为确定性效用函数（的导数）。投资者的效用函数很难确定，但它本质上表达了投资者对不同收益/损失大小的（非线性）态度。

　　随机折现因子的定义可能看起来不友好和复杂，尽管该定价理论背后的假设非常简单（如两期经济），正如 Cochrane（2009）所讨论的那样，它包括确定一个投资者的效用函数（和其中的风险厌恶系数）以及不耐烦程度（通过 γ 测度）。这些确实很难量化[①]。但是，如果投资者能够量化他们的不耐烦以及他们的风险厌恶程度和效用，则可以通过式（2.1）得到价格。这将是他们的私人估值，他们可以在任何谈判中使用或与市场价格进行比较。

　　因此，投资者将愿意接受任何低于其私人估值的价格。在现实中，在衡量和整合策略的所有随机性之上，确定风险规避和效用是困难的，尽管这是最具有原则性的方法。因此，如 2.5.1 节中提到的，在使用预期（即完全不考虑随机性）货币收益的主观乘数时，应采取捷径规则和经验法则。

2.6.2　卖方视角

　　如果数据市场是流动的，并且存在完全竞争，那么数据集的价格将由市场本身决定。然而，多数情况下，数据集是唯一的，或者几乎是唯一的，因此垄断性的定价应该适用，但始终要记住，过度拥挤会降低它们的价值。在本节中，我们稍后将讨论数据（准）垄断的情况。

　　但在此之前，我们注意到，在数据世界中，即使某个数据流只有一个供应商，垄断也并不像在其他市场（如电力和水）中那样有一个明确的定义。事实上，即使收集方法非常不同，两个数据源可能也很容易包含重叠的信息。例如，购物中心的移动行人流量信息和汽车数量的卫星图像信息类型相似，在这种情况下，如果卫星图像太贵，买家可以转而使用可能更便宜的人流跟踪数据。因此，不能

　　[①] 我们必须注意，信号中任何潜在的过度拥挤的影响都会反映在价格上。如果存在过度拥挤，它将反映在回测过程中较低的回报率，较低的数据集回报，会降低买方愿意支付的价格。这里需要注意的是，这个结论依赖于历史数据，而历史数据中又包含了过去过度拥挤或没有过度拥挤的数据，没有人能保证这不会改变我们同意向数据供应商支付一定价格的预期。

总是严格执行垄断定价。供应商必须意识到这种情况，因为这可能很快会使它们破产。

1. 垄断

在数据集是唯一的情况下，数据供应商可以设置规则并采用垄断性定价。在理想世界中，他们试图通过以下公式来实现收入最大化：

$$Revenue = p_i x(p_i) \qquad (2.2)$$

其中，p_i 表示数据集 i 的价格；$x(p_i)$ 表示按该价格出售的数量，由需求决定。信息的质量也起着一定作用，可以被考虑在内。事实上，高度清理的数据集成本更高，因为更高质量的数据意味着更多的数据处理和更高的成本。

卖方的问题是如何理解使方程（2.2）最大化的 p_i 值。这意味着市场上的买方必须以某种方式揭示他们的偏好。不幸的是，这是不可能的，除非对数据进行调查或拍卖，或存在另一种专门设计的自我揭示机制。图 2.1 显示了一些适用于不同行业的定价机制。

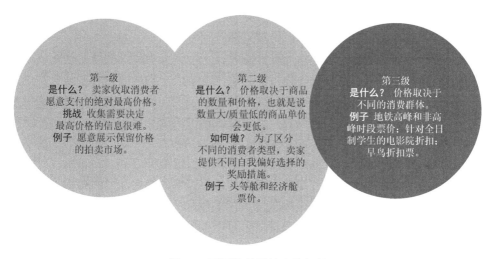

图 2.1　不同的歧视性定价机制

在高价值数据源拍卖中限制消费者的数量是防止过度开发的一种有用的启发式方法。根据使用情况，可以使用人工延迟约束（或与其他技术相结合）来支持多个消费者，而不会过度利用并导致丧失 Alpha 值生成机会。拍卖可用于将许可证分配给多个但受限的赢家。然后，数据可以以固定的价格延迟出售给市场上的其他人。市场需要有足够的流动性，以便在这种拍卖中有足够数量的投标人。

四种主要的拍卖方式是英式拍卖、荷兰式拍卖、首价密封投标拍卖和维克瑞拍卖。维克瑞拍卖因其吸引竞标者披露其真实估值而受到称赞，使卖家能够运用近乎完美的价格歧视策略。谷歌和 eBay 等网站已经成功地将维克瑞拍卖嵌入其商业模式的核心中。

在撰写本书时，数据拍卖还不是一种已知的定价机制。然而，我们相信在不久的将来我们会看到一些这方面的进展。到目前为止，最受欢迎的方法是数据的差别定价。这意味着价格是由卖方根据买方的规模调整的，没有太多的谈判空间。式（2.1）显示，买方的私人估值取决于报酬，而报酬与风险敞口成正比。因此，资产管理公司的规模越大，它们愿意支付的价格就越高，而卖方非常清楚这一事实。因此，我们在实践中看到，不同的客户类别因其规模不同而获得不同的价格[①]。正如前文所述，拍卖在经济上可能是一种更好的价格揭示机制，因为买家最清楚它们的投资组合的价值，从而知道它们愿意支付什么价格。

2. 对外销售时共享数据的好处

当对外销售数据时，我们假设数据的价格是事先商定且固定的。例如，一家对冲基金以商定的价格从一个数据供应商那里购买一个数据集。然后，该对冲基金将通过交易将这些数据货币化。因此，数据的价格是一个已知（且固定的）数字。然而，还可以有另一种安排，使双方都有利可图。

如果数据集特别有价值，对冲基金的收益可能会大大超过数据的初始成本，而数据公司却得不到任何好处。你可能会认为这是公平的，因为对冲基金支付的价格是固定的，即不管数据集在实时交易环境中表现如何，对冲基金都要支付该费用。在某种意义上，我们可以说，这就像数据供应商在出售期权，而对冲基金在购买期权（在文献中，这些概念通常被称为实物期权）。然而，主要的注意事项是，这里的期权卖方无论最终的收益如何，都会保留溢价。

那换一种方式对数据进行定价呢？例如，不是事先约定一个固定的价格，而是根据最终的交易结果对数据进行定价。在某种意义上，这与一些交易员的报酬方式类似。交易员可以获得固定工资，也可以按交易策略所产生利润的百分比获得报酬[②]。当然，下一个问题是如何在团队内部分配这笔奖金，因为团队成员可能都在决策过程中发挥了一定的作用。为了简化问题以便于论证，让我们简单地假设只有一个交易员，他为一个交易账簿做出所有的交易决策。

是否有一种方法可以让数据供应商以同样的方式分享收益？一种方法是让数据供应商向基金出售交易信号。与该交易策略相关的利润的一定比例可以返回给

---

① 我们还见过这样的情况：价格受到阈值的影响，超过阈值，投资组合经理需要通过一个更高的管理审批流程。

② 这种激励的风险在于，它可能会鼓励交易员过度冒险，特别是因为他们的下行损失是有上限的（即最大的下行损失是失去工作，而不是个人破产）。

数据公司，这一点相当容易界定。从某种意义上说，通过这种方式，数据供应商变成了交易商，而基金却在执行交易决策。显然，这需要数据供应商将原始数据集转换为交易信号。在实践中，这需要不同的技能集，这是数据供应商通常不具备的。这可能是这种方法的主要分歧所在。此外，正如我们在本书的许多地方注意到的，在某些情况下，将数据集组合在一起可以提高可预测性。一个对冲基金不太可能允许外部人士介入，查看它们的交易策略，看看它们使用了哪些数据集，并进行分析以了解哪个数据集的贡献最大。

解决这个问题的一种方法是让独立的一方将许多数据集聚集在一起，构建一个交易策略。然后，对冲基金可以从独立一方购买信号，自行执行。或者，独立的一方可以执行它们，这实际上是将它们变成一支迷你对冲基金，可能会将其变为受监管的实体。

鉴于对冲基金为交易提供了资金，并承担了风险，它们也将获得大部分的收益。独立方将抽取一定比例的管理费用。剩下的利润可以分配给每个数据供应商。每个数据供应商的付款明细是由独立的第三方根据它们自己的分析决定的。数据供应商也可能尝试管理这个过程，不过，显然，它的独立性会比较差，尤其是在如何将损益分摊给其他数据供应商的问题上。

获取信号的"定价"可以通过市场化的方式来完成，如按照我们在前一节中建议的方式进行拍卖。我们仍然面临的问题是，创造交易信号的技能集最有可能存在于基金中，而不是数据供应商或其他方。因此，以这种方式开发的交易策略可能并不一定像基金开发的那样有利可图。

3. 数据的外部营销价值

在某些情况下，数据销售商可能会判断，对外销售数据集的纯货币价值不足以在收入方面带来变化。对于那些不是主要数据供应商的数据销售商来说，情况可能就是这样。这些公司可能是非常大的公司，希望通过废气数据从外部获益。虽然与它们的主要收入相比，出售数据的收入可能微不足道，但可能存在一些间接的外部商业化数据的方法。一种方法可能是将数据作为营销工具免费对外提供，例如，自动数据处理（Automatic Data Processing，ADP）公司就是这样做的。

ADP 是美国一家提供人力资源和薪资管理软件的大型公司。因此，它收集了大量的美国薪酬数据。这些数据显然非常敏感，因此，如果没有大量的汇总和匿名化处理，是无法对外发布的。考虑到 ADP 的样本规模，一旦汇总起来，就可以让我们了解全美的就业情况。ADP 在每月初基于这个汇总的数据集发布《ADP 全国就业报告》。根据 ADP 的数据和模型可以计算出全国私人薪资变化的整体数据。除此之外，不同行业的就业也有许多组成部分，该数据专门在美国官方就业报告发布之前发布。市场参与者经常用它来预测官方数据，官方数据通常在同一周的晚些时候发布。这些数据受到金融市场参与者和更广泛的媒体的密切关注，为每个月推广 ADP 品牌提供了机会。在图 2.2 中，我们绘制了美国非农业就业薪资的变化与 ADP 全国就业和私人就业薪资变化的对比图。我们可以看到，总的来说，时间序列是相互跟随的，尽管官方数据往往更容易波动。

图 2.2　美国非农业薪资变化 vs ADP 私人薪资变化

资料来源：根据 ADP、彭博社的数据整理

或者，可以在更有限的基础上向客户分发数据，在所谓的"软美元"基础上将数据捆绑起来。这些数据将由客户通过消费其他产品和服务间接支付。这有助于增强向客户提供的服务。然而，MiFID Ⅱ 的一个关键部分是将卖方提供给买方公司的服务分开。因此，买方公司现在必须为研究等服务单独付费。这有可能使欧盟境内的买方公司更难做出"软美元"安排。

2.7　成熟另类数据集的优势

在整本书中，我们讨论了许多与另类数据相关的挑战。在本章前面，我们讨论了另类数据集的 Alpha 值随时间衰减的可能性。对于最适合高频和低容量策略的数据集来说，这可能尤其正确。然而，在某些情况下，随着时间的推移，数据集可能会变得更有价值，或者至少更可用。

成熟数据集的一个明显优势是可以获取更多历史数据。缺乏历史数据是采用特定数据集的障碍之一。没有足够的历史数据，很难通过不同的市场机制对交易策略进行回溯测试。

随着时间的推移，数据供应商或许也能够增加数据集的覆盖面，使其覆盖更多的资产和更多的地理区域。如果我们以用于计算零售停车场车辆的卫星图像为例（第 13 章），通常数据集不仅需要访问图像本身，还需要访问测绘数据。它还要求建造多边形（地理围栏）来勾勒停车场的轮廓。这个过程非常耗时，每个停车场都需要这样做。这增加了其对以量化基金为主的账户的吸引力，这些账户往往交易更广泛的资产。理想情况下，在数据集受到显著的 Alpha 值衰减之前，我们希望数据集变得足够成熟，这样它就有良好的历史和覆盖范围。

总的来说，随着时间的推移，与结构化数据相关的方法和技术得到了改进。这些更新的技术（或现有技术的新应用程序）能够帮助我们更好地理解非结构化内容。网络上的大部分内容，包括文本、图像和视频，都是非结构化的。例如，文本中用于标记文档主题或理解情感的机器学习算法已经得到了改进，用于理解图像的算法也得到了改进（第 4 章）。还有更多的技术可以用来清理有缺失值的数据（第 7 章）。所有这些都有助于提高数据集的成熟度和可用性。

2.8　小　　结

在本章一开始我们就指出，与另类数据集相关的 Alpha 值衰减会比一个更商品化的数据集要慢。那么对另类数据市场参与者来说，一个关键问题是，数据集的价值是什么？从系统性投资者的角度来看，可以对另类数据集进行回测，看看它给现有模型带来了多少额外价值。即使在这种情况下，不同的投资者也可能会对同一个数据集赋予不同的价值。对于自由裁量投资者来说，做回测更具挑战性。我们讨论了如何模拟买方视角，也讨论了如何从卖方的角度采用各种定价方案。最后，我们注意到成熟的数据集也有一些优点，特别是与较长的数据历史相关的优势。随着时间的推移，分析技术会不断改进，因此，我们有可能从现有的数据集中得到新的见解。接下来本书将讨论使用另类数据的相关风险。

第 3 章 另类数据的风险与挑战

3.1 数据中的法律问题

近期的新法规，如欧盟《通用数据保护条例》（General Data Protection Regulation，GDPR）①已经颁布。GDPR 的目的是保护所有欧盟公民免受隐私和数据泄露的影响，赋予他们更多的个人数据控制权。因此，GDPR 已经影响到当数据包含可能被认为是欧盟公民个人数据时，投资者如何获取和使用另类数据。事实上，许多另类数据集包含个人信息（如信用卡面板数据和位置）。因此，在它们用于投资之前，必须进行一些尽职调查。

首先让我们更严格地定义什么是 GDPR 定义的"个人数据"。它与美国对"个人身份信息"（personally identifiable information，PII）的定义不同，且范围更广。在欧盟，定义"个人数据"时的一个关键问题是，一个人能否根据该数据被识别出来。这意味着是否有可能对数据进行反向工程处理（可能通过将数据与其他数据源结合起来），并能够唯一地标识那个人。因此，根据欧盟委员会的定义，要真正实现数据匿名化，匿名化必须是不可逆转的。例如，如果从个人数据集中删除了姓名，但地址保留下来，通过与地址和姓名数据集结合，就可以相当直接地得出姓名（或至少将其缩小到一个家庭）。

如果我们取一个非常宽泛的属性，如个体的性别，这显然会把一个群体分成两个群体，这将不足以成为一个独有的特征。然而，如果我们随后添加更多的属性，如出生日期，那么即使任何一个特定的特征不是孤立的，这些属性的组合也会变得更加独特。与个人相关的人口统计属性越多，记录就越"独特"。此外，我们需要问的是，收集某些属性是否绝对必要，是否可能被视为有争议和无根据的。

Rocher 等（2019）讨论了多种所谓匿名数据集被反向工程的实例。他们创建了一个模型来重新识别数据集中的个人。在他们的模型中，他们注意到利用 15 个人口属性，可以识别马萨诸塞州 99.98%的人。大多属性都是比较常见的，比如出生日期、性别、邮政编码等，不一定会被归为另类数据。

Montjoye 等（2013）举例说明了如何从另类数据集中获取个人的独特性。他

---

① 该法案于 2018 年 5 月 25 日生效。

们使用了一个从手机中提取的、由 15 个月的人类位置数据组成的数据集。他们指出，当这些位置数据为每小时更新一次且分辨率合适时，它足以识别 95% 的独特人群。

在美国，PII 更多地局限于名称、地址、电话号码等类别，这与 GDPR 不同，根据 GDPR，个人数据还可以额外包括 IP 地址、位置、网络 Cookie、照片等。因此，所有的 PII 都是个人数据，但并不是所有的个人数据都被认为是 PII。

世界各地的法律对数据保护有不同程度的规定。例如，中国、美国、澳大利亚、加拿大、多数欧洲国家等对数据保护相关法律的监管与执行最为严格，泰国、埃及、阿根廷等少数几个国家次之，俄罗斯、土耳其、巴西、墨西哥等国家相对温和，印度、伊朗、哈萨克斯坦、利比亚等国家在数据保护的法律方面是受限的，监管与执行仍不完善。

数据保护相关的法律限制了可使用的另类数据的数量。数据加载必须在对其是否包含个人数据进行仔细的尽职调查后才能使用。数据供应商的保证不能减轻数据买家肩上的负担，也不能减轻相应程序上的负担，必须实施内部控制，以确保不违反数据保护相关的法律。保险作为一种降低风险的方法，可以降低数据泄露风险导致的财务成本。但应注意的是，保险可能无法抵消所有成本，因为有些成本难以量化，如声誉损害。

我们所能使用的数据的局限性意味着，如果使用个人数据来推断（如购买某公司产品的人），原则上我们不可能总是有一个完整的了解，例如，一家欧盟公司或一家非欧盟公司在欧盟经营的潜在收益[①]。幸运的是，我们并不总是需要将信息精确到个人层面。相反，我们需要的是一个更聚合的视图。例如，每年每天参观购物中心的人数是一个汇总指标，可以预测销售和收入。因此，当我们不需要购买个人级别的信息时，我们只能直接从数据供应商那里获得匿名的聚合数据，而不是购买细化数据并自己进行聚合。无论投资者获得所需信息会受到什么警告，毫无疑问的是，在一般情况下，数据保护法构成了一种约束，在原则上可能会减少（但不是消除！）另类数据的可用性。

网络抓取是另一个可能出现法律问题的领域。大量的网络数据出现在私人网站和付费墙后。然而，许多网页是公开可访问的，这是否意味着我们可以自由地重复使用公共网站上用户能够浏览的内容？每个网站都有自己的使用条款，在某些情况下可能会禁止对其内容进行抓取。在许多情况下，公司通过自己的内部分析来寻求通过它们网站的内容赚钱，这些分析被重新打包以供客户访问。另外，无论是对原始数据还是结构化表示，公司可能会通过 API 出售机

[①]　就欧盟以外的公司而言，它们在欧盟的业务量可能是有限的，因此，只要它们所遵循的当地数据保护法没有 GDPR 那么严格，就有可能更好地估计它们的收益。

器可读的访问权。因此，许多公司试图通过使用条款来防止对其网络内容进行网络抓取，这也许并不奇怪。截至撰写本书时，对冲基金正密切关注一宗关于使用网络抓取搜集数据的诉讼（Saacks，2019）。2019 年 9 月，第九巡回上诉法院支持 hiQ 起诉领英。领英一直在寻求阻止 hiQ 网络抓取公开访问的领英用户页面（Condon，2019）。hiQ 一直在使用这些数据为人力资源专业人士提供服务。Condon 指出，法官的结论是，即使领英用户有兴趣保留他们公开的数据，这些兴趣也没有超过 hiQ 继续其业务的兴趣。这一裁决被视为公司从网络上获取数据的积极进展。

另一个与另类数据相关的法律问题是特定数据集是否构成重大非公开信息（material non-public information，MNPI）。Deloitte（2017）指出，数据可能是可访问的，如网络上的某些内容，并不一定意味着它是公开的，因为如果不使用先进的编码技术，可能会很难找到它。在某些情况下，某些公司可能不太愿意购买那些看起来特别容易预测的信息数据，尽管这些信息在正式发布时间之前是被封锁的，比如季度收益。

这又把我们引向了数据集的排他性概念。理论上，如果一个数据集具有排他性，我们可能会推测它不太可能遭受 Alpha 值衰减，特别是当它最有可能被低容量的策略交易时。因此，通常情况下，这样的数据集可能会更加昂贵。Fortado 等（2017）指出，引用 Neudata 公司 Rado Lipuš（拉多·利普什）的话，独家数据集可能是"双刃剑"，因此一些大型基金更愿意避开它们。这不仅与它们在这些数据集上的花费有关，而且是为了避免与之相关的任何潜在的法律风险。他们还指出，过去纽约总检察长曾干预阻止一家数据供应商向付费用户发布独家内容。我们已经讨论了拍卖数据集，并给拍卖的获胜者一个受限的数据访问权限（或低延迟访问权限），以避免过度拥挤和最大限度地提高数据供应商的收入。对于供应商来说，重要的是调查如果数据被视为 MNPI，这样的拍卖是否合适。目前，这在法律上还是一个模糊的领域。

数据在法律方面的问题并不完全决定数据是否可以购买。数据用户在如何使用购买的数据方面经常面临法律限制，这与数据许可证有关。数据许可证是公司范围内的，还是仅限制于少数用户？数据许可证是否限制其以原始形式或衍生指标的形式进行重新发布？所有这些合同限制也会影响使用者是否获取数据集的决定。

3.2 使用另类数据的风险

Deloitte（2017）曾讨论过，使用另类数据会带来许多风险。其中一些风险可能是早期采用者最需要面对的。有一些可能与我们前面讨论过的法律风险有关。这可能与 GDPR 等隐私问题有关。另外，收集数据的方式违反了网站的使用条款，比如前面提到的网络抓取。应注意的是，传统的数据集也可能存在类似的问题。例如，许可证可能允许内部使用特定的通用市场数据集，然而，这并不自动意味着这些数据集可以重新打包并应用于对外销售。

其他风险可能与数据的质量或有效性有关，这是我们在讨论大数据的 V 特征时提到的问题。诚然，数据的质量和有效性一直是传统数据集中存在的一个问题——即使是市场数据也可能会有"乌龙指"值、缺失值等。然而，对于另类数据，我们还面临其他问题。特别是，社交媒体的大量内容可能是非中立的甚至是完全错误的。与更传统的数据集一样，某些另类数据集也可能随着时间的推移而消失，如果我们的模型严重依赖于这些数据集，那么策略会更难维护（5.2.10 节）和审计。导致数据集消失的原因可能有很多，比如数据供应商倒闭，或者供应商停止使用原始数据使其不再可用。在某些情况下，可能是法律的变化，如 GDPR，导致了某些数据集的消失。

进一步的风险包括员工流失，这可能导致知识产权的泄露。这一直是金融市场的一个问题，在金融市场，企业一直在寻求保护自己不受拥有特定知识产权的员工流动的影响。这推动了竞业禁止条款的执行。这与处理另类数据没有区别，都需要难以获得的专业技能。潜在地，减少员工流动率的一种方法是不断地培训员工，使他们能够建立自己的技能集，并在这个过程中变得更有效率。这在另类数据等快速发展的领域尤其如此。

然而，即使这些问题中的大多数已经得到解决，那些开始使用另类数据的公司也还面临着其他风险。Deloitte（2017）指出，这些公司基本上必须追赶该领域的老牌公司。正如我们前面提到的，制定另类数据的策略不只是雇用几个数据科学家，还需要数据战略家和数据工程师。同时还要求企业能够利用这些资源并拥有合适的流程。创建这样的框架需要时间，不可能在一夜之间完成，也很难成功执行。

那些迟迟不使用另类数据的人可能会面临"盲点"，因为某些他们还不知道如何使用的另类数据集变得很常见。事实上，这可以从一些已经变得更加普遍的另类数据集中观察到，如消费者交易数据和美国零售商的季度盈利预测。对于那些在这一领域发展较晚的公司，由于投资者落后于潮流，还可能会因此造成其管理下的资产损失。实际上，后来者面临着战略灭绝的风险。

3.3　使用另类数据的挑战

开始使用另类数据可能不是那么简单。第一，它可能以非结构化的形式出现。如果是这样，要想使用它，首先，要创建一个结构化的数据集，并从中建立和测试模型。随后，非结构化数据必须不断转换为结构化数据，以便在生产阶段向模型提供数据。第二，数据可能包含缺失值、离群值和其他异常的特征。除非我们有充分的理由相信它们的数量是可以忽略不计的，否则在尝试任何建模之前都应该对其进行处理。第三，在许多应用程序中，必须集成来自多个数据源的数据，以丰富特征集，从而进行比单独分析单个数据源更强大的数据挖掘和预测。聚合不同的数据源也会带来一些挑战。来自不同来源的数据很少有相同的格式和频率；可能会有不同的延迟，不同数据源之间的标识符可能需要经过一些处理才能匹配出一个好的置信度。让我们更详细地研究一下这些问题。

实际上，数据在建模阶段之前应该经历的步骤（不一定按照以下顺序）是：

（1）匹配不同数据源之间的实体标识符。

（2）处理缺失数据。

（3）将非结构化数据转换为结构化数据。

（4）处理数据中的离群值。

在下文中，我们将更详细地研究这些步骤。我们将用单独的章节讲述缺失数据（第 7 章和第 8 章）和离群值（第 9 章）。

3.3.1　实体匹配

在匹配不同的数据集时，最大的障碍之一是由于拼写方式众多，或由于印刷错误，实体[①]的名称在不同的来源中可能是不同的。以有限公司的简单缩写为例，它可以有许多不同的变体，如 limited、LTD、Ltd 等。这个问题不是一成不变的，也不纯粹局限于模型训练阶段。事实上，随着新实体出现在数据源中（如新公司被注册、公司因收购等事件而消失），它将在生产中重新出现。在后面的自然语言处理（natural language processing，NLP）部分，我们将讨论许多其他示例来说明实体匹配的重要性。2000 年以来，在记录链接领域取得了进展，现在各种技术和库都可以广泛使用。幸运的是，对于股票市场来说，有一个通用的统一证券识别程序委员会（Committee on Uniform Securities Identification Procedures，CUSIP）标准，它可以用来连接股票市场的数据集。如果我们想要连接许多可能涉及特定公司的不同的另类数据集，这可能特别有用。

然而，对于人员和组织等实体，即使我们可能已经检测到它们，数据供应商也可能使用许多不同的标准。这使得按实体连接这些数据集变得很棘手。为了缓解这个问题，Refiniv 已经为许多不同类型的实体（如人员和组织）开源了它们的PermIDs（永久标识符）。这些可以从 https://permid.org/获得。至于非常细化的条目，如子公司，可通过订阅获得。

---

① 例如，实体可以是公司、人、产品或证券。

整合来自不同来源的数据包括三个任务。第一个是模式匹配，它涉及从不同的数据库中识别出数据库表、属性和概念结构（如本体、XML 模式和 UML①图），这些数据库包含的数据对应于同一类型的信息。第二个是数据匹配，它包括从不同的数据库中识别和匹配指向相同实体的单个记录。第三个任务，称为数据融合，是将已被归类为匹配的成对或成组记录（即假定这些记录指的是同一个实体）合并为代表实体的准确一致的记录的过程。但是，我们应该注意到，一些另类数据可能没有特定的模式，因为它可能是非结构化的。

数据匹配本身可以分为五个步骤：数据预处理、索引、记录比对、分类和评估。必要时还有人工审核步骤。

数据预处理的目的是确保用于匹配的属性具有相同的结构，并且它们的内容遵循相同的格式。这意味着要对数据进行清理和标准化，使其成为定义明确、格式一致的数据。信息表示和编码方式的不一致也需要解决。因此，数据预处理涉及删除不需要的字符和单词、扩展缩写词和纠正拼写错误、将属性分割为定义明确且一致的输出属性（如将地址分割为街道名称、数字、邮政编码等），并验证属性值的正确性（如从外部数据库中更正公司名称）。

一旦数据库表被清理和标准化，它们就可以进行匹配了。这意味着可能比较两个表中的每一对记录。如果每个表包含一百万条记录，则会转换成一万亿条记录，这可能需要数日的计算时间。索引是一种通过过滤掉不太可能匹配的配对和创建候选记录来减少比较操作的方法。有几种技术可以实现这一点，而分块技术是最常用的一种。

在记录比对步骤中，通过考虑所有属性（如包含公司地址或活动的附加字段），对上一步生成的候选记录进行更详细的比较。比起精确匹配，通常会采用近似匹配，因为精确匹配可能会遗漏许多由于排版错误等看起来略有不同但实际上相同的实体。这是通过生成记录之间的相似度评分来实现的，该评分是一个介于 0 和 1 之间的数字，相似度为 1，则对应于两个值之间的完全匹配。相反，相似度为 0 则表示两个值之间完全不相似。在 0 和 1 之间的数对应于两个值之间的某种程度的相似性。对于每个候选记录对，一般都会对几个属性进行比较，从而得出每个记录对的数值相似度向量，这些向量称为比较向量。

计算比较向量之后，必须将成对的实体分配到一个类别：匹配、非匹配或潜在匹配。在潜在匹配中，可以人工来解决不确定性，并手动分配到匹配或不匹配的类别，这可以通过对比较向量的元素之和进行阈值处理来实现。例如，如果比较向量有 10 个属性，那么它们的元素之和必须在[0, 10]内。阈值可以定义为：[0, 4)非匹配、[4, 6)潜在匹配、[6, 10]匹配。潜在的匹配将被升级为人工审核，但我们

---

① UML 即 unified modeling language，统一建模语言。

必须指出的是，这可能是一个缓慢且容易出错的过程。像 Amazon Mechanic Turk 这样的外部服务可以通过众包的方式将这个过程外包出去。需要强调的是，任何类似这样的人工过程，无论是在内部还是外部完成的，都需要列出清晰和可定义的标准，否则精确度可能会非常低。

最后一步是评估匹配和非匹配的质量。机器学习领域的 F-score 等技术被广泛使用。匹配的质量受到上述所有步骤的影响。预处理步骤有助于使两个不同的值变得相似。索引步骤遗漏了极为不同的记录。数据匹配步骤中的算法和阈值以及分类步骤中的人工处理也会对最终结果产生影响。

我们还注意到，如何存储匹配的结果很重要，特别是当涉及回测投资策略时。在这种情况下，我们要确保在回测的任何时间点上，不会无意中使用未来的数据。这可能会给我们的结果引入一个向上的偏差，并使回测不具有代表性。本质上，数据会从未来"泄露"到回测中。

在这里，我们将区分事务时间和信任时间。事务时间表示记录插入数据库的时间。它通常被数据库系统自动记录为时间戳，并且不能被修改。信任时间是指插入到数据库中的事实有效的时间[1]。例如，我们可能相信某国 2015 年的 GDP[2] 为 1 万亿美元，并将其作为截至 2016 年 12 月 31 日的记录。然后我们可能会在 2017 年 1 月 31 日更新我们的认知，并将其插入到新的 GDP 数据中作为新的记录。一般来说，信任时间可以是区间、时间点，或者一系列时间点。

以这种（双时态）方式构建数据库意味着，现在可以找出我们对过去任何给定交易时间的信任时间（例如，在 2016 年 1 月 15 日，我们对 X 国 GDP 的看法是什么）。因此，这种双时态数据库允许在数据引用的时间段之后进行追溯性更新。它们还支持在数据被引用之前生效的主动更新。

实体匹配的结果应该以如下方式存储：永久性实体标识符和匹配过程中使用的实体属性之间存在双时态关系。这样就可以使用时间点查询或截止日期查询，并允许进行无偏见的历史分析。除了实体关系的任何历史记录之外，关于时间点记录的问题也适用于底层数据集本身。

3.3.2　缺失数据

在许多不同的领域，从金融和经济到能源和运输，再到地球物理、气象和传感器数据，处理数据的挑战之一是它很少是完整的。例如，1995 年至 1999 年间，约 28% 的金融领域出版物平均包含约 20% 的缺失值（Kofman and Sharpe，2003）。

---

① 这种类型的数据库称为时态数据库。
② 各国过去的 GDP 在首次正式公布后的几个月内经常被修订。

如 Rezvan 等（2015）分析，2008 年至 2013 年间，100 多篇医学研究论文的样本通常包含超过 20%的缺失值。数据不完整的原因是多方面的，而且通常是特定领域的。可能的原因包括传感器或流程故障、记录不完整、数据收集错误、无法报告某些信息或其他非常具体的原因，通常也不清楚数据丢失的确切原因。在大多数情况下，不可能通过额外的数据收集或测量来恢复缺失的值。因此，在构建数据应用程序时，必须接受不完整的数据为常态这一事实，并设计适当的策略来处理它。我们将用一个完整的章节（第 7 章）来描述缺失数据，并在第 8 章中提供详细的案例研究。

3.3.3　数据结构化

世界上 80%～95%的数据以非结构化形式存在，如文本、图像、视频等。数据也可以是半结构化的，比如既包含文本又包含标签的 XML 文件。无论数据的来源是什么（个人、机构和传感器），都需要将其转换为具有通用格式的结构化形式。一旦它以结构化的形式出现，分析就变得更容易了。

要做到这一点，需要经过一些必要的步骤。原始数据需要在每一步都进行预处理和验证。通常情况下，如果数据的质量很低，就没有必要继续使用它。因此，在预处理的每个主要阶段，执行一个验证检查是合乎逻辑的，它只过滤足够好的数据，以进行更多的下游任务。例如，在阅读电子文档时，首先对 PDF 文件进行质量检查以评估它们是否"可提取"，这一点很重要。这些检查可以包括评估 PDF 文件是否有足够的对比度、合理的 DPI（dot per inch，每英寸①点数）、没有噪声等。如果质量很差，那么放弃这些特定的观察是合乎逻辑的。如果质量一般，我们可以尝试修复。如果在这些不同的预处理步骤之后评估质量足够好，我们就可以开始进行光学字符识别（optical character recognition，OCR）。在执行 OCR 之后、尝试处理提取的信息之前，我们可以进行额外的检查，例如，针对手头的商业案例的表格/文本。

就网络文本而言，预处理还可能涉及删除对解读无任何意义的多余的数据，比如 HTML 标记和其他代码。这部分文本主要由计算机来解释，而不是帮助人类解释。这也意味着删除人们可读但不太可能感兴趣的像导航条、页码和声明之类的文本部分。在这一步结束时，我们应该留下文章的主体文本。可以使用自然语言处理对正文进行结构化，以添加额外的元数据来帮助解释。自然语言处理的早期阶段包括分词等步骤。在此之后，词性标签可以用于识别哪些词是动词和名词。

---

① 1 英寸 = 2.54 厘米。

最终的结构化输出可以视为原始数据的摘要，与原始的非结构化数据集相比，原始数据更容易存储和分析。

后期可对文本进行分类，以确定整体主题。名称实体识别也是识别感兴趣的专有名词（如人员、地点和品牌）的关键。这通常也与实体匹配相结合，因此文本中标记的实体可以映射到交易工具中。情绪分析可用来理解文本的积极或消极程度。对于语音数据，我们还需要应用语音识别，以便将音频转录为书面文本。

与图像的 NLP 相对应的是计算机视觉。就像 NLP 一样，计算机视觉的目标是从人类的角度来理解数据。它包含许多不同的方法。与文本一样，图像也需要在进一步进行更高级的解释之前进行清理。第一步是图像处理，如改变对比度和锐化，以及去除噪声。其他任务包括边缘检测和图像分割，将图像分割成不同的区域或简化图像；这些任务由卷积神经网络（convolutional neural network，CNN）来处理。这些图像预处理步骤是以后进行更高层次分析的必要准备。

从更高层次的角度来看，计算机视觉试图解释一幅图像，为其添加额外的元数据，并对其进行结构化处理。这些计算机视觉任务包括对整个图像进行图像识别或分类，也可以是在图像中挑选出特定的对象，即对象检测，我们试图在对象周围创建一个有界框，包括对象分类和对象识别。对象分类的一个简单示例是对"汉堡"进行分类，然后识别其特定类型，如"皇堡"。我们可以将面部识别视为物体识别的一个非常具体的例子。近年来，机器学习，特别是深度学习技术，已经非常适合计算机视觉中的任务，如图像分类。机器学习的应用已经不仅仅局限于高级任务，它还有助于实现许多图像处理任务，如图像着色和消除图像模糊。虽然许多与计算机视觉相关的任务也适用于视频，但有些是特别针对视频的任务，如对象移动跟踪或唇读。

当我们的输入文本不是数字化文本格式，而是图像格式时，计算机视觉也可以用作 NLP 任务的一部分。当输入的文本由手写体组成时，就会出现这种情况。我们不仅可以使用 OCR 从前面讨论过的文件中提取印刷文本，还可以在阅读自动驾驶汽车的路标时提取印刷文本。我们将在 4.5 节中讨论图像和计算机视觉的结构，在第 13 章中讨论更详细的用例，在 4.6 节中讨论自然语言处理，并在第 15 章中讨论用例。

即使数据已经有了相对常见的结构，如贸易交易数据，我们仍然需要添加其他字段来对数据集进行额外的分类。在交易数据的情况下，这可能涉及添加标签来描述交易对手的一般类型，如了解他们是卖方、买方还是公司。与许多类型的结构化一样，这将涉及将其与其他数据集进行连接。

3.3.4　离群值的处理方法[①]

数据，即使是结构化的，也总是充满了偏离预期模式的记录。与数据缺失一样，出现这种技术离群值的主要原因可能是传感器故障、流程或数据收集中的错误。这些技术上的离群值也可以称为不需要的异常值或噪声。正如 Huber（1974）所说，噪声适应性指的是使统计模型估计不受异常观测的影响。其他离群值不是技术性的，而是数据本身固有的、我们实际上想建立模型的东西（例如信用卡欺诈交易、保险索赔、金融时间序列中的极端事件或网络漏洞）。

存在三种离群值检测技术[②]——监督的、半监督的和无监督的，具体如下。

（1）监督异常检测假设存在一个标记异常值与正常观测值的数据集，可以在这个数据集的基础上训练一个分类器，然后将模型用于新数据记录，以确定它们属于哪个类。

（2）半监督异常检测假设标记数据集仅存在于正常类别中，然后为与正常行为相对应的类别构建一个模型，用于识别测试数据中的异常值。

（3）无监督异常检测意味着不需要标记数据集，这使其成为广泛使用的方法。这类技术隐含的假设是测试数据中的正常实例远比异常值频繁。

根据数据的领域和性质、异常类型以及与异常检测相关的挑战，可以采用不同的技术。我们将在第 9 章更详细地讨论这些问题。

3.4　汇　总　数　据

假设我们已经在某种程度上对数据进行了结构化，并且已经标记和处理了离群值。我们拥有的任何输入数据，无论是图像还是文本，现在都是标准化的格式。我们的数据集还使用元数据字段进行标记，以帮助描述数据。其中一部分可能是基于文本的（如股票）或数字的。数值字段可以是汽车数量、情绪等。

下一步是汇总数据，使其更容易用于交易策略或金融模型。通常，从另类数据中得出的时间序列可能是以不规则的频率提供的，而金融模型可能期望数据具有固定的频率（如每分钟或每天）。因此，我们应该考虑对数据集进行重新采样。如果我们能从新闻数据中得到高频观测值，那么我们可以得到一个总结性统计数据，无论是平均值、中位数还是某个范围。显然，这种重新采样将导致一些信息的丢失，但它对于创建可以纳入综合模型的有用信息是必不可少的。最终的输出

---

① 我们将交替使用"异常"（anomaly）和"离群值"（outlier）。

② 见 Chandola 等（2009）。

可能是某种指数，可以用作另一个模型的输入。

　　除了频率之外，我们还可以使用许多其他类型的汇总。另一种常见的汇总类型是基于代码和位置或任何其他类别样式标记的聚合。事实上，本书后面的许多用例采用了已按类别或代码聚合的另类数据。在某些情况下，法律可能会要求在分发之前对数据集的部分内容进行汇总，以确保无法识别特定的人或交易方（3.1 节）。

3.5　小　　　结

　　在另类数据投资驱动的过程中，我们已经指出了一些潜在的风险和陷阱。首先，许多数据源可能包含快速衰减的信号，或者根本没有信号，或者与可以提取的信号强度相比，这些数据源的成本太高。其次，即使今天有一个信号，也不能保证它在未来会持续足够长的时间来证明初始投资（数据价格和基础设施成本）的合理性。再次，找到拥有合适技能和领域知识的人才仍然是一个挑战。这可能是模型风险的一个重要来源。最后，在一个快速发展的世界里，不同地区每天都可能出现新的法律，这可能会突然禁止某些类型的另类数据（如个人数据）的使用。

　　我们将在接下来的内容中展示，如果想收获隐藏在另类数据中的回报，那么拥有正确的方法和策略来处理由使用另类数据产生的复杂性是绝对必要的。虽然这听起来像一个艰难的旅程，但我们相信最终的努力将是值得的。在此之前，我们讨论了在此过程中可能遇到的一些方法上的挑战。

　　在本章中，我们还讨论了与另类数据集相关的许多挑战。其中之一是实体匹配。这涉及将对实体（如品牌或人员）的引用转换为交易资产。这些引用需要以时间点格式记录。另类数据集需要结构化。通常，它们可以是图像和文本等形式，没有通用的格式。我们需要将图像和文本等另类数据集转换为投资者更容易使用的形式，如数字时间序列。我们提到的其他挑战并不仅限于另类数据集，比如处理缺失数据，或者挑选出离群值。我们将在第 7～9 章中更详细地讨论这些问题。

第 4 章　机器学习技术

4.1　引　　言

机器学习可以成为在投资环境中使用另类数据的一个重要组成部分，因此，本章将讨论几个以机器学习为中心的话题。机器学习的一个特殊用途就是数据的结构化，这通常也是投资过程中的一个关键步骤。机器学习还可以使用各种影响因子借助回归来对如经济数据或股票价格进行预测，这些影响因子可以从更传统的数据集，如市场数据中获取，也可以从另类数据中获取。我们还可以使用机器学习中用于分类的各种技术，这对建立各种市场制度的模型很有帮助。

本章先简要讨论一下关于方差-偏差权衡和交叉验证的使用，接下来讨论机器学习的三大类型，即监督学习（supervised learning）、非监督学习（unsupervised learning）和强化学习（reinforcement learning）。

然后对一些应用于另类数据的机器学习技术进行了简要的总结。这些讨论是简短的，同时也酌情参考了其他文献。我们从有监督的机器学习中相对简单的案例开始，如线性和逻辑回归，接下来探讨了非监督学习技术，以及可以使用的各种软件库，如 TensorFlow 和 scikit-learn。

本章的后半部分讨论了一些与机器学习相关的挑战，给出了金融市场中的几个用例，以及哪些机器学习技术可以用来解决这些问题，包括预测波动性到实体匹配。因为金融时间序列本质上是非平稳的，本章还讨论了在金融时间序列中使用机器学习技术时遇到的困难，同时，还给出了实际用例，说明如何通过自然语言处理来结构化图像和文本。

4.2　机器学习：定义和技术

4.2.1　偏差、方差、噪声

这一部分讨论了在建立机器模型的时候必须要考虑的最重要的权衡机制。这种权衡是普遍的，无论我们关注的领域和想要做的东西是什么，这种权衡都会出现。虽然它在实质上是一种方法论，但其在方法、技术和商业需求之间也会有其他权衡的存在（这些内容会在 4.4.4 节中提及）。现在需要知道的就是对于权衡的选择会对投资策略产生重大的影响。

假设我们有一个数据集 $\mathfrak{D}$ 并且想要对 $y = f(x) + \varepsilon(x, y \in \mathfrak{D})$ 这一关系建模。就像 de Prado（2016）[①] 指出的那样，模型通常会出现三种误差——偏差、方差和噪声，这三种误差共同导致了总体的结果误差。具体如下。

（1）偏差：这种误差是由不现实和简单的假设导致的。偏差较大的时候，就意味着这个模型不能识别特征值和结果之间的重要关系。其中一个例子就是在一个数据生成过程为非线性（如二次方程）的数据上尝试线性拟合。在这种情况下，这种算法被称为"拟合度不足"。

（2）噪声：这种误差是由观测值的方差引起的，比如数据集的外部数据的变化或者测量误差。这种误差是不可重复的，也无法用任何模型来解释。

（3）方差：这种误差是由模型预测对于训练集中微小变化的敏感度导致的。当方差较高的时候，意味着算法对训练集进行了过拟合。因此，即使是训练集中一个微小的变化也会产生迥然不同的预测。例如，将一个四次的多项式拟合到通过二次方程产生的数据上。最终，算法错误地将噪声当成了信号，而并没有对训练集中的常规过程进行建模，这会导致噪声而非标的信号被拟合。

我们可用如下方程表达这种数学关系。假设数据生成过程（未知）是 $y = f(x) + \varepsilon(E[\varepsilon] = 0, \mathrm{Var}(\varepsilon) = \sigma^2)$。$y$ 是我们需要估计的变量，并且我们用 $\hat{y}$ 表示我们的估计值。这个拟合的期望误差在 $x = \bar{x}$ 为

$$E(y - \hat{f}(x))^2 \big| x = \bar{x} = \sigma_\varepsilon^2 + [E[\hat{f}(\bar{x})] - f(\bar{x})]^2 + E[\hat{f}(\bar{x}) - E[f(\bar{x})]]^2$$

$$= \sigma_\varepsilon^2 + \mathrm{Bias}^2(\hat{f}(\bar{x})) + \mathrm{Var}(\hat{f}(\bar{x})) \qquad (4.1)$$

$$= \mathrm{Irreducible\ error} + \mathrm{Bias}^2 + \mathrm{Variance}$$

具有代表性的是，模型的偏差会随着复杂度[②]的提升而下降，但是另一方面，方差会提升[③]。如果假设我们正在建模的数据在训练和测试阶段是稳定的，那么我们的目的就是最小化拟合和期望误差（例如，当我们尝试去预测资产回报的时候）。这种误差会在方差和偏差之间互相影响，而且正如式（4.1）所示，也会被我们选择的模型的复杂度所影响。因此，我们想要在偏差和方差之间寻找一个平衡点，我们不想要一个有着很高的偏差或者方差的模型（图 4.1）。

---

① 也可见 Hastie 等（2009），第 7 章。
② 我们把复杂度定义为模型中的参数数量。万普尼克-泽范兰杰斯理论（Vapnik-Chervonenkis，又称 VC 理论）提供了一个更为广泛的复杂度的测度方法，见 Vapnik（2013）。
③ 反面的例子可以在特定的情境中被观察到。

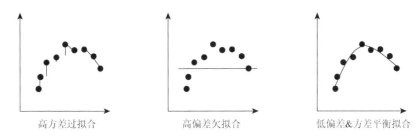

高方差过拟合   高偏差欠拟合   低偏差&方差平衡拟合

图 4.1   高偏差和高方差的平衡

资料来源：Towards Data Science

当然，大部分时间我们会（希望如此！）基于经济理论建立模型假设，这样不仅能够限制模型空间，还可以降低模型的复杂度。其他时候，我们会做出一些牺牲，比如当我们需要在一个非结构化数据集上快速地交付计算结果，或者在一个很慢的设备上进行运算，如手机——在这种情况下，我们可以选择更为简单的模型，但是我们应该始终牢记本节所提到的权衡问题。从本质上讲，模型简单到足以为我们想要的模拟进行建模即可（但是不要过于简单）。

4.2.2 交叉验证

交叉验证（cross-validation，CV）是确定一个算法的泛化能力的标准做法。在训练集上校准它的时候，它可以产生非常好的拟合效果，但是在使用样本外数据的时候，它的性能可能会急剧下降。事实上，正如 de Prado（2016）所言，在训练集上校准机器学习算法与文件有损压缩算法没什么不同：都可以以极高的保真度总结数据，但是预测能力基本为零。de Prado 还认为交叉验证在金融领域的应用是失败的，因为假设训练集和验证集是独立同分布的（independent and identical distributed，i.i.d.）是十分牵强的。例如，当训练集和验证集包含同样信息的时候，可能会发生信息泄漏。

通常来说，交叉验证也会用于模型的参数选择以最大化其样本外预测能力。我们不希望拟合的参数恰好只是在一个很短的特定历史时期内有效，而代价是样本外的表现不佳。

出于构建一个投资策略的目的，我们的交叉验证将由回测法确定，特别地，我们也会留下一些历史数据进行样本外的测试。2.5 节讨论了回测的方法。第 10 章，以及本书后面的许多用例中，也会再次详细讨论它。我们注意到，虽然回测和交叉验证看起来相似，但回测在相同显著水平上，不存在上述缺点。通过设计，它可以更好地处理非独立同分布数据，这也正是我们所需要的。

4.2.3　机器学习介绍

我们在文中已经提到了多次机器学习以及许多与另类数据相关的领域，如数据集的结构化和异常检测。本书接下来的章节会进一步介绍机器学习并且讨论这一领域中最受欢迎的技术。之后，我们将深入研究更为先进的技术（如神经网络）。

所有的机器学习都可以分为三类：监督学习、非监督学习，以及强化学习。然而在所有类型的机器学习中，我们都在尽量地最大化一些得分函数（或者最小化损失函数），无论其是来自似然函数（基于经典统计学）还是一些其他的目标函数。

1. 监督学习

在监督学习中，对于每一个数据点，我们都会有一个输入变量的向量 x，以及一个输出变量的向量 y，构成一组(x, y)对，目的是用 x 预测 y[①]。在监督学习的预测中，有两个分支：回归和分类。其中，回归包括尝试去预测一个连续的变量，例如，$y \in (-\infty, \infty)$。举例来说就是通过使用当前的利率 x_1 和股票的动量指标 x_2 来预测一只股票的收益。关于分类，我们想要预测的就是某物属于哪个组，如 $y \in (0,1)$。比如当给定借款人的信用评分 x_1，以及当前的抵押贷款利率 x_2，预测一个抵押贷款是否会违约（属于类型 1）。

分类问题还可以进一步细分为两类：生成式模型和判别式模型。生成式算法为我们提供了输入向量属于每种类别的概率，例如 P（贷款抵押违约信用评分为670|利率为4%）= 0.1。我们必须决定如何使用这些概率来匹配各种类别[②]。而判别式算法仅仅为每个输入向量匹配一种类别。

例如，在第 14 章中，我们使用线性回归形式的监督学习来拟合各种另类数据集的每股收益估计值，如位置数据和特定美国零售商的新闻情绪。

2. 非监督学习

非监督学习是关于理解和增强数据而非试图去预测数据的一种学习方法。这里，我们没有假设的(x, y)对，而仅仅有 x 向量（即没有什么可以预测的）。非

---

① 我们通常用 $\hat{y}$ 表示 y 预测值。

② 特别地，在二元的输出中，我们把大于概率 0.5 的分为第 1 组，否则分为第 0 组。对于多类的输出，我们通常给最高概率的组分类。

监督学习的输出结果往往可以成为监督学习模型良好的输入内容。在非监督学习的众多子领域中，最常见的是聚类和降维。聚类就是将数据点进行分组，但是事先我们并不知道这些分组是什么，而降维则是用较少的维度来表达数据。

聚类的一个比较常见的例子就是将股票分配到各个行业。因为一只股票到底属于哪个行业在一开始可能不会特别明显，所以聚类这种方法在进行分散投资的时候特别有用。通过了解整个领域中的元素是如何形成群体（即行业），我们可以确保在投资组合中不会给任何一个行业过多的权重。

3. 强化学习

对于强化学习来说，我们并不是将一个输入变量 x 映射到一个已知的输出向量 y（或连续或分类）上，而是希望将一个输入向量映射到一个动作上。这是在事先不知道要将哪些输入向量映射到哪些动作的情况下进行的。然后，这些动作会带来一些奖励，要么是即时的，要么是延后的，这是由一些规则集或"环境"决定的。

如果说监督学习是决定哪些股票会获得收益（那些我们决定买入的股票），那么强化学习就是通过让模型学习到买入会获得收益的股票是一件好事，来教给模型应该买入哪些股票（但是不会明确说明）。其中的一种方法就是给模型一个与日终损益成正比的"奖励"，因此强化学习对于推导出交易策略本身是十分有用的，这也不同于我们围绕着固定的规则去建立的那些输入来自模型的策略。

强化学习的难点就在于，由于模型一开始就是个"哑巴"，并且我们往往在任何时间点都可以做出很多选择，因此我们需要大量的数据来进行训练，这些数据可能比目前任何金融市场上存在的数据都要多。解决这个问题的一个方法就是设置一种可以人为产生足够真实的金融市场模拟的模型，让模型能够在特定情景下知道该怎么做，这更像是模拟国际象棋和围棋的游戏一样。然而，这并不简单，但在金融领域已经有一些希望解决这些问题的尝试。

强化学习在应用于金融领域的时候看起来似乎异常强大；然而，目前我们还处于初级阶段。因此，本书没有进一步地讨论强化学习。对于那些对生成、合成金融数据感兴趣的读者，Pardo（2019）的文章中讨论了使用生成对抗网络（generative adversarial networks，GANs）来生成这样的数据集的方法，展示了如何创建与现有时间序列数据表现出相似特征的金融时间序列数据。例如，它展示了如何创建许多与流行的 VIX 指数（CBOE volatility index）具有相似特性的合成时间序列。

4.2.4 流行的监督学习技术

1. 线性回归

线性回归可能是人们在尝试接触机器学习的时候应该学习的第一个模型。它简单易懂，实现速度快，而且在许多情况下都非常有效。在尝试任何其他更复杂的模型之前，人们或许都应该先尝试一下线性模型。这也是我们在用例章节中使用的方法。

线性回归，正如其名，就是假设因变量 y 和解释变量 x_i 之间的关系是线性的。特别地，这种模型通常表示为 $y = \beta_0 + \sum_{i=1}^{n} \beta_i x_i + \varepsilon$ 或者 $y = x^{\mathrm{T}} \beta + \varepsilon$，也就是一个增强扩展的 x，其包含了一个通常等于 1 的元素来代表截距项 β_0，以及误差项 ε[①]。在线性回归中，我们试图去最小化残差平方和 $\sum_{i=1}^{n} \varepsilon^2$（如普通最小二乘法，ordinary least squares，OLS），见图4.2。

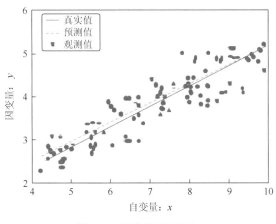

图 4.2　可视化线性回归

除了线性关系，我们还假设满足如下条件。

（1）误差项 ε 满足：①均值为零的正态分布；②同方差性（所有误差项具有不变的方差）。

（2）自变量 x_i 之间没有（或适当小的）多重共线性。

（3）误差项之间并不自相关——知道前一个误差项并不会提供关于下一个误差项的信息。

违反这些假设会导致模型得出非常奇怪的结果。因此，事先进行一些快速的检查，看看是否大致符合这些假设是十分必要的。使用 OLS 的改良版本如岭回归，会最小化误差的平方和。岭回归不容易出现基于离群点的过拟合，让整个模型不是那么复杂，而且也处理了一些 x_i 之间的多重共线性的问题。

---

① 线性回归并不总是假设自变量和因变量之间的线性关系；我们也可以假设一个模型，如 $y = b_0 + b_1 \sin(x)$，这个模型仍然会被认为是一种线性回归。

线性回归在金融领域中经常会被用于对时间序列的建模，因为我们通常用来学习参数的数据集都比较小，特别是在仅限于使用每日或低频数据的时候，情况尤其如此。这与神经网络等技术形成了鲜明的对比，因为神经网络有更多的参数，因此需要更多的训练数据来学习这些参数。线性回归的另一个好处是可以更容易地解释输出结果（在合理范围内，只要变量不多）。

这种解释模型输出结果的能力在金融等领域很重要，特别是当我们试图完成更高层级的任务比如生成交易信号的时候。但是当我们尝试以自动化的方式处理手工任务的时候，这种能力往往就显得不那么重要了，因为对于我们来说，解释一个"标准答案"更为容易。自动化任务可以是清理一个数据集，或对文本进行自然语言处理。

关于线性回归是如何专门应用于另类数据模型的例子，可见第 10 章，我们基于传统的股东权益比率，以及汽车制造业供应链的另类数据，使用线性回归为汽车制造业的股票构建交易策略。本书中的许多其他实例中也使用了线性回归，如对每股收益的估计进行建模，或使用从定位数据中生成的实体客户交通流量数据（第 14 章），从卫星图像中得到的零售商停车场数据（第 13 章），作为输入变量。

2. 逻辑回归

逻辑回归对于分类的意义就像是线性回归对于回归的意义一样。因此，它也是人们首先应该学习的机器学习方法之一。和线性回归一样，逻辑回归也是将一组输入数据以线性方式组合起来，得到一个输出值。如果这个输出值高于某个阈值，我们就把这些输入数据划分为第 1 组，否则就是第 0 组（图 4.3）。由于在线性尺度上研究问题总会给人有些混淆的感觉，逻辑回归通过使用 Logistic 函数 $f(x) = \dfrac{1}{1+\mathrm{e}^{-x}} = \dfrac{\mathrm{e}^x}{1+\mathrm{e}^x}$ 把线性值转换成了概率。

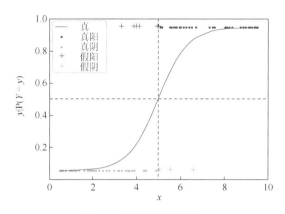

图 4.3　可视化逻辑回归

综上所述，我们通过计算 $p = f\left(\beta_0 + \sum_{i=1}^{n} \beta_i x_i\right)$，或 $p = f(x^T \beta)$，得出输入属于第 1 组的概率，如果 $p > 0.5$，则将输入归入第 1 组，否则归入第 0 组[①]。类似线性回归，逻辑回归假设 x_i 之间几乎不存在多重共线性。然而，由于我们在这里应用了非线性变换，所以不要求 x_i 和 y 之间有线性关系，而是要求 x_i 和 $\log\dfrac{p}{(1-p)}$，即对数概率之间有线性关系。唯一严格的约束是，每一个特征的增加应该总是导致其属于一个类的概率增加或是减少（即增加总是导致增加或增加总是导致减少）。与线性回归一样，当人们试图基于少量的输入就可以对某物进行分类时，逻辑回归很可能是人们应该尝试的第一个模型（即不去执行图像分类这样的任务，尽管这对于逻辑回归来说理论上是可行的）。

逻辑回归可广泛应用于金融领域。例如，对市场的分类。我们可以寻求建立一个模型把市场分为是处于横盘震荡区间还是处于趋势行情中。这种模型的典型输入数据包括我们试图识别的资产价格和波动率。通常情况下，较低的波动率水平与横盘震荡有关，而波动率水平上升往往是趋势行情的标志。一个简单的可以用来识别市场的各种风险的方法就是我们可以使用各种风险因素作为输入变量进行判断。这些风险因素可能包括信用利差、不同市场的隐含波动率等。我们还可以加入其他另类数据集，如新闻量或读者人数。例如，在第 15 章中，我们讨论了新闻量是如何成为模拟市场波动的有效指标，同时，我们还围绕如美联储联邦公开市场委员会（Federal Open Market Committee，FOMC）会议等有关宏观经济的事件给出了具体的例子。

3. Softmax 回归

虽然功能强大，但上述形式的逻辑回归并不能处理多重分类的情况。比如，我们想预测一只股票的回报率是低于–2%，还是从–2%涨到了2%，还是高于2%。如何用逻辑回归来处理呢？这时候我们就会用到 Softmax 回归（又称多项式逻辑回归）。我们不谈为什么 Softmax 回归是逻辑回归的自然延伸的这种数学问题，只谈它的公式。在 Softmax 回归中，对于 n 个分类，我们取

$$P(x \in j) = \frac{\exp(w_j^T x)}{\sum_{i=1}^{n} \exp(w_j^T x)}$$

---

① 逻辑回归的名字来源于对概率的预测（即回归）。我们只是将其扩展为基于这个回归概率进行分类的一种技术手段。

这就可以让我们以一种与逻辑回归非常类似的方式来预测某个东西所属的类，只是这次有两个以上的类。通常将"概率"最高的类作为我们对输入的分类。

4. 决策树

与前面提到的方法不同，决策树可以同时用于分类和回归。从本质上讲，决策树可以归结为一系列的决策，比如"x_3是否 > 5？"。这些决策的结果指示我们应该遵循树的哪个分支，到底是左还是右？通过这种方式，我们可以在树枝的末端得到一组叶子。这些叶子既可以输入到一个类（即对某物进行分类），也可以输入到一个连续变量（即对某物进行回归）①。一般来说，对于回归来说，叶子节点 i 输出的是所有通过规则集到达叶子 i 的数据点的因变量的平均值，由于它们的结构，决策树可以很容易地把分类变量和连续变量都作为输入数据。此外，决策树没有线性回归和逻辑回归的线性假设。最终，它们通过训练，自动进行我们所说的特征选择。在训练了模型之后，可能会有一些特征没有在树中使用，这说明这些特征是不必要的。

5. 随机森林

随机森林（random forest，RF）是决策树的延伸，类似于有效市场假说，它体现了"群体智慧"。虽然每一棵单独的决策树其本身的性能往往不是特别好，但如果我们能训练出很多决策树（假设我们不让所有的"树"都预测同样的事情），它们的平均值很可能就是我们的预测结果。为了达到这个目的，我们首先要运行引导聚集（Bagging）算法。引导聚集包括只在可得数据的随机子集上进行的训练。因此，这就导致通过不同的训练集我们可以得到不同的树。为了进一步得到不同的树，在每个新的节点上，不是为每棵树随机选择数据，而是只允许算法在决定对哪个特征进行拆分时，从可用特征的随机子集中选择。这就阻止了所有的树都决定先在，比如 x_1 上进行拆分，从而使我们可以得到一组更加多样化的树。最终，我们就有了一组不一样的树，我们把它们的平均预测作为我们的整体预测。这组树就是我们的随机森林。关于随机森林在时间序列数据中填补缺失值的用例，请参见第 7 章。

6. 支持向量机

支持向量机（support vector machine，SVM）本质上可以归结为寻找一条线（超平面），将两类不同的数据点以一种最好的方式分开。事实上，SVM 在这个意义上与逻辑回归非常相似。然而，它们的不同之处在于如何实现上。逻辑回归训练的目的是最大化样本的似然度，SVM 训练的目的是最大化决策边界（线/

---

① 尽管，假设树上的叶子数量是有限的，我们实际上也不能产生连续的预测，而是沿着实线指出区间预测。

平面）和数据点之间的距离。图 4.4 展示的例子是一条距离两类数据点距离最近的实线决策边界图。显然，这种分类不能总靠一条直线来完成。如果我们想创建一个模型来对不同的市场制度进行分类，可以考虑使用 SVM 来替代逻辑回归，而过去逻辑回归是用于处理这类模型的。

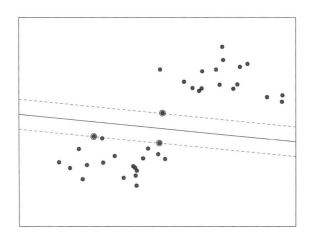

图 4.4　支持向量机的例子：图中所示实线为决策边界

一个重要的问题是，由于使用了损失函数，逻辑回归比 SVM 对离群值更为敏感。需要注意的是，对离群值的敏感度较低并不总是好事。

逻辑回归输出的是属于每个类的概率（生成模型），而 SVM 只是对每个数据点进行分类（判定模型），因此我们无法了解数据点是否"明显"属于一个类，比如 $p = 0.99$，或是介于两个类之间（在边界上），比如 $p = 0.51$。

然而，SVM 的一个优点在于如何处理非线性关系。自 1963 年提出以来，数学家们想出了"内核技巧"，使得 SVM 可以支持非线性决策边界。一般来说，内核可以将数据嵌入到一个更高维的空间中。在这个新的空间中，我们可以找到一个线性决策边界，之后我们可以将其转回初始的空间，从而得到一个非线性决策边界。在图 4.5 中，我们说明了这种内核技巧。首先，图中展示了一个二维空间，可以看到，仅仅画一条直线很难将两个群落分开，通过转换到更高维的空间，也就是三维空间，可以用线性超平面来分离这些数据点。

SVMs 已经被证明在图像分类方面表现良好。虽然当手头有大量训练数据时（如用于图像识别），它的性能不如 CNNs[①]，但对于较小的数据集，SVMs 的表现往往优于 CNNs。

---

① 关于 CNNs 的介绍，见 4.2.8 节与 4.5.2 节。

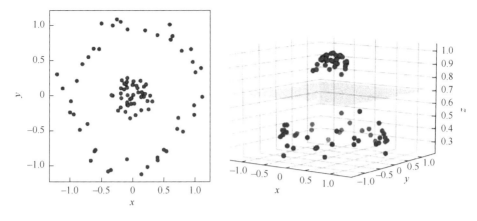

图 4.5 内核技巧的示例

7. 朴素贝叶斯

我们要提到的最后一个监督学习模型就是朴素贝叶斯（naive Bayes）。朴素贝叶斯是一种使用关键假设的分类算法，它在一个给定的分类变量 y 的情况下，假设特征值 x_i 独立于任何其他一种特征 x_j。

使用贝叶斯理论，我们有

$$P(Y = y \mid X_1 = x_1, X_2 = x_2) = \frac{P(X_1 = x_1 \mid Y = y)P(X_2 = x_2 \mid Y = y)P(Y = y)}{P(X_1 = x_1, X_2 = x_2)}$$

且满足以下假设：

$$P(X_1 = x_1, X_2 = x_2 \mid Y = y) = P(X_1 = x_1 \mid Y = y)P(X_2 = x_2 \mid Y = y)$$

即在给定的分类 y 下，各个特征是独立的。训练朴素贝叶斯分类法的算法并非单一的，而是基于上述假设的一系列算法。

如果满足朴素贝叶斯的假设条件，它的表现会非常好。朴素贝叶斯通常只需要少量的数据就可以进行训练；然而，在给定足够多的数据的情况下，它的预测能力往往会被其他方法（如随机森林）超越。

朴素贝叶斯已经被证实对于自然语言处理方面的问题是十分有效的，因此，它也可以被用来做情感分析。我们将在 4.6 节中更详细地讨论自然语言处理。

4.2.5 基于聚类的非监督机器学习技术

1. k 均值聚类算法（k-means）

k 均值聚类算法是一种尝试将数据点分成 k 个组或簇的算法。本质上，它在数据中随机分配了 k 个"均值"，通过一些距离函数将每个数据点归为一个"均值"，并重新计算每个组的均值。它不断重复将数据点标记到一个组或均值的过程，并重新计算均值所在的位置，直到没有变化为止。因此，当生成新的数据点的时候，我们可以将它们分配到这些组中的一个组。k 均值聚类算法在第 7 章中用于描述数据内的缺失模式。我们在第 9 章中的一个基于美联储的交流事件的案例研究中也使用了这个方法。通过这个案例，我们发现 k 均值聚类方法在识别各种美联储交流事件中的异常值方面特别有效。

与其他聚类算法一样，它也适用于识别相似的股票群体。正如我们在本章前面所指出的那样，通常情况下，股票往往是根据专家所挑选的行业进行分组的。然而，在实践中，当我们根据股票的价格走势使用聚类算法时，可能会发现股票之间存在一定的依赖性，而这种依赖性不一定能用这种行业分类来解释。此外，这种方法比任意的行业板块的分类方法的动态性都更强，因为之前的行业板块的分类几乎不会随时间变化而变化。

2. 层次聚类

层次聚类分析（hierarchical cluster analysis，HCA）不是假设聚类的中心点或均值，而是假设所有数据点都是自己的聚类，或者所有数据点都在一个聚类中。它在这两个极端情况之间移动，并且基于某种距离概念对聚类进行添加或删除。举例来说，比如开始时所有数据点都在不同的聚类中，将任意两个距离最近的数据点或聚类连接在一起，并且这样一直持续下去，直到最后形成一个大的聚类。这样一来，人们可以根据自己通过连接各个聚类而建立的层次结构，拥有任意数量的聚类 k。

当我们提到优化投资组合的时候，我们知道马科维茨的临界线方法（critical line approach）使用的是基于预测收益的优化，而预测收益是很难估计的。其结果往往会很不稳定，有时会将风险集中在某一特定资产上。另外，风险平价法不使用协方差，而是通过资产波动率的倒数来加权资产。

相反，在构建投资组合时可以使用层次聚类。de Prado（2016）为了做资产配置，引入了层次风险平价法，并避免使用预测收益。它不需要对协方差矩阵进行反演，而是利用协方差矩阵来创建聚类，然后在各个聚类之间分散投资组合权重。

4.2.6　其他非监督学习技术

除了聚类之外，我们还有很多其他的方法可以探索未标记的数据。

1. 主成分分析

主成分分析（principle component analysis，PCA）尝试为我们的数据找到一

组新的正交轴，而且每个连续的轴比前一个轴可解释的方差更少。通过这样做，我们可以选择一小部分新轴来使用，同时仍然能够解释数据中的大部分方差。因此，PCA 可以看作一种压缩算法。PCA 在金融领域的一个实例是在利率互换（interest rate swaps，IRSs）中的应用，其中前三个主成分可以解释 IRS 曲线的水平、斜率和曲率，而且通常可以解释 90%～99%的方差。作为 PCA 的扩展，我们在第 8 章中使用了奇异值分解法（singular value decomposition，SVD），它被用于重建时间序列数据和那些带有缺失点的图像数据。

2. 自动编码器

虽然我们现在没有具体地描述自动编码器，但它与 PCA 类似，允许我们通过不同的表示方式（编码）来表达我们的数据，并且通常用于数据降维。它们可以让模型去学习并区分哪些输入的变量组合是相似的。关于自动编码器的更多信息，请参见 4.2.8 节。

4.2.7　机器学习库

在本节中，我们将介绍两个流行的机器学习库，这些库也是我们后面要探讨的实例。

1. scikit-learn

scikit-learn 是使用以上提到的大部分方法的绝对首选机器学习 Python 库。它为大量流行的机器学习算法提供了高级 API，还提供了预处理和模型选择功能。

2. glmnet

顾名思义，glmnet 是用来运行一般线性模型的。最初是为 R 编程语言编写的，现在有 Python 和 Matlab 两个端口。它提供了训练线性、逻辑、多项式、泊松和 Cox 回归模型的方法。与 scikit-learn 相比，它有一套更注重统计学的算法，提供了训练模型的 p 值等。

4.2.8　神经网络和深度学习

现在我们已经介绍了机器学习的基础知识，接下来就让我们讨论一下当前最热门的话题——神经网络。神经网络有很多应用，特别是在处理非结构化数据时，而这种非结构化数据基本上大部分存在于另类数据世界。粗略地讲，神经网络是由节点（又名神经元）、权重（斜率）、偏差（截距）、有向边（箭头）和激活函数组成的集合。节点按层排序，通常有一个输入层，$n \geqslant 0$ 个隐藏层和一个输出层。对于除输入层以外的每一层，每个节点都有来自前几层的节点输入（通过有向边），每个节点都乘以一定的权重，相加后加到一个偏差上[①]。

最终，我们需要将神经网络的各项参数拟合到数据中。与其他机器学习技术一样，这个过程需要选择一组权重和偏差，以最小化损失函数。第一步是随机初始化模型的各种权重。然后我们可以通过从输入和随机化参数中计算出节点输出进行前向传播。然后通过计算损失函数，将这个随机化模型的输出与我们想要的实际输出进行对比。在交易策略的背景下，我们的模型输出可以视为收益。

下一步是选择新的权重，这样可以减少损失函数。我们可以尝试通过"蛮力"来实现这一目的。然而，考虑到神经网络的参数数量，这种方法通常是不可行的。相反，可以通过损失函数的导数来理解，通过这种方法，可以得到各种权重对损失函数的敏感性。然后，可以从输出处的损失反推到输入节点。下一步是根据导数的符号更新权重。如果导数是正数，意味着让权重变大会增加误差，因此需要减小该权重的大小。反之，如果导数为负，则意味着应该将权重增大。

然后我们循环回起点，使用更新后的权重，而非随机权重，重新开始。这个训练会重复进行，直到模型收敛到一个可接受的容忍度。这种学习率将控制我们"提升"权重的程度。步长大小需要足够小，这样才不会跳过局部最优值。然而，如果步长太小，我们最终会执行更多的循环，因此找到一个解决方案的计算成本会更高。

接下来我们将通过一些神经网络的例子，以及如何将线性回归等其他统计模型表示为神经网络。

1. 介绍性实例

1）将线性回归作为一种神经网络

在图 4.6 中，我们有一个输入层，一个输出层，但是没有隐藏层。输入层中有两个节点 x_1 和 x_2，输出层中有一个节点 y。对于输出层，前一层（这里是输入层）的每个节点都有一个相关的权重，即 w_1 和 w_2。同时，我们还设定了一个偏差 b。为了从输入层"前馈"到输出层，我们将每个输入乘以其权重，将所有结果相加，然后再加上偏差。因此，在图 4.2 的情况下，有 $y = b + w_1 x_1 + w_2 x_2$，或者 $y = w^T x + b$，也就是我们的标准线性回归方程。

---

① 一些体系结构，如递归神经网络，允许节点反馈到自身、同一层的其他节点或之前层的节点。

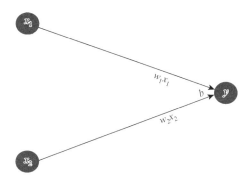

图 4.6　作为一种神经网络的可视化线性回归

2）将单分类逻辑回归作为一种神经网络

读者可能会注意到，我们之前提到了激活函数，但到目前为止还没有使用过它。为了说明激活函数是如何使用的，我们首先演示一下逻辑回归。与之前类似，我们有两个输入节点和 1 个输出节点（图 4.7）。虽然这里的输出节点没有相关的偏差以及上一层的权重，但是它现在有一个相关的激活函数 f，即逻辑（也称为 expit）函数，即 $f(x) = \dfrac{1}{1 + \exp(-x)}$。这里，方程变成了 $y = f\big(b + w_1 x_1 + w_2 x_2\big)$，或 $y = f(w^{\mathrm{T}} x + b)$，即标准的逻辑回归方程。那么也可以说，我们之前用的是一个恒等函数 $f(x) = x$，作为我们的激活函数。

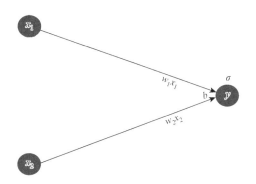

图 4.7　作为一种神经网络的可视化逻辑回归

3）将 Softmax 回归作为一种神经网络

最后，我们展示多分类逻辑回归（图 4.8）。需要注意的是，现在输入层上的每个节点都有两个与之相关的权重，每个权重都与下一层的不同节点有关。这就是把权重看成是"属于"它们输入的节点（并把它们存储在一个向量中）更有意义的原因。然而，对于激活函数来说，它们在这一层都是一样的，即 $f_h(x) = \exp(x)$，也就是同通常的情况一样。在隐藏层中，我们应用另一个"激活函数"，将分数标准化，使这些分数的总和为 1，以此来表示概率，即 $f_o^i(z) = \dfrac{z_i}{\sum_{j=1}^{n} z_j}$。或者，我们也可以用一个稍微复杂一点的激活函数——Softmax 函数来表示输入层和输出层。从这些例子中，我们可以知道，粗略地讲，神经网络是一个由多层节点组成的系统，每一层节点都向某个输出进行反馈，无论是用于回归的连续变量，还是用于分类的类别概率。很容易看出，随着添加的层变得越来越多，它们就越来越远离我们想要应用于输入的"完美的""标准的"函数，并在输入和输出向量之间创建高度非线性的、难以描述的关系。

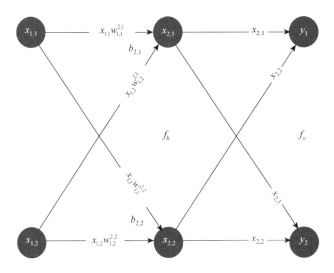

图 4.8　作为一种神经网络的可视化 Softmax 回归

2. 神经网络的常见类型

线性回归、逻辑回归和 Softmax 回归实际上都属于前馈神经网络（neural network，NN）。虽然它们都是流行的前馈神经网络类型，但其实还存在许多其他类型。

前馈神经网络是一种节点之间的连接不形成循环的神经网络。在前馈网络中，信息只向前传递，从输入层开始，通过隐藏层（如果有的话），然后到输出层。前面几节所示的都是前馈神经网络类型。前馈神经网络一般又分为如下两大类。

（1）多层感知器（multi-layer perceptron，MLP）是最标准的神经网络形式。它由一个输入层、一定数量的隐藏层（至少一个）和一个输出层组成（图 4.9）。每一层都通过激活函数向下一层反馈。特别地，前几节所示的都是 MLP。如图所示，它们既可以用于回归，也可以用于分类。

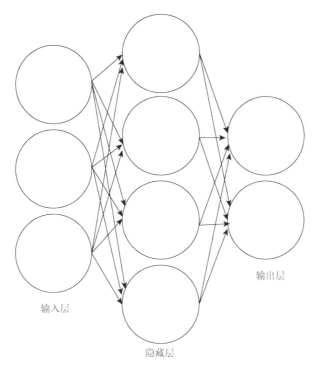

输出层

输入层

隐藏层

图 4.9　多层感知器（一个隐藏层）

（2）卷积神经网络在处理输入之间存在某种结构的问题时很受欢迎，如在图像处理中，相邻的像素提供了有问题的像素的信息。它们实际上是一种前馈神经网络，但通常 2D/3D 结构保持不变（图 4.10）。通常来说，通过在结构上传递某种"扫描器"或"内核"，卷积神经网络就可以接收到图像的一些 $n \times n$（$\times n$）子集，并对其应用一个函数，然后向右移动一步并做同样的事情。这个过程在图像

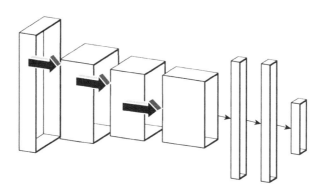

图 4.10　卷积神经网络（3 个卷积层和 2 个平层）

上从左到右、从上到下重复进行，直到我们有了一些新的转换图像层。这些层以类似于标准前馈神经网络的方式建立起来，最终产生一个输出层。CNN 在图像检测方面特别擅长，既能对图像进行分类，又能在图像中寻找物体。我们将在 4.5.2 节讨论这些问题，在图像结构化的背景下，CNN 可以用于回归和分类。

循环神经网络（RNNs）是一类人工神经网络，节点之间的连接不必"向前"指向输出，而是可以指向输入层以外的任何方向。这使得它可以表现出时间动态行为。与前馈神经网络不同的是，RNNs 可以使用这些循环（其作用就像存储器）来处理一系列的输入。因此，它们在处理连续的手写或语音识别等任务的时候非常有用。考虑到它们的时间性，人们也希望它们能在金融时间序列的建模方面取得一些突破。长短期记忆（long short-term memory）是 RNNs 的延伸，它能够对时间上的长期依赖关系进行建模。

自动编码器神经网络是为非监督学习而设计的。它们普遍被用作数据压缩模型，将输入编码为较小的维度进行表示，类似于主成分分析。它们的训练方式是首先转换为低维的表示方式，然后再进行解码，以原始维度重建输入，重建后的图像与原始图像偏差越大，损失函数越大。然后，我们保留这个降低输入维度的层，并使用这个新的输出（我们的编码）作为另一个独立的模型的输入。

生成式对抗神经网络（generative adversarial neural networks，GANs）由任意两个共同工作的网络组成，通常是一个卷积神经网络和一个多层感知器，其中一个的任务是生成内容（生成器），另一个是判断内容（判别器）。判别器必须决定生成器的输出看起来是否足够自然（即是否被分类为判别器所训练的内容）。生成器试图击败判别器，反之，判别器也试图击败生成器。通过交替训练，人们希望能改进这两个模型，直到生成的样本与真实世界无法区分。GANs 是当前的一个热门话题，GANs 在图像/语音的生成方面也非常适用，其在金融领域内的一个特殊用途可能就是 Pardo（2019）所讨论的人工时间序列的生成，这也正是本章前面谈到强化学习时所讨论的内容之一。因此，我们可以创建具有特定资产特征的时间序列（如恐慌指数或者标普 500 指数）。这种生成数据集的方式将使得我们可以创建无限的训练数据，以进一步开发基于强化学习的模型。

3. 什么是深度学习？

深度学习是具有多个隐藏层的神经网络（即"深度"神经网络）。这种"深度"使它们能够表示高度非线性的函数，来捕捉数据中那些不明显的关系。这与其他通常会花费大量时间进行特征工程研究的更为传统的机器学习类型形成了鲜明对比，而特征工程依赖于我们对于某个领域内的知识和对手头问题的理解。LeCun 等（2015）举例说明了什么时候应该将深度学习应用于图像识别的问题。图像识别问题通常被认为是深度学习最主要的成功应用之一。通常情况下，第一层会尝试捕捉图像特定区域的边缘。相比之下，第二层将关注由边缘组成的模式。然后，第三层将识别可能代表物体的图案组合。在所有这些情况下，特征都不是人们创建出来的，而都是在学习过程中产生的。

由于参数数量非常庞大，深度学习需要一个非常大的训练集以避免过拟合。然而，这也使得它们变得非常灵活并且可以捕捉高度非线性的关系，这就使得所需的特征工程较少而且在这个过程中仍然很可能涉及一定数量的手动调整，例如了解层数，以及我们应该在模型中包含哪些层。

4. 神经网络和深度学习库

1）低级深度学习和神经网络库

Theano 和 TensorFlow 之于神经网络库，就像 NumPy 之于 SciPy、scikit-learn 和 scikit-image 一样。如果没有 NumPy，今天许多流行的科学计算库就不会存在，同样，如果没有 Theano 或 TensorFlow，现在许多流行的高级深度学习库也不会存在。下面我们将详细介绍这些内容，同时也概述一下 PyTorch。

（1）Theano。Theano 是一个 Python 库，用于定义、优化、评估和分析神经网络。Theano 大量运用了 NumPy，同时它以一种透明的方式支持图形处理单元（graphics processing unit，GPU）。和 NumPy 很像，虽然你可以使用 Theano 构建一个完整的神经网络，但你可能不想这样做，就像你通常不想在 NumPy 中从 scratch 开始构建一个逻辑回归器，而是使用 scikit-learn 一样。相反，Theano 是一个经常被其他能够提供更容易使用的 API 的库所包含的库（代价是灵活性的降低）。

（2）TensorFlow。和 Theano 一样，TensorFlow 是另一个可以用来构建神经网络的库。它最初由谷歌开发，现在是开源的，而且非常受欢迎。

（3）PyTorch。最近，PyTorch 被开发出来作为 Theano 和 TensorFlow 的替代品。它使用了与上述的库截然不同的结构，导致性能较慢，但更容易阅读，因此，它更容易调试。PyTorch 在以研究为目的的使用上已经变得非常流行，而 Theano 和 TensorFlow 在以生产为目的的使用上更受欢迎。

接下来，我们对这些不同的库进行更详细的比较。

（1）PyTorch 与 TensorFlow/Theano 的对比。人们为什么更喜欢 PyTorch 而不是 TensorFlow/Theano 呢？答案是静态图与动态图的对比。我们不会深入探讨什么是静态图和动态图的细枝末节，但是，总的来说，PyTorch 允许你"随心所欲"地定义和更改节点，而在 TensorFlow 和 Theano 中，一切都必须先设置好，然后再运行。这给 PyTorch 带来了更多的灵活性，使其更容易调试，但也使其运行更慢。此外，某些类型的神经网络还得益于动态结构。以用于自然语言处理的 RNN

为例，使用静态图，输入序列的长度必须保持不变，这意味着必须对句子长度设置一些理论上的上限，并将较短的句子长度设置为 0。对于动态图，我们可以允许输入节点的数量视情况而变。

（2）Theano 与 TensorFlow。如果已经决定了使用 Theano 或 TensorFlow 而不是 PyTorch，那么，下一步就是在 Theano 或 TensorFlow 两者之间做出选择，这时，必须要考虑如下一些事情。

①Theano 在单个 GPU 上的速度比 TensorFlow 快，而 TensorFlow 更适合多个 GPU/分布式系统，现在很多生产中的系统都是这样。

②Theano 略显啰嗦，以牺牲编码速度为代价提供了更精细的控制。

③然而最重要的是，蒙特利尔学习算法研究所（Montreal Institute for Learning Algorithms，MILA）宣布，自从 Theano 1.0 版本发布后，他们已经停止了 Theano 的开发。事实上，自 2017 年以来，只有微小的改动。

④因此，普遍的共识是人们似乎更喜欢 TensorFlow，在 GitHub 上，TensorFlow 有 41 536 个用户、8585 个订阅者和 129 272 颗星，而 Theano 在本书出版时分别有 5659 个用户、591 订阅者和 8814 颗星。

不过，这多少有些"马后炮"的味道。如果一定要在两者之间做出选择，从安全性的角度来说，TensorFlow 可能是好的选择，当涉及性能时，另一个考虑因素就是使用者所处的"云环境"。

2）高级深度学习和神经网络库

出于多种原因，用户可能倾向于使用更高级的库与神经网络进行交互，这些库可以降低一些处理如 TensorFlow 等低级库的复杂性。

（1）Keras。如前所述，存在许多与 scikit-learn 等价的库，但对于神经网络来说，其中最受欢迎的可能是 Keras。Keras 为 TensorFlow 或 Theano 提供了高级的 API；然而，Keras 是为与 Theano 一起使用而不断进行优化的。Google 从版本 2 开始已经将 Keras 集成到 TensorFlow 中。

（2）TFLearn。和 Keras 一样，TFLearn 也是一个高级 API，不过，这次是针对 TensorFlow 优化的。奇怪的是，虽然 TFLearn 是在 TensorFlow 的基础上开发的，但在 GitHub 上，似乎 Keras 更受欢迎，在写本书的时候，Keras 有 27 387 个用户、2031 个订阅者和 41 877 颗星，而 TFLearn 的用户、订阅者和星星分别是 1500、489、9121。从这个意义上说，Keras 和 TFLearn 之间用哪个并不像 Theano 和 TensorFlow 那样明确。

3）中级深度学习和神经网络库

Lasagne 是一个用于在 Theano 中构建和训练网络的轻量级的库。与 Keras 相比，Lasagne 对 Theano 的依赖没有那么严重，而是以更多的代码为代价换来了更少的约束。因此，Lasagne 可以看作 Theano 和 Keras 的折中选择。

4）其他框架

虽然 TensorFlow 已经成为神经网络最主要的库之一，并且已经成为许多高级库的核心，但值得注意的是，还有一些框架可以使用，我们在这里讨论其中的一些框架。

（1）（Apache）MXNet。虽然它提供了一个 Python API，但从技术上讲，MXNet是一个框架而不是一个库。我们讨论它的原因是，虽然它确实有 Python API，但它也支持许多其他语言，包括 C++、R、Matlab 和 JavaScript。此外，MXNet 是由亚马逊开发的，因此，它是以亚马逊云端运算服务（Amazon Web Services，AWS）为中心构建的。虽然 MXNet 需要更多的代码来设置，但如果你计划使用 AWS、微软云计算操作系统（Windows Azure，Azure）或 YARN 集群执行大量的分布式计算，那么它是非常值得使用的。最后，MXNet 既提供了像 PyTorch 那样的命令式编程（动态图）结构，也提供了像 Theano 和 TensorFlow 那样的声明式编程（静态图）结构。

（2）Caffe。与前面提到的其他框架不同，Caffe 没有像其他框架那样提供 Python API。相反，使用者需要在类似 JSON 格式的文件中定义模型架构和求解器方法，这些文件是以 .prototxt 为后缀的配置文件。Caffe 二进制文件会使用这些 .prototxt 文件作为输入并对网络进行训练。训练完成后，您可以使用 Caffe 二进制文件或通过 Python API 对新图像进行分类。这样做的好处是速度快。Caffe 是用纯 C++ 和 CUDA（计算统一设备体系结构，compute unified device architecture）实现的，每天大概可以在 K40 GPU 上处理 6000 万张图像，但是，它会让训练和模型使用变得有些烦琐，程序化的超参数调整特别困难。

5）处理库

在使用另类数据时，另一件需要考虑的事情是数据的准备。虽然数据供应商可能会向你提供所需要的原始数据，但可能不会为你标记或处理数据。在这里，我们重点介绍几个通用库。本书后面还将讨论一些与结构化另类数据的常见任务即图像处理和自然语言处理相关的库。

（1）NumPy。虽然 NumPy 已经耳熟能详，但很多人并没有充分利用它。如果对 NumPy 的矢量化功能利用得当，它会特别有用。比如想要创建一个图像蒙版？此时如果图像被加载到一个 numpy.ndarray 中，只需输入 mask = image＜87。或者想把蒙版下的像素设置为白色？只需输入 image[mask] = 255。虽然这些操作很基础，但 NumPy 的功能非常强大，不应该被忽视。

（2）Pandas。与 NumPy 类似，Pandas 也有一个庞大的、十分有用的（矢量化）函数库供我们使用，使得数据预处理比单独使用标准 Python 要容易得多。

（3）SciPy。SciPy 可以认为是 NumPy 的扩展，提供了另一个庞大的、有用的预处理的函数集。从样条函数到傅里叶变换，如果想要一些特殊的数学/物理函数，SciPy 是使用者应该首先考虑的。

4.2.9　高斯过程

在本节中，我们将介绍另一种近年来流行的有用技术——高斯过程（Gaussian process，GP）。高斯过程是用于非线性回归和分类的一般统计模型，最近在机器学习界受到广泛关注。鉴于当使用高斯过程时，任何预测都是概率性的，因此我们可以构建置信区间来了解拟合度的好坏。Murphy（2012）指出，具备这种概率性的输出能力对于某些应用来说是有帮助的，比如视觉在线跟踪（online tracking of vision）和机器人（robotics）领域中的在线跟踪。我们也有理由断定这样的概率信息可以帮助我们进行财务预测。

高斯过程最初是从地质统计学中引入的（在地质统计学中，称为"Kriging"），也可以结合异质数据源一起使用。这种方法在另类（和非另类）数据的应用中经常出现。Ghosal 和 Roberts（2016）在这一方面已经做了一些工作，他们使用高斯过程并结合技术指标、情绪、期权价格和经纪人的建议等数据源对标普 500 指数的回报率进行了预测。在讨论 Ghosal 和 Roberts（2016）的论文之前，我们将基于该论文简单说明高斯过程。更多细节请读者参考 Rasmussen（2003）的研究。

高斯过程是一个随机变量的集合，其中任何有限子集都具有联合高斯分布。高斯过程完全由均值函数和协方差函数（或者叫作核函数）来进行参数化。给定一个真实过程 $f(x)$，高斯过程可以写成：

$$f(x) \sim GP(m(x), k(xx'))$$

用 $m(x)$ 和 $k(x, x')$ 分别表示均值和协方差函数：

$$m(x) = \mathbb{E}[f(x)]$$

$$k(x, x') = \mathbb{E}[(f(x) - m(x)) \times (f(x') - m(x'))]$$

其中，集中的输入集 $X = \{x_1, x_2, \cdots, x_n\}$，输出集 $y = \{y_1, y_2, \cdots, y_n\}$。高斯过程 f 的分布 $f = [f(x_1), \cdots, f(x_n)]^T$ 是一个多变量高斯分布：

$$f \sim \mathcal{N}(0, K)$$

其中，$K_{i,j} = k(x_i, x_j)$。在 f 的条件下，我们有

$$y_i \mid f(x_i) \sim \mathcal{N}(0, \sigma_n^2)$$

其中，σ_n^2 为确定噪声的参数。由于高斯分布是自共轭的，我们有以下的边际化（与 x 无关，即对于一般的点，可能是我们没有观测值的地方）：

$$y_i \sim \mathcal{N}(0, K + \sigma_n I)$$

在新的未见点 x^*（即以训练数据为条件）预测 y^* 时，我们会有这样的结果：

$$y^* \mid x^*, X, y \sim \mathcal{N}(k^*(K + \sigma_n^2 I)^{-1} y, k^{**} - k^*(K + \sigma_n^2 I)^{-1} k^{*T})$$

其中，$K_{i,j} = k(x_i, x_j)$，$k^* = [k(x_1, x^*), \cdots, k(x_n, x^*)]$ 和 $k^{**} = k(x^*, x^*)$。

这种设置让我们可以通过协方差函数 $k(x, x')$ 将 f 的先验知识与观测数据进行编码，从而根据我们的观测结果创建一个后验分布。对于 k 的选择（通常被称为核）允许我们根据点与点之间的接近程度来决定我们期望的行为。高斯径向基函数让我们可以对向量空间中邻近的点实现相似的 f 值这样一个事情进行编码。

正如 Chapados 和 Bengio（2007）在其论文中所指出的，高斯过程与神经网络的不同之处在于，高斯过程依赖于完全的贝叶斯处理，提供完整的预测后分布。在回归的情况下，高斯过程在计算上的实现也相对简单。事实上，基本模型只需要求解一个线性方程的系统，尽管这个方程系统的大小与训练实例的数量相等，也就是需要 $O(N^2)$ 的计算量。然而，高斯过程的一个缺点是不太适合高维空间。

正如 Chapados 和 Bengio（2007）所解释的那样，更传统的线性和非线性模型的一个问题是，在多个时间范围内进行的预测是通过多步骤的迭代方式来完成的。此外，以宏观经济变量形式出现的条件信息可能具有重要意义，但却由于这种信息是定期公布的而表现出烦琐的特性，所以其解释力在不同的预测时间跨度上存在差异。换句话说，在进行长期预测时，模型不应该像进行短期或中期预测时那样加入条件信息。解决这个问题的一个可能的办法是，每个时间序列都用多个模型进行预测，而对每个时间尺度都应用一个模型。然而，这很难行得通，因为这需要建模者有很高的技巧，而且当一个人要处理数百个时间序列时，无法实现经得起检验的自动化。Chapados 和 Bengio（2007）提供了基于高斯过程的解决方案来预测大宗商品市场上的期货合约未来产生的利差的完整轨迹。

Ghoshal 和 Roberts（2016）分析了 12 个被认为是次日标普 500 指数回报信号的因素，分为技术、情绪、价格空间和经纪人数据组。他们选择了那些被认为与目标有显著相关性的因素进行进一步分析，主要有：①50 日均线；②12 日、26 日、指数异同移动平均线（moving average convergence/divergence，MACD）；③Stocktwits 情绪因子；④一个"方向性"因子；⑤一个"黏度"因子。对平稳和自适应高斯模型的测试表明，在这两种情况下，即使只使用一组因子，也能优于其平稳/自适应自回归基准模型。此外，Ghoshal 和 Roberts（2016）还展示了高斯模型如何向我们提供因子的相关性（无论这个因子是在整个时期平稳的还是随时间自适应的）。我们将在第 10 章的案例研究中介绍高斯过程的应用。

4.3　选择哪种技术？

没有一种通用的算法可以为手头的所有问题提供最佳的解决方案。每一个问题，根据其领域、复杂度、精度和速度要求，可能需要不同的方法对策，因此会产生不同的最佳性能算法。没有免费午餐（no-free-lunch，NFL）定理已经在以监督学习和搜索为中心的各种环境中被陈述和证明[1]。NFL 定理表明，当算法的性能在特定类型的所有可能的问题上均匀分布时，没有任何算法比其他算法表现得更好。这意味着我们需要开发不同的模型和为不同的模型开发不同的训练算法，以覆盖我们在现实世界中遇到的多样性的问题和约束。

随着非结构化数据的大量出现，我们可能需要使用比传统金融领域更先进的技术。例如，对图像等非结构化数据的分析用标准的统计工具无法产生良好的结果。逻辑回归可以用来处理这项任务，但分类精度普遍较低。机器学习领域的最新发展使我们能够以更高的精度来分析图像、文本和语音。深度学习就是其中的一项进步。例如，用于各种图像识别任务的深度学习已经超过了人类的表现[2]。我们在 4.2.8 节讨论了深度学习。

根据我们的经验，我们逐项列出了用于解决常见类型问题的通用技术（表4.1）。这个列表并不是详尽无遗的，列表中未列出的技术也可以有很好的表现，所以读者应该把这个列表作为一个起始图，而非一个绝对的标准。我们将在表格的左栏中描述金融从业者感兴趣的典型用例，与其相应的建议位于右栏，其中许多模型在本章前面已经讨论过。Kolanovic 和 Krishnamachari（2017）的文章中有一个更大的清单，列出了各种金融问题以及可以用来解决这些问题的潜在机器学习方法。

表 4.1　金融（和非金融）问题以及建议使用的模型技术

市场分类识别	隐马尔可夫模型
资产、一揽子资产和因子的未来价格走向	线性回归，LSTM
资产、一揽子资产和因子的未来价格变化幅度	线性回归，LSTM
资产、一揽子资产和因子的未来波动性	GARCH[3]（及其变体），LSTM
资产和要素聚类及其随时间变化的情况	K-means 聚类，SVM
资产对市场的错误定价	线性回归，LSTM
事件发生的概率（如市场暴跌）	随机森林
预测公司和经济基本面	线性回归，LSTM
预测交易资产的交易量和流动性	GARCH（及其变体），LSTM

---

① 见 Schaffer（1994）和 Wolpert（2002）。

② 见 https://www.eff.org/ai/metrics，了解不同数据集的最新性能基准。见 Geirhos 等（2017），了解在图像退化（如对比度降低、附加噪声或新型幻象失真）下人类与机器性能的不同例子和比较。

③ 广义自回归条件异方差模型（generalized autoregressive conditional heteroskedasticity model）。

续表

市场分类识别		隐马尔可夫模型
了解市场驱动因素		PCA
事件研究（价格对特定事件的反应）		线性回归
多频时间序列的混合		高斯过程
预测交易流动性的变化		线性回归，LSTM
特征在资产价格变动中的重要性		随机森林
结构化	·图像	卷积神经网络
	·文本	BERT[①]，XLNet[②]
	·语音	深度神经网络-隐马尔可夫模型
	·视频	卷积神经网络
缺失数据推算		多重奇异谱分析法
实体匹配		深度神经网络

在本章的后半部分，我们给出了一些使用各种技术来构建图像和文本的实际例子。

为了选择最佳的方法来分析数据，有必要了解不同的机器学习方法，如它们的优缺点，以及将这些模型应用于金融领域的具体情况。除了对现有模型的了解外，要想成功地应用还需要对被建模的基础数据有深刻的理解，以及强烈的市场直觉。

4.4　机器学习技术的假设和局限性

机器学习，或者通常来说的定量建模，是基于建模阶段所做出的假设和选择，我们必须意识到其后果。这些假设看起来微不足道，但在实践中，我们已经看到对它们所蕴含的内容的认识存在不足。第一，因果性和相关性是有区别的，我们在进行预测时，大部分时间需要的是前者。第二，非平稳数据让学习变得非常困难，而且由于在时间上是不稳定的，得出的结果也并不可靠。第三，重要的是要记住，我们处理的数据集经常会是引起一个现象的变量的子集。可以补充数据集的宝贵信息可能存在于其他不同的数据集中，甚至存在于我们的专门知识中。第四，必须根据算法的已知局限性、手头的数据和商业案例确定合适的算法。下面我们开始详细讨论这些内容。

---

① BERT 全称 bidirectional encoder representations from transformers，即基于变换器的双向编码器表示技术。

② XLNet 是基于 transformers-XL 的自然语言理解的广义自回归模型。

4.4.1　因果关系

在前面的章节中，我们已经根据使用案例提供了一份不同机器学习技术的建议清单，但是对于许多应用来说，有一个共同问题（也是一个潜在的问题）是我们必须要注意的，那就是在分类（预测）任务中，我们总是试图学习一组输入和输出之间的函数关系。在这样的过程中，我们很可能会遇到一个已知的老问题——伪相关，或统计上的巧合。但即使两个变量之间的关系是因果关系（即没有第三个变量作为干扰因子），神经网络，甚至是更简单的线性回归，也无法判断因果关系的方向，因此即使对换输入和输出也可以发现同样强大的关联关系。

然而，对于某些特定的任务来说，为了拥有一个稳健的，不需要频繁再校准的，并且其结果在一段时间内保持不变的模型，在建立模型时[①]，要保证具备特定领域的坚实的理论。这就是说，导致某个结果的原因必须是预测输出（或效果）的模型的输入变量。正如 Pearl（2009）所指出的，因果模型有一系列理想的特征。用他的术语来说，就是可以用因果关系来处理问题。

（1）使其对结果的判断"稳健"。

（2）使模型能够很好地代表和应对外部环境的变化。

（3）允许使用比概率更"稳定"的概念工具。

（4）允许推断出历史上没有发生过的情况或事件的组合。

当涉及实际问题时，人们必须确保训练数据生成的过程是稳定的，并且被识别的关系是由这些稳定的因果过程而导致的。这可能是一项棘手的任务，因为大多数时候变量之间的因果关系是未知的，或是不存在的。然而，我们必须确保已经将最好的领域内的知识应用到手头的问题中。这就引出了另一个重要的问题：平稳性。

4.4.2　非平稳性

缺乏平稳性是非常棘手的问题，在大多数情况下，这种问题是机器学习模型无法应对的。事实上，机器学习总是假设从数据中进行推理的基础概率分布保持不变。这是一个在实践中几乎不可能出现的条件。我们注意到，平稳性并不能确保良好的（或任何的）预测能力，因为它是高性能算法的必要条件，但不是充分条件。如果我们拿深度学习中特别成功的例子来说，通常底层数据集的特征是相

---

① 有时，我们并不需要因果关系，如在图像中数出汽车的数量或从文本中提取情绪时。但在宏观经济预测等方面，因果关系是必要的。

对平稳的，比如识别照片中的猫①或数出停车场的汽车或语言翻译。

开发/测试数据集中包含的数据与在随后被应用在模型中的真实世界中的数据的分布变化，称为数据集偏移（或漂移）。数据集偏移可分为三种类型：①独立变量的偏移（协变量偏移）；②目标变量的偏移（先验偏移）；③独立变量与目标变量之间关系的偏移（概念偏移）。文献中只有第一种类型得到了广泛的研究（Sugiyama et al.，2012），并有一些处理的方法，而其他两种类型仍处于积极研究中。

金融时间序列表现出非平稳性，比如它们的均值和方差等属性会发生显著变化，基本的概率分布会以完全不可预测的方式发生变化。尤其在市场动荡时期，这一点可以被观察到，因为在市场动荡时期，许多变量的时间序列出现了结构性断裂（如波动率）。这对可以被管控的货币来说可能特别残酷，例如，波动率可以通过中央银行的干预被人为地保持在较低的水平，然后当中央银行不再有足够的资金将货币维持在一个严格的界限内时，波动率就会激增。

4.4.3　有限制的信息集

另一个重要的问题是，任何算法都是在特定数据集给出的受限信息集（包括特征数量和历史记录）上进行训练的。因此，可以得出的结论、见解本质上仅限于该数据集所包含的内容。从这个意义上来说，算法是无法预见其狭小世界之外发生的事情的。本质上，你拥有的数据并不能告诉你关于你没有的数据的任何信息。借用 Donald Rumsfeld 流行的术语，这就是已知的未知。

当试图预测市场的暴跌这种罕见事件时，可能会变得相当麻烦。通常情况下，预警指标可以在数据集之外寻找，并与在该数据集上运行的算法相结合。然而，触发市场暴跌的因素可能有很大的不同。例如，新兴市场的指标可能对预测 20 世纪末 21 世纪初的许多危机，尤其是 1997 年的亚洲金融危机很有帮助。然而，这些指标对于预测全球金融危机就显得没有那么重要了，这是因为全球金融危机在蔓延之前是由发达市场（如美国次贷市场）引起的。在这种情况下，与发达市场信贷利差有关的变量，比那些在危机蔓延后才变化的新兴市场的有关变量更能说明问题。通常情况下，这可以通过人机闭环系统（human-in-the-loop，HITL）的干预来纠正或补充模型的输入/输出。在这种情况下，人类可以超越算法，因为对背景的了解有时比大量的历史数据更有用。人类有时非常擅长用少量的数据进行预测。我们只见过一两次面就能认出一张脸，即使我们从不同的角度或在上一次看到这张脸几年后才再次看见它。然而，深度学习算法在训练集中需要数百甚至数千张图像才能对这张脸进行识别。

---

① 猫的数量并不会随着时间的变化而变化，尤其是在我们观察它们之后。

关于这个话题的详细论证，请参见 Agrawal 等（2018）的论文。当然，还有未知的未知。这些问题对于机器和人类来说都是难以捉摸的。最后，在 Agrawal 等的术语中（并非 Rumsfeld 的术语中），也有一些未知的已知，也就是：算法给出了一个很有把握的答案，但算法无法获得真正的潜在因果关系，所以这可能是虚假的。我们可以参考 Agrawal 等（2018）的论文来了解更多细节。

4.4.4　算法的选择

最后，算法的选择——另一个假设——在即将用到的用例中会很重要，它的提出必须基于我们试图解决的问题的性质和可用数据量。如前所述，并不存在性能最好的通用算法。深度学习模型在统计停车场的汽车数量，或者从文本中提取情感方面的信息时做得非常出色，但在预测金融时间序列时，尤其是对于低频数据，表现可能不是那么好。在数据特别稀缺时，我们可能会发现，比起复杂的深度学习方法，线性回归等简单的机器学习技术可能是更好的选择。

那么我们在金融领域面临的典型问题是什么呢？首先，金融时间序列的信噪比很低。图像识别系统对噪声非常敏感。因此，在图像中添加一些白噪声，可能会完全改变分类的结果。其次，数据量有时是不够的，因为深度学习对于数据的贪婪性是众所周知的，我们可以扩大样本以包含更多过去的数据点。然而，考虑到市场和经济的不断变化，我们可能会遇到 4.4.2 节中讨论的非平稳性问题。例如，如果我们最终研究的是市场由人类做市商主导，并且具有非常不同的市场微观结构的历史时期，那么这种方法不太可能对高频交易策略进行回测。这些类型的市场与后来电子交易员主导短期价格活动的时期有很大不同。

我们可以使用深度学习技术，如 LSTM，从高频订单簿数据中探索时间序列。正如我们在本章前面所指出的，LSTM 与普通的循环神经网络相比的好处是，它们可以捕捉数据中长期的依赖性，同时可以遗忘相关性较低的事件。因此，LSTM 可以在多种时间步幅中学习。能够解释这些长期依赖性的能力是时间序列建模的关键。事实上，如果不能对时间序列中的长期关系进行建模，那么我们也将很难对许多其他模式进行建模，如那些与季节性相关的模型（如日内时间、周内效应等）。

在高频交易环境中，我们有非常多的数据来训练这样的模型，不仅有已执行的交易数量，而且有更为庞大的有关所有发布出来的报价的数据集。即使在这种情况下，仍然可能会面临多种挑战，尤其是需要确保一个模型一旦被训练出来，就可以快速地被运行。如果一个高频交易模型不能足够快速地运行，那么它的任何交易建议都将无法赚钱。高频交易策略通常对延迟非常敏感。

考虑到未来的所有这些问题，我们现在开始讨论图像和文本的结构化。

4.5　结构化图像

4.5.1　特征和特征检测算法

在解读一幅图像时，人类试图关注重要的元素，而往往忽略了图像的很多内容。从某种意义上说，我们在下意识地对数据进行降维。这个原理在计算机视觉领域中也是类似的，因为在计算机视觉领域中我们可能会尝试将图像转换为特征向量。许多与金融相关的另类数据集最初都是由图像衍生而来的。虽然人类或许有能力对图像进行解析，但当图像的数量变得很大时，这是不可能的。因此，用有效的自动化技术来处理图像是非常重要的。在第 13 章中，我们给出了投资者使用卫星图像的案例。这些数据集可以从成千上万的图像中获取，但是如果用人工的方式处理，成本会非常高，而且还容易出现前后矛盾的问题。

在图像识别中，我们本质上是想从图像中提取出一些重要的特征，而且我们希望这些特征应该是对理解图像内容而言最有帮助的。Salahat 和 Qasaimeh（2017）讨论了这种特征的一些理想属性。图像中的一些特征可能与边界有关。边界出现在像素强度有突然变化的地方。同时，边角则出现在边缘连接的地方。一些特征是基于连通域（blobs）或区域（regions）的。不同的连通域将通过亮度、颜色等方面的差异来区分。表 4.2 总结了各种特征检测器算法，按其类别及其分类器的运算基础进行了分类（Salahat and Qasaimeh，2017）。

表 4.2　不同的基于边缘、边角以及连通域的特征检测器

大类	分类	方法与算法
基于边缘	基于差异化	Sobel，Canny
基于边角	基于梯度	Harris（及其衍生），KLT，Shi-Tomasi，LOCOCO，S-LOCOCO
基于边角	基于模板	FAST，AGAST，BRIEF，SUSAN，FAST-ER
基于边角	基于轮廓	ANDD，DoG-curve，ACJ，Hyperbola fitting, etc.
基于边角	基于学习	NMX，BEL，Pb，MS-Pb，gPb，SCG，SE，tPb，DSC，Sketch Tokens, etc.
连通域（兴趣点）	基于 PDE	SIFT（及其衍生），SURF（及其衍生），CenSurE，LoG，DoG，DoH，Hessian（及其衍生），RLOG，MO-GP，DART，KAZE，A-KAZE，WADE, etc.
连通域（关键点）	基于模板	ORB，BRISK，FREAK
连通域（兴趣区域）	基于细分	MSER（及其衍生），IBR，Salient Regions，EBR，Beta-Stable，MFD，FLOG，BPLR

那么特征的理想属性是什么呢？特征应该是与众不同的，这样才能将它们彼此区分开。它们需要覆盖一个相对较小的区域，也就是说，它们应该处于局部。计算特征的时候需要保证效率，如果我们将它们用于实时应用，例如实时检测视频源中的物体，这一点就显得尤为重要。

特征应该是可重复的，因此其在各帧之间应该相对稳定。要做到这一点，它们需要对视角和旋转的变化保持不变。例如，一匹马，与头顶上的马相比，它的轮廓看起来非常不同。但是无论其被观察的角度如何，它仍然是一匹马。此外，它们不应该受到影响图像质量的因素的影响，如噪声、模糊和压缩失真。在表 4.3 中，我们列出了一些不同的特征检测器的算法，以及它们在这些来自 Salahat 和 Qasaimeh（2017）的各种理想化特征性质方面的表现。

表 4.3　主要特征检测器算法及其性质

特征检测器	旋转	尺度不变性	仿射	可重复性	质量本地化稳健性	稳健性	有效性
Harris	Y	—		+++	+++	+++	++
Hessian	Y	—		+++	++	++	+
SUSAN	Y	—		++	++	++	+++
Harris-Laplace	Y	Y		+++	+++	++	+
Hessian-Laplace	Y	Y		+++	+++	+++	+
DoG	Y	Y		++	++	++	++
Salient Regions	Y	Y	Y	++	+	++	+
SURF	Y	Y	—	++	+++	++	+++
SIFT	Y	Y		++	+++	+++	++
MSER	Y	Y	Y	+++	+++	++	+++

资料来源：Salahat 和 Qasaimeh（2017）

注：Y 表示 Yes，即存在该性质，+、++、+++分别表示在该性质上的程度依次加深

那么，我们如何在实践中使用这些特征来解决类似图像分类这样的计算机视觉问题呢？第一步是给所有图像打上标签，如"汉堡"和"其他"。然后通过特征检测器算法将所有的图像转换成各自的特征向量表示。之后就可以将其作为一个分类式的监督学习问题来解决。在这个例子中，我们本质上是试图将一个高维超空间划分为"汉堡"和"其他"的区域。超空间由许多点组成，每个点的特征是一个代表图像的向量。我们可以尝试使用线性模型，如逻辑回归来分割这个空间。然而，像支持向量机这样的非线性技术很可能会产生更好的结果。

4.5.2　深度学习和卷积神经网络的图像分类方法

　　我们对计算机视觉的讨论主要集中在利用与边缘、边角和连通域相关的特征检测算法来构建特征向量的表示方法。这种方法似乎很直观，因为它与我们解释图像的方式相似。是否有更好的办法来提取特征（如图像识别），以获得更高的准确度？是否能自动地识别更高级的特征？是否会比基于直观特征对图像进行特征预处理的检测算法做得更好？正如本章前面提到的那样，我们可以使用深度学习来"发现"合适的特征，而不是自己尝试手工创建这些特征（即特征工程）。前面提到卷积神经网络（CNN）在图像识别领域取得了成功。CNN 基本上跳过了应用特征检测算法所需的步骤。相反，它使用原始像素数据作为输入的特征图谱，其中每个像素都是由基础的红、绿、蓝三色值组成的向量。我们可以把卷积操作看作一个扫过原始图像的滑动瓦片。当瓦片在图像的重叠部分上滑动时，它会创建一个输出特征图，构造一个点积。换句话说，它用一组权重对元素乘积进行求和。"滑块"的大小被称为步长。Dumoulin 和 Visin（2018）解释了卷积运算中步长和其他因素的影响。

　　这个权重矩阵被称为过滤器。习惯性地，过滤器由人工制作，以获取特定的相对直观的特征，如水平、垂直或对角线边缘。然而，在这种情况下，我们转而从随机权重开始，然后进行"拟合"，这样就可以了解到重要的特征，而非预先指定它们。

　　常见的就是应用多个过滤器来增加输出的深度。需要注意的是，卷积的步骤可以让我们保留一些相互接近的像素之间的关系。如果失去了这种关系，就会使图像的意义更难理解。使用的过滤器越多，CNN 可以提取的特征就越多。

　　然后，使用线性整流函数（rectified linear unit，ReLU）将非线性引入到卷积特征中，ReLU 输出了每个矩阵元素的最大值和零值。回顾我们对神经网络的介绍，ReLU 是最近关于激活函数的比较突出的一个例子。在这之后，是池化操作，这一步进行的是对卷积的特征降采样。这就减少了参数的数量，从而减少了训练网络时所需的计算时间。可以有多个卷积层和池化层相继出现。这一算法的目的是，通过这些多重步骤，我们可以捕获图像的重要部分，以达到分类的目的，同时丢弃不那么相关的部分。

　　下一步是建立一些全连接的层，它们对我们希望识别的 N 类对象执行分类步骤。最终连接的输出层将给出输入图像匹配分类的概率，例如"这是一个汉堡吗？"通过反向激励，可以训练网络来拟合最优权重。通常，在图像分类方面，基于 CNN 的技术要比那些人工创建特征的技术流行得多。这种技术的缺点是，有时很难理解为什么要生成特定的输出，因为被创建的特征可能并不总是直观的。我们可以认为，对于图像识别来说，这并不是什么问题，因为机器正在执行的任务只是将人类能够完成和检查的任务自动化罢了。

4.5.3　用其他数据集增强卫星图像数据

从卫星图像中识别目标可以使用前面描述的技术来完成。然而，这并不是我们构建图像数据以使其对投资有用的唯一步骤。对于每个卫星图像而言，都有其相关的地理空间数据，如 GPS 坐标、时间戳等。该数据可以与包含地址的数据集连接。因此，图像上检测到的对象可以用额外的标签进行注释。这些标签可以帮助我们回答仅凭卫星图像无法回答的问题。这些问题包括位置是否与特定的业务相关，它位于哪个特定的城市和国家，等等。特别是当我们希望构建供投资者使用的时间序列时，我们可能还希望知道某个地点随时间是如何变化的。我们将在第 13 章给出一个用例，讨论投资者如何使用零售商停车场的卫星图像来预测这些公司的每股收益（earnings per share，EPS）。

4.5.4　图像工具

在实际工作中，如果我们要处理图像，现有的很多库都可以帮助我们，包括：

（1）scikit-image：scikit 家族的另一个成员 scikit-learn，虽然没有提供什么特别花哨的功能，但却提供了一个干净简单的 API，可以大量获取有用的函数。想用 Sobel 过滤器找到边缘？`edges=skimage.filters.sobel(image)`。

（2）scipy.ndimage：SciPy 比较不为人知的一个子模块可能就是 scipy.ndimage 了，其提供了许多可以应用于 numpy.ndarrays 的函数，所以它会时常派上用场。想要模糊图像？`scipy.ndimage.gaussian_filter(image, sigma=1)`。

（3）Matplotlib：虽然一般用于分析/探测，但 Matplotlib 提供了一个与图像交互的 GUI，并且可以通过使用其事件处理功能来进行质心/边界框的标注。

（4）Pillow：Pillow 是从现已废弃的 Python 图片库（Python imaging library，PIL）中分离出来的，提供了许多基本的图像处理功能，如亮度和对比度的改变。

（5）OpenCV：Open CV 是另一个提供 Python API 的框架。这是一个非常强大的库，有很多预训练的模型，你可能需要花一辈子的时间来学习 Open CV 的所有细节。

（6）SimpleCV：SimpleCV 被认为是图像处理的 Keras。它提供了对多个计算机视觉库的访问，如 OpenCV，但使用了更高级的封装器，导致学习曲线较浅。

4.6　自然语言处理

4.6.1　什么是自然语言处理？

许多可供选择的数据集都由文本组成。网络本身也主要是由文本组成的。如果我们忽略了网络上基于文本的数据，那我们基本上就忽略了很多从投资角度来看有用的信息。在第 13 章中，我们讨论了许多文本的投资用例——从使用社交媒体帮助进行经济数据估算，到使用新闻情绪来了解市场情绪。我们必须经过一些步骤来利用文本数据做出交易决策。特别是，考虑到文本数据的数量，我们需要用自动化的方法对文本进行分析。这就是自然语言处理（NLP）可以帮助我们的地方。

简而言之，NLP 可以看作计算机理解人类语言的一种方式。然而，为了进行NLP，我们应该首先定义自然语言的各个部分。Briscoe（2013）描述了自然语言或人类语言的各个组成部分，并对 NLP 进行了概述。

在最低的层次上，我们有语音学，这涉及人类发出的特定声音。在此基础上，我们建立了研究特定语言的声音的语音体系。下一个层次就是词态学，它是研究单词是如何被构建和分解的。例如，"汉堡"（burgers）一词可以分解为"汉堡"（burger，这是一个词根）和"s"（这是一个显示复数的后缀）。我们可以有许多其他类型的结构，例如不同的动词形式，如吃（eating，动词），可食用的（eating，形容词）和食物（eating，名词）。对于某些语言，如阿拉伯语，形态是非常重要的。在词根部分，阿拉伯语动词通常由三个词根字母组成（在某些情况下是四个字母），我们可以从这些字母中衍生出许多不同的动词形式和相关的单词，如动名词，在其他语言中可能有不同的词根。例如，在阿拉伯语中，"to teach"和"to learn"这两个动词有相近的意思同时也有相同的词根。与之形成对比的是，这与英语中每个词都完全不同的情况是不一样的。

语法是将单词组合成句子的方式。语法将决定如何将单词组合在一起形成一个语法上正确的句子。有些语言，如英语，词序为 SVO（主语-动词-宾语）。相比之下，阿拉伯语往往是 VSO（动词-主语-宾语）。然而，对于任何一组特定的词，很可能存在几种不同的语法正确的词序，每种词序都有不同的含义。例如，"Alex 消费汉堡"和"汉堡消费 Alex"在语法上都是正确的，但显然它们的含义完全不同。事实上，在英语中，如果没有任何词序，单词的含义可能会有大量的歧义。不过我们可以使用一个更灵活的排序，其中，单词的变化取决于它们在句中的位置，这就是所谓的屈折语。拉丁语就是这种语言的一种例子，在拉丁语中使用大量的大小写词尾让我们可以分辨出一个词是主语还是宾语，而不需要遵守严格的词序。

语义学研究的是关于语言的意义。我们应该先理解一个句子，这样我们就可以回答诸如什么人、什么事、为什么、在什么地方、怎么样和在什么时候等问题。语用学指的是结合语境理解文本，这往往需要了解文本本身以外的信息。

NLP 试图解决上述各个层面的问题。对语法进行任何形式的分析，首先涉及将词语标记/细分以识别单词。然后，我们可以执行其他的 NLP 任务，如标记词性（如单词是名词、动词还是副词等）。

在语义层面，还有一些重要的 NLP 任务。其中，最重要的任务之一就是实体识别，要识别具体的人、组织、地点等，还能够对实体之间的关系进行提取。对事件和时间上的意义的提取能力是关键。从一个投资者的角度来看尤其如此，相比于对市场历史走势的回顾，我们可能会更重视前瞻性的陈述。

我们还需要确定句子中的语义角色，比如确定行动的实施者和目标。更简单的一个例子是："谁在对谁做什么？"同样，这对于理解一个语句的意义非常重要。如果美国的总统呼吁对一个产油国进行制裁，这比美国国务院发言人的发言就更有意义。语义角色标签是一种自动找到这些角色的方法。我们还可以利用情感分析来了解一个文本的积极或消极程度。我们可能还希望进行主题识别，以确定文档中正在讨论的一般主题。

因此，NLP 可以帮助我们完成为特定文本添加元数据的任务，帮助我们识别以下内容。

（1）内容的主题：主题是什么？是关于政治、经济、天气还是其他方面的内容？

（2）内容中列出的实体：是否有任何特定的人或公司被提及，特别是他们是否与任何可交易的资产有关？

（3）内容所包含的情绪：大致上是积极的还是消极的？

在下面的章节中，我们简要地研究一下 NLP 的几个主题。对于希望更深入和更详尽地了解 NLP 的读者，我们建议阅读 Jurafsky 和 Martin（2019）的文章。在 NLP 中，还有许多其他任务与理解无关，如文本的生成和摘要概括。

4.6.2　标准化

标准化涉及将文本分解成更常见的形式。分词或标记包括在文本中识别单独的单词。在英语中，单词通常用空格来分隔，但我们需要注意许多例外的情况。例如，"汉堡王"（Burger King）虽然有空格，但也可以被认为是一个单词。同时，我们还需要注意可能以不同方式书写的单词，例如"KFC"而不是"Kentucky Fried Chicken"，这是特定的命名实体。其他语言，如汉语，需要不同的词汇标记技术。Jurafsky 和 Martin（2019）讨论了关于使用最大匹配算法对汉语进行分词的问题。相比之下，这种算法在英语中的应用更为困难。句子切分，顾名思义，就是识别单独的句子。同样，我们可以使用句号作为标记，但要注意不要被其他上下文（如首字母）中使用的句号所迷惑。一旦单词被分离，我们就可以把单词转换成更常见的形式，这就涉及词形还原和词干提取了。"ate"、"eaten"和"eats"这几个词只是同一个动词的不同形式。词形还原将它们标准化为"吃"（eat）的词根形式。词干提取涉及简单的词语标准化，比如将复数名词转化为单数形式。显然，单词的构成是取决于其语言的。

大量的常用词也不太可能帮助我们去理解文本，只是出于语法原因而使用，比如"the"和"A"。这些词被归类为停用词，它们通常会在标准化阶段被删除。然而，就像在前面的"汉堡王"示例中一样，在去掉停用词的时候我们也要小心，这可能会导致命名实体识别方面的问题。让我们以流行乐队"The 1975"为例。我们可以在特定的语境中使用这个词，例如"1975 年的 The 1975 赢得了全英音乐奖"。然而，另一个明显的语境是用它来指发生在 1975 年的事情，比如"1975 年英国在欧洲共同体成员资格公投结果是加入欧洲共同体"（The 1975 United Kingdom European Community）。如果我们去掉了"the"这个停用词，就会导致对第一句的理解出现问题，而对第二句就不会。

4.6.3　创建单词嵌入：词袋

分析文本的最简单的技术之一就是使用一种叫作"词袋"的技术。这种技术忽略了词序或语法等概念。在这里，我们将单词表示为一个"袋子"，它由单词及其在相关文本中出现的频率组成。这本质上是我们对文本的一种矢量化表示，称为单词嵌入。

除了词袋之外，还有很多其他的方法来创建单词嵌入。我们也可以使用一种叫作 TF-IDF（term frequency-inverse document frequency，词频-逆向文档频率）的方法对单词的重要性进行加权。另一种方法是 *n*-grams，在这种方法下，我们着眼于文本中的 *n* 个连续项目（比如单词）。但是，这种方法仍然会在识别诸如"一点都不好"这样的句子是否为否定句时变得吃力。我们还可以将这样的向量扩展成一个矩阵，计算出词语之间的相似度及其共同出现的频率（比如在同一个句子内）。然而，在实践中，这很可能导致一个非常稀疏的矩阵。Young 等（2018）指出，历史上机器学习 NLP 都是在这种高维和稀疏的特征上进行训练的。此外，它们可能涉及人工制作的特征组合，这会耗费大量人力。

4.6.4　创建单词嵌入：Word2Vec 及高级版本

虽然说语法能以系统化的方式进行编纂，但很难确保我们的规则是绝对详尽的，这就使得自动化过程显得很有吸引力。在使用深度学习来理解音频和图像数据的方面已经取得了相当大的成功。这自然会产生"密集表示"（如 TensorFlow Tutorials）。为了将深度学习的类似方法应用于文本，我们需要以某种方式创建密集的单词嵌入。

我们可以使用 Mikolov 等（2013）介绍的 Word2Vec 的算法而非类似于前面讨论过的技术（如可能导致"稀疏表示"的计算共现频率的方法）来计算单词嵌入。顾名思义，它将单词转换为向量，Word2Vec 计算单词可能出现在彼此附近的概率，它本质上是一个概率分类器，这将创建一个更密集的文本矩阵进行表示。Word2Vec 使用了两种底层方法，即连续词袋（continuous bag of words，CBOW）和 Skip-Gram。这两种方法都是我们在本章前面介绍过的神经网络类型，它们有三层：输入层、隐藏层和输出层。CBOW 是根据给定目标单词周围其他的词语的上下文来预测目标单词。Skip-Gram 的执行方向正好相反，它是给定我们的目标单词并预测上下文。因此，Skip-Gram 的输出可能不止一个词。在本例中，"上下文"基本上是指在特定大小的窗口内目标附近的单词。

Mikolov 等（2013）指出，词的嵌入或其向量表示都可以添加到给定输出中，这些输出可能对优化产生重要影响。他们举了一个例子，将加拿大冰球队"蒙特利尔加拿大人"的向量表示加入到"多伦多"的向量表示中，然后再减去蒙特利尔的向量，就得到了总部位于多伦多的冰球队多伦多枫叶队的向量。另一个围绕 Word2Vec 的文献中经常引用的例子是，国王（king）的向量去掉男人（man）的向量，再加上女人（woman）的向量，结果就是女王（queen）。fastText 模型通过观察子词扩展了 Word2Vec；（Bojanowski et al.，2016）。在 fastText 中，每个单词都由一个字符袋 n-grams 表示。我们的想法是，这种方法可以在利用词态学的优势的同时，不必明确定义形成单词的各种规则，比如定义前缀、后缀等。如前所述，某些语言如阿拉伯语是重词态的。

Naili 等（2017）讨论了 Word2Vec 和另一种类似的单词嵌入方法 GloVe（global vectors for word representation，用于单词表示的全局向量）之间的区别，并通过一些英语和阿拉伯语的例子比较了 CBOW 与 Skip-Gram。不像 Word2Vec 那样尝试计算概率，GloVe 是基于单词在彼此附近出现的频率的计算方法。它首先会为单词创建一个共同出现的矩阵，然而，它之后会通过因式分解生成每个单词的向量表示形式。在 Word2Vec 和 GloVe 中，诸如"bank"这样的单词尽管在上下文中具有的含义不同，如"河岸"或"银行存款"，但它们会有相同的向量表示形式。

较新的技术，如 Devlin 等（2018）提出的 BERT 技术，可以将上下文纳入词语的表示中。换句话说，作为一个上下文模型，它基于句子中的其他单词创建了一个表示形式。顾名思义，它并不是一个方向性的模型，即从一个方向（从左到右或从右到左）阅读输入的文本，而是以双向的方式检查上下文的词语。我们注意到，BERT 并不是唯一的基于上下文的模型，还有很多其他模型也结合了上下文，比如 XLNet。

4.6.5 作为分类问题的情感分析和 NLP 任务

假设我们想对一篇文章进行情感分析，以了解其积极或消极的程度，那么从投资者的角度来看，有许多理由表明，这或许是一个非常有帮助的工作。最明显的例子就是去理解某个公司的某篇新闻到底是好还是坏。这也有助于确定人们是如何谈论某些品牌，并将这些品牌映射到其相关的母公司。

我们可以给词语打上正/负分。像"喜欢"这样的词就会被打上一个正分，而像"讨厌"这样的词会被打上一个负分。特别地，现有的很多语义词典中将单词分为正向和负向的。当我们掌握了每个词的频率，以及它们相对应的情感分数后，就可以把它们汇总在一起，构成整个文档的情感分数。鉴于我们忽略了词与词之间的关系，这种"词袋"的方法显然有很多不足之处，因为它会改变词的含义。

Jurafsky 和 Martin（2019）指出，NLP 中的许多问题都涉及一些分类的元素。情感分析可以视为一种分类问题，不仅如此，与文档层面相关的许多其他问题都是分类问题，例如通过文档的风格或语言来确定文档的作者。不属于文档层面的任务，不管是在单词层面还是在句子层面，也都会涉及分类问题，比如说，停用词的标记或部分语音的标记。

在解释情感分析时，我们使用了一种基于规则的方法，也就是根据文本中词语积极和消极的程度来构建一个加权平均的情感分数。与处理单词相似度或许多其他本质上是分类问题的 NLP 任务一样，我们不是必须要使用基于规则的方法，相反，我们还可以使用概率分类器，就像我们在前面提到的更复杂的单词嵌入方法，如 Word2Vec。Ng 和 Jordan（2001）讨论了两种不同类别的分类器——生成式和判别式之间的区别。假设我们的输入是 $x_1, x_2, \cdots, x_n$ 这些文本，还有一个标签 y，它可以是一个二进制变量，如"正"或"负"。对于像朴素贝叶斯这样的生成式分类器，我们将使用贝叶斯法则间接计算 $P(Y = y|X = x)$。而判别式分类器如逻辑回归，则是通过学习将输入的 x 直接映射到 y，从而建立起 $P(Y = y|X = x)$ 的模型。

4.6.6　主题建模

到目前为止，我们主要讨论的都是单词和文档，然而，在它们之间，还有一个主题的概念。主题建模试图在更高的层次上识别相似性，而不是单纯的单词层次。在某种意义上，我们可以认为一个文档是关于若干个主题的，而每个主题都是由一组词组成的。隐含狄利克雷分布（latent Dirichlet allocation，LDA）是一种提取彼此相似的词组的技术，我们可以把这些词组归类为主题。它还会让我们知道这些主题在文档中的权重，之所以称之为"隐含"，是因为虽然我们能够观察到这些单词，但事实上，我们并不能直接观察到主题，而主题就是隐含变量。LDA本质上是帮助我们在给定一个语料库的情况下，找到文档中话题的分布，话题的数量，以及这些词的分布情况。

从分析的角度来说，试图找到一个文档中的主题、主题数量等联合后验概率分布是很棘手的。相反，使用变分推断可以帮助我们找到这个分布的近似值，这种方法已经在介绍 LDA 的论文中解释过（Blei et al.，2003）。需要注意的是，LDA是应用于无监督学习的，因此，它不需要提前将主题手动分配到文档的词组中。但是，我们应该注意到，由于"播种"LDA 可以增进其能力，所以它会增加基于所选单词的某个特定主题的出现概率。其他技术如非负矩阵分解（non-negative matrix factorization，NMF）和潜在语义分析（latent semantic analysis，LSA）也可以使用。在实践中，NMF 的性能往往优于 LDA。

4.6.7　NLP 的各种挑战

使用各种 NLP 的任务会向文本添加额外的元数据，这会涉及一些非常特别的挑战。以实体识别为例，出于交易的目的，我们通常希望进行实体的匹配，特别是将一个命名实体映射到交易工具中。在实际中，可能会有一个产品或一个品牌要上市，因此，需要增强我们的数据集，以便进行从产品或品牌到公司实体的匹配。我们先考虑一篇讨论新 iPhone 发布的新闻文章，显然，iPhone 并不是一种可交易的金融工具。然而，其背后生产 iPhone 的苹果公司却是一个可以交易的权益资产。因此，我们需要在苹果公司和 iPhone 之间构建一个映射，换句话说就是提取它们之间的关系。因为在任何情况下，一篇文章都很可能会提到苹果公司。

在其他情况下，确定可交易的工具可能非常复杂。对于投资者来说，任何信号最终都需要以某种方式映射到可交易信号上，才能实现盈利。换句话说，能够根据交易信号盈利的交易，才是对投资者有用的交易。如果某条分析或信号不能作为投资者决策过程的一部分，那么他们就无法通过其盈利。

比如有一篇新闻提到了奥迪 A8 豪华车的上市，而奥迪本身作为一个实体公司的存在是无法被交易的。但是，奥迪的母公司大众汽车是一个具备交易性质的权益资产。在这种情况下，一篇新闻文章很可能根本没有提及大众汽车，因此我们必须用一个数据集对机器可读文本数据集进行强化，而且该数据集需要具备可交易公司和其子公司之间的映射。我们也可以在公司之间构建一个映射，例如，汽车制造商与其供应链厂商之间的关系（参见第 10 章基于汽车制造业供应链数据的汽车股票交易的详细研究）。对于汽车制造商来说，我们可能会说其实没有那么多的品牌。但是，对于很多公司来说，这很可能是极具挑战性的。以消费品集团——联合利华这样的公司为例，它们就有数百个不同的品牌。

因此，任何类型的新闻文章或文本的标签都需要考虑到这些类型的间接映射。我们要么需要推导出这样的关系，要么可以使用一套预制的映射，比如 M Science 公司的产品 TickerTags。目前 TickerTags 包含了超过 100 万个标签，覆盖了 3000 家上市企业和私人企业。尝试去重现这样的映射数据集是具有挑战性的，同时可能是一项劳动密集型的工作。此外，我们需要注意的是，这种映射需要以时间点的方式进行记录，因为这些品牌和公司的关系并不是静态的。因此，如果我们创建这样一个很可能会被用于回测的映射的时间点历史数据，那么我们需要注意不要引起任何前瞻性偏差。

从某种意义上来说，当试图根据纯粹的宏观新闻来交易宏观资产时，我们可以看到类似的情况：一篇宏观的新闻文章甚至可能没有提及任何可交易的资产（如与经济数据发布或央行声明有关），但是我们可以根据专业知识来映射这些宏观经济事件和要交易的宏观资产之间的关系。

4.6.8　不同的语言和不同的文本

单词语料库是一个不同文本的集合，因为这些文本已经被结构化，所以我们可以利用它来帮助我们完成 NLP 的任务。单词语料库的理念是：应该代表我们正在研究的语言类型，而且也应该包括原本是语音的文本。

我们已经注意到，不同的语言往往需要运用不同的技术来完成某些特定的 NLP 任务。即使在同一种语言中，也会出现文本完全不同的情况。在推文、财经新闻文章或者查尔斯·狄更斯的小说中，我们都可以找到英语，但是，它们各自的英语风格可能存在非常大的差异。如果利用查尔斯·狄更斯的小说中组成的单词语料库对包含大量俚语的推文进行语义分析，并不具有代表性。因此，如果我们在 NLP 中使用单词语料库，需要注意的是，应该尽可能地选择最接近用例的语料库。

许多单词语料库可以在网上免费获得。例如，BYU 语料库（https://corpus.byu.edu/）整合了许多不同的单词语料库，涵盖了大量不同的语料库来源，包括从 1923 年到 2006 年《时代》杂志中的文章组成的单词语料库（1 亿字）以及美国当代英语语料库（Corpus of Contemporary American English，COCA）（5.6 亿字）。其中，BYU 拥有的最大的单词语料库是 iWeb，它有来自 95 000 个网站的 140 亿个单词网络语料库。

单词语料库最简单的用途之一是了解某个单词特有的出现频率。图 4.11 展示了基于 COCA 对"汉堡"和"国王"这两个词在美国当代英语语料库中出现频率的搜索结果。结果给出了每百万词文本中该词的实例数。

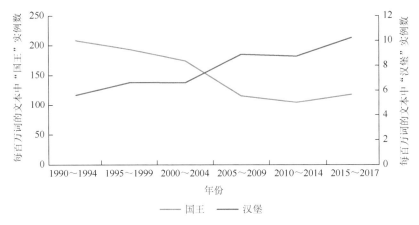

图 4.11　"汉堡"和"国王"的词频
资料来源：基于美国当代英语语料库的数据

可以看到，总体上"国王"在语料库中比"汉堡"更常见。我们注意到，随着时间的推移，使用的模式也有所不同。显然，我们必须进行更多的工作来了解为什么频率会发生变化。

4.6.9　NLP 中的语音

涉及语音的工作任务也是 NLP 的一部分，如自动语音识别。Petkar（2016）讨论了与语音识别相关的许多挑战。首先，口语和书面语之间存在差异。在一些语言中，如阿拉伯语，这一点可能尤其明显。阿拉伯语的口语方言和书面文本之间有很大的差异，由于书面文本的形式是现代标准阿拉伯语，所以它们在发音、词汇、语法上都有差异。不过，即使是英语，口语也往往不那么正式，一般也不具备描述性。论文也注意到了连续语音带来的困难。就像对书面文本需要进行单词分割一样，对于音频来说，语音分割是用来识别单个单词的，由于人类语音中单词之间的停顿并不总是十分明确的，这对我们而言可能是一个挑战。另外，说话的人在口音、性别、语速等方面也有很大的差异性。

在文本不是书面形式的情况下，语音识别通常可以构成解决 NLP 问题的第一步。一个例子是 iPhone 上的苹果语音助手 Siri，它将用户的语音作为输入，并将其转换成书面文本，然后使用我们前面介绍过的一些技术对其解析变成结构化的形式，以便我们理解上下文等内容，之后根据这个结构化的输入就可以生成一个答案。下一步是通过自然语言生成一个人类可读的回答。最后，将语音合成应用于这个文本，并将输出的内容朗读给 Siri 的使用者。

然而，现在有一些新的技术有望应用更先进的 NLP 技术，比如从一种语言的语音翻译成另一种语言，而不需要在中间先转换为书面文本，然后再应用文本到语音合成。Jia 和 Weiss（2019）描述了 Translatotron[①]，它使用序列到序列的单一模型直接进行语音翻译，这种方法甚至可以保留原说话人的语音风格，但在外语中，由于需要使用单独的文本-语音合成的传统方法，所以其可能更具挑战性。

更广泛地讲，我们可以认为语音具有额外的信息，而这些信息在转换为文本时可能会丢失。语音有许多不同的特征，如语调、语速和发音，这些特征在文本中并不明显。举个很简单的例子，从语音中判断说话人的性别比阅读文本要容易得多。从语音中提取的特征可以与基于文本的特征相结合，用于开发识别其是否在进行欺骗的指标。Hirschberg（2018）开发了一种基于机器学习的方法来判断语音中的欺骗行为，它的性能甚至超过了人类。

从投资者的角度来看，这些技术之间也是相关的。语音识别可用于上市公司财报会议和央行新闻发布会的问答环节等。能够在这种时候判断欺骗行为对投资者也是极为有利的。文本到语音的转换可以为交易者提供由价格的大幅变动或经济事件等特定事件触发的自动预警。

4.6.10　NLP 工具

使用什么样的工具能让我们可以先从网络上获取原始数据并对其进行结构化处理，或者进行自动语音识别等任务？可以通过开发一些库来实现各种自然语言处理任务（比如生成单词嵌入、词语分割、情感分析等）。但是，编写这些工具，然后训练它们需要大量的时间和专业知识。

在实践中，有许多库和资源可以帮助我们完成不同部分的工作，我们可以将

---

① Translatotron 是谷歌发布的语音翻译系统。

其作为文本分析的起点。在很多情况下，这些库还包括已经在大型文本体上预先训练过的模型。以下是一些开源的 Python 工具，可用于从网络上收集文本数据并对文本数据进行清洗这一初始阶段。

（1）Scrapy：Scrapy 是一个完整的网络爬虫和网络抓取的框架。我们可以给它一个 URL[①]，它就会开始抓取与其链接的各种网站，并帮助我们保存和下载所有的内容。

（2）Beautiful Soup：Beautiful Soup 专注于解析已经下载的 HTML 数据。网页有大量的与理解内容无关的格式化和脚本代码。Beautiful Soup 可以让我们提取某些元素，删除如 HTML 标签等多余的信息。我们可以同时使用 Scrapy 和 Beautiful Soup。

（3）PDFMiner：PDFMiner 可以从 PDF 文档中提取文本。

（4）tabula-py：tabula-py 是一个基于 Python 的 Java、Tabula 库的封装器，专门用于从 PDF 文档中读取表格。在金融领域可用于读取收益报告。

（5）newspaper3k：newspaper3k 是一个 Python 库，用于访问报纸网站上的文章。例如，它可以提取文章的正文和相关的元数据，如作者和出版日期。它位于此处讨论的一些其他库之上，比如 Beautiful Soup 和 NLTK（natural language toolkit，自然语言工具包）。

接下来，我们将列出一些进行高级自然语言处理任务的库，尤其是当我们把文本聚集在一起并对文本进行清理的时候，这些库就会变得十分有帮助。我们还应该注意到，许多通用机器学习库，如 TensorFlow 和 scikit-learn 也可以用于文本处理，尽管它们并不局限于处理文本。

（1）NLTK：NLTK 是执行 NLP 任务的最久远的 Python 库之一。它包括许多训练好的模型和单词语料库来帮助你入门，包括一个包含路透社文章（自 1987 年起）的语料库。Bird 等（2009）通过使用 NLTK 指导用户来完成从处理原始文本到文本分类的一些常见的 NLP 任务。

（2）CoreNLP：斯坦福大学的 CoreNLP 可以用多种语言以及 Python 访问。与 NLTK 一样，它也能执行大量的 NLP 任务，包括词语切分、句子分割、命名实体识别和情绪标记。

（3）Gensim：Gensim 是一个主题建模库，它包括隐含狄利克雷分布和潜在语义分析等模型的实现。

（4）spaCy：spaCy 是用 Cython 编写的。它可以完成各种 NLP 任务，如词语切分、命名实体识别和部分语音标记。它还集成了许多 Python 的机器学习库，如 TensorFlow。

---

① 统一资源定位符（uniform resource locator，URL）。

（5）pattern：pattern 是一个通用的网络挖掘模块，用于网络爬虫，并通过其 API 访问 Twitter 和 Wikipedia 等资源。此外，它还包含一些功能来执行自然语言处理任务，例如围绕产品评论中经常使用的单词进行情感分析。它还包含了执行更简单任务的功能，如部分语音标记。

（6）TextBlob：TextBlob 位于 NLTK 和 pattern 之上，但是，它提供了一个更容易使用的 API 来访问这些库。

（7）BERT：BERT 是由谷歌的一个团队开发的（Devlin et al., 2018）。本质上，它是一种结合了上下文的预训练语言表示方法。由于它使用的是无监督学习，因此可以在大量的纯文本上进行训练。谷歌有一个模型，已经在维基百科（Wikipedia）和图书语料库（BookCorpus）的文本上进行了预训练。然后，经过预训练的模型可以用于一些 NLP 任务，比如回答问题或词语切分。BERT 软件的实现使用了谷歌的 TensorFlow 机器学习库。

（8）SpeechRecognition：SpeechRecognition 是一个 Python 库，它允许用户通过一个通用的 API 使用一些外部的在线和离线服务来进行语音识别。

虽然我们重点介绍了许多开源的 Python 工具，但也有很多商业工具可以用来对文本做自然语言处理。其中有很多都是基于云计算的，可以采用现收现付式的服务，我们可以上传想要分析的文本，然后对其进行自然语言处理。

（1）Google Cloud Natural Language：谷歌云自然语言可以执行一些自然语言处理的任务，包括命名实体识别、情感分析和语法分析。虽然它有预训练的模型，但用户也可以训练自己的自定义模型。它可以使用 REST API 访问，上传文本进行分析，也可以读取存储在 Google Cloud 上的文本。它还支持用户创建自己的自定义模型，并将其运用在自己的训练集上进行内容分类。

（2）Google Cloud Speech-to-Text：谷歌云语音转文本是一个基于云的服务，它可以使用神经网络模型将音频转换为文本，并且其具备许多不同的 API，还支持 120 种语言。

（3）Amazon Comprehend：Amazon Comprehend 对提供的文本执行不同的 NLP 任务，可以提取实体、语法和情感等属性。它还有一个在医学词汇上进行训练的特定版本，用来提取医疗笔记或类似的文本数据。

4.7　小　　结

机器学习包含了大量的独立技术，其核心可以分为监督学习模型、非监督学习模型和强化学习模型。在拟合这些模型时，我们需要注意方差-偏差的权衡。在样本中看似运行很好的东西，由于我们对它进行了过拟合，它的最终表现可能会很差。

在本章中，我们讨论了一些机器学习技术，从相对简单的例子，如线性回归，到用于分类的逻辑回归，再到更复杂的模型，如深度神经网络。我们还对一些可用于拟合这些模型的机器学习库进行了简短的总结。

之后，我们讨论了与机器学习相关的一些限制，特别是与非平稳金融时间序列有关的限制。我们还讨论了结构化图像，以及使用像卷积神经网络这样的技术的具体用例，同时还包括对自然语言处理的介绍，在自然语言处理中，目前倾向于使用机器学习模型，而不是更传统的基于规则的方法。

在第 13 章中，我们将使用一个已经用卷积神经网络结构化的卫星图像的数据集来生成欧洲零售商的停车场的汽车数量。此外，我们还着眼于可以使计算机理解人类语言的自然语言处理，并对其进行了详细的介绍。在第 15 章，我们将深入研究文本数据，并介绍几个投资者的实用案例。对于那些对机器学习在金融领域的应用有着更广泛兴趣的读者，我们推荐阅读 de Prado（2016），以及 Dixon 等（2020）的著作。

第5章　另类数据的使用过程

5.1　引　　言

正如前几章详细解释的那样，在实施另类数据战略的过程中，存在几个潜在的误区。在本章中，我们将讨论如何组织具体的实施工作以实现一个成功的战略。我们必须强调，战略成功与否的关键是是否具备正确的流程、系统和人员。当然，也有外部的制约因素，比如市场上人才的可得性，或者内部的制约因素，比如预算和遗留系统。这些因素也将决定一个人在实施另类数据战略时的成功程度。

我们还必须注意到，在生产中部署了某项战略并不标志着工作的结束。事实上，这时另类数据产生的信号可能会开始退化。这意味着，在模型开发中实现的以及通过回测衡量的准确性和性能会随着时间的推移而下降。这种问题出现的原因可以出现在从非平稳性到具体的技术实施的每一步。虽然我们无法解决非平稳性问题（除非在非常特殊的情况下），但我们可以通过建立一个合适的监测过程并采取行动来解决大多数的性能下降问题。之后我们将进一步讨论这个问题。

我们将把另类数据处理的过程分为以下几个步骤。

（1）确立愿景和战略。

（2）根据投资战略、任务和限制条件，确定相关的数据资产。

（3）对这些数据资产的供应商进行尽职调查。

（4）预先评估风险（如技术、法律、网络等）。

（5）预先评估信号的存在——对数据样本进行概念验证（proof-of-concept，POC）。如果上一步的结果是肯定的，那么就可以进行下一步。

（6）数据录入。

（7）数据预处理（如果需要）。

（8）信号提取（建模）。

（9）实施流程（或在生产中部署）。

根据数据已经被预处理的程度，步骤的顺序可能会有所不同。

5.2　进行另类数据之旅的步骤

5.2.1　步骤一：确立愿景和战略

投资者/风险管理人问的第一个问题可能就是：我们是否应该开始在另类数据的旅途中去冒险？这是一个战略性的问题，它涉及组织内最高级别的决策者，如首席投资官（chief investment officer，CIO）、首席风险官（chief risk officer，CRO）或首席执行官（chief executive officer，CEO）。问题的答案在于他们是否坚信这种数据在考虑了其价格并将其纳入现有流程这一操作背后的复杂性后是具有超额收益的。这是一个需要根据印象的而非实质性的定量分析来回答的复杂问题。正如我们之前所说，媒体将信息和故事混杂在一起传递信息的实情不一而足。因此，我们希望本书能在这个方向上提供更清晰的信息。

阅读供应商的白皮书是良好的第一步，可以帮助我们了解数据中存在的信号，并对信号的强度有一个大致的了解。然而，按照我们在下文中描述的思路运行一个小型的 POC，对于组织中的决策者来说可能是更有说服力的一步。POC 的运行成本并不高，因为它们既不需要复杂的基础设施，也没有现场实施的复杂性。POC 的优势在于，决策者可以对他们的投资组合有更切实的证据，证明数据集是否有价值。

一旦下定决心要尝试沿着另类数据的路径前进，就必须制定一个策略。一般来说，策略取决于投资者的类型。例如，一个策略的选择可以是对原始数据的获取或是衍生信号的选择（见 5.4 节关于提供这种服务的数据供应商）。精通量化的投资者（如对冲基金）通常会建立自己的分析方法，因此更倾向于购买原始数据或轻度处理的数据[①]。为此，他们需要获得高质量的原始数据，并部署尖端的技术和算法。分析和数据的协同也可以加快信号的研究和部署。

更传统但仍具有量化思维的投资者（如大型卖方银行或大基金）对衍生分析和更直观的解决方案更感兴趣。规模小一些的企业则不太愿意使用涉及技术、数据科学和编程的方案。它们会选择维护成本低并能构建分析的平台并按需招聘数据科学人才。最后，还有一些小型金融科技公司，它们的目的不是投资，而是购买数据，并以交易信号的形式转售（如 CargoMetrics）。

因此，根据投资者（或金融科技公司）的类型和规模，策略包括定义数据科学能力和技术的路线图。在下文中，我们将描述从原始数据到信号的完整过程。正如我们刚刚解释的那样，投资者不必采取所有步骤，因为他们可能更喜欢获取

---

① 他们的理念是，对于数据的处理（如移除异常值）会丢掉宝贵的信息。

精挑细选的信号。换句话说，我们即将描述的大部分步骤都可以在数据供应商那里实现①。

我们注意到，在我们即将描述的整个过程中，对于监管、风险和声誉方面的考虑应该始终处于监控下，以最大限度地降低投资于不满足买方/供应商公司相关需求的信号产品的风险。

5.2.2　步骤二：确定适当的数据集

一旦做出了战略决策，开始另类数据之旅的下一步就是了解要取得哪些数据资产，并且还要在几乎无限的范围中对信号进行测试。本质上，我们要寻求的是精简搜索空间。大多数数据集的潜在价值是有限的也是未知的。虽然这是一项艰巨的任务，但是具备适合这项工作的技能的新职业开始出现了。特别地，这些新的角色包括数据侦察员或数据策略师（这些术语可以互换使用）。对于一个想要拥有优势的组织来说，数据侦察员的角色是至关重要的。事实上，要评估一项数据资产是否值得购买，以及决定如何去测试它，需要大量的经验和常识。虽然仅通过少量测试就做出判断是很困难的，但是鉴于对市场上的每一个数据集都进行充分的测试成本太高，所以这也是必要的。另外，购买数据集或样本的预算显然也是有限的。在这项任务中，数据侦察员必须得到学科专家们的协助，他们对市场和投资组合及其机构的风险都有深刻的了解。

还未设立这种高度具体的角色的机构，仍然可以依靠它们的首席数据官及其数据科学家的经验做出判断。还有一些咨询公司，如 Neudata，可以帮助外包部分数据侦察功能，以跟踪新的另类数据集。Neudata 的报酬来自数据用户，而不是数据卖方。这与 2.3 节中讨论的数据市场有些不同，数据市场所有者通常会从数据卖方获得某种形式的补偿。外包数据侦察服务和数据市场的出现可能有助于简化寻找另类数据集的任务。

根据处理的不同阶段，数据侦察员/首席数据官必须以不同的方式选择数据资产（5.4 节）。必须要说的是，供应商方面倾向于避免在数据中出现任何遗漏。因此，买方在前期会进行一些检查，以确保在后期不会出现任何差距或可能变得至关重要的遗漏。即使供应商声称自己销售的信号已经是"干净的"，也应该如此。

我们在 1.8 节中描述了一些维度，在这些维度上，数据资产可以被预测。需要注意的是，所需的资产类别、资产经理具备的投资授权和受到的约束可以帮助预选数据集。例如，资产管理公司是否只投资于政府和公众实体发行的固定收益

---

① 然而，这限制了选项，因为并非所有数据供应商都提供精挑细选的信号。

产品？在这种情况下，仅针对特定购物中心的客流量数据乍一看可能没有那么有用。这时，PMI 指数（采购经理人指标）可能更适合这一特定目的。从这个意义上说，一个好的数据资产选择方法可以是自下而上的也可以是自上而下的。可以是自下而上的，是因为人们可以从投资组合成分出发，计算出市场上哪些数据资产可能包含所管理资产类别的信号；可以是自上而下的，是因为一个人可以从一个特定的数据资产（可能是一个市场新的进入者）开始，然后依次向下延伸到它可能拥有有用信息的资产类别。

覆盖率、广度和深度也是这里需要考虑的重要因素。例如，有时最好是尝试增加覆盖率，而不是专注于改进建模技术，例如增加额外的复杂性（甚至可能导致过拟合）。在这个阶段必须考虑这是否可行。

5.2.3　步骤三：对供应商进行尽职调查

正如我们之前提到的，存在着多种多样的另类数据提供者（关于这一点，我们还会在 5.4 节中再次详细讨论），其中一些可能是拥有悠久历史记录的大机构，而另一些可能是相对较新的、较小的、小众的供应商。因此，我们需要进行第三方尽职调查，以避免这些公司在我们订阅其数据源后消失的风险。当然，停止数据供应的风险是一个比较极端的问题，但这并不是我们对第三方唯一要关注的问题。一般来说，创建、收集和/或分类另类数据的组织通常是在不成熟的风险和控制框架下运作的。这意味着，它们出售的数据可能容易出现错误，因而不真实，或者可能是通过未经法律审核的程序获得的。因此，与这类供应商的合作也可能带来声誉和法律风险。

例如，第三方检查是由数据的整合者对其分发给客户的另类数据集进行的。这些都是在对其供应商进行仔细的尽职调查后推出的。如果我们想要购买的数据集没有这样的尽职调查服务，我们就必须自己进行这样的检查，或者也可以依靠外部顾问的帮助。无论如何，所有这些评估都应该在购买数据集之前完成。

5.2.4　步骤四：预评估风险

正如我们在 3.2 节中所说，另类数据存在许多风险。我们在上一节讨论了第三方尽职调查。本节所讨论的风险是与第三方无关的风险。其中一些非第三方风险评估可以在早期阶段完成（即，甚至可以在购买数据资产之前通过数据资产的样本或仅通过元数据完成）。我们必须确保自己不会暴露在数据的准确性/有效性风险、隐私风险和重大非公开信息的风险中。

根据元数据和供应商提出的合同协议，我们还可以考虑与数据的频率和结构相关的基础设施风险。我们的基础设施能应对数据更迭的速度吗（如毫秒级的应答）？它是否也能接收所需的数据量？这个问题存在于许多形式的非结构化数据中，因为这些数据的容量通常更大。

5.2.5　步骤五：预评估信号的存在

这是既快速又简单的一个步骤，这一步骤的目的是确保值得进一步研究数据资产。正如我们所解释的那样，在生产环境中进行数据录入和处理的操作成本可能会很高，所以这一步将帮助我们避免时间和资源的浪费（我们投入的时间和资源最终可能并没有什么用处）。正如我们在 5.2.1 节中提到的，一些数据供应商已经以白皮书的形式出售了信号或某种信号的证据（见 5.4 节数据供应商）。如果资产管理人希望按照自己的路线从原始数据中提取信号，那么这可以极大地促进信号发现工作。如果他们需要一个最终的信号，那么这一步可以跳过。

得到的数据样本及其元数据足以评估：①数据的质量（如缺失值、异常值）；②哪些建模技术可能是相关的，以及数据科学团队是否有这方面的专业知识；③可能会运行一些非常简单的转换和模型。由于要求快速识别信号，典型的方法是使用更为简略的分析技术（如针对潜在信号因素的二进制 R^2 分析）。需要注意的是，关于最后一点，在尝试一个非常简单的模型时，缺少信号并不意味着要丢弃数据集。如果有充分的理由怀疑数据中存在非线性关系，也可以尝试一组更复杂的非线性模型。即使在复杂的深度学习模型中，开放源码库也使最后一步变得简单。我们还注意到，孤立的数据集可能不会产生信号，但将它们与其他一些数据集联合起来，可能会发现更多可用的信号。

同样，所有这些都可能发生，而不需要加载数据并设置定期的数据反馈。在许多情况下，几千个观测样本或许就已经足够了，足以创建一个非常简单的概念验证，以评估数据资产在扣除成本后是否存在超额收益。

在这个阶段，考虑模型的风险和权衡也很重要。投资组合经理需要对模型进行解释吗？如果不需要，深度学习模型可以提供更好的拟合度。但是，它是否过拟合了呢？为了检查这一点，必须考虑适当的样本外测试。它是否需要在移动设备上实时提供结果？因此，我们必须设计一个更简单的模型，使其即使在连接速度较慢的情况下也能提供结果，而这通常要牺牲准确性。要研究的数据集列表应该根据可能增加的预期价值和业务需求来排序。例如，来自业务需求的问题可以帮助我们关注与特定资产类别、地理区域等因素相关的数据集。数据战略家的经验在这方面也可以被证明是有用的。

5.2.6　步骤六：数据录入

即使前面的步骤都没有涉及生产中的具体实施过程，但仍有一些间接费用需要考虑（如基础设施的设置和与数据供应商的法律安排）。一旦处理了这些问题，并且稳定信号的存在得到了证明，那么就该考虑购买数据集的合理价格了。我们在 2.4 节到 2.6 节中讨论了定价这个微妙的问题。如果价格达成一致，下一步就是将数据加载到本地基础设施中。

数据源通常都有自己的模式（或者有时根本没有模式，这可能会使解释更具挑战性）。这可能会影响我们使用数据集的方式。从外部（或实际上是内部）接收的任何数据都需要存储在数据库中。存储数据集的方式取决于它的模式。例如，结构相对完善的高频逐笔订单数据可以存储在 KDB 等列式数据库中。相比之下，其他低频的结构化数据集可能更适合 SQL 数据库。很多另类数据，尤其是原始形式的数据，往往是相对非结构化的，因此，将其存储在数据湖中是有意义的。

5.2.7　步骤七：数据预处理

当数据集需要在实际生产中应用的时候，很可能需要一些预处理操作。其中一个常见的部分就是在结构化数据集中对资产进行标记。描述公司特定数据的数据源可能被标记为彭博股票代码，但没有任何其他代码标识符。然而，一个基金可以在内部使用 ISIN[①]代码作为其通用的标识映射。因此，彭博股票代码都需要映射到 ISIN 上。这样做是为了方便将其与其他数据集连接。我们需要加入市场数据对交易策略进行回测，或者实际上是通过其他另类数据集来产生复合信号。对于原始数据集，我们可能需要从头开始做实体匹配。参见 3.3.1 节中关于实体匹配的更为详细的讨论。

如果数据集具有不同时区的时间戳，那么在加入这些数据集时，就会导致时间点的错位。这样各种诸如使用未来的数据等问题会接踵而至。在每个数据集中，可以将时间戳保持在其原始时区（并保持跟踪）。然而，在较早的预处理阶段，将它们转换为协调世界时（coordinated universal time，UTC）要容易得多。

在某些情况下，时区数据可能丢失，因此我们需要对其进行推断。通常，一种推断它的方法是连接另一个数据集，因为这个数据集很可能有与其相关的数据点。对于高频数据，我们或许可以通过与重要经济数据发布的指标结合来推断。

---

① International Securities Identification，国际证券识别编码。

通常情况下，对于如美国就业报告发布、联邦公开市场委员会会议等重要事件，我们会观察到外汇、利率和股票期货等资产的跃升。因此，我们可以通过观察这些跃升在当月的位置来推断市场数据的时区。而其他重要的字段也可能缺失，不单纯是时间戳。

时间戳中可能还有其他种类的差异。对于频率非常高的数据，不同来源之间的时间戳可能会有轻微的偏差，在校准它们的时候可能会出现问题。

另一种可能出现的情况是需要填补数据集中的缺失点。解决这个问题最简单的方法就是插值。在第 7 章中，我们将讨论更复杂的填充缺失数据点的方法，这有助于更好地保存数据集的属性（如均值和方差）。我们在第 8 章中给出了一个针对信用违约互换（credit default swap，CDS）数据的具体例子，在这个例子中，数据可能会缺失。如果一个数据集的结构非常小，我们可能需要做大量的预处理，以使其可以用于以后的信号生成。尤其是数据集由文本或图像等数据类型组成时，更可能发生这种情况。

通常而言，数据质量面临着多种挑战。

（1）清晰度：是否有足够清晰的数据定义来支持利用数据进行决策？

（2）独特性：无论是在全球范围内还是在给定的数据集内，是否有一个单一的真实来源？

（3）内部一致性：数据是否在内部结构上是可靠的，是否在整个维度上都遵守了数据类型要求？

（4）外部一致性：数据是否在外部结构上是可靠的，数据属性是否没有不可能的组合？

（5）时效性：在给定的应用中，数据是否在所需的时间内可用？

（6）完整性：无论时间如何，数据是否缺失？

（7）有效性：数据是否准确反映了它所描述的真实事件？

（8）真实性：数据可信吗？如果考虑到数据的上下文（包括它所经历的任何转换），数据的可信程度如何？

在数据的整个使用生命周期中，机器学习技术可以通过实现自动化现有任务和将监控扩展到以前难以控制的质量维度来提高质量。我们将在第 7 章、第 8 章和第 9 章展示一些例子。

5.2.8　步骤八：信号提取

在初步测试证明某个数据集有一定的使用前景后，数据集会先被预处理，下一步是构建信号。对交易来说，很可能还需要一系列步骤，如策略或指数的构建。

在某些情况下，对一个量化对冲基金来说，目标可能是简单的买入或卖出信号。通常情况下，是通过将信号与那些来自其他数据集的信号相结合来实现的。之后这些信号会被输入到投资组合优化程序中进行加权操作。对于手动交易员来说，它很可能是输入交易过程中的一个简单的预测。对于经济学家来说，信号很可能是以预测的形式出现的。而对于风险管理者来说，信号可能涉及波动率预测或其他类似的风险指标的构建，或者是退出某个市场/资产类别/资产的信号。无论其目的是什么，我们需要对任何信号都进行回测，看看它在历史数据中的表现如何（如果有历史数据且足够的话，见 2.5 节所述）。

信号提取过程是反复进行的，需要学科专家和商业分析师们的帮助。头脑风暴是通过为数据科学资源生成可测试的假设来简化信号提取过程的关键组成部分。因此，我们需要数据和市场趋势方面的专业知识来鼓励充分利用购买的数据资产并通过其盈利。

这一步最终可能导致我们处于缺乏信号，或者缺乏足够强的信号来证明实施的合理性的状态（即使步骤五指向了一个相反的方向！）。需要根据一些预先建立的标准或指标来判断，比如信号在一段时间内获得的超额收益减去成本的平均值。我们必须仔细考虑为什么会这样。是由于错误（如因错误，应重复这一步骤）还是其他一些根本原因？结论可能是确实没有信号。这时，调查结果也应该存档，并终止此过程。如果信号提取的结果是积极的，下一步就是将其应用于实践。

5.2.9　步骤九：实施（或生产中的部署）

到目前为止，我们已经完成了一个成功的信号提取阶段，并找到了一个在我们的分析中得到验证的可用信号。我们还录入了数据集并进行了预处理。最后一步是创建模型，并在实际环境中运行它。

对于概念验证来说，以一种特定的方式（如通过电子邮件或 USB 密钥）从供应商那里接收数据是一个很好的选择。然而，为了将数据用于生产，我们需要能够以自动化的方式检索数据。对于高频数据，往往需要为数据提供商提供的 API 编写封装器，以便实时接收高频数据。将 API 集成到一个框架中所需的时间取决于其提供给我们的数据格式。对于较低频率的数据，如日频或周频数据，我们可以批量下载平面文件（如 CSV、XML 或 Parquet 格式），而且它们也更容易安装。

从生产的角度来看，需要确保从接收数据到预处理、生成信号等的测试基础设施也是可复制的。这就需要重写代码（甚至可能从头开始）。对于高性能的应用，这可能意味着从数据科学中使用的语言（如 Python 和 R）转向 C++、Java 或 Scala

等语言，这同时意味着为了加快处理速度，我们需要花费大量的时间来确保任何计算都是在分布式基础设施上完成的（如果这一过程在测试阶段还没有进行的话）。对于之前没有处理过此类数据集的公司来说，它们很可能需要投入额外的时间和预算来开发此类基础设施。

在这个阶段，必须采取适当的风险控制措施。例如，如果模型的一个数据源消失了，我们必须收到通知。如果交易信号过于强烈，表明交易量超过交易限额，则可以设置一个"终止开关"对其进行控制。

5.2.10　维护过程

一旦数据集被用于生产模型，我们就需要对其进行监控。有两种类型的实时监控可以用来检测数据集的变化。第一种是绩效评估，在没有一个既定的事实基础的情况下，这或许是一个挑战。例如，如果是一个预测性分类模型（如股票上涨或下跌），这可能是一个定期生成的混淆矩阵。第二种是监测训练数据集和实时数据集中自变量分布之间的差异。我们必须强调，一个模型也可能仅仅因为一个普通问题而生成糟糕的预测，例如由于数据流中的故障而缺少一个输入特征，或者可能因为传感器和流程被重新配置，不再收集信息，而数据供应商没有通知我们必须采取控制措施来检测任何此类异常。因此，另类数据的可变性使得主动的质量监控和补救措施变得非常必要。

如果检测到模型退化，则可以采取以下几种操作。首先，需要了解是什么原因导致了这个问题：是像上面提到的普通问题，还是有证据表明数据集发生了变化？其次，还需要修复它。如果出现的问题是技术性的，那么补救措施也应该是技术性的。如果问题是由收集数据的过程发生了变化而造成的，由于出现这种情况的原因可能有很多，那么修复可能就不是那么简单了。如果源数据不再可用，数据公司可能会关闭或者干脆停止发布数据集，或者干脆改变数据的格式，这将导致模型中的变量缺失。从数据供应商那里得到的数据质量会有所下降，因为数据面板发生了显著变化，这会使得数据不再那么有代表性。

对于更商品化的数据集，我们可以用类似的数据集轻松地替代它们。然而，对于不常见的另类数据集，这可能会更加棘手。此外，在另类数据的范围内，即使是同一类别内的数据集，如新闻，数据集的生成和处理方式在不同厂商之间也可能存在很大差异。因此，我们不能简单地交换数据集，而不对底层模型进行改变，比如重新校准。例如，如果缺失的变量具有较低的边际预测能力，或许我们可以简单地忽略该特征，而不期望这会对收益产生显著影响。当然，这只是一个临时的修复，而重新开发一个没有该特征的模型就显得十分必要了。如果问题是由数据集的改变引起的，我们就必须了解是什么类型的转变。这本身可能就是个很耗时的挑战。可以毫不夸张地说，检测模型退化的原因可能比模型开发本身花费的时间更长。

很可能还有其他原因导致一个模型不能按照预期运行，而这些原因与数据记录问题无关。当越来越多的交易者开始复制某种交易策略时，该种交易策略无疑很快会失效，因此我们就可以看到超额收益的减少。此外，正如本章引言中提到的，金融时间序列通常是不平稳的，无论是价格数据还是宏观经济数据都是如此，它们的属性会随着时间的推移而改变。我们可以观察到市场行为的重大转变，例如我们观察到市场制度的变化，这种制度的变化可能会使原有的策略出现亏损，因为市场不再对我们所建模的因素做出反应。比方说，我们建立了一个在希腊债务危机期间整合希腊语新闻的模型。在当时，这个事件是影响欧元兑美元汇率的主要驱动力。相反，一旦希腊债务危机最严重的动荡过去了，这样的数据集就不太可能对欧元兑美元的交易有那么大的意义了。

维护过程不仅要关注与模型相关的技术问题，还需要持续关注监管法规的变化以确保现有流程符合要求。这是一件很有意义的事情，例如，在由监管变化而导致数据集中断的情况下，我们可以提前发出警告。最后，我们需要确保有足够的人力来负责另类数据模型的维护工作。我们可能需要数据科学家、数据工程师、技术专家、合规人员和其他人员来帮助完成这些维护任务。

5.3　组建使用另类数据的团队

在组建处理另类数据的团队时，我们注意到，从长远来看，单纯地雇用独立的数据科学家并要求他们"用数据做一些事情"是不够的。在投资公司中，数据只有被用来帮助做出有利可图的投资决策时，数据才能实现盈利。在许多大型公司中，一直在努力将另类数据工作集中到中心团队中，以完成数据识别、数据获取、数据导入、数据分析工作。

数据侦察员/战略家是任何一个另类数据处理流程都需要的重要组成部分，他们可以帮助定位和识别外部的数据集，并充当与内部团队连接的桥梁。正如我们在 5.2.2 节中所指出的那样，数据侦察员需要非常明确的技能。由于时间和成本的限制，不可能对现有的每一个数据集进行评估。因此，这个初始识别阶段选择哪些数据集进行更密切的评估是关键。所以，数据侦察员是团队中必不可少的人物。

也需要聘请数据工程师来应对获取和存储大量数据的挑战。数据工程师所需要的技能组合与数据科学家所需要的技能组合有些不同，数据工程师了解如何分配流程和如何创建数据湖。

数据科学家的工作是分析数据。对于分析基本面的公司来说，可能需要回答投资组合经理提出的具体问题。从某种意义说，我们可以把数据科学家看作拥有多个不同领域技能的通才，包括编码和统计学相关领域的知识，他的技能设置与传统金融量化分析师非常相似。

数据采购过程的集中化会降低数据集的采购成本，因此，不应让各个团队单独谈判，因为他们针对的可能只是同一个潜在的数据集。当数据采购集中化后，可以更容易追踪企业可以访问的数据集。通过建立一个集中化的渠道来处理新的数据集，可以减少评估过程的时间以及降低评估成本。

企业应该利用另类数据资源。例如，在基金中，如果投资组合经理不将另类数据视为其投资过程的一部分，那么就不太可能从开发另类数据渠道的整个过程中获得多少价值。数据战略家和数据科学家需要来自企业的指导，以了解哪些投资问题最重要，哪些指标对企业最有用。这将有助于指导他们识别哪些数据集最有可能是有用的。最终，各团队之间的沟通是确保在投资公司内部成功使用另类数据的关键。否则，数据科学家最终会在一个孤立的环境中工作，无法为业务提供他们更深刻的见解。沟通对于确保数据科学家拥有合适的工作资源非常重要。缺乏沟通和内部政策支持甚至意味着数据科学家无法获得数据，那么他们很可能就会离开这个公司。

集中式的数据科学团队的建立通常可以逐步进行，尤其是在那些有更多自由裁量权的公司。对于这些类型的公司，从较小的另类数据集开始是一个好主意，这样调查所需的资源较少，也不需要大规模团队的支持。通常在早期阶段，资源可能会在内部被重新分配。当业务端看到使用另类数据集的好处时，有助于证明花费的额外时间和资源增加数据团队和购买额外数据集是合理的。

从外部雇用大量人员来创建一个集中的数据团队需要大量的前期预算成本。如果企业看不到这种方式的直接效益，可能就很难证明花费如此大的资金是合理的。通过使用另类数据获得小的成功，并逐步扩大团队规模的策略可能更合适，也更容易得到业务部门的认可。

不得不说，创建一支能够利用另类数据信号的数据科学/工程团队既昂贵又耗时。一个多样化的，以寻找、分析、建模和产生不一样的见解为目的的人才库，通常在现有的职能部门中找不到。大型企业建立这个人才库的成本远远低于它们从另类数据中获得的收益。相比之下，较小的公司可以选择数据供应商/金融科技公司创建的信号，或使用可以避免大的基础设施成本的平台。从这一点来看，小公司必须货比三家，看看哪家数据供应商的产品更符合它们的要求。

最后，我们展示了一个组织建立数据科学团队的大致平均开支（图 5.1）。需要注意的是，不同的地域和不同的基金性质，花费的金额可能会有所不同。

如图所示，100 万～200 万美元的投资对于中小投资者来说是一笔不小的投入。接下来我们将讨论数据供应商如何应对上述步骤中描述的这些挑战。

数据科学队伍（最小值）		
数据部主管（1）	→（箭头）	每年最小花费在 100 万到 200 万美元，这也取决于科技、人才基础和客观条件
数据科学家（1）		
数据侦察员（1）		
数据分析师（3）		

角色	年薪	
	入职薪水/万美元	奖金
数据分析师	8～10	25%
数据科学家	8～10	40%
数据侦察员	7～9	15%
数据工程师	8～11	30%
数据部主管	25～100	100%

图 5.1　一个数据科学团队的建立成本

资料来源：基于 alternativedata.org

5.4　数据供应商

在撰写本书时，数据供应商市场仍然处于碎片化的状态；目前有数百家数据供应商和数千个数据集存在，其数量和种类每个月都在持续增长。媒体经常将数据命名为新石油①（The Economist，2017），数据供应链与石油行业有很大的相似性（Passarella，2019）。我们可以通过这个类比来更好地理解数据行业，"数据"供应链有许多的组成部分。

最初，数据停留在"表面"，类似于原油；例如，可能是一个企业产生的废气数据。那些出售几乎不需要预处理的原始数据的供应商，充斥在供应链的上游部分。在这种情况下，分析的负担就落在了买方，他们必须投入时间和资源，使数据变得干净且可用。买家很可能本身就是其他数据公司，它们可以收集这些数据集，或者在某些情况下，可能是大型的量化对冲基金。在供应链的中间，有一些处理过的数据的供应商，它们对来自不同来源的数据进行清洗和汇总，使其可以用于特定目的，如预测股票市场信号、油价走势等。例如，通过聚合和集成来自不同自动识别系统（automatic identification system，AIS）的数据来实现船舶移动的地理位置的完整覆盖。

---

① 然而，与石油不同的是，数据是一种不可耗尽和非竞争性的资产。原则上，它是不易损坏的，尽管其价值会随着时间的推移而下降。

最后，在供应链的末端，有专门为投资界设计的信号供应商，通常会包含一个或几个资产类别。这种"精炼"过程类似于巴斯夫等大型化工公司在炼油过程中所进行的精炼。这些供应商通常提供白皮书并通过具体的案例研究来证明信号的存在。

数据供应商也可以根据其提供的服务进行细分，即数据的精细化程度和用于提供数据的技术基础设施。可以将其更明确地总结为以下几点。

大多数大数据厂商提供的是数据即服务（DaaS）——直接向客户提供最小的精细化数据。提供的先进服务包括：①连接数据，通过单点访问（single point of access，SPV），并能够根据客户的具体要求定制数据源；②经过清洗的数据，具有适当的推算和规范化的数据概念和实体。

我们也看到一些基础设施即服务（infrastructure-as-a-service，IaaS）/平台即服务（platform as a service，PaaS）的案例——提供灵活的云基础设施（和平台），简化了数据的访问。提供的最先进的技术包括：①简化对数据的访问，同时提供有监控的使用；②能够支持超低延迟算法决策（并降低通信基础设施成本）的协同定位云基础设施；③访问基于云的弹性/突发计算能力和各种价位的存储解决方案（假设协同定位发生在具有足够规模的云环境中）。考虑到复杂程度和成本，这种方案通常保留给大型数据厂商如 Refinitiv 等。

我们还没有看到任何数据供应商充分利用了分析即服务（analytics-as-a-service，AaaS）——在该领域，托管在 IaaS/PaaS 中的分析数据平台会提供大规模的预建环境[1]。以目前潜在的技术水平，它们可以提供：①简化数据处理的访问，提供可随时访问的现成数据平台解决方案；②应用商店参与模式，培养灵活的金融科技生态系统；③基于效用的定价，这里的一个关键考虑因素是定制的分析平台在多大程度上代表了数据消费者的差异化。在大多数情况下，这代表了一种没有可识别的市场优势的成本，因此，通过与业界合作，可以更好地解决这一问题。

最后，一些数据供应商（或从不同供应商处获取数据的小型初创公司）生成针对特定细分市场和使用需求的信号[2]，并高价出售给客户。

数据供应商的交付模式和数据转化的程度必须由市场研究（以及直接客户外展服务）和目标需求来驱动。在 5.2.1 节中，我们根据复杂程度对不同类型的数据买家进行了排序。数据供应商面临的问题是，要瞄准哪些细分市场，以确定最合适的交付模型和所需的投资。

---

[1] 通用分析供应商（如 SAS、Cloudera、Pivotal）提供这些功能。

[2] 例如，埃信华迈（HIS Markit）发布的研究信号。

5.5　小　　结

在这一章中，我们讨论了希望开始使用另类数据的公司的一般流程。它们在初始阶段需要大量的组织工作和投资来组建合适的团队。当涉及选择和评估数据集的时候，以及理解信号的数值的技术工作时，甚至在接收任何数据之前，都需要进行大量的尽职调查。尽职调查包括了解数据是如何产生的，了解原始数据的来源，以评估它是否会带来任何法律问题和其他风险。如果数据集通过了初始检查，并且在回测（或其他的绩效度量方法）阶段被证明是有价值的，那么就可以将其转移到生产过程中。然而，工作并没有止步于此，接下来还需要仔细监控生产过程以保持模型的高质量，这一工作也是十分必要的。

第6章 因子投资

6.1 引 言

从长期来看，因子投资是一种在市场收益之外获得超额收益的投资方式，同时它也提供各种不同的投资选择。一般来说，一个因子可以认为是与一组证券有关的任何特性，而这些特性对解释其收益而言非常重要。另类数据可以用来设计或预测投资因子，因此，正如我们在接下来的章节中所展示的那样，一般而言，一种策略可以超越其他被动投资计划。在本章中，我们将总结因子投资的基础，并指出如何使用另类数据来创建或增强这些因子。然而，我们必须指出，因子投资并不是利用另类数据的唯一途径。的确，在第 1 章和第 2 章中，我们注意到自由裁量投资者也可以在他们的投资框架中纳入另类数据。例如，他们可以使用一次性调查来证实或否定他们对自己所持头寸的看法。

Treynor（1962）、Sharpe（1964）、Lintner（1965）和 Mossin（1966）以 Markowitz 的研究为基础[①]，分别独立提出了资本资产定价模型（capital asset pricing model，CAPM）。

在 Markowitz 的假设基础上，CAPM 进一步假设：①存在一个无风险利率，在此利率下，所有投资者都可以无限地借贷；②所有投资者对所有资产的预期收益和波动率都持有相同的观点。在 CAPM 下，所有的资产收益都是由市场收益加上每种资产的特定的随机噪声来解释的，其与其他任何共性因子，也就是非系统性风险无关。就期望而言，可表示为

$$E[r_i] = r_f + \beta_{p,m} E[r_m - r_f] \tag{6.1}$$

其中，r_i 表示资产 i 的收益率；r_m 表示市场的收益率；r_f 表示无风险利率；

$\beta_{p,m} = \dfrac{\rho_{p,m} \sigma_p}{\sigma_m}$，其中，$\rho_{p,m}$ 表示投资组合与市场的相关性，σ_p 和 σ_m 分别表示投资组合和市场收益的标准偏差。因此，CAPM 是单因子模型，其唯一的因子就是市场。

值得注意的是，CAPM 可以从更基本的基于投资者优化、消费和市场结算的

---

① 我们假设读者熟悉马科维茨投资组合理论的基础知识。对于不熟悉的读者，可以参考以下文献：Markowitz（1991），Markowitz 和 Todd（2000）。

两期均衡模型[①]中推导出来，因此式（6.1）中的简单形式可能会给人们对其背后的经济理论的深度认识产生误导。但它背后的假设仍然是非常简化和程式化的。尽管如此，它还是受到了广泛欢迎，并在很长一段时间内发挥了相当好的作用。

然而，大量的经验证据表明它没有描述除市场投资组合的变动之外的其他收益来源（Fama and French，2004）。正因如此，许多研究人员提出了多因子模型。我们在本书中会讨论其中的一些因子模型，但在此之前，我们将先更正式地介绍因子模型的概念。需要注意的一点是，我们定义的 Beta，或市场因子，并不是一个"不可动摇的"事实，而是一个典型市场投资者收益的代理变量。在一些资产中，市场的代理变量相对容易定义：例如，在股票中，我们可以选择标普 500 指数，而在债券中，我们可以选择彭博社巴克莱全球综合指数（Bloomberg Barclays Global Aggregate Index）。对于外汇等其他资产类别，并没有一个被广泛接受的市场指数。[②]

6.2　因　子　模　型

定义：（因子模型）假设有一组可观测的随机变量 $x_1, x_2, \cdots, x_n$。如果给定另一组随机变量 F_j，其中 $i \in \{1, 2, \cdots, n\}$，$j \in \{1, 2, \cdots, k\}$，$k < n$，则有

$$x_i = \alpha_i + \sum_{j=1}^{k} \beta_{i,j} F_j + \varepsilon_i = E[x_i] + \sum_{j=1}^{k} \beta_{i,j}(F_j - E[F_j]) + \varepsilon_i \tag{6.2}$$

其中，$\beta_{i,j} = \mathrm{cov}(x_i, f_i) / \Sigma_F$，$E[\varepsilon_i] = 0, \forall i$，$F$ 和 ε 是独立的，也就是说，$\mathrm{cov}(F_j, \varepsilon_i) = 0, \forall i, j$，而且矩阵 Σ_F 是非奇异的。x_i 是最常见的与资产收益相关的因素，它可以是价格或者收益。有时也会假设 $\mathrm{cov}(\varepsilon_i, \varepsilon_j) = 0$，$\forall i, j$，$i \neq j$。并且如果在这种情况下，人们也可以说 x_i 遵循某个模型[③]。

主要有三种因子类型：宏观经济因子、统计因子和基本面因子[参见 Connor 等（2010）的研究]。宏观经济因子可以是 GDP 异常、通胀异常等。统计因子是通过资产收益时间序列的数据挖掘技术来进行识别的（它们可能没有任何经济意义）。基本面因子可以捕捉股票的特征，如行业成员、国家成员、估值比率和技术指标。其中一些因子已经变得非常普遍，它们经常被称为 Beta 因子，是许多所谓

---

① 参见 Cochrane（2009）以基本均衡方法推导的资本资产定价模型。这种方法的"预测"本质上是式（6.1）。

② 理论上，式（6.1）中的市场必须包括所有的资产类别。在实践中，构建这样的指数非常困难，所以首选就是代理变量。

③ 在投资组合充分分散的情况下，人们确实可以忽略特异性误差。然而，这种假设在实践中并不总是成立。事实上，网络效应（即非消失的相关性）可能存在于 ε 之间，而且它们可能是非负数。

的"智能 Beta"投资方法的基础;一些特定的例子可以是基于动量的方法,我们将在本章后面讨论这种动量因子。

Connor(1995)比较了三种因子模型——宏观经济因子模型、统计因子模型和基本面因子模型——在同一资产领域(美国股票)的拟合情况。他发现,与其他两种模型相比,宏观经济因子模型表现不佳。这似乎是一种直觉,因为宏观经济因子可能更适合于宏观资产,如股票指数或外汇,而不适合解释单一股票的行为。虽然宏观经济因子确实会影响整个股票,但它们不太可能解释特定股票的特殊行为。基本面因子模型优于统计因子模型,这个结果乍一看可能会让人感到惊讶,因为统计因子模型的设计目的就是最大限度地匹配。Connor 把这归因于基本面因子模型中使用的大量因子。事实上,统计因子模型只关注收益数据集,而基本因子模型包含额外的因子,如行业标识符。

根据模型的类型和选择的校准方法,我们需要估计的参数数量是不同的,所以这时候一个精简的模型有时是非常可取的。假设我们有长度为 T 的时间序列,那么对于每种类型的模型[1](假设是一个严格的因子模型),我们将有以下几组参数需要估计。

统计因子:我们必须估计 β、Σ_F、Σ_ε、F[2](时间序列/横截面回归),可将其转化为

$$nk + kT + \frac{1}{2}k(k+1) + n \tag{6.3}$$

这种使用收益的 nT 面板数据集的参数。

宏观经济因子:我们必须估计 β、Σ_F、Σ_ε(时间序列回归),将其转化为

$$nk + \frac{1}{2}k(k+1) + n \tag{6.4}$$

这种使用 nT 收益率面板数据集和 kT 的宏观经济因子创新集的参数。

基本面因子:我们要估计 Σ_F、Σ_ε、F(横截面回归),将其转化为

$$kT + \frac{1}{2}k(k+1) + n \tag{6.5}$$

这种使用 nT 的收益面板数据集和 nk 的资产特征集来计算的参数。

对于比较大的 n,基本面因子模型的参数比其他两个模型要少,但由于基本面特征的 nk 维截面通常比 k 维截面要大,所以其使用的数据是最多的。这意味着在 n 较大的情况下,基本面因子模型的每个参数都会蕴含着更多的信息。将这三

---

[1] 见 Cornor 等(2010)。

[2] 我们去掉这里的下标。

种情况与直接估计资产收益率的协方差矩阵（即不涉及因子模型）的情况进行比较，意味着要估计 n^2 个参数，对于比较大的 n 来说，这个数字明显高于我们所讨论过的严格的因子模型的参数数量。

Connor（1995）还对混合模型进行了实验，例如，宏观经济模型和基本面模型。结果表明，统计因子和基本面因子都可以丰富宏观经济模型。然而，在他的研究结果中，宏观经济因子对于统计因子和基本面因子的解释力的提升很少。Miller（2006）的研究显示，在一个由日本股票组成的数据集中，在周频和月频数据中，基本面因子模型的表现优于统计因子模型。然而，他指出，在日频数据中，两者的混合模型有着更好的表现。

6.2.1　套利定价理论

Ross（1972，1973，2013）提出了一个纯统计模型来解释资产的收益，该模型基于式（6.2）的多因子公式，但没有 CAPM 背后的经济结构。利用式（6.2）中的一价定律并忽略误差项（假设其均值为零），可以得出[①]

$$E[r_i] = r_f + \sum_{j=1}^{k} \beta_{i,j} E[F_j - r_f] \qquad (6.6)$$

对于 $\mathrm{cov}(\varepsilon_i, \varepsilon_j) = 0, \forall i, j$，也就是说，套利定价理论（arbitrage pricing theory，APT）是对收益率施加了一个严格的因子模型。值得注意的是，与 CAPM 不同，APT 并没有告诉我们这些因子应该是什么，也没有告诉我们每个因子的超额收益 $E[F_j - r_f]$ 的符号[②]，这些因子的数量和性质可能会随着时间和市场的变化而变化。APT 的直接影响是在其公布后，人们提出了许多新的多因子模型。下文将介绍其中一个著名的模型——Fama-French 模型。

6.2.2　Fama-French 三因子模型

Fama 和 French（1992）提出了一个被广泛接受的模型，也是迄今为止最成功的模型。可以说，它属于基于宏观经济（市场）和基本面因素的混合模型。

---

① 关于式（6.6）的推导，见 Cochrane（2009），其中包括没有随机误差项和存在误差项的情况。在后一种情况下，人们认为，由于误差项之间与因子之间互不相关，因此分散投资可以消除特质性风险。当然，这一点可能并不成立，因为在现实中，对于有限的投资组合来说，残差的小风险仍然可以被定价，甚至对于非常大的投资组合来说，一些资产可以代表很大一部分的市场情况。关于这个问题的讨论，请再次参阅 Cochrane（2009）第 9 章和 Back（2010）第 6 章。

② 在 $E[F_j - r_f]$ 为正的情况下，可视为风险溢价。

Fama 和 French 表示，CAPM 不能充分解释由小/大股票组成的投资组合和由高/低账面市值比[①]股票组成的投资组合的横截面资产收益。CAPM 往往低估了小股票或高价值股票的收益，而高估了大股票或低价值股票的收益[②]。Fama 和 French 提出了以下模型来解释投资组合在无风险利率上的收益。

$$r_{i,t} - r_{f,t} = \alpha_i + \beta_{mkt,i}(r_{m,t} - r_{f,t}) + \beta_{SMB,i} \times r_{SMB,t} + \beta_{HML,i} \times r_{HML,t} + \varepsilon_{i,t} \quad (6.7)$$

其中，$r_{i,t}$ 表示投资组合 i 的收益；$r_{f,t}$ 表示无风险利率；$r_{m,t}$ 表示市场收益率（按所有股票的市值加权组合的收益计算）；$r_{SMB,t}$ 表示小股票超过大股票的收益；$r_{HML,t}$ 表示高价值股票超过低价值股票的收益；$\varepsilon_{i,t}$ 表示随机误差项。$r_{SMB,t}$ 和 $r_{HML,t}$ 的构造如下。按账面市值比将股票划分为 3 组，按市值划分为 2 组。然后再以笛卡儿乘积的形式建立以下分区；即{高、中、低}×{大，小} = {高-大，…，低-小}，然后计算出以下数量：

$$r_{SMB}(t) = \frac{1}{3}(r_{high\text{-}small}(t) + r_{medium\text{-}small}(t) + r_{low\text{-}small}(t)) - \frac{1}{3}(r_{high\text{-}big}(t) + r_{medium\text{-}big}(t) + r_{low\text{-}big}(t))$$
$$(6.8)$$

$$r_{HML}(t) = \frac{1}{2}(r_{high\text{-}small}(t) + r_{high\text{-}big}(t)) - \frac{1}{2}(r_{low\text{-}small}(t) + r_{medium\text{-}big}(t) + r_{low\text{-}big}(t)) \quad (6.9)$$

其中，r_{SMB} 和 r_{HML} 按月计算。

Fama 和 French（1992，1993，1995）的研究表明，他们的三因子模型比 CAPM 更能解释横截面资产收益。事实上，他们的三因子模型在 25 个被考察的投资组合中，有 21 个投资组合的调整后可决系数高于 0.9。相比之下，只使用 CAPM，25 个案例中只有 2 个产生了如此好的结果（Fama and French，1993，19~25）。

因此，Fama 和 French 并没有像建立 CAPM 模型那样采用基于均衡的方法，而是本着 APT 的精神，将他们的模型建立在纯实证的发现上。从那时起，人们尝试了很多解释来理解为什么这些因子如此符合实证数据。它们是否代表了一些宏观经济变量？虽然通过这种方式更容易解释一些因子，但用这种方式解释账面市值比因子（high-minus-low，HML）和市值因子（small-minus-big，SMB）因子的尝试并不十分成功。然而，研究的方向也是用与其相关性较低的其他因素来补充 HML 和 SMB 因素。动量就是这样的一个因素，其就促进了我们接下来介绍的 Carhart 模型。

① 账面市值比是指公司的账面价值除以其市值（股票价格乘以流通股数）。账面价值被定义为公司的净资产价值（即总资产与总负债的差额）。

② 低价值股票也被称为成长型股票；高价值股票有时也被简单地称为价值型股票。

6.2.3　Carhart 模型

有实证证据表明，一个做多长期表现差的股票和做空之前长期表现好的股票的投资组合会比相反操作的投资组合表现更好（Fama and French，1996）。业绩的计算是在一个很长的时期——也就是在调整资金组合之前的（−5，−1）年的区间内进行的。这看起来可能很直观，因为过去表现太好的股票可能被高估，反之亦然。然而，Fama 和 French 设法用他们的 HML 因子来解释这种策略的结果（即表现不好的股票有更高的 $\beta_{\mathrm{HML},i}$）。

然而，如果计算过去 12 个月的业绩，也就是说，不是在（−5，−1）年的区间内，情况则正好相反：业绩好的往往继续表现良好，反之亦然。这种行为不能用 Fama-French 的因子来解释。因此，Carhart（1997）提出了一个四因子模型，除了 Fama-French 模型中的因子外，还包括一个动量因子：

$$r_{i,t} - r_{f,t} = \alpha_i + \beta_{mkt,i}(r_{m,t} - r_{f,t}) + \beta_{\mathrm{SMB},i} \times r_{\mathrm{SMB},t} + \beta_{\mathrm{HML},i} \times r_{\mathrm{HML},t} + \beta_{\mathrm{UMD},i} \times r_{\mathrm{UMD},t} + \varepsilon_{i,t}$$

$$(6.10)$$

其中，$r_{\mathrm{UMD},t}$ 被构造为滞后一个月的前十一个月的收益最高的前 30% 的股票的等权平均值减去滞后一个月的前十一个月的收益最低的后 30% 的股票的等权平均值。Carhart 在一个基金收益的数据集上说明了这种回归的意义。但是，他也表示，在考虑交易成本后，这样的策略不一定是成功的。Fama-French 和 Carhart 模型并不是我们在实践中可以使用的唯一模型（虽然是著名的和经过测试的！）。然而，我们并没有深层次的原因相信他们提出的因子是唯一可行的，也没有严格采用它所依据的排序方法。下文将讨论一种更加基于数据挖掘的方法，这种方法也是完全合理的。

6.2.4　其他方法（数据挖掘）

长期以来，投资者一直在寻找能够表明平均回报率高低的因子，并试图根据这些因子构建投资组合。这些因子不一定非要从财务报表中构建。事实上，使用另类数据的理由是，我们可以在会计变量之上得到一些东西[1]。

不过我们必须注意到，纯数据挖掘的方法也有一些注意事项。正如 Yan 和 Zheng（2017）所指出的，一个重要的争论点是，一个策略所能产生的数据挖掘的

---

[1] 除了基于会计变量或另类数据的因子外，其他因子也是有价值的。例如，Carhart 模型中的动量因子是根据过去的股票回报率构建的，既不是会计数据，也不是另类数据。

异常收益是否是对系统性风险的补偿。其中，一个例子是基于利差的因子模型，该模型通常是按照利差（如股票的股息）对资产进行排序，在高利差资产中采取多头仓位，同时由低利差资产的空头仓位提供资金。通常情况下，那些利差水平较高的资产也更容易出现大幅缩水的情况。因此，该策略有效地获得了风险溢价，而在市场动荡期间，这种溢价会出现周期性的压力。

虽然数据挖掘发现了市场无效性的证据，但其也更倾向于发现一些完全虚假并且在一段时间内不稳定的模式。换句话说，我们是否只是简单地在拟合统计噪声？例如，在考虑了许多变量的情况下，那么在纯属偶然的情况下，也可能会出现异常收益，即使这些变量并没有对未来股票回报有任何真正的预测能力。在这种情况下，要进行的一个重要检测是，未发现的信号是否是由抽样变异造成的。需要寻找的因子的其他理想属性包括，随着时间的推移是否具有持久性，相对于个股波动率而言，收益率是否有足够大的变异性，以及能够适用于定义足够广泛的股票子集（Miller，2006）。

Yan 和 Zheng（2017）在研究中首次证明，基于基本面的异常现象不是由随机因素造成的，他们研究了这些异常是否与错误定价或对于风险的解释一致。为此，他们进行了三个检验。关于这些测试的细节，请读者参考 Yan 和 Zheng（2017）的研究，另外值得注意的是，他们的结果同时表明，大量的基本面因子表现出了对股票未来收益的真正预测能力。这一证据表明，基于基本面的异常现象与基于错误定价的解释更为一致。

虽然其他作者已经在之前的研究中探索了其中的一些因子，但 Yan 和 Zheng（2017）的研究中发现的许多重要的基本面信号在发表时都是最新的，而且在之前的文献中很少受到关注。例如，他们发现，基于利息支出、税收损失结转以及销售、一般管理费用等构建的异常变量与未来股票收益高度相关。他们认为，假设这些变量可以预测未来的股票收益率是可行的，因为这些变量包含了与公司未来业绩相关的有价值的信息，而市场却不能及时地将这些信息反映到股票价格中。他们的结论是，导致投资者未能充分理解基本面变量信息的一个比较合理的原因是投资者有限的注意力。我们将在第 10 章中利用 Yan 和 Zheng（2017）在其研究中使用的方法和他们的发现。

我们需要进行的一个重要测试是，新发现的因子与 Fama-French 因子的相关性如何。这一测试将向我们表明，前者是否是后者的代理（若是，则新发现的因子是多余的），或者它们是否确实包含一些额外的信号。本着同样的精神，Fama 和 French（1996）分析了基于不同于 HML 和 SMB 的因子的策略，他们发现这些策略主要是由这些因子来解释的，而不是纯粹由市场的 Beta 来解释的。事实上，使用另类数据的一个关键点是，假设使用与众不同的数据集，我们不太可能发现与现有因素相关的信号。

6.3　横截面和时间序列交易方法之间的区别

在本章中，我们讨论到的交易规则包括根据特定因子对资产进行排名。之后，我们根据这些资产的排名建立头寸。换句话说，我们正在构建的是横截面交易规则。因此，我们在一种资产上的仓位会受到另一种资产上仓位的影响。横截面交易规则在股票中很流行，在其他资产类别中，它们也可以在使用因子驱动的交易方法的时候被发现，例如，基于利差的交易方法可以应用于许多包括外汇这样的资产类别中。有时，这些方法可以用来创建市场中性的投资组合，或者用来调整只做多的投资组合的权重。

这与由时间序列驱动的交易规则形成了鲜明对比，比如许多期货管理型趋势跟踪基金所采用的规则。通常，它们交易的是各种宏观资产的期货，包括主权债券、外汇、股票指数和商品，而不是单一的股票。基金经理会根据该资产的趋势，即根据特定资产的时间序列计算出的趋势，对某一特定期货进行多头或空头操作。这与横截面法形成了鲜明的对比，在横截面法中，我们会同时对许多资产使用某种排名方法。

6.4　为什么要进行因子投资？

此时，人们自然会问，使用因子策略时的业绩的实证证据是什么？有证据表明，在良好的市场条件下，基于额外的因子构建的指数确实优于简单的被动投资方法，如做多市值指数。当然，我们也注意到，虽然这类方法通常被称为被动式方法，但实际上，这类指数确实有与之相关的资金再分配规则，这类指数随着时间的推移往往会有利于大盘股。因此，"被动式"策略可能比投资者所认为的更活跃。

然而，在糟糕的情况下，基于因子的投资策略可能会差于市场的表现。比较特别的例子就是获取风险溢价的那些策略，如利差。然而，一般来说，市场似乎总是在增长，而且强势期要比弱势期长。那么，从长期来看，在增长期发生的市场回报超过市场下跌期发生的不良回报并超越市场指数是有道理的。事实上，这正是我们所看到的情况。自 1973 年以来，有多个时期，因子指数[①]的表现都低于市场。但总体而言，从 1973 年到 2015 年，投资于 MSCI（Morgan Stanley Capital International，摩根士丹利资本国际公司）世界指数的 1 美元会涨到 34 美元，而投资于其价值指数的 1 美元会涨到 49 美元，或者投资于其动量指数的 1 美元会

---

① 根据某种风险因子（如价值因子）构建权重指数。

涨到 98 美元[①]。那么，从长远来看，至少考虑到目前的经验证据，收益似乎大于成本。

鉴于这些因子表现优于市场的实证证据，一种新型的被动投资出现了：投资者并不投资基于市值的整个市场的表现，而是决定结合这些发现（因子投资），选择市场的子集进行投资，或者使用替代市值的权重系统（智能 Beta 投资）。这些方法的好处与被动投资类似。

（1）投资容量大：由于投资于指数，所选择的投资领域的市值非常大。因此，需要极多的资金才能以某种方式推动市场的发展（即不做价格的接受者）。这对大型基金（如养老基金）非常有吸引力，因为许多小型策略在处理高额的百万/十亿美元的投资组合价值时的规模化效应并不好。

（2）低成本：由于这些方法非常简单，并且可以很轻松地实现自动化，因此执行这些方法并不费力。因此，这种方法在因子选择和执行方面的成本都很低。在过去，许多智能Beta策略通常只提供给在其投资组合中配置对冲基金的投资者，而如今这些因子的变体可以通过交易所交易基金（exchange traded fund，ETF）等低成本的封装器获得。

（3）分散化：这些方法是基于指数投资的，但我们仍然可以体会到，只要有足够大的投资范围，股票之间的分散程度就会非常好。

Clarke 等（2005）的研究表明，通过加入因子投资策略，可以扩大有效边界，并将其向"西北"方向推进/旋转，从而在同样的风险水平下获得更高的回报。

6.5　使用另类数据输入的智能 Beta 指标

多年来，金融指数一直被用来衡量市场的表现，而且受机构投资者追捧。过去几年，随着主题指数和基于因子的指数（智能 Beta）的推出，指数市场有所发展，但市场在利用丰富的另类数据方面却没有太大的发展。然而，最近，一些指数提供商已经开始考虑将另类数据纳入新一代指数。

例如，一家名为 Indexica[②]的公司提供了 Severity、Opportunity、Complexity 和 Futurity 等指数。例如，Futurity 通过自然语言处理分析，对公司在过去和未来被提及的程度进行评分。Indexica 发现，如果按照未来得分对标普 500 指数的成分股进行排名，排在最高的十分位数的成分股在过去三年的回报率在 60%到 70%之间，而排在最低的十分位数的成分股在同期的回报率只有 20%。

Refinitiv 创建了基于行业的新闻情绪指数，针对某一行业或类别，追踪媒体

---

① 这些分别相当于大约 8.8%、9.7%和 11.5%的年化收益率。

② https://www.indexica.com/。

对该行业的情绪。Borovkova 和 Lammers（2017）实证研究了 11 个行业的 Refinitiv 行业情绪指数与该行业股票交易之间的关系。他们证明，它们之间的关系在市场低迷时期尤为显著。

指数是基于一系列深层次因素构建的。例如，驱动标普 500 指数的主要因素是市值。在第 10 章中，通过使用汽车数据，我们发现可以使用市值以外的因素对公司的业绩进行预测。我们将展示按市值或以同等权重对公司进行加权时的结果，并将其与使用汽车数据的结果进行比较，包括一些与汽车供应链相关的另类数据集。在 6.8 节中，我们将对如何将另类数据纳入到创建指数的过程中进行更广泛的概述。

6.6 ESG 因 子

通常情况下，当考虑开发因子指数（如趋势）时，我们的主要目标是最大化某种类型的收益统计量，无论是夏普比率、年化收益率，还是其他。然而，在某些情况下，我们可能希望将其他标准纳入模型中。其中一种情况涉及基于 ESG（environmental，social，and governance，环境、社会和治理）的股票投资组合因子。在这种情况下，我们希望选择那些遵守各种与环境、社会和治理问题有关的道德标准的公司。这种使用 ESG 的举措是由投资者推动的，包括一些世界上最大的基金，如挪威央行投资管理公司（Norges Bank Investment Management）。通过 ESG 评分来量化公司的精确标准是什么，目前还没有被广泛接受的定义。然而，我们可以尝试给出一个广泛的定义。

在环境方面，我们可以关注一些因素，比如公司对能源的使用、如何处理废弃物等。正如我们所预料的那样，石油公司在这些标准上不太可能得到很高的分数。相比之下，从事可持续发展行业的公司得分较高。

对于社会部分，可以关注公司与客户、工人和当地社区的互动情况。鉴于烟草公司的产品对用户有害，所以在这个评分上不太可能得高分。工人的工作条件如何，他们的安全是否受到高度重视？他们是否有多元化的政策？当我们关注治理时，我们需要看看公司管理层的决策过程是怎样的：他们是否会倾听股东的意见？他们的董事会是否有监督权？他们是否制定了管理利益冲突的政策？他们是否被指控有贿赂等不道德和非法行为？董事会成员是否有任何重大的利益冲突？

考虑到气候变化，在环境问题上表现不佳的公司在未来几十年内不太可能成为良好的长期投资标的。因此，长期收益和公司的环境得分可能存在联系，比如，一家没有为可再生能源做准备的石油公司。治理方面也是如此。一个治理不善的公司不太可能是一个好的投资标的，这是因为它可能面临更多的风险（无论是与诉讼有关还是与欺诈有关)。从社会关注的角度来看,我们也可以认为,将招聘对象限制在极少数人的公司不太可能获得最好的员工。此外,缺乏多样性也会滋生大量的群体思维。如果企业对待员工的态度不好,企业也不可能发挥出应有的生产力。

要量化 ESG 的标准可能很困难。毕竟,我们提出的大多数问题都是定性的。然而,从根本上来说,我们感兴趣的是创建一个时间序列的可量化结果,并以此为基础对公司进行排名。目前,有一些另类数据供应商正在开发数据产品,为公司提供 ESG 数据,如 Engaged Tracking 公司。开发 ESG 指标的公司可以使用各种技术来采集这些信息,包括分析新闻和深入研究公司的年报,它们基本上是将公司内部和外部的数据源混合起来。RobecoSAM 根据 ESG 标准为 4800 多家公司创建了企业年度可持续发展评估(corporate sustainability assessment,CSA)。RobecoSAM 与标准普尔合作,创建了基于因子的综合因子指数,如动量,其中也包含了 CSA 中的 ESG 信息。

6.7 直接和间接预测

鉴于我们的最终目标是利用另类数据来预测资产收益,这里我们有三种方法可以选择:可以直接利用手头的另类数据预测资产收益;也可以利用它先预测一些基本面,然后再构建从基本面到资产收益的联系;还可以利用另类数据和基本面来共同预测资产收益。就公司而言,基本面可以是财务比率,如账面市值、杠杆率、每股收益或类似的指标。在某些情况下,我们所研究的另类数据集可能已经是相对结构化的形式,这使得我们可以直观地假设它与收益有直接关系。然而,情况可能并不总是如此。

在投资宏观资产(如债券或外汇)的情况下,我们可能会试图预测宏观数据。例如,这些数据可能是预算赤字或劳动力市场。我们也可以追踪央行的动向,以了解它们会如何改变货币政策以应对基本面的变化。很难说哪一种方法更好,因为这取决于问题和数据的特性。在实际操作中,即使我们交易的是单只股票,也可能希望有一个更广泛的宏观覆盖面,因为股票行业的表现对经济周期的各个阶段非常敏感。

可以说,我们赞成先根据基本面进行预测。事实上,有一种经济学直觉可以解释为什么公司基本面应该推动股票回报。例如,如果收入与支出之比下降,我们的直觉表明,这将对股票价格产生负面影响。如果杠杆率上升,我们也预期信用利差会上升。我们还可以推测,宏观经济基本面很可能会影响到主权债券市场或货币市场等宏观资产。如果经济数据变得疲软,央行很可能会更加倾向于鸽派。因此,债券收益率很可能会如同在鸽派倾向更为严重的市场下的市场价格一样下降。相反,当经济数据持续强劲并朝着更高的通胀率发展时,收益率很可能会上升。理由是市场是在央行更加鹰派的环境下进行定价的。货币政策预期的转变往往也会波及货币市场的交易方式。

那么我们就可以使用另类数据来预测收益。不同行业部门的方法会有所不同。比如就购物中心的收入预测而言，来自停车场的卫星图像可能是一个很好的预测指标。对于苹果这样的公司，我们需要尝试不同的方法来预测收入。它的收入与iPhone 的销售有很大的关系，其中一种方法是跟踪社交媒体中对 iPhone 的提及情况（Lassen et al.，2014）。我们也可以尝试围绕特定的短期事件来根据基本面预测进行交易，比如季度公司股票发行或经济数据发布。诚然，围绕这样的短期策略进行交易可能会有一些限制。

因此，本案例中我们选择的建模路径（模型 A）[①]如图 6.1 所示。

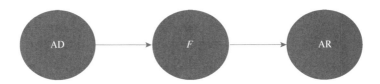

图 6.1　概率图模型展示了一个潜在的建模序列（模型 A）

其中，AD = 另类数据，F = 基本面，AR = 资产回报

图 6.2 是一种直接方法（模型 B）。

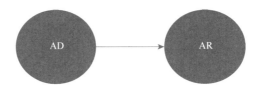

图 6.2　另一种潜在的模型序列（模型 B）

图 6.3 显示了第三种方法，即直接使用另类数据和基本面数据来预测资产收益。

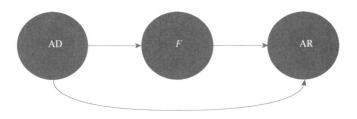

图 6.3　第三种潜在的模型序列（模型 C）

---

① 在本节中，我们将使用概率图模型。

理解所有这些可选方案的含义是很重要的。为简单起见，假设在另类数据集中只有一个变量，只想预测一个基本比率，那么我们先专注于线性回归模型的例子。模型 A 可以表示为

$$AR = \beta_{AR,F} F + \varepsilon_{AR} \qquad (6.11)$$

$$F = \beta_{F,AD} AD + \varepsilon_F \qquad (6.12)$$

假设 $\mathrm{cov}(\varepsilon_{AR}, \varepsilon_F) = 0$，对于模型 B，我们有

$$AR = \beta'_{AR,F} AD + \varepsilon'_{AR} \qquad (6.13)$$

而对于模型 C，我们有

$$AR = \beta''_{AR,F} F + \beta''_{AR,AD} AD + \varepsilon''_{AR} AR \qquad (6.14)$$

$$F = \beta''_{F,AD} AD + \varepsilon''_F \qquad (6.15)$$

其中，假设 $\mathrm{cov}(\varepsilon''_{AR}, \varepsilon'_F) = 0$。虽然没有办法预先断定哪一个模型更好，但是我们选择的每一个建模序列都有关于残余误差项之间相关性（或缺少相关性）的假设。

我们必须要说的是，实际考虑因素也会引导建模时的选择，比如数据的可用性。例如，假设我们只有短期内的另类数据，比如两年的日频观测数据。而公司的基本面数据取决于国家的选择，只能以季度的频率，或半年的频率来获得。这意味着，在两年的时间窗口，用于预测 F 的方程（模型 A 和模型 C）的统计能力会非常低。在模型 C 中，这也意味着将 AD 的频率转换为季度频率，从而由于较低的时间粒度而丢失了其潜在的变化。如果资产收益率每天都可以得到，那么更好的选择可能是直接使用模型 B，但前提是我们可能会牺牲掉一些经济学直觉。在第 10 章中，我们会在一个由全球汽车股票组成的数据集上测试这三种方法，同时还将测试 IHS Markit 关于汽车供应链的另一个数据集。

我们也会向读者指出有关这一主题的其他文献。Guida（2019）将机器学习应用于因子投资。他的研究使用了一种机器学习技术（XGBoost），将基于股权比例的特征纳入到交易单一股票的因子模型中。Alberg 和 Lipton（2018）则使用深度学习来预测传统的公司基本面比率，这些预测被用作股票因子交易模型的输入。我们将在第 10 章，在对汽车股的交易策略的分析中对这篇文章进行阐述。

6.8　小　　结

在本章中，我们简要介绍了基于因子的投资，讨论了一些常见的因子模型。虽然趋势和价值等因子已经非常成熟，并构成了各种智能 Beta 指数的基础，但我们注意到，可以使用另类数据来增强现有的因子，也可以创造新的因子。正如我

们所期望的那样，基于因子的投资通常专注于改善投资者的收益统计量。然而，投资者可能会有其他目标，而不仅仅是纯粹的回报率。我们列举了 ESG 数据集的例子，因子投资者可以利用 ESG 数据集，在投资过程中加入与环境、社会和治理相关的考虑因素。一般来说，在 ESG 标准上得分高的公司可能是不错的投资对象。例如，对一家公司而言，被认为存在治理问题和重大利益冲突不可能被市场视为加分项。

第二部分　实 际 应 用

第 7 章 缺失数据：背景

7.1 介　　绍

正如我们在 3.3.2 节中讨论的那样，处理缺失数据（普遍存在的问题）是使数据变得有用的关键步骤之一。在本章中，我们将进一步阐述缺失数据的插补问题。

由于缺失数据问题会出现在不同的实际应用中，因此提供一个通用的解决方法是不可能的。例如，填补金融时间序列中的缺失数据与填补卫星图像或文本中的缺失数据大不相同。然而，正如我们即将在本章及下一章中所讨论的那样，有些技术方法常常可以在不同的领域获得应用。无论数据集是否是另类的，填补缺失数据的技术都是适用的，因此下面的内容中，我们不再区分数据集是否是另类的。一般我们只讨论在另类数据空间中更普遍存在的缺失数据和数据质量问题。这是由于与标准化的传统数据集相比较，另类数据的多样性、变化速度和可变性都有所增加。

尝试进一步分析之前，必须先处理缺失的数据，以便接下来可以在处理过的数据集上校准预测模型（如投资策略）。但是，我们必须谨慎地区分训练集中缺失的数据是偶然的（如错误地删除了历史数据库中的记录），还是具有不可避免的周期性，以及很可能在未来的实时过程中以相同的模式再次出现的特征。在后一种情况下，缺失数据的算法也必须在生产过程中实现。明确我们在预处理阶段构成的缺失数据算法是否适用于实际环境也很重要。这将取决于约束条件，如算法如何应用、对缺失数据进行处理的步骤所允许的最大计算时间是多少，等等。

然而，像我们之前在第 5 章中提到的，如果训练集中的缺失数据不是偶然发生的而是重复出现，那么出于各种各样的原因，它可能会再次以完全不同的方式出现。这是个需要解决的暂时性技术障碍。一种可能是相关的数据反馈由于不再收集某些信息而中断。在这种情况下，可能需要对算法进行完善，使它既适用于投资策略，又适用于缺失数据的处理步骤。另一种可能是由于输入数据的性质不断变化，缺失数据的模式与训练集相比发生了变化。例如，交易时间或假日日历随市场数据而变化。在这种情况下，需要修改并更新用于插补缺失数据的算法，可能那些投资策略也需要更新。我们有必要根据每个案例进行细致的分析以评估最佳的方案。最后，非平稳性（4.4.2 节）或区域变化也会影响到数据的收集，从而影响缺失数据模式。例如，如果收集到的信用违约互换价格的一致估计值与分析师的估计值相差太大，则不会公布。分析师之间的分歧更多地发生在市场动荡时期，这可能会使得数据产生不同的缺失模式。

7.2　缺失数据的分类

缺失模式可能以各种不同的形式出现，从而影响插补策略，我们将在以下各小节中加以说明。首先，有必要对潜在的缺失机制以及常见的缺失模式进行分析。

在统计文献中，人们通常认为数据是由分布函数 $g(X|\theta)$ 生成的，其中，参数 θ 未知。g 的函数形式可能是已知的，也可能是未知的。接下来，我们来阐明缺失模式 M 是如何产生的以及它与观测数据之间的关系，即条件分布函数 $f(M|X,\phi)$ 的一般形式，其中，ϕ 是未知参数的集合。从形式上，我们可以将数据分为可观察部分和缺失部分，即 $X = (X^{\mathrm{obs}}, X^{\mathrm{miss}})$。可以理解为：存在一个完整的数据集 X，但是我们只能观察到 X^{obs} 的值，X^{miss} 无法被观察到，因此，我们通常无法知道它们。然而，对于下面的推理，考虑它们的值以及与缺失模式的关系是很有用的。在文献中通常有以下区别[①]。

（1）完全随机缺失（missing completely at random，MCAR）：缺失模式不依赖于任何观察到或未观察到的数据值。

$$f(M|X,\phi) = f(M|\phi) \tag{7.1}$$

（2）随机缺失（missing at random，MAR）：缺失模式取决于观察到的数据值，而非未观察到的数据值。

$$f(M|X,\phi) = f(M|X^{\mathrm{obs}},\phi) \tag{7.2}$$

人们可能会发现 MAR 一词令人困惑，因为缺失模式 M 不是随机的，而取决于观测值。但是，在文献中常常用到这一概念。

（3）非随机缺失（missing not at random，MNAR）：缺失模式取决于观察到的和未观察到的数据值。

$$f(M|X,\phi) = f(M|X^{\mathrm{obs}}, X^{\mathrm{miss}},\phi) \tag{7.3}$$

举一个 MAR 的例子：在调查中，超过一定年龄的受访者缺少收入数据。一个 MNAR 的例子：在调查中，如果收入值低于某个阈值，而年龄（可观察到的）高于某个值，则更有可能会缺失收入数据。换言之，如果受访者年纪大且收入微薄，则不考虑收入状况。这一区别产生了以下结果：MCAR 和 MAR 属于一类被称为可忽略的缺失模式，该模式适用于多重插补（multiple imputation，MI）方法，

[①] 见 Little 和 Rubbin（2019）。

我们将在后面阐述。粗略地说，在这两种情况下，未观察到的值可以被整合出来。相比之下，应用 MNAR 模式更为困难，因为原则上我们不能仅从可观察的值来预测缺失值。在这种情况下，额外的数据或来自该领域专家的额外见解可能会很有用。我们可以引入适当的先验知识来处理插补问题。一些多重插补软件包允许这样做。

一般来说，有三种方法处理缺失数据：①删除；②替换；③预测插补。前两种方法非常简单基础，适用于影响范围较小或建立预测插补模型很昂贵的情形。接下来，我们分别阐述这三种方法。

1. 删除

删除是最简单的方法。它可以按列表或成对的方式简单地将记录删除。列表删除是指如果分析过程中有任何一个变量缺失数据，则数据集中的所有记录都将被删除。在某些情况下这可能是一个可行的选择，但由于大量数据被丢弃，多数情况下这是一个非常昂贵的过程。除非剩余的样本量仍然很大，否则删除记录会减少样本量从而降低结果的统计能力。此外，这种方法只在数据是 MCAR 的情况下有效。如果不是，则删除后的不完整记录与仍在样本中的完整案例不同，剩下的随机样本就不能反映总体，这可能导致有偏差的结果。在某些情况下，列表删除是完全不切实际的。例如，对于下一章讨论的信用违约互换数据，我们将失去大量有价值的数据[①]。因此，现在通常不采用列表删除，而是采用更复杂的技术。

成对删除时，丢失的数据被简单地忽略，并且每个记录只考虑非缺失的变量。成对删除获取了更多的数据。然而，由于每个计算的统计数据可能基于不同的案例子集，因此可能会出现问题。例如，使用成对删除可能无法得到一个适当的半正定相关矩阵。

更灵活、强大的策略是从观察到的数据中预测缺失数据。一般来说，人们可以区分确定性和随机性的数据插补方法。

2. 替换

估算特定特征的缺失值的一种基本确定性方法是对其进行简单猜测，如该特征的观测值的均值或多数值（众数）。如果缺失的部分很小，这可能是一个成功的策略。然而，这种方法存在两个问题：①均值或众数插补可能不准确；②正如文献（Little and Rubin, 2019；Schafer, 1997）中讨论的，这种简单的插补技术改

[①] 在任何应用中，判断将丢失大量还是少量的数据取决于应用的目的。例如，在下一章的案例研究中，数据可用于计算预期短缺。计算过程需要近期的、大量的数据，这导致对长时间的缺失数据的容忍度较低。

变了数据的统计特性。例如，一个变量经过均值插补后，方差变小。对于时间序列中的缺失值，我们还需要注意不要使用根据未来值计算的均值，而要使用根据历史值计算的均值。

3. 预测插补

为了克服如均值插补等简单方法的局限性，在过去 30 年中出现了一种称为多重插补的统计框架。该框架的总体思想是推导联合分布函数，从中可以对插补数据进行采样。插补数据是不确定的，可以生成多个插补集。对于已完成预测分析的数据集，可以计算预测数量的统计信息。因此，可以适当地解释插补的不确定性。此外，这些插补技术可保证数据的统计特性（如基础分布、均值和方差）不因插补而改变。

这也是下一章研究的案例中使用的方法之一。但在此之前，让我们先来回顾属于预测插补类的一些缺失数据处理方法。

7.3　缺失数据处理的文献综述①

根据 Wang H 和 Wang S（2010）的说法，对缺失数据的不当处理可能会导致偏差，产生误导性结论并且限制研究结果的推广。Barnard 和 Meng（1999）认为缺乏处理缺失数据的方法的原因可以总结为：①效率低下；②处理和分析数据的复杂性；③由于缺失数据和完整数据之间的差异而产生的偏差。这表明处理缺失数据在实际应用中至关重要。

在接下来的内容中，我们回顾一些有关缺失数据插补的重要文献。我们将证实这样一个事实：正如没有免费午餐定理所期望的那样，不可能使每个问题都拥有最佳的插补算法。相反，"最佳"算法必须针对正在研究的特定问题进行选择。

7.3.1　Luengo 等（2012）

第一篇是 Luengo 等（2012）的论文。这篇文章比较了 14 种不同插补技术对数据的影响，随后对 23 个分类器进行了测试。分类器分为以下三组。

（1）规则归纳学习。该组是使用不同策略推断规则的算法。那些产生或多或少可解释规则的集合的方法属于此类别。这些规则包括离散和/或连续的特征，每

---

① 读者可以参考 Graham（2009），他详尽介绍了缺失数据问题。

种特征根据它们的定义和表现形式来处理。这种类型的分类方法在数据不完善的情况下使用最多。

（2）近似模型。该组包括人工神经网络、支持向量机和统计学习。Luengo 等将那些像黑盒子一样起作用的方法归类在这个组中。因此，那些无法产生可解释模型的方法都属于此类。尽管朴素贝叶斯方法不是完全的黑盒方法，但近似模型是朴素贝叶斯方法最合适的类别。

（3）懒惰学习。该组包括的方法不基于任何模型，而是使用测试数据直接分类。这个过程意味着存在某种相似性度量。因此，所有使用相似性函数将输入变量与训练集数据联系起来的方法都被视为属于懒惰学习。

属于规则归纳学习组的分类方法有 C4.5、Ripper、CN2、AQ-15（AQ）、PART、Slipper、可伸缩规则归纳（scalable rule induction，SRI）、规则归纳二合一（rule induction two in one，Ritio）和规则提取系统版本 6（Rule-6）。属于近似模型组的分类方法有多重感知器（multilayer perceptron，MLP）、C-SVM、v-SVM、顺序最小优化（sequential minimal optimization，SMO）、径向基函数网络（radial basis function network，RBFN）、RBFN 递减（RBFND）、RBFN 递增（RBFNI）、logistic（LOG）、朴素贝叶斯（Naïve Bayes，NB）和学习矢量量化（learning vector quantization，LVQ）。属于懒惰学习组的分类方法有 1-NN、3-NN、局部加权学习（locally weighted learning，LWL）和贝叶斯规则的懒惰学习（lazy learning of Bayesian rules，LBR）。

最后，他们采用的插补技术是不插补（do not impute，DNI）、删除案例或忽略遗漏（ignore missing，IM）、全局众数或均值（global most common/average，MC）、概念众数或均值（concept most common/average，CMC）、k 近邻插补（k-nearest neighbor imputation，KNNI）、加权 k-近邻插补（weighted k-nearest neighbor imputation，WKNNI）、k 均值聚类插补（k-means clustering imputation，KMI）、模糊 k 均值聚类插补（fuzzy k-means clustering imputation，FKMI）、SVMI、事件覆盖（event covering，EC）、正则化期望最大值（expectation maximization，EM）、奇异值分解插补（singular value decomposition imputation，SVDI）、贝叶斯主成分分析（Bayesian principal component analysis，BPCA）和局部最小二乘插补（local least squares imputation，LLSI）。

他们在将每种分类方法应用于 21 个（插补的）数据集中的每个数据集之前首先应用了上述各种插补技术。接下来为每个计算机分类器组合赋予其在给定数据集上执行情况的秩。然后，使用 Wilcoxon 符号秩检验给每个计算机分类器分配一个单一的秩[1]，如表 7.1 所示。秩的值越低，插补技术与该分类器结合使用的效果越好。

----

① 参见 Luengo 等（2012）第 4.1 节。

表 7.1　所有分类器的秩的均值

插补技术	RBFN	RBFND	RBFNI	C4.5	1-NN	LOG	LVQ	MLP	NB	v-SVM	C-SVM	Ripper
IM	9	6.5	4.5	5	5	6	3.5	13	12	10	5.5	8.5
EC	1	1	1	2.5	9.5	3	7	8.5	10	13	1	8.5
KNNI	5	6.5	10.5	9	2.5	1	7	11	6.5	8	5.5	2.5
WKNNI	13	6.5	4.5	11	4	10	10	4.5	6.5	4.5	5.5	2.5
KMI	3.5	2	7	5	12	3	11	3	4.5	8	5.5	2.5
FKMI	12	6.5	10.5	7.5	6	3	1.5	4.5	11	4.5	5.5	2.5
SVMI	2	11.5	2.5	1	9.5	7.5	3.5	1.5	13	8	11	5.5
EM	3.5	6.5	13	13	11	12	12.5	10	4.5	4.5	10	12
SVDI	9	6.5	7	11	13	11	12.5	8.5	3	11.5	12	11
BPCA	14	14	14	14	14	13	7	14	2	2	13	13
LLSI	6	6.5	10.5	11	7.5	7.5	7	6.5	9	4.5	5.5	5.5
MC	9	6.5	10.5	7.5	7.5	3	7	6.5	8	11.5	5.5	8.5
CMC	9	13	2.5	5	1	3	1.5	1.5	14	14	5.5	8.5
DNI	9	11.5	7	2.5	2.5	14	14	12	1	1	14	14

插补技术	PART	Slipper	3-NN	AQ	CN2	SMO	LBR	LWL	SRI	Ritio	Rule-6	平均值	排序
IM	1	4	11	6.5	10	5.5	5	8	6.5	6	5	6.83	7
EC	6.5	1	13	6.5	5.5	2	9		6.5	6	1	5.7	2
KNNI	6.5	11	5.5	11	5.5	5.5	9	8	11.5	11	11	7.76	10
WKNNI	6.5	7	5.5	6.5	1	5.5	9	8	11.5	6	11	6.96	8
KMI	6.5	3	5.5	6.5	5.5	9	9	2.5	9.5	12	7.5	6.24	5
FKMI	6.5	10	1.5	2	5.5	3	9	2.5	1	2	3	5.26	1
SVMI	6.5	7	9	1	5.5	9	3	8	6.5	6	2	6.09	3
EM	6.5	7	5.5	12	13	11.5	9	2.5	3	6	4	8.37	11
SVDI	6.5	12	12	10	12	11.5	1	12	9.5	10	11	9.72	12
BPCA	13	7	14	13	14	13	13	13	13	13	13	11.87	14
LLSI	6.5	7	5.5	6.5	11	9	9	8	3	6	7.5	7.22	9
MC	6.5	2	1.5	6.5	5.5	5.5	3	2.5	3	6	7.5	6.11	4
CMC	12	13	5.5	3	5.5	3	8		6.5	1	7.5	6.28	6
DNI	14	14	10	14	5.5	14	14	14	14	14	14	10.61	13

注：列"平均值"是给定插补技术的所有秩的均值

资料来源：来自 Luengo 等（2012）的数据

1. 规则归纳学习方法

Luengo 等得出了以下结论：对于规则归纳学习分类器，插补方法 FKMI、SVMI

和 EC 效果最佳，如表 7.2 所示。因此，这三种插补方法最适合此类分类器。此外，FKMI 和 EC 方法也被认为是最佳的方法。

表 7.2 规则归纳学习方法的秩的均值

插补技术	C45	Ripper	PART	Slipper	AQ	CN2	SRI	Ritio	Rules-6	平均值	排序
IM	5	8.5	1	4	6.5	10	6.5	6	5	5.83	4
EC	2.5	8.5	6.5	1	6.5	5.5	6.5	6	1	4.89	3
KNNI	9	2.5	6.5	11	11	5.5	11.5	11	11	8.78	11
WKNNI	11	2.5	6.5	7	6.5	1	11.5	6	11	7	8
KMI	5	2.5	6.5	3	6.5	5.5	9.5	12	7.5	6.44	6
FKMI	7.5	2.5	6.5	10	2	5.5	1	2	3	4.44	1
SVMI	1	5.5	6.5	7	1	5.5	6.5	6	2	4.56	2
EM	13	12	6.5	7	12	13	3	6	4	8.5	10
SVDI	11	11	6.5	12	10	12	9.5	10	11	10.33	12
BPCA	14	13	13	7	13	14	13	13	13	12.56	14
LLSI	11	5.5	6.5	7	6.5	11	3	6	7.5	7.11	9
MC	7.5	8.5	6.5	2	6.5	5.5	3	6	7.5	5.89	5
CMC	5	8.5	12	13	3	5.5	6.5	1	7.5	6.89	7
DNI	2.5	14	14	14	14	5.5	14	14	14	11.78	13

资料来源：来自 Luengo 等（2012）的数据

2. 近似模型

在近似模型中，不同插补方法之间的差异更为显著。显然，EC 插补技术是最佳解决方案（表 7.3），其秩的均值为 4.75，几乎比与它最接近的技术 KMI 小 1。KMI 的秩的均值为 5.65，排第二。我们还看到 FKMI 的秩的均值为 6.20。因此，在这个分类方法中，EC 是一种卓越的插补技术。

表 7.3 近似模型的秩的均值

插补技术	RBFN	RBFND	RBFNI	LOG	LVQ	MLP	NB	v-SVM	C-SVM	SMO	平均值	排序
IM	9	6.5	4.5	6	3.5	13	12	10	5.5	5.5	7.55	10
EC	1	1	1	3	7	8.5	10	13	1	2	4.75	1
KNNI	5	6.5	10.5	9	7	11	6.5	8	5.5	5.5	7.45	9
WKNNI	13	6.5	4.5	10	10	4.5	6.5	4.5	5.5	5.5	7.05	6
KMI	3.5	2	7	3	11	3	4.5	8	5.5	9	5.65	2
FKMI	12	6.5	10.5	3	1.5	4.5	11	4.5	5.5	3	6.2	3

插补技术	RBFN	RBFND	RBFNI	LOG	LVQ	MLP	NB	v-SVM	C-SVM	SMO	平均值	排序
SVMI	2	11.5	2.5	7.5	3.5	1.5	13	8	11	9	6.95	5
EM	3.5	6.5	13	12	12.5	10	4.5	4.5	10	11.5	8.8	11
SVDI	9	6.5	7	11	12.5	8.5	3	11.5	12	11.5	9.25	12
BPCA	14	14	14	13	7	14	2	2	13	13	10.6	14
LLSI	6	6.5	10.5	7.5	7	6.5	9	4.5	5.5	9	7.2	7
MC	9	6.5	10.5	3	7	6.5	8	11.5	5.5	5.5	7.3	8
CMC	9	13	2.5	3	1.5	1.5	14	14	5.5	1	6.5	4
DNI	9	11.5	7	14	14	12	1	1	14	14	9.75	13

资料来源：来自 Luengo 等（2012）的数据

3. 懒惰学习方法

对于这一系列方法（表 7.4），Luengo 等发现 MC 是最佳插补技术，秩的均值为 3.63，其次是 CMC，秩的均值为 4.38。排在第三位的是秩的均值为 4.75 的 FKMI。其他的所有技术的秩的均值都大于或等于 6.25。DNI 和 IM 方法再次获得较低的排名，DNI 在 14 种方法中排在第 13 位，而 BPCA 方法的效果最差。

表 7.4　懒惰学习方法的秩的均值

插补技术	1-NN	3-NN	LBR	LWL	平均值	排序
IM	5	11	5	8	7.25	7
EC	9.5	13	9	8	9.88	12
KNNI	2.5	5.5	9	8	6.25	4
WKNNI	4	5.5	9	8	6.63	5
KMI	12	5.5	9	2.5	7.25	8
FKMI	6	1.5	9	2.5	4.75	3
SVMI	9.5	9	3	8	7.38	9
EM	11	5.5	9	2.5	7	6
SVDI	13	12	1	12	9.5	11
BPCA	14	14	13	13	13.5	14
LLSI	7.5	5.5	9	8	7.5	10
MC	7.5	1.5	3	2.5	3.63	1
CMC	1	5.5	3	8	4.38	2
DNI	2.5	10	14	14	10.13	13

资料来源：来自 Luengo 等（2012）的数据

4. 总体

总体而言，结论并非那么简单（表 7.5）。FKMI 最终获得最佳排名。但是，EC 方法的秩的均值与 FKMI 很接近（EC 为 5.70，FKMI 为 5.26）。还有一些其他方法与 FKMI 和 EC 的差距不大。SVMI、KMI、MC 和 CMC 的秩的均值在 6.09 和 6.28 之间，因此，我们无法在所有这些方法中找到一种绝对的最佳方法。

表 7.5　每个组的最佳插补方法

插补技术	排序		
	规则归纳学习	近似模型	懒惰学习
EC	**3**	**1**	12
KMI	6	**2**	8
FKMI	**1**	**3**	**3**
SVMI	**2**	5	9
MC	5	8	**1**
CMC	7	**4**	**2**

注：每列排名的最佳前三以粗体显示
资料来源：来自 Luengo 等（2012）的数据

7.3.2　Garcia-Laencina 等（2010）

与 Luengo 等（2012）类似，Garcia-Laencina 等（2010）解决的主要问题是处理缺失值以及对插补数据进行分类。Garcia-Laencina 等的目标不是通过分类器进行分组，而是研究多种处理丢失数据的方法，这些方法分为以下四个主要类别（请参见图 7.1）。

（1）删除不完整案例，仅使用完整数据部分设计分类器。

（2）插补或者估算缺失数据，并使用编辑集（即完整的数据部分和带有插补值的不完整模式）学习分类问题。在这一类别中，我们可以区分统计程序（如均值插补或多重插补）和机器学习方法（如神经网络插补）。

（3）基于模型的程序，其中数据分布是通过某些程序建模的，如期望最大值（EM）算法。然后根据这些模型的概率密度函数和贝叶斯决策理论进行分类。

（4）允许输入不完整数据的机器学习程序（即无须事先估计缺失数据）。

Garcia-Laencina 等考虑的插补方法有均值插补、回归插补、热卡插补、多重插补和机器学习插补方法，包括 KNN、自组织图（self-organizing maps，SOM）、多层感知器（multi-layer perceptron，MLP）、递归神经网络（recurrent neural networks，

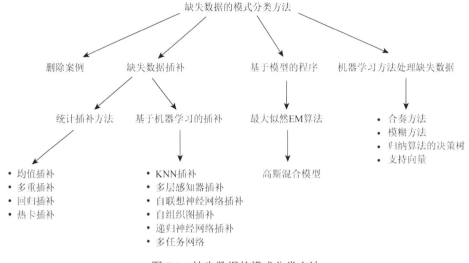

图 7.1　缺失数据的模式分类方法

该结构图展示了 Garcia-Laencina 等（2010）所分析的不同程序
资料来源：根据 Garcia-Laencina 等（2010）而编制

RNN）、自联想神经网络（auto-associative neural networks，AANN）和多任务学习（multi-task learning，MTL）。

对于基于模型的程序（类别 3），它们还涵盖基于高斯混合模型的模型（Gaussian mixture models，GMM）。包括具有 k 均值初始化的 EM、稳健贝叶斯估计量、神经网络集成、决策树、支持向量机和模糊方法等。

他们通过比较 20 种模拟数据集的平均分类错误（缺失量各不相同）以及与甲状腺疾病有关的实际医学数据集来评估所有方法。

类似于 Luengo 等（2012）的研究方法，Garcia-Laencina 等（2010）发现在机器学习方法中的插补表现出"物各尽其善，人各尽其能"特点，即在不同的分类域中采用不同的方法会有更好的表现，如表 7.6、表 7.7 和表 7.8 所示。他们得出的结论是：通常来说，没有一种独特的解决方案可以为每个分类域提供最佳结果。因此，在现实生活中，需要进行详细的研究，以评估哪些缺失数据估计方法可以最大限度地帮助提高分类准确性。

表 7.6　简单问题中的错误分类的误差率

x_1 中的缺失数据/%	缺失数据插补			
	KNN	MLP	SOM	EM
5	9.21 ± 0.56	9.97 ± 0.48	9.28 ± 0.84	8.29 ± 0.24
10	10.85 ± 1.06	10.86 ± 0.79	9.38 ± 0.52	9.27 ± 0.54

续表

x_1 中的缺失数据/%	缺失数据插补			
	KNN	MLP	SOM	EM
20	11.88 ± 1.01	11.42 ± 0.44	10.63 ± 0.54	10.78 ± 0.59
30	13.50 ± 0.81	12.82 ± 0.51	13.88 ± 0.67	12.69 ± 0.57
40	14.89 ± 0.49	13.72 ± 0.37	15.55 ± 0.66	13.31 ± 0.56

注：分类时，使用一个具有 6 个隐藏神经元的神经网络。表中结果为使用 KNN、MLP、SOM 和 EM 插补方法估算缺失值后，简单问题（有关数据集的更多信息请参见 Garcia-Laencina 等（2010））中的错误分类的误差率（均值±20 次模拟的标准差）

资料来源：来自 Garcia-Laencina 等（2010）的数据

表 7.7　Telugu 问题中的错误分类的误差率

x_2 中的缺失数据/%	缺失数据插补			
	KNN	MLP	SOM	EM
5	15.92 ± 1.26	15.84 ± 1.13	16.32 ± 1.13	16.19 ± 0.99
10	16.88 ± 1.16	16.87 ± 1.16	16.97 ± 1.18	16.85 ± 1.03
20	18.78 ± 1.29	19.09 ± 1.29	19.30 ± 1.23	19.23 ± 1.12
30	20.58 ± 1.31	20.76 ± 1.34	22.04 ± 1.01	21.22 ± 1.12
40	22.61 ± 1.30	22.76 ± 1.23	24.06 ± 1.29	23.11 ± 1.37

注：分类时，使用一个具有 18 个隐藏神经元的神经网络。表中结果为使用 KNN、MLP、SOM 和 EM 插补方法估算缺失值后，Telugu 问题（印度著名的元音识别问题）中的错误分类的误差率（均值±20 次模拟的标准差）

资料来源：来自 Garcia-Laencina 等（2010）的数据

表 7.8　甲状腺疾病数据集中的错误分类的误差率

	缺失数据插补			
	KNN	MLP	SOM	EM
错误分类概率/%	3.01 ± 0.33	3.23 ± 0.31	3.49 ± 0.35	3.60 ± 0.31
采用具有 20 个隐藏神经元的神经网络进行分类				

注：分类时，使用一个具有 20 个隐藏神经元的神经网络。表中结果为使用 KNN、MLP、SOM 和 EM 插补方法估算缺失值后，甲状腺疾病数据集中的错误分类的误差率（均值±20 次模拟的标准差）

资料来源：来自 Garcia-Laencina 等（2010）的数据

7.3.3　Grzymala-Busse 和 Hu（2001）

Grzymala-Busse 和 Hu（2001）测试了 9 种处理缺失数据的方法如何影响 10 个不同数据集中的朴素和新的基于粗糙集的案例学习（learning from examples based on rough sets，LERS）分类器的准确性。

　　所使用的处理缺失数据的 9 个方法是：属性值众数、概念属性值众数、基于熵并将缺失属性值的实例分解为所有概念的 C4.5、属性的所有可能值、给定概念的属性的所有可能值、忽略具有缺失属性值的案例、事件覆盖、特殊的 LEM2 算法以及将缺失的属性值视为特定值的方法。这些方法的更深入的细节可以在论文中找到。他们使用分类误差率和 Wilcoxon 符号秩检验来评估哪种方法在 10 个数据集中表现最佳。

　　表 7.9 和表 7.10 为我们展示了所有数据集中使用各个方法进行插补缺失值的分类误差率。

表 7.9　使用新 LERS 分类的输入数据集的误差率

数据集	方法								
	1	2	3	4	5	6	7	8	9
Breast	34.62	34.62	31.5	28.52	31.88	29.24	34.97	33.92	32.52
Echo	6.76	6.76	5.4	—	—	6.56	6.76	6.76	6.76
Hdynet	29.15	31.53	22.6	—	—	28.41	28.82	27.91	28.41
Hepatitis	24.52	13.55	19.4	—	—	18.75	16.77	18.71	19.35
House	5.06	5.29	4.6	—	—	4.74	4.83	5.75	6.44
Im85	96.02	96.02	100	—	96.02	94.34	96.02	96.02	96.02
New-o	5.16	4.23	6.5	—	—	4.9	4.69	4.23	3.76
Primary	66.67	62.83	62	41.57	47.03	66.67	64.9	69.03	67.55
Soybean	15.96	18.24	13.4	—	4.1	15.41	19.87	17.26	16.94
Tokt	31.57	31.57	26.7	32.75	32.75	32.88	32.16	33.2	32.16

资料来源：来自 Grzymala-Busse 和 Hu（2001）的数据

注：方法 1~9 分别对应正文中使用的方法顺序，下表同

表 7.10　使用朴素 LERS 分类的输入数据集的误差率

数据集	方法								
	1	2	3	4	5	6	7	8	9
Breast	49.3	52.1	46.98	47.32	48.38	52.8	52.1	47.55	49.3
Echo	27.03	25.68	—	—	31.15	29.73	33.78	22.97	27.03
Hdynet	67.49	69.62	—	—	65.27	69.21	56.98	61.33	67.49
Hepatitis	38.06	28.39	—	—	32.5	37.42	41.29	34.84	38.06
House	10.11	7.13	—	—	9.05	10.57	12.87	11.72	10.11
Im85	97.01	97.01	—	97.01	94.34	97.01	97.01	97.01	97.01
New-o	11.74	11.74	—	—	11.19	11.27	10.33	10.33	11.74

续表

数据集	方法								
	1	2	3	4	5	6	7	8	9
Primary	83.19	77.29	53.16	60.09	81.82	80.53	82.1	79.94	83.19
Soybean	25.41	22.48	—	4.86	24.06	24.1	21.82	22.15	25.41
Tokt	63.62	63.62	62.82	62.82	64.15	63.36	63.62	63.89	63.62

资料来源：来自 Grzymala-Busse 和 Hu（2001）的数据

Grzymala-Busse 和 Hu 的研究是第一个得出新的扩展 LERS 分类器始终优于朴素分类器的研究。之后，他们比较了不同的插补方法并得出结论：在所有 9 种方法中，C4.5 方法和忽略有缺失值的案例的方法是最好的方法，而属性值众数这个方法表现最差。他们还认为，许多方法没有显著差异。

7.3.4 Zou 等（2005）

Zou 等（2005）通过与忽略具有缺失值的数据点相比，旨在测试 C4.5 和 ELEM2 分类器在 30 个数据集中的每一个改进，来评估处理缺失数据的 9 种不同方法。他们进一步提出了每个数据集的元属性，这些数据集在基于规则的系统（即决策树）中使用，以决定在何种情况下应使用何种插补方法。

与其他论文类似，也正如基于规则的系统所建议的，在插补方法上没有"绝对的赢家"。每一个方法的效果在很大程度上取决于数据的类型和数据的元属性。对于选择使用哪种插补技术，他们在验证集上进行测试后认为基于规则的系统优于为所有数据集简单地选择一种插补方法。

7.3.5 Jerez 等（2010）

Jerez 等（2010）测试了多种插补技术以插补乳腺癌数据集上的缺失值。他们将不同的统计方法（如均值、热卡和多重插补方法）与机器学习方法[如多层感知器（MLP）、自组织图（SOM）和 k 近邻（k-nearest neighbor，KNN）方法]的表现进行了比较。对多重插补使用了各种算法/软件：Amelia Ⅱ（基于引导的 EM）、MICE（基于链式方程的多重插补）和 SAS 中的 MI（基于马尔可夫链蒙特卡罗方法）。使用 ROC 曲线下的面积（area under curse，AUC）和 Hosmer-Lemeshow 拟合优度衡量表现效果。

他们发现，对于乳腺癌数据集，机器学习方法是最适合对缺失值进行插补的方法。与基于统计程序的插补方法相比，机器学习方法能够显著提高准确性，如

表 7.11 所示。实际上，与将缺失值记录删除的方法相比，只有表中的方法在预测乳腺癌复发中被认为具有统计学意义。

表 7.11　使用控制模型和八种插补方法分别计算的 AUC 值（ROC 曲线下的面积）的均值、标准差和均方误差

方法 统计量	LD	Mean	Hot-deck	SAS	Amelia	MICE	MLP	KNN	SOM
均值	0.7151	0.7226	0.7111	0.7216	0.7169	0.725	0.734	0.7345	0.7331
标准差	0.0387	0.0399	0.0456	0.0296	0.0297	0.0301	0.0305	0.0289	0.0296
均方误差	0.0358	0.0235	0.0324	0.0254	0.1119	0.1119	0.024	0.0195	0.0204

资料来源：来自 Jerez 等（2010）的数据

7.3.6　Farhangfar 等（2008）

Farhangfar 等（2008）研究了 15 个数据集上 5 种插补方法对 7 个分类器的影响，这些数据集是不同水平的人工引诱的缺失。研究测试的插补技术有均值插补、热卡插补、朴素贝叶斯（后两种方法使用了近期提出的插补框架）和基于多元回归的方法。使用的分类器是：Ripper、C4.5、k 近邻、基于多项式核的支持向量机、基于径向基函数核的支持向量机和朴素贝叶斯。

结果表明，与没有进行插补的分类相比，使用测试方法进行插补普遍可以提高分类准确性。但是，没有通用的最佳插补方法。他们还注意到了某些插补技术在一些更一般的情况中似乎表现更好。对不同缺失数据量（即 5%到 50%之间）的插补质量的分析表明，除平均插补外，所有插补方法都能改善缺失数据超过 10%的数据的分类误差。最后，发现一些分类器（如 C4.5 和朴素贝叶斯）对缺失数据有耐受性。换句话说，在缺失数据的情况下，它们可以产生准确的分类，而其他分类器（例如 k 近邻、支持向量机和 Ripper）则从插补中受益。由于发现 C4.5 和朴素贝叶斯分类器对缺失数据有耐受性，因此任何缺失数据的插补实际上都会使其性能变差。

7.3.7　Kang（2013）

Kang（2013）提出了一种新的基于局部线性重构（locally linear reconstruction，LLR）的单一插补方法，该方法提高了对缺失值监督学习（分类和回归）的预测性能。他们基于 13 个分类和 9 个回归数据集的不同数量、人工诱导的缺失数据的不同学习算法（逻辑回归、线性回归、KNN 回归/分类、人工神经网络、决策树和提出的 LLR），将提出的缺失值插补方法（LLR）与六种著名的单一插补方法——均值、热卡、KNN、期望条件最大化、高斯混合、k 均值聚类（KMC）——进行了比较。

Kang（2013）主张：①尽管有些插补方法非常简单，但与删除缺失值的数据点相比，所有的插补方法都有助于提高预测准确性；②在不考虑学习算法和缺失率的情况下，相比其他插补方法，LLR 插补方法能够提高模型性能；③当缺失率较高且预测精度与完整数据集相似时，LLR 表现突出。

7.4 小　　结

正如我们所看到的，上述 7 篇论文中的每一篇都得出了关于各种插补技术的不同结论，在某些情况下甚至是相互矛盾的。除了 Kang（2013）中的 LLR，大多数方法在某些情境下被认为是优越的，而在其他情况下则不然。因而普遍认同没有任何一种优于其他所有技术的插补技术，只有 LLR 有成为最优插补技术的可能。但是，由于缺乏有关 LLR 用于数据插补的论文报告，我们宁愿建议根据现有的数据集的具体情况尝试各种方法，也不愿将 LLR 作为直接选择的插补技术。因此，像所有的机器学习算法一样，每种算法都有其自己的优点和缺点，没有一种算法可以在所有情况下都符合没有免费午餐定理。

本章中的文献综述绝非详尽无遗。也可能存在这些算法都不适用于处理另类数据的情况，而空间信息（如卫星图像）的使用可能很重要。在下一章中，我们将展示如何在这种情况下应用频谱技术。同样，时间序列可能包含可以利用的重要时间信息。我们将在下一章中展示一个将有关时间顺序的信息用于插补的案例。

第 8 章　缺失数据：案例研究

8.1　引　　言

在本章中，我们将基于信用违约互换（CDS）数据和卫星图像的多元时间序列，介绍插补缺失值的实际案例。但在深入研究之前，我们先介绍一些符号[①]。

在本节的案例研究中，我们使用具有 N 个观测值和 P 个特征的标准数据矩阵 $X_{N \times P}$ 进行阐述。这意味着 X 沿第一个索引（行）具有观测值，而沿第二个索引（列）具有不同特征。我们处理的是多元时间序列，P 对应于时间序列分量的数量，并且时间戳沿列增加。值得注意的是，我们讨论的许多内容也适用于不同格式的数据，例如，具有 P 个不同特征的异构数据，可以用 $N \times P$ 个像素值表示的图像数据。

给定时间序列分量 p 的所有观测值可以写为列向量 x_p。行向量 $(x_{n1}, \cdots, x_{nP})$ 收集特定观察值的所有分量值，我们通过 $x^{(n)} = (x_{n1}, \cdots, x_{nP})^{\mathrm{T}}$ 定义观察向量。矩阵 X 具有如下形式：

$$X = \begin{pmatrix} x_{11} & x_{12} & x_{13} & \cdots & x_{1P} \\ x_{21} & x_{22} & x_{23} & \cdots & x_{2P} \\ \vdots & \vdots & \vdots & & \vdots \\ x_{N1} & x_{N2} & x_{N3} & \cdots & x_{NP} \end{pmatrix} \tag{8.1}$$

缺失数据 (na) 的典型矩阵如下所示：

$$X = \begin{pmatrix} x_{11} & \text{na} & x_{13} & \cdots & x_{1P} \\ x_{21} & x_{22} & x_{23} & \cdots & x_{2P} \\ \vdots & \vdots & \vdots & & \vdots \\ x_{N1} & \text{na} & x_{N3} & \cdots & x_{NP} \end{pmatrix} \tag{8.2}$$

定义缺失矩阵 M 用以描述缺失数据点的位置非常有用。在上面的示例中，它的格式如下：

[①] 本章的案例研究可在本书作者 Alexander Denev 的合作者 Bauer 等（2017）文章中找到。

$$M = \begin{pmatrix} 0 & 1 & 0 & \cdots & 0 \\ 0 & 0 & 1 & \cdots & 1 \\ \vdots & \vdots & \vdots & & \vdots \\ 0 & 1 & 0 & \cdots & 0 \end{pmatrix} \qquad (8.3)$$

该矩阵有助于跟踪缺失数据的位置，也可以用于分析所有出现的丢失模式。对于大量的特征 P，我们可以看到填充缺失数据的挑战之一是可能会出现很多缺失数据模式，并且不清楚使用哪些先验变量来预测缺失数据，因为预测变量也可能包含缺失值。接下来针对本章使用的 CDS 数据进行讨论时，我们设定 $P=11$。

8.2　案例研究：在多个 CDS 时间序列中插补缺失值

在分析案例之前，我们先讨论一些一般性问题。在文献中，时间序列通常使用确定性技术进行处理，如提取趋势和季节行为。我们可以将时间序列数据分为单变量和多变量案例。单变量时间序列的典型插补技术包括线性插值、移动平均平滑法和插补法、低通滤波器、差分整合移动平均自回归模型（autoregressive integrated moving average model，ARIMA）分解、样条、小波分解、卡尔曼滤波器或奇异谱分析（singular spectrum analysis，SSA）。当缺少的数据段很短并且时间序列具有良好的信噪比时，这些技术特别成功。

原则上，也可以通过这些技术对多元时间序列进行插补。但是，在相关性可获取的情况下将其用于插值可能会特别有益。可以通过矩阵分解技术来考虑这些问题，如经验正交（或其扩展）函数数据插值法（data interpolation with empirical orthogonal functions，DINEOF）、多重奇异谱分析（multiple singular spectral analysis，MSSA）。更为重要的是，MI 技术还使用滞后、超前和显式时间协变量为多元时间序列插补提供支持。我们指出，在本案例分析中的插补侧重于直接使用数量（值）而不是收益（一阶差分）。使用收益需要针对不同的类型进行分析，并且重新构造可能需要整合综合序列或方法，如布朗桥。在本案例研究中，对该替代方法的初步分析并未表现出强大的性能。

本部分主要阐述了两项内容：①引入一种系统方法来处理多元时间序列的缺失数据；②对许多先进的插补技术进行基准测试。方法是相对通用的，并且经过较小的修改也可以应用于其他领域。

第一步，分析数据中的缺失模式。原则上，可能有系统的原因，如未报告特定数据点或者数据没有任何模式的缺失（即随机的缺失）。因此，作为第一步，我们检测缺失机制。第二步，提取缺失模式的特征，并对缺失模式进行聚类分析。

这一步可用于生成实际的训练/验证集，对于提供缺失空间的概述非常重要。这一步是通过在完成的数据上叠加不同类别已观察到的缺失模式来实现的。

生成测试数据后，我们将对不同插补技术的性能进行基准测试。我们使用基于后插补[impute-posterior，如基于链式方程的多重插补（multiple imputation with chained equations，MICE）的插补]和 EM（如 R 包 Amelia）的最新 MI 技术与最新的多变量时间序列技术 DINEOF 和多重奇异谱分析（MSSA）对多变量时间序列数据进行分析。我们将讨论不同方法的优缺点。根据应用程序和基础数据，不同的方法可能会各有所长。例如，像 DINEOF 和 MSSA 之类的确定性技术能够更准确地重建数据中的某个模式，从而以更高的精度填充缺失值。但是，MI 方法可以更准确地保留其统计属性。

8.2.1 缺失数据的分类

缺失模式可能以极为不同的形式出现，这可能会影响插补策略。因此，需要首先分析可能存在的缺失机制以及通用模式，了解是否可以将它们归类到相似的组（聚类）中很关键。在本节中，我们将介绍分类的框架，使用以下程序来查找和表征缺失模式。第一步是提取缺失数据的特征。我们发现以下数值在我们的案例中有用。

（1）缺失值的总体部分。

（2）特定特征中缺失数据的百分比，例如，应分别考虑 CDS 数据的短期、中期或长期内的缺失率。

（3）有关不同特征（最小、最大、平均值、标准偏差）连续缺失值的运行长度的统计信息。

（4）其他特定数据的度量。

构造特征空间后，可以进行降维（如主成分分析），然后进行聚类（如 k 均值）。我们将在 8.2.3 节介绍 CDS 数据的聚类结果，但在此之前，我们先定义一些性能指标。

8.2.2 插补指标

为了量化数据插补的标准，我们定义了以下指标。

均方根误差（root mean square error，RMSE）：一种绝对度量，在文献中广泛

使用。我们用 S_p 表示分量 p 的缺失观测值的集合，$N_m = \Sigma_p |S_p|^{①}$，x_{np} 表示真实数据，$\hat{x}_{np}$ 表示插补值，$|S_p|$ 表示集合中元素的数量。因此，RMSE 表示为

$$d_{\text{RMSE}} = 1/N_m \sum_{p=1}^{P} \sum_{n \in S_p} \left| (x_{np} - \hat{x}_{np})^2 \right| \tag{8.4}$$

平均相对偏差（mean relative deviation，MRD）：一种相对度量，当所考虑的值在不同的幅度上变化时，它可能更适合。

$$d_{\text{RMD}} = \sqrt{1/N_m \sum_{p=1}^{P} \sum_{n \in S_p} \left| (x_{np} - \hat{x}_{np})^2 \right|} \tag{8.5}$$

在 x_{np} 取零值或近似零值的情况下，要谨慎使用此度量标准。在文献中，该指标有时称为平均绝对百分比误差（mean absolute percentage error，MAPE）。在 8.2.6 节的性能分析中，我们将重点关注 MRD。

真实与预测的 R^2：R^2 是在线性回归分析中经常出现的一种度量，也经常用于评估数据插补的准确性。最好将每个分量 p 分离以避免不同大小的值混合在一起。

$$d_{R^2,p} = 1 - \frac{\sum_{n \in S_p} \left| (x_{np} - \hat{x}_{np})^2 \right|}{\sum_{n \in S_p} \left| (x_{np} - \mu_p)^2 \right|} \tag{8.6}$$

请注意，对于多重插补技术，所有这些度量都有多个值，每个技术实现一个值，可以分析每个方法的平均值、标准偏差、最佳或最差结果。

8.2.3　CDS 数据和测试数据的生成

我们使用 CDS 时间序列数据来测试插补技术的性能[②]。首先，我们收集了近年来针对不同的到期日和文档条款的 4000 多个 CDS 实体。为了生成可比较的样本，我们专注于美国的股票行情来缩小数据范围，这些股票以美元交易并占据较高优先级。因此，我们获取了有 11 种到期日的 741 个报价样本，到期日从 6 个月至 30 年不等（6M～30Y）。数据样本将在 8.2.6 节中展示。对于较长的期限（15 年、20 年、30 年），会频繁出现缺失值；对于较短的期限（6 个月、1 年、2 年），偶尔会出现缺失值；而中期（5 年、7 年）通常会观察到缺失值。如同下文所讨论的，数据缺失与流动性有关。中期是市场上最常见的交易类型。当使用

---

① 我们用 $|S|$ 表示集合 S 的元素数量。

② 数据来自 IHS Markit，有关它的更多信息，请访问 http://www.markit.com/Product/Pricing-Data-CDS.

CDS 数据时，本节使用的方法也可用于其他资产类别，如利率和外汇隐含交易量，其中，不同的期限可能具有不同的流动性水平。

为了进行数据表征，我们对 200 个缺失值很少的子样本进行了多元正态分布（multivariate normal，MVN）检验。我们发现该数据与 MVN 假设不一致，与 MVN 分布相比，其表现出相当大的偏差。

我们还研究了数据的缺失机制（请参见 7.2 节）。不幸的是，通常如果没有额外的洞察力就无法明确给定数据集的缺失分类。但是，可以运行 Little 检验（Little，1988）来评估数据的缺失模式是否与完全随机缺失（MCAR）假设一致。我们对实际的缺失模式进行了 Little 检验，在大多数情况下 p 值很低，MCAR 的假设被拒绝。这归因于 Little 检验中假设 MVN 分布有偏差，但这也清楚地表明，缺失模式大多不会完全随机发生。缺失模式与 MCAR 假设一致时，通常有较低的缺失率（＜1%）。在这种情况下，很难区分 MCAR 和非 MCAR。我们进一步咨询了领域专家有关缺失数据的原因，主要的潜在原因是流动性（即交易数据不足以产生可靠的报价）。没有特别的证据表明缺失机制是非随机缺失（MNAR），我们得出的结论是随机缺失（MAR）（在某些情况下为 MCAR）是 CDS 数据集的合适假设。

然后，我们进行了特征提取和聚类分析。经过一些探索性工作后，我们重点关注以下四个功能：四个最长期限的数据缺失率，四个最短期限的数据缺失率，四个最长期限的连续缺失特征的长度的标准度量及其方差。然后，我们使用高斯混合模型[请参见 Murphy（2012），在四维空间中进行聚类]。图 8.1 对结果进行了总结。

我们在直方图中按到期日（6M～30Y）增大的顺序报告了不同的报价。黑色区域表示缺失值。我们确定了五个不同的类：①缺失率相对较小的模式；②主要是针对较长期限并且具有相对较短、可替代的一系列连续缺失值的模式；③较长期限的大段的缺失值的模式；④具有大量缺失数据并且方差很大的模式；⑤对于所有期限，具有大量且统一长度的缺失数据的模式。正如我们在图 8.1 的直方图中所看到的那样，大多数模式（大约 70%）位于聚类 1 和聚类 2 中。对于前三个聚类中的模式，我们将在 8.2.6 节中展示插补结果。对于聚类 1，约 15%的样本与 MCAR 假设一致。这些情况通常具有非常低的缺失率。对于聚类 2 和聚类 3，没有发现任何样本与 MCAR 假设相符。

评估数据插补技术性能的一个重要问题是如何产生合适的训练集和验证集。使用具有实际缺失值的数据是有利的，因为它包含实际的缺失模式。但是，由于实际缺失值未知，我们无法估计插补值与真实数据的接近程度，这是有问题的。对于 MAR，理想情况下应该从完整的数据集开始，并使用形式为 $f(M \mid X^{\text{obs}}, \phi)$ 的缺失生成器来创建逼真的缺失模式 M。然后将插补例程应用于训练集，并将插补

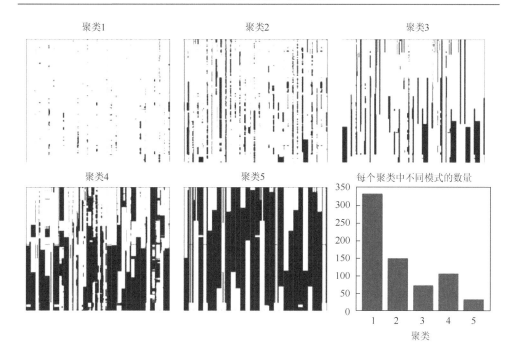

图 8.1　CDS 时间序列数据的聚类

1 缺失率相对较小的模式；2 主要是针对较长期限并且具有相对较短、可替代的一系列连续缺失值的模式；3 较长期限的大段缺失值的模式；4 具有大量缺失数据并且方差很大的模式；5 对于所有期限，具有大量且统一长度的缺失数据的模式。不同缺失模式出现次数的聚类直方图

值与真实数据进行比较。但是，建造一个缺失值生成器通常并不容易。此外，我们通常不具备完整的数据集。

我们的解决方法是提取一个报价缺失值很少的子集（缺失率均小于 1% 的 11 种期限）。为避免引入偏差，缺失值通过线性插值法进行估算。该数据用作测试的真实数据。通过此过程，我们生成了 CDS 真实数据的 200 个样本，每个样本具有 11 种期限。

下一步引入一种缺失模式。在文献中经常发现的一种简单方法是随机删除数据点。这显然是有问题的，因为上面讨论的 Little 测试表明数据与 MCAR 不一致。因此，我们的程序是在此数据上加上实际缺失模式 M（即根据预定义的模式删除值）。如前所述，我们发现了五种流行模式。我们将重点放在聚类 1、聚类 2 和聚类 3 的插补上，因为聚类 4 和聚类 5 包含更长的缺失数据，通过代理变量可以更好地填充缺失的数据段。将模式应用到 200 个真实数据案例中来生成每个聚类的测试集。如果聚类中没有足够的不同模式，我们将重复使用可用模式。图 8.3 的底部报告了聚类 2（报价编号 1）的典型缺失情况。在这种情况下，长期限（10Y、

20Y 和 30Y）会丢失很多时间步长。完整基础数据集和插补缺失模式的组合使得我们可以运行插补例程的半合成数据集。基于真实数据可以计算所有的性能指标，该过程很容易生成用于测试目的的相对真实的缺失值。该框架稍作修改可以应用于其他领域。

8.2.4　多重插补方法

我们在 7.2 节中提及了多重插补（MI）。MI 是用于数据插补的统计框架（Little and Rubin，2019）。目的是判定观察到的和未观察到的数据 $f(X)$ 的联合分布函数是否为良好的近似。通常通过迭代机制来实现。一旦找到 $f(X)$，可以通过从条件分布函数中采样出现的缺失模式来生成插补值。条件分布可以源于通用的联合分布，也可以通过蒙特卡罗采样程序显式或隐式地获取。

基于链式方程的多重插补（MICE）是一个特定的框架。链式方程指的是一个迭代过程，通过该过程可以在一系列步骤中生成数据值和参数值。通常假设（完整的）数据是由多元分布函数 $p(X|\theta)$ 生成的，θ 是值未知的参数集合。在某些情况下，可以假设分布函数 p 具有特定形式。例如，常见的假设是完整数据是由 MVN 分布生成的。然后，所有分布函数是明确给定的，并且程序更加透明（Enders，2010）。我们将在本节中重点介绍这种情况。可以在 van Buuren 和 Groothuis-Oudshoorn（2011）中找到基于马尔可夫链蒙特卡罗采样方法的描述。我们在 8.5 节中提供了有关 MICE 程序的更多详细信息。

1. MVN 案例

本部分的基本假设为：数据（观察到的和缺失的）均服从多元正态分布，均值向量为 μ，协方差矩阵为 Σ，形式为

$$X \sim N(\mu, \Sigma) \tag{8.7}$$

然后，用于插补数据的条件分布函数也是 MVN（Murphy，2012）。参数的集合写为 $\theta = (\mu, \Sigma)$。

用于数据插补的算法具有显式形式且不依赖于 Gibbs 采样。它具有插补（I）-后验（P）形式。首先，基于初始估计给定协方差矩阵 Σ，$p(\Sigma|\nu, \Lambda)$ 和均值向量，μ，$p(\mu|\mu^*, \Sigma^*)$ 的生成分布。从这些分布中绘制初始参数 $\theta^{(1)} = (\mu^{(1)}, \Sigma^{(1)})$。

I-步骤：根据这些参数和生成分布函数对数据进行插补。我们必须分别对所有缺失模式进行此操作。为了预测变量 X_k 的缺失值，必须确定条件分布：

$$p\left(X_k | X_{-k}, \mu^{(1)}, \Sigma^{(1)}\right) \tag{8.8}$$

其中，X_{-k} 表示除 X_k 之外的观察变量的集合。可以通过两种等效的方式实现：
①可以根据式(8.8)进行采样以估算 X_k 的值，以及其他变量的值；②除了式(8.8)
中的条件 MVN 采样，还可以从 $\mu^{(1)}$ 和 $\Sigma^{(1)}$ 的线性回归方程式得出缺失值，其中包
括随机方差项。回归的方法有多种，最常用的是贝叶斯线性回归（在 MICE 程序包
中称为范数）和预测均值匹配（predictive mean matching，PMM）。一旦对所有的缺
失值进行完插补，I-步骤结束，下面是进行 P-步骤（贝叶斯框架中的后验）。

　　P-步骤：在这一步中，估计参数 θ 新的分布函数。通常完全在贝叶斯框架中
完成。对先验进行某些假设，并从观察到的和先前插补的数据中计算似然函数和
后验函数。在这里讨论的 MVN 情况下，协方差矩阵 Σ 的后验分布具有如下形式
（Enders，2010）：

$$p\left(\Sigma | \nu, \Lambda\right) = W^{-1}\left(\Sigma, \nu = N-1, \Psi = \Lambda\right) \tag{8.9}$$

其中，W^{-1} 表示 Wishart 逆函数；ν 表示自由度的数量；Ψ 表示正定矩阵；Λ 表示
完整数据集的样本协方差矩阵。如果用 Σ^* 表示绘制的矩阵，则新的分布函数为
（Enders，2010）：

$$p(\mu | \mu^*, \Sigma^*) = N(\mu, \mu^*, \Sigma_0) \tag{8.10}$$

样本均值向量 μ^* 使用完整数据集，且 $\Sigma_0 = \dfrac{\Sigma}{N}$。一旦确定分布函数，就可以
通过采样获得新的参数 θ。这些分布函数的参数是对之前的插补结果进行迭代估
计得到的，而插补结果又取决于先前的参数估计。重复该过程，直到找到平稳分
布为止。

2. 期望最大值（EM）程序

　　除了上一节中讨论的 I-P 步骤，也可以使用 EM 算法通过最大似然估计来估
计参数 $\theta = (\mu, \Sigma)$。我们仍然假设数据服从 MVN 分布。

　　步骤如下：矩阵 X 中的数据可以分为观察值和缺失值，$X = \left(X^{\text{miss}}, X^{\text{obs}}\right)$。对
数似然函数可以写为

$$l = \log p(X^{\text{obs}} | \theta) = \sum_n \log \sum_{X^{\text{miss},(n)}} \left[p\left(x^{\text{obs},(n)}, x^{\text{miss},(n)} | \theta\right) \right] \tag{8.11}$$

我们很难直接对其最大化，但是可以用 EM 处理。首先需要一个初始估计值
来估计 θ，迭代计算参数 $\theta = \theta(t)$。可以仅使用完整的数据行，也可以通过简单的
插补方案（如均值插补）进行计算。然后，我们可以从最大似然估计中计算出 $\theta^{(0)}$。

　　E-步骤：一旦有了 $\theta^{(t-1)}$ 的估计，就可以计算出期望值：

$$Q\left(\theta^{(t)},\theta^{(t-1)}\right)=E\left[\sum_n \log N\left(x^n|\mu,\Sigma\right)\right]|\left(X,\theta^{(t-1)}\right) \tag{8.12}$$

其中，期望值基于条件 $\left(X,\theta^{(t-1)}\right)$。可以简化并减少计算形式为 $\sum_n E\left[x^{(n)}\right]$ 和

$\sum_n E\left[x^{(n)}\left[x^{(n)}\right]^{\mathrm{T}}\right]$ 的期望值（为了简化符号，我们省略了条件）。这些被称为预期

的充分统计数据。为了计算这些数据，我们需要使用多元正态条件概率密度的关

系（Murphy，2012，374）。

M-步骤：在最大化步骤中，我们计算新的参数 $\theta^{(t)}$。这是通过计算函数 Q 的

适当导数并求解 μ 和 Σ，$\nabla Q=0$ 来完成的。结果如下：

$$\mu^{(t)}=\frac{1}{N}\sum_n E\left[x^{(n)}\right] \tag{8.13}$$

$$\Sigma^{(t)}=\frac{1}{N}\sum_n E\left[x^{(n)}\left[x^{(n)}\right]^{\mathrm{T}}\right]-\mu^t\left[\mu^t\right]^{\mathrm{T}} \tag{8.14}$$

请注意，这种方法要非常谨慎地考虑数据的方差。计算完成后，可以返回到

E-步骤并进行迭代。

一旦完成估计参数 $\theta=(\mu,\Sigma)$，就可以通过从适当的条件分布中采样来插补缺

失值。通常，数据向量可以分为缺失部分和可观察部分，$x=\left(x^{\mathrm{miss}},x^{\mathrm{obs}}\right)$。可以从

条件分布函数中采样来预测缺失值 x^{miss}：

$$p\left(x^{\mathrm{miss}}|x^{\mathrm{obs}},\theta\right) \tag{8.15}$$

如式（8.15）所示，为了考虑参数 θ 的不确定性可以使用自举法，该方法是

在 R 包 Amelia 的实现中完成的（Honaker et al.，2011）。

8.2.5　确定性和基于 EOF 的技术

如前所述，可以使用确定性技术来实现数据插补，而不使用 MI 框架。一种

方法是使用机器学习技术从可观察的数据中预测缺失数据。我们使用了一种基于

随机森林的流行方法。在 8.6 节中可以找到有关所用算法和软件库的一些详细信

息。确定性方法是基于谱分解和经验正交函数（empirical orthogonal functions，

EOF）的方法。我们简要介绍这些技术。

1. 奇异值分解（singular value decomposition，SVD）简要概述

考虑矩阵 $X_{N\times P}$，存在正交矩阵 $U_{N\times N}$，$V_{P\times P}$ 使得

$$X = USV^{\mathrm{T}} \tag{8.16}$$

其中，$S_{N \times P}$ 表示对角线为 $\sqrt{\lambda_i}$，所有其他项均为零的矩阵（称为奇异值）。一般按降序列出奇异值。矩阵 U 可以写为列向量的集合：

$$U = [u_1, u_2, \cdots, u_N] \tag{8.17}$$

矩阵 V 与 U 一样可以写为列向量的集合。它们满足：

$$XX^{\mathrm{T}}u_i = \lambda_i u_i, \quad i = 1, 2, \cdots, P \tag{8.18}$$

并且

$$X^{\mathrm{T}} X v_i = \lambda_i v_i \tag{8.19}$$

我们将 v_i 称为 X 的右特征向量，将 u_i 称为 X 的左特征向量。这些向量被称为经验正交函数，因为它们跨越了与经验数据有关的空间。我们可以将 SVD 分解显式写为

$$X = \sum_{k=1}^{q} \sqrt{\lambda_k} u_k v_k^{\mathrm{T}} \tag{8.20}$$

其中，q 表示非零的奇异值的数量。此表达式是秩为 1 的矩阵的总和。

2. 经验正交函数数据插值法（DINEOF）

DINEOF 是在分辨地质数据的背景下引入的（Beckers and Rixen，2003）。例如，考虑一个时空场 $f(t_i, r_j)$ 并将其与数据矩阵 X 相关联：

$$X_{ij} = f(t_i, r_j) \tag{8.21}$$

该策略分解矩阵如下：

$$X = AB \tag{8.22}$$

其中，A 表示 $N \times K$ 矩阵；B 表示 $K \times P$ 矩阵，K 表示包含有关数据的基本信息的潜在维度。在 DINEOF 方法中，使用通过 SVD 获得的 EOF 基础迭代地构造此矩阵分解。我们首先对缺失值进行猜测（如平均值），然后为完整的数据矩阵计算 EOF。DINEOF 的重建基于 EOF 的子集：

$$X^{(n_{\mathrm{EOF}})} = \sum_{k=1}^{n_{\mathrm{EOF}}} \sqrt{\lambda_k} u_k v_k^{\mathrm{T}} \tag{8.23}$$

其中，$n_{\mathrm{EOF}} = 1, 2, \cdots, N_{\max}$，且 $N_{\max}$ 为使用的 EOF 的数量上限。对于给定数量的 EOF，n_{EOF} 可以内部循环迭代以求出插补值的收敛性。首先，删除已知数据点的一小部分随机子集，计算均方根误差（真值与预测值），这是衡量插补值收敛性的常用方法，见式（8.4）。当均方根误差不再减小时，认为其收敛。这种收敛性评估的问题是，随机删除的点与实际需要插补的数据可能属于完全不同的模式。因此，插补可能不是最佳的。

当数据的结构成体系且 p 不太小时，这种方法非常有效。为了说明这一点，图 8.2 中给出了一个合成二维数据字段[①]的 DINEOF 插补实例。

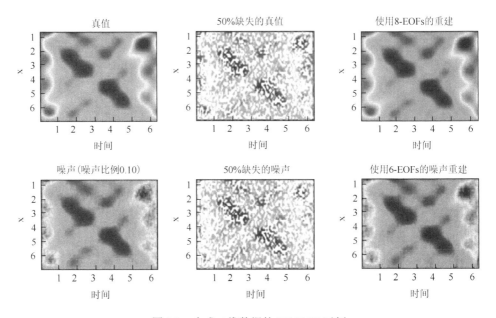

图 8.2　合成二维数据的 DINEOF 示例

比较两种情况。第一种情况，使用随机移除 50% 的元素的真实数据，使用 $n_{EOF} = 8$ 的基函数，我们得到了精准的重建。第二种情况，向数据中添加额外的噪声，并且再次实现良好的重建。请注意，DINEOF 方法的目标是只包括添加信号的 EOF。然而，在数值上实现清晰的信号/噪声分离并不容易。我们将在 8.3 节展示一个更符合本书主旨的例子——卫星图像的数据插补。

3. 多重奇异谱分析（MSSA）

奇异谱分析（singular spectral analysis，SSA）是一种比矩阵分解更先进的分解技术，已经成功地应用于时间序列分析和图像分析中（Golyandina et al., 2015）。我们介绍了基于时间序列的技术，将其扩展到图像时在形式上相对简单，其基本思想是考虑窗口长度 L 以内的时滞的协方差。对这些对象进行奇异值分解，然后利用主模态和 EOF 对时间序列进行分解和重构。

首先考虑一元时间序列 $X = X^t$，$P = 1$ 的情况。我们首先阐述如何对一个完

[①] 本例基于 Beckers 等（2003）中介绍的合成数据，来源于 http://menugget.blogspot.co.uk/2012/10/dineof-data-interpolatingexperimental.html。

整的数据集进行时间序列分解。对于给定的窗口长度 $L \leqslant N$ 且 $K = N - L + 1$，构建轨迹矩阵 T_X 如下：

$$T_X = \begin{pmatrix} x_1 & x_2 & x_3 & \cdots & x_K \\ x_2 & x_3 & x_4 & \cdots & x_{K+1} \\ \vdots & \vdots & \vdots & & \vdots \\ x_L & x_{L+1} & x_{L+2} & \cdots & x_N \end{pmatrix} \tag{8.24}$$

它是一个在反对角线上具有相同时间序列点的 $L \times K$ 的矩阵。注意，对于变换 $L \to K$ 和 $K \to L$，相应的轨迹矩阵满足 $T_X \to T_X^{\mathrm{T}}$。轨迹矩阵可用于计算时滞协方差矩阵：

$$C = T_X T_X^{\mathrm{T}} \tag{8.25}$$

这是一个对称矩阵，有明确的形式：

$$C = \begin{pmatrix} \sum_{i=1}^{K} x_i^2 & \sum_{i=1}^{K} x_i x_{i+1} & \cdots & \sum_{i=1}^{K} x_i x_{i+L-1} \\ \sum_{i=1}^{K} x_i x_{i+1} & \sum_{i=2}^{K+1} x_i^2 & \cdots & \sum_{i=2}^{K+1} x_i x_{i+L-1} \\ \vdots & \vdots & & \vdots \\ \sum_{i=1}^{K} x_i x_{i+L-1} & \sum_{i=2}^{K+1} x_i x_{i+L-1} & \cdots & \sum_{i=K}^{N} x_i^2 \end{pmatrix} \tag{8.26}$$

从这里我们可以看出时间是如何滞后于长度 L 的。换言之，可以识别具有最大周期 L 的模式。时滞协方差矩阵用来说明 SSA 提取了哪些时间相关性。该方法离不开轨迹矩阵 T_X。下一步是对 T_X 进行奇异值分解，从而给出以下重构：

$$T_X = \sum_{k=1}^{q} \sqrt{\lambda_k} u_k v_k^{\mathrm{T}} \tag{8.27}$$

通常，人们将特征值分成若干子集 $I_1, \cdots, I_m$。例如，振荡模式表现为具有非常相似奇异值的成对特征向量。对特定的选择 $\{I_h\}$，将部分重构写为

$$T_X = \sum_{h=1}^{R} \sum_{k \in I_h} \sqrt{\lambda_k} u_k v_k^{\mathrm{T}} \tag{8.28}$$

这一步具有主观性。例如，在时间序列分析中，人们可能希望只关注趋势和两个振荡模式。

最后一步，将重建的轨迹矩阵映射回时间序列。我们在对角线上取平均值。用 Δ_k 表示反对角指数对 (i, j) 的集合，使得 $\Delta_1 = \{(1, 1)\}$，$\Delta_2 = \{(2, 1), (1, 2)\}$ 等，$|\Delta_k|$ 为元素的数量。然后重构的时间序列为 $k = 1, 2, \cdots, N$。

$$X_k^{\mathrm{rec}} = \frac{1}{|\Delta_k|} \sum_{(i, j) \in \Delta_k} \left[T_X^{\mathrm{rec}} \right]_{ij} \tag{8.29}$$

基于 SSA 的数据插补与时间序列分解的数据插补有相同的逻辑，不同之处在于，重构的 EOF 基础和插补值是迭代确定的。首先通过初始猜测填充缺失值。然后构造 T_X 并进行矩阵奇异值分解。使用 n_{EOF} 进行部分重建：

$$T_X = \sum_{k=1}^{n_{EOF}} \sqrt{\lambda_k} u_k v_k^{T} \qquad (8.30)$$

用于填充重构时间序列的缺失值。DINEOF 方法迭代收敛于一个固定的 n_{EOF}。该算法会依次添加更多的 EOF，直到无法进一步插补或达到最大数量的 EOF。通常随机删除一个小组的已知数据点并计算 RMSE（真实与预测）来衡量改善情况。与 DINEOF 一样，该方法也可能遇到由不同缺失模式引起的潜在问题。

多元案例如 MSSA 在形式上与单变量案例非常相似，但涉及更多数据。对每个时间序列 $\{X_{n,p}\}$ 的轨迹矩阵 T_{X_p} 可以计算为

$$T_{X_p} = \begin{pmatrix} x_{1p} & x_{2p} & x_{3p} & \cdots & x_{Kp} \\ x_{2p} & x_{3p} & x_{4p} & \cdots & x_{K+1p} \\ \vdots & \vdots & \vdots & & \vdots \\ x_{Lp} & x_{L+1p} & x_{L+2p} & \cdots & x_{Np} \end{pmatrix} \qquad (8.31)$$

这些轨迹矩阵堆叠在一起成为组合轨迹矩阵：

$$T_X = \left[T_{X_1}, T_{X_2}, \cdots, T_{X_p} \right] \qquad (8.32)$$

这是一个 $L \times P$ 矩阵。注意，相应的滞后协方差矩阵说明了不同时间序列之间的相关性。一旦定义轨迹矩阵，形式基本上如上面在单变量情况下的方法。Kondrashov 和 Ghil（2006）提出并测试了基于 MSSA 的数据插补。

8.2.6　结果

现在，我们讨论在 8.2.3 节中介绍的 CDS 时间序列数据上不同插补技术的性能。图 8.3 报告了完整真值的例子。它属于消费品领域的证券发行人，并具有"修后重构"的文档条款。

我们可以看到日报价行情。我们观察到按期限排序的值的层次结构，由于 CDS 价格是市场对某种标的资产在一定时间（到期日）内违约概率的一种衡量标准，因此可以预期：时间序列没有强劲的趋势或季节模式，但也不是严格平稳序列。我们可以看到，不同期限的值有很强的相关性。直观来说，如果缺少某些期限的值，可以从其他期限中推断出它们。图 8.3 的下部分报告了聚类 2 中的典型缺失模式。在一定的时间间隔内较长期限的一系列值缺失、某些较短期限的值也缺失，而中等期限是完整的。对于 8.2.3 节中介绍的测试数据生成，我们将其视为各个数值的掩码。

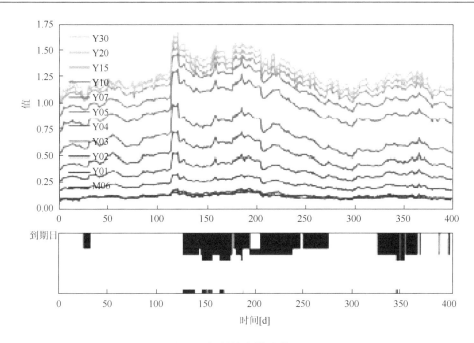

图 8.3　插补缺失模式的对比

上半部分为完整时间序列数据的示例（报价编号 1，聚类 2），下半部分为在完整数据上进行插补的缺失模式

　　在对不同插补技术的插补值与真实数据进行详细比较之前，我们首先来全面概述不同聚类中插补性能的结果。对于每种方法，我们都进行了广泛的初始测试以确定合适的超参数和输入数据调整。我们使用了几种技术（请参见 8.6 节）。多重插补技术是基于链式方程式和条件采样的 MICE，以及使用 EM 算法确定联合数据分布函数的 Amelia。如 8.2.4 节中所述，Amelia 假设数据服从 MVN 分布，但是在 8.2.3 节中得知并非如此。正如 Honaker 等（2011）和 Schafer（1997）指出，不服从 MVN 分布没有影响插补的性能。对于 MICE，我们在插补过程中手动添加了一步时间超前和滞后。我们同时检查了贝叶斯线性回归选项（范数）和预测均值匹配，但此处仅报告了具有更好性能的贝叶斯线性回归结果。在 Amelia 中，我们使用了包括事件滞后和超前的数据以及显式二阶协变量的选项。对于这两种插补技术，我们计算了五个插补值，并将平均值作为预测以评估性能指标。

　　作为示例，我们测试了随机森林（R 软件包 missForest）、DINEOF 和 MSSA。我们在随机森林（RF）插补中添加了没有超前和滞后的明确时间变量。当在某个特定的时间步中所有值都缺失时，首先对四个中期序列进行线性插值。DINEOF方法也是如此。在 DINEOF 中，我们首先减去每个时间序列的平均值，插补后再将其加回来。对于 MSSA，我们没有进行任何先前的线性插值。为了获得更好的性能，聚类 1 模式的窗口长度设置为 10 个时间步长，聚类 2 和聚类 3 模式的窗口长度为 40 个时间步长。值得注意的是，两种基于 EOF 的技术对初始值都非常敏感。我们还测试了一种使用 Amelia 结果初始化 MSSA 的方法（Amelia＋MSSA），以避免常见的初始值不准确的情况。

通过这些设置，我们计算出聚类 1、聚类 2 和聚类 3 的真实数据覆盖的 200 个样本缺失模式案例的插补值，这足以获得可靠的统计数据。在本节中，我们重点讨论式（8.5）中定义的平均相对偏差（MRD）的性能指标，这是一种适合比较不同幅度值的相对度量指标。为了获得整体的性能比较，我们计算了每种模式的 200 个 MRD 值的汇总统计量（均值、标准差、最小值、最大值），包括插补值与实际值。表 8.1 展示了聚类 1 的汇总统计信息，表 8.2 展示了聚类 2 的汇总统计信息，表 8.3 展示了删除完全缺失的行数据后的聚类 2 的汇总统计信息。

表 8.1　聚类 1 的 MRD 指标汇总统计信息

统计量	Amelia	DINEOF	MICE	RF	MSSA
均值	0.017	0.024	0.031	0.019	0.016
标准差	0.010	0.019	0.032	0.014	0.011
最小值	0.002	0.001	0.002	0.000	0.001
最大值	0.057	0.141	0.374	0.077	0.102

表 8.2　聚类 2 的 MRD 指标汇总统计信息

统计量	Amelia	DINEOF	MICE	RF	MSSA
均值	0.035	0.064	0.052	0.046	0.048
标准差	0.035	0.053	0.056	0.057	0.056
最小值	0.005	0.011	0.009	0.002	0.005
最大值	0.328	0.384	0.497	0.483	0.492

表 8.3　删除完全缺失的行数据后的聚类 2 的 MRD 指标汇总统计信息

统计量	Amelia	DINEOF	MICE	RF	MSSA
均值	0.028	0.064	0.046	0.037	0.041
标准差	0.015	0.054	0.052	0.032	0.041
最小值	0.005	0.011	0.009	0.002	0.005
最大值	0.104	0.384	0.497	0.256	0.342

对聚类 1 的插补非常准确，除个别外，MRD 通常在 1%～3%。使用 MSSA 和 Amelia 性能较好。聚类 1 模式中缺失值相对较少（平均 1.5%），并且它们缺失的段很短，因此插补非常简单。

聚类 2 的模式出现了更具挑战性的情况，缺失率较高，平均为 13%。表 8.2 中的 MRD 结果仍然非常准确，特征值为 2%～7%。Amelia 表现最出色，其次是 RF 和 MSSA。DINEOF 在当前模式下不太成功。我们将在后面直接比较插补值与真值，从而进行更详细的研究。

聚类 2 包含 20 种模式，所有期限存在连续时间步长段大量缺少观测值。这些情况难以用我们阐述的方法进行数据插补。基于代理变量的插补（即直接相关的外部数据）可能会更成功。过滤掉这些模式，表 8.3 报告了统计信息。可以看到，除 DINEOF，所有技术的性能都有所改善。

聚类 3 的模式具有更多的缺失值（大约平均 19%），并且对于较长期限，缺失值的时间段也很长。表 8.4 报告了 MRD 的统计信息。MRD 的值通常在 3%到 20%之间散布，平均值为 10%。与聚类 2 一样，Amelia 性能最好，平均约 9%，其次是 RF、MICE、MSSA 和 DINEOF。

表 8.4　聚类 3 的 MRD 指标汇总统计信息

统计量	Amelia	DINEOF	MICE	RF	MSSA
均值	0.093	0.141	0.111	0.098	0.128
标准差	0.135	0.121	0.158	0.103	0.125
最小值	0.009	0.012	0.010	0.014	0.008
最大值	0.980	0.728	1.522	0.650	0.739

聚类 3 包含 23 种模式，所有期限的大量连续时间步长段缺少观测值。表 8.5 报告了删除这些情况后的结果。Amelia 的性能有很大改善，其他方法有适度改善。两种基于 EOF 的方法依赖于初始值。我们还测试了 Amelia + MSSA 组合方法，这里，将 Amelia 预测用作 MSSA 算法的起始值。对于聚类 3，我们发现 MRD 平均为 0.099，相对于纯 MSSA 方法（0.128）而言，比把平均值作为初始值有很大的改进。

表 8.5　删除完全缺失的行数据后的聚类 3 的 MRD 指标汇总统计信息

统计量	Amelia	DINEOF	MICE	RF	MSSA
均值	0.061	0.135	0.950	0.920	0.126
标准差	0.084	0.124	0.155	0.104	0.129

续表

统计量	Amelia	DINEOF	MICE	RF	MSSA
最小值	0.009	0.012	0.010	0.014	0.008
最大值	0.705	0.728	1.522	0.650	0.739

现在，我们将更详细地比较不同技术的预测性能。例如，我们选择行情1（聚类2），其完整数据和缺失部分如图8.3所示。它缺失较长期限中很多连续的值且总缺失率约为17%。图8.4（上半部分）报告了Amelia插补。从5个插补过程中，我们以点表示平均值，阴影区域表示插补的最大值和最小值之间的差值。实线报告了真实值。我们可以看到，插补数据相对较好地遵循数据的一般结构，这是从与其他序列的相关性得出的。期限较长时差额比较大。因此，Amelia可以很好地学习与其他（更完整的）时间序列的相关性，并准确地估算时间结构和值。MRD的值仅为0.02。

图8.4（下半部分）报告了相同时间序列的MICE插值，与Amelia结果非常相似。我们可以再次看到，插补数据相对较好地遵循数据的一般结构。差额似乎比Amelia要大一些。MRD的值为0.024，比Amelia差。

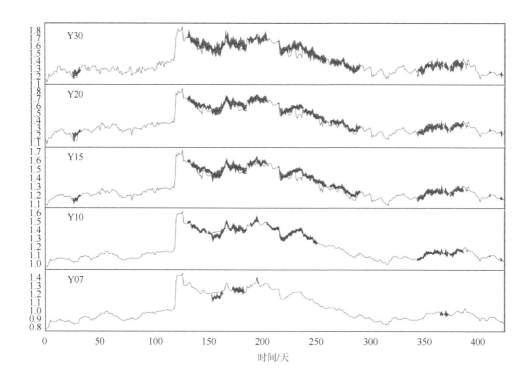

时间/天

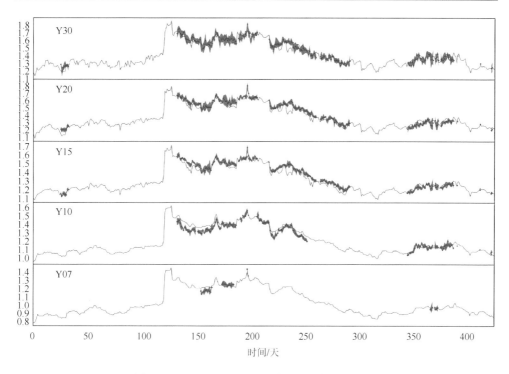

图 8.4 Amelia 和 MICE 插补值与真实值的比较

对图 8.3 中长期限的时间序列数据的 Amelia（上半部分）和 MICE（下半部分）插补值（点）与真实值（线）的比较。阴影区域表示 5 个插补方法的最小值和最大值

图 8.5 和图 8.6 分别报告了 RF、DINEOF 和 MSSA 的插补值。MRD 的值分别为 0.025、0.044、0.019。RF 相对较好地估计了值的大小，但是它不能很好地遵循时间结构，并且产生了一些人为的结果。在某些时期，它们可能几乎是恒定的，也可能具有意料之外的不连续性。相比之下，DINEOF 方法很好地再现了整个时间结构，但没有像其他技术那样很好地预测值的大小。在大多数情况下，DINEOF 低估了数值的大小。当缺失值附近有足够的数据点，数据具有足够清晰的结构且变化幅度不是太小时，基于 EOF 的矩阵插值技术最有效。如 8.2.5 中第 2 小节所示，这可以很好地解决图像数据缺失。但是，CDS 数据和缺失模式具有不同的特征，DINEOF 的性能不尽如人意。最后，MSSA 可以准确地再现结构和值，可与 Amelia 插补技术媲美。由于它是基于 EOF 展开的，因此曲线趋于平滑。

对于聚类 2 的例子，插补的整体性能非常好。由于模式在缺失值和可观察数据中交替，算法可以很好地学习数据结构。第 3 组中情况有所不同，在第 3 组中，缺失值的时间段更长。图 8.7 报告了一个示例。示例中，长期限的数据大段缺失，短期限的数据部分缺失。总缺失率是 45%，这是相当高的。

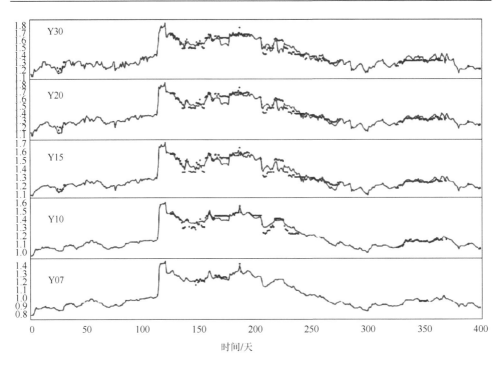

图 8.5　对图 8.3 中长期限的时间序列数据的 RF 插补值（点）与真实值（线）的比较

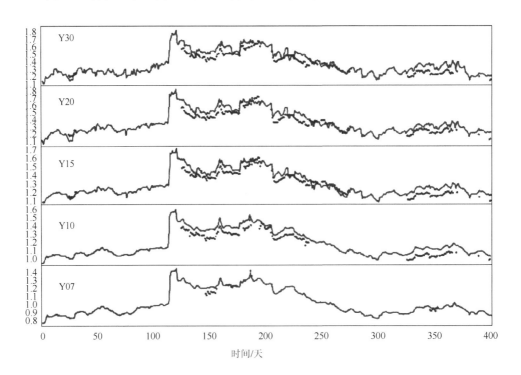

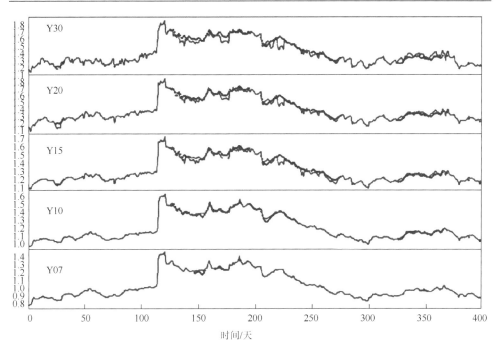

图 8.6　DINEOF 和 MSSA 插补值与真实值比较

对图 8.3 中长期限的时间序列数据的 DINEOF（上半部分）和 MSSA（下半部分）插补值（点）与真实值（线）的比较

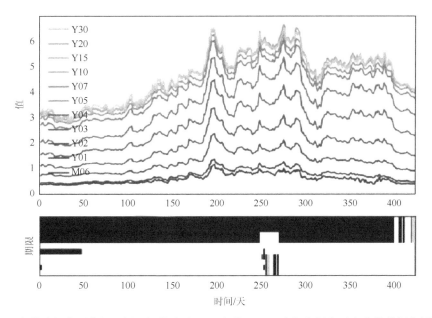

图 8.7　完整时间序列数据示例（报价编号 40，聚类 3）；下半部分报告了在完整数据上插补的
缺失模式

　　图 8.8 报告了较长期限的 Amelia 插补[①]。MRD 为 0.166，相对较高。与之前的情况相比，所有可观察的时间序列接近末尾的短时间内不足以充分学习相关模式，从而需要插补过去较长时间的缺失数据。对于期限更短的观测数据 Y07 和 Y10，可以很好地推算 280 至 400 时间段的数据，而对于较长期限（Y15、Y20 和 Y30），插补系统地低估了真实结果。时间段 0～180 的插补值在所有情况下都令

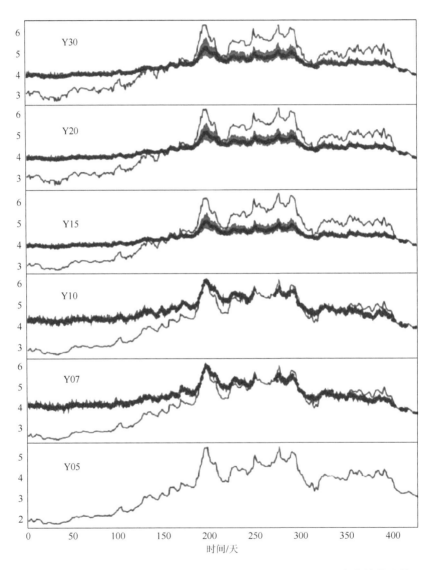

图 8.8　对图 8.7 中长期限的时间序列数据的 Amelia 插补值和真实值的比较

---

① 准确地插补了较短的期限，但是没有报告结果。

人不满意，不能正确描述趋势。这证明了无法从可观察的数据中充分了解相关性时的局限性。值得注意的是，一些时间结构插补相当好，而在许多情况下，整体的插补值不准确。

对于相同的数据，图 8.9 还报告了 MSSA 插补结果，MRD 为 0.22，甚至高于

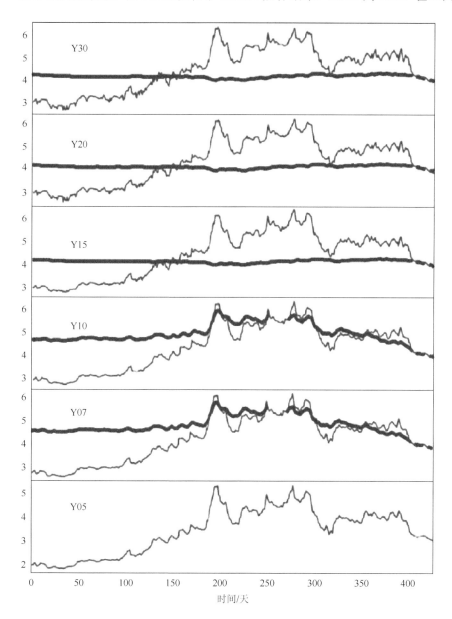

图 8.9　对图 8.7 中长期限的时间序列数据的 MSSA 插补值和真实值的比较

Amelia 的结果。我们发现，在 280 到 400 的时间段内，中间时间段给出了令人满意的结果，而对最长期限，从很少的可观察值中没有充分了解其相关性，因此，插补产生的方差太小。其他技术（MICE、RF、DINEOF）在插补此数据集时也遇到类似困难，因此未报告。

综上所述，因此，我们得出的结论是，当几乎没有普遍的观察值且数据缺失时间段长时，通用方法无法很好地对缺失值进行插补。因此，人们必须接受大约 20% 的误差。特定领域的技术（包括有关数据的先验知识）可能会表现得更好。

8.3 案例研究：卫星图像

在本节中，我们将展示如何将 DINEOF 技术应用于缺失像素点的卫星图像。当数据有足够的结构且 P 不是非常小时，此方法效果很好。我们给出了停车场图像数据的 DINEOF 插补的例子。我们拍摄了一个停车场的图像，并随机删除了其中 50% 像素[1]。然后，通过 DINEOF 技术插补缺失值。该过程可以分为两个步骤：步骤 1，随机删除像素；步骤 2，插补缺失值。步骤 1 可以分为以下两部分。

（1）在图像数据中设置掩码（将 50% 的值设置为真，50% 的值设置为假）。

（2）只要掩码的值为真，将其像素灰度设置为 255（即设置为白色）。

步骤 2 可以分解为以下三步。

（1）将掩码值为真的所有位置（即缺失值）设为其真实数据的一些朴素估计。例如，用图像中所有非缺失像素的平均像素强度或缺失像素周边的 $m \times n$ 窗口内所有非缺失像素的平均像素强度来填充缺失值。这是我们对真实图像的首次估计，表示为 $X_0^{n_{EOF}}$，这里设置了 $i = 0$。

（2）对 $X_i^{n_{EOF}}$ 应用 DINEOF，设置 $\tilde{X}_{i+1}^{n_{EOF}} = \sum_{k=1}^{n_{EOF}} \sqrt{\lambda_k} u_k v_k^{T}$，其中，$\lambda_k$，$u_k$ 和 v_k^{T} 是 $X_i^{n_{EOF}}$ 的奇异值分解。

（3）定义一个新的图像矩阵，$X_{i+1}^{n_{EOF}}$ 等于 $X_i^{n_{EOF}}$，但掩码为真的所有像素等于 $\tilde{X}_{i+1}^{n_{EOF}}$ 的对应值（即用第 i 个基于 DINEOF 的猜测值来填补图像中的缺失点）。回到步骤 2。

该程序的示例可参见图 8.10。

两种比较中都随机删除了 50% 的像素。在第一步中，我们用图像中所有非缺失点的平均值来填充缺失点，然后用 100 个经验正交函数执行 DINEOF 程序[2]。

---

① 这种情况在现实中可能会发生，如我们丢失了从卫星接收到 50% 的数据包或者由于其他原因造成数据丢失。

② 因为我们的图像是 480×955 像素，所以我们有 480 个经验正交函数。

真实图像

缺失率50%的图像

使用均值插补50%缺失值的图像

DINEOF后使用均值插补50%缺失值的图像

使用局部5×5均值插补50%缺失值的图像

DINEOF后使用局部5×5均值插补50%缺失值的图像

图 8.10　停车场数据的 DINEOF 插补示例

第二步，我们用每个缺失点周围 5×5 窗口中的所有非缺失点的平均值填充该缺失点，再次使用 100 个经验正交函数执行 DINEOF 程序。如我们所见，这两种情况都能相当好地再现图像。更准确地说，对于第一种情况，当我们使用所有非缺失像素的简单猜测值时，RMSE 为 42.4[①]，在 DINEOF 之后降低到 12.8。对于第二种情况，在使用每个缺失点周围 5×5 窗口的非缺失像素的简单猜测值时，RMSE 的值为 16.8，经过 DINEOF 后减小到 11.3。虽然在这里不容易看到[②]，但 DINEOF 后的图像比用 DINEOF 前的图像具有更清晰的边缘，噪声更小。这有助于我们应用任何图像检测方法。请注意，DINEOF 方法的目的是包括添加信号的经验正交函数。

---

① RMSE 使用从 0 到 255 的像素灰度来衡量。
② 这些图像的放大版本请参见图 8.11～图 8.16。

真实图像

图 8.11　停车场图像

缺失率50%的图像

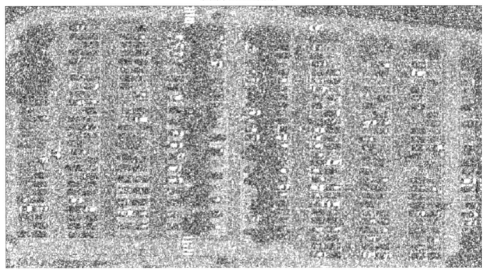

图 8.12　删除 50%数据的停车场图像

使用均值插补50%缺失值的图像

图 8.13　用均值填充缺失像素的停车场图像（DINEOF 前）

DINEOF后使用均值插补50%缺失值的图像

图 8.14　用均值填充缺失像素的停车场图像（DINEOF 后）

使用局部5×5均值插补50%缺失值的图像

图 8.15　用局部均值填充缺失像素的停车场图像（DINEOF 前）

DINEOF后使用局部5×5均值插补50%缺失值的图像

图 8.16　用局部均值填充缺失像素的停车场图像（DINEOF 后）

8.4　小　　结

本章介绍了一个结构化框架来解决和检测填补缺失数据的多元时间序列和图

像问题，使用了一个近两年的大样本的 CDS 每日报价序列和一组卫星图像作为例子，阐述了一系列先进的随机插补技术和基于 EOF 的技术的确定性插补技术。

我们对 200 个样本中三种具有不同缺失特征的聚类 CDS 数据进行了插补。对于第一类总体缺失率较小（1.5%）的模式，所有方法的性能都是可观的，MRD 值可以达到 0.02 左右。对于缺失率较高的缺失模式，不同插补技术的性能差异较大。我们发现基于 EM 的算法 Amelia 具有很强的稳健性。它本身很适合处理包括超前和滞后关系的时间序列，因此与 MICE 和其他插补技术相比，可以更好地应用于多元时间序列。

8.5　附录：MICE 程序概述

如 8.2.4 节所述，MICE 框架是基于链式方程的多重插补。链式方程是一种特征值和参数值按一系列步骤生成的迭代过程。

通常，假设（完整的）数据服从多元分布函数 $p(X|\theta)$，θ 是未知参数的集合。在某些情况下，可以假设分布函数 p 具有特定形式（如 MVN），8.2.4 节中第 1 小节对此进行了更详细的讨论。如果没有明确说明，它可以进行隐式抽样。我们在下文中阐述了一个通用程序，通过该程序从数据中估计参数，然后根据相应的分布生成新的数据估计值（van Buuren and Groothuis-Oudshoorn，2011）。为了使描述更具通用性，我们将其称为蒙特卡罗抽样方法。具体来说，每一步均从多元条件分布函数 $p(X_1, X_2, \cdots, X_p|\theta)$ 中取值。该程序称为 Gibbs 采样器。它是马尔可夫链蒙特卡罗（MCMC）族的一员。这个链式方程过程如下。

在迭代 t 中，我们通过从分布中取样来确定 $\theta_1^{(t)}$：

$$p_\theta\left(\theta_1 \mid X_1^{\text{obs}}, X_2^{(t-1)}, \cdots, X_P^{(t-1)}\right) \tag{8.33}$$

其中，$X_i^{(t)} = \left(X_i^{\text{obs}}, X_i^{\text{imp},(t)}\right)$ 包括观测数据和插补数据，且 $X_2^{(t-1)}, \cdots, X_P^{(t-1)}$ 由步骤 $t-1$ 确定。第一步必须要猜测初始值。我们可以认为方程（8.33）的分布是从贝叶斯框架中的先验函数和似然函数中推导出来的。

方程（8.33）的取样值为 $X_1^{(t)}$。然后通过分布取样获得第一个特征 X_1 的新插补值：

$$p_x\left(X_1 \mid X_1^{\text{obs}}, X_2^{(t-1)}, \cdots, X_P^{(t-1)}, \theta_1^{(t)}\right) \tag{8.34}$$

这意味着我们考虑了之前采样的参数向量 $\theta_1^{(t)}$。下一步用类似的方式对 θ_2 和 X_2 进行取样。唯一的区别是考虑了 X_1 的插补值，即 $X_i^{(t)}$。因此，插补的顺序很重要。对于所有特征 P，这一点仍然适用。θ_P 抽样如下：

$$p_\theta\left(\theta_P \mid X_P^{\mathrm{obs}}, X_1^{(t)}, \cdots, X_{P-1}^{(t)}, X_P^{(t)}\right) \qquad (8.35)$$

X_P 的新值来自：

$$p_x\left(X_P \mid X_P^{\mathrm{obs}}, X_1^{(t)}, \cdots, X_{P-1}^{(t)}, \theta_P^{(t)}\right) \qquad (8.36)$$

完成上述进程后进行 $t+1$ 次迭代。

这个过程的一个特殊情况是，我们可以假设完整的数据是由 MVN 生成的，即 $X \sim N(\mu, \Sigma)$。然后，可以解析导出所有分布函数，程序变得更为清晰明了，如 8.2.4 节的第 1 小节介绍。

8.6　附录：本章使用的软件库

我们在本章中的插补中使用了一系列软件包。大多数均免费提供。对于多重插补，有两个基于链式方程 MI（Su et al.，2011）和 MICE（Enders，2010）的数据包。我们最初测试了这两种方法，但是研究更复杂的性能时，我们侧重于 MICE，因为其 API 更简明。基于 EM 的插补技术的标准 R 软件包是 Amelia Ⅱ（Honaker et al.，2011）。

8.6.1　MICE

MICE 是一个可从综合 R 资源库 CRAN 获取的 R 软件包。

Buuren 和 Groothuis-Oudshoorn（2011）的研究中记录了它的功能。我们将其用于 8.2.6 节中包括领先和滞后的多元时间序列数据。我们根据其可获取性选择预测变量，旨在仅使用 50% 以上案例中存在的变量。MICE 主要讨论了贝叶斯线性回归和预测均值匹配等预测模型。

8.6.2　Amelia Ⅱ

R 软件包 Amelia Ⅱ可从 CRAN 获得，并遵循 8.2.4 节第 2 小节介绍的算法。它有许多不同的选项并直接支持时间序列。一种方法是引入高达三阶的时间多项式作为协方差矩阵的附加变量。另一个选择是使用时间滞后变量（领先或滞后）。这种方法不仅使用当前的变量，还考虑了移动一个时间单位的变量，从而扩大了协方差矩阵。Amelia Ⅱ使用 Bootstrap 来解释参数 $\theta = (\mu, \Sigma)$ 的方差。

8.6.3　MissForest：随机森林插补

随机森林（RF）是一种非常成功的回归和分类技术，它能很好地学习特征之间的交互，并合理处理不同的数据类型（Breiman，2001）。它也被认为是插补数据的合适工具（Stekhoven and Bühlmann，2012）。算法如下：我们首先对缺失值进行初始猜测。然后，对于包含缺失值的每个特征（或时间序列分量）p，根据可获取的数据训练 RF 预测模型。这可以产生优质的插补数据。我们迭代所有包含缺失值的 p 特征。在下一次迭代中，我们使用上一次迭代的插补值，直到插补值在迭代过程中变化很小，停止迭代。这些收敛值即为缺失数据的插补值。

在从 CRAN 获取的 R 库 MissForest（Stekhoven and Bühlmann，2012）里可以获取随机森林数据插补。它有很详尽的记录。值得注意的是，用于插补的特征子集默认设置为 $\sqrt{P}$。在本章中，我们将其增加到 $\frac{P}{2}$ 以提高精度。

8.6.4　DINEOF

矩阵插值方法 DINEOF 是基于数据矩阵的奇异值分解和适当的重构。我们使用了 R 包 sinkr。需要注意的是这个软件包假设数据的平均值为零。因此，我们从输入数据中减去平均值，然后在插补后再加上。

8.6.5　MSSA

文中讨论了使用经验正交函数基于矩阵奇异值分解轨迹和重构的轨迹重建方法。这在技术上可以通过 R 包 RSSA 实现（Golyandina et al.，2015）。为了处理多元时间序列，我们发现使用"2dSSA"选项比使用"MSSA"选项更好，尽管后者也可以运行。我们尚无完整的解决方案来处理通用的缺失数据问题。因此，我们基于 8.2.5 节以及 Kondrashov 和 Ghil（2006）中描述的算法编写了自己的例程执行插补。

第 9 章　离群值（异常值）[①]

9.1　简　　介

我们在 3.3.4 节中简要讨论了在处理（可选）数据时，异常值往往是一个问题。这个问题可能是技术性的（如故障），也可能只是数据的属性。在后一种情况下，可能需要对它们进行建模（如欺诈识别）或干脆弃用它们，因为我们将重点放在"正常"的数据部分的建模上。

处理异常值的第一步当然是找到它们。在本章中，我们将深入探讨如何检测异常值。第二步，解释它们（如果商业应用程序需要）。潜在的[②]第三步是处理它们。这意味着我们要么删除它们（在本例中，回到上一章讨论的缺失数据问题），要么对它们建模。同样，这取决于当前的具体问题[③]。

在本章中，我们将介绍一些异常值检测及解释技术。这些技术（像上一章中的技术一样）不可能涵盖实践中遇到的所有问题。但是，是我们在实践中看到的广泛应用的选择。我们在本章中通过检测美联储通信中的异常值的案例来说明。

9.2　异常值定义、分类和检测方法

异常值检测是在数据中发现与大多数观测值不同的值的过程。Hawkins（1980）对异常值的定义指出，这些点必须与其他观测值有显著不同，以表明它们是由不同的机制或模型产生的。这个定义背后的直观逻辑是虽然正常观测值是由某些过程产生的，但异常值偏离了这种模式，它很可能是由不同的数据生成过程生成的。

---

① 特别感谢 Kate Lavrinenko 为本章所做的贡献。

② 之所以说"潜在"是因为我们想在第二步停止。

③ 我们必须注意的是，如前面 5.4 节所述，一些数据供应商可能希望在继续销售之前对数据本身进行处理（如缺失数据插补、异常值删除等）。一些更成熟的买家可能更希望数据供应商不要为他们执行此步骤，而是直接购买原始的预处理数据。他们担心的是，通过对数据进行预处理，数据供应商可能会丢弃在建模阶段对他们有用的宝贵信息。

在这些情况下，它们被视为噪声、测量误差、偏差或异常。它没有统一的定义。在不同的环境中，异常对象的潜在含义可能会有所不同。

异常检测在很多情况下都很重要：如在医疗数据分析、工业生产监测、银行欺诈和网络入侵防范、金融市场活动监管、公共卫生、生态系统紊乱等方面。与交易相关的一个特殊案例是试图识别高频交易数据中的异常，即所谓的"胖手指"数据点。在第 19 章中，我们将讨论如何利用外汇市场的高频数据来了解市场流动性。

异常检测吸引众人关注是由异常值本身的特殊情形引起的。事实上，异常值在历史上被视为应该被发现并从被研究的数据集中删除的观察点，以免影响正常数据。一些异常值会扭曲一组值或者一组为了对相似观测值进行分组的聚类算法结果的统计特性（如平均值和标准差）。因此，检测并删除异常值是数据处理的一部分，如果在计算上可行时，可将其与对离群点的稳健性检验的统计数据相结合。

在基于规则的任务环境中，正常值是有意义的，离群值被认为是应该消除的噪声，因为它会使算法的预测或描述能力变差。然而，"One man's noise is another man's signal"[1]（一个人的噪声是另一个人的信号）。因此，在一些应用中，离群值本身是有意义的，不需要删除。在电信或预防信用卡欺诈、入侵检测、医疗分析、市场营销和客户细分、监控系统、数据清理、生物数据分析以及许多其他领域中，需要经常处理异常值。在金融市场，需要谨慎区分"胖手指"数据点（我们将其视为可能被逆转的外围点）和因其他原因（而非无效数据输入）导致异常波动结果的价格波动。

2015 年 1 月 15 日欧元/瑞士法郎汇率的异常波动并非由"胖手指"错误造成的。当天，瑞士国家银行（Swiss National Bank，SNB）停止干预市场，将欧元/瑞士法郎的价格维持在 1.20 的最低水平。瑞士央行此前一直试图阻止瑞士法郎升值，升值将给瑞士出口商带来负面影响。然而，在欧洲央行开始量化宽松政策之后，瑞士央行取消了汇率下限。在瑞士央行取消汇率下限的当天，欧元兑瑞士法郎汇率剧烈波动，跌至 0.85。当日收盘时，欧元/瑞士法郎结算在 1.00 附近，花了三年多的时间才回到 1.20 点以上，很难像我们所说的"胖手指"那样迅速恢复。

如果我们考虑另类数据（以及衍生的结构化数据集），异常值并不总是具有我们在市场数据时间序列中所预期的时间结构。在另类数据集中有许多潜在的异常值例子。我们可能会在基于新闻文本的情感评分中出现异常值，这些新闻文本对于一组特定的特征（如主题、文章类型或文本长度）来说可能是不寻常的。我们

---

[1] 引自 Edward（1990），但它的变体可以追溯到公元前一世纪左右的 Lucretius。

可以选择删除这篇文章，或者在其他情况下专门向用户标记它，因为不寻常的消息可能具有特定的市场相关性。我们将在 9.8 节中介绍使用 FOMC 通信文本数据标记异常值的具体案例研究。

在构造卫星图像时，我们可能会推断出各种特征，例如与其他类似日期、地点相比异常的车辆数量，这可能与云量、假日等许多因素有关。稍后，我们将讨论上下文局部异常值的概念，该概念是"上下文相关的"。

9.3 时间结构

入侵检测分析数据流侧重于发现数据中的行为模式。当模式意外变化时，应当尽量实时地检测异常，因为滞后时间越长，损害越大。从这个意义上说，异常检测具有时间意义。生产线设置和信用卡欺诈检测中的故障检测系统也出现了类似的情况。在后一种情况下，会根据持卡人尝试的消费活动持续对消费模式进行检测，以便出现交易可疑的情况时，尽快发出警报。

在许多欺诈检测设置中，对历史数据日志进行分析以标记可能与欺诈性会计、可疑互联网支付或滥用信用卡有关的案例。此外，还存在一些特殊情况，即进行事故后分析或预测性分析，以便对未来的不良情况提供早期预警。这些专门的问题可以有非常有效的解决办法。然而，在大量的实际情况下，数据中没有明显的时间结构，因此必须使用其他异常检测方法。

9.4 全局与局部离群值、点异常和微簇

数据集中的一个观测值就其一个属性或几个特征的组合而言可以被认为是异常的。因为在大多数情况下，一个对象有多个属性，相对于其中一个属性，它可能是异常的，但是对于其他属性，它可能是正常的。

当观察值与整个数据集（也称为总体）就某一特定属性不同时，称之为全局离群值。它可以是一个异常高、低或罕见的值。然而，一个观察值的多个属性可以有一个共同的值，但它仍然是一个离群值。例如，对于所有人来说，高薪是很正常的，但如果仅限于 18 岁的人，这是一个不正常的观察值。当点与其邻域不同而其值在整个数据集中不例外时，将其归为局部离群值。在 Han 等（2012）关于数据挖掘的书中，局部离群值称为"上下文相关的值"，例如，我们之前讨论的异常新闻示例。

当使用相似观测值分组的方法时（在聚类设置中），可以引入微簇。这些小组观测值可能由异常值组成，但也可能由正常值组成。小组异常值的另一个名称是

"集体异常值"。为了处理集体异常，通常使用关联、聚合和分组来生成具有不同表示形式的新数据集——"数据视图"（Goldstein and Uchida，2016）。在结果数据集中，微簇由单点表示，问题再次被描述为点异常值的检测。本章重点讨论单点异常检测，假设没有异常观测组，或者它们足够小，可以将每个点识别为异常值。

9.5　异常值检测问题的设置

正如我们在 3.3.4 节中讨论的，异常检测问题的设置传统上分为有监督、半监督和无监督。在有监督的环境下，标记数据可用于训练和测试异常检测算法。通常，数据是高度不平衡的（正常观测值的数量远远超过异常值的数量），因为异常是罕见的。因此，并不是所有传统的分类方法都能起到同样的效果。

尽管如此，其中一些方法可以很好地处理不平衡的数据集，包括随机森林、支持向量机、神经网络和其他许多与解决数据集不平衡结构的工具相结合（如特殊采样技术）的方法。这些方法在 James 等（2013）的《统计学习导论》和 Witten 等（2011）的《数据挖掘》中有更详细的论述。

然而，在大多数情况下，完全标记的数据集是不可用的，因为不能预先得知异常的情况。如果存在足够大的正常值数据集（没有异常值），那么这个问题称为半监督问题。它也被称为一类分类问题。在这种情况下，常用的方法有单类支持向量机（Schölkopf et al.，2001）、自动编码器和各种使用算法学习正态类分布的统计方法。因此，任何新的观测值都是根据观测到正常类值的概率来评估的。例如，在这种情况下可使用核密度估计（Rosenblatt，1956）或高斯有限混合模型。

在无监督学习的设置中，没有标记为正常或异常的数据。这意味着异常值得分或分配给观测值的概率完全取决于同一数据集中的数据分布模式。鉴于无监督学习的本质，有各种各样的方法来定义外围对象并处理它们。

在接下来的内容中，我们将讨论无监督异常检测的情况。这与更主流的分类形成了对比。异常值检测方法大致可分为基于模型的技术、基于距离的方法、基于密度的方法和基于不同启发式的方法。详细说明请参阅 9.10 节附录。

9.6　异常值检测算法的比较评估

许多算法可用于异常检测。为了使这些知识实用化，比较它们的性能是很重要的，至少在来自不同研究领域的一些公开的真实数据集上的研究中很重要。这些数据集（如来自 UCI 机器学习库[①]）为无监督机器学习设置提供了典型的数据，在极少数情况下异常值的真实标签也可用。

Goldstein 和 Uchida（2016）总结归纳了最受欢迎的异常检测算法，并进行了比较。表 9.1 报告了作者在研究中使用的真实数据集[②]。

表 9.1 用于离群点检测算法比较分析的数据集

数据集	观察值	离群点	属性值	内容
b-癌症	367	10	30	威斯康星州乳腺癌（诊断）：从医学图像中提取的特征；任务是将癌症患者与健康患者分开
笔-全局	809	90	16	基于笔的手写文本识别（全局）：在"全局"任务中，45 位不同书写者的手写数字，只有数字 8 为正常类，其他所有类的数字为异常
字母	1 600	100	32	字母识别：UCI 字母数据集包含来自英语字母表中 26 个字母的特征，其中 3 个字母为正常类，从其余的字母中抽取异常
演讲	3 686	61	400	演讲口音数据：包含来自记录的英语语言的数据（语音段的 i 向量），正常类来自具有美国口音的人，异常类来自其他七个演讲者
卫星	5 100	75	36	陆地卫星：包括从不同类别的土壤卫星观测中提取的特征，其中，异常是"棉花作物"和"有植被被残茬的土壤"的图像
笔-局部	6 724	10	16	基于笔的手写文本（局部）：除异常数字 4 以外，此处所有数字均为正常类
全甲状腺	6 916	250	21	甲状腺疾病：医学数据，经过预处理可训练神经网络，称为"甲状腺"数据集，正常类为健康的非甲状腺功能减退患者
航天	46 464	878	9	航天日志：航天飞机数据集以正常的"散热器流量"等级和不同的异常情况描述了美国航空航天局（National Aeronautics and Space Administration，NASA）航天飞机中的散热器位置
aloi	50 000	1 508	27	对象图像：aloi 数据集表示在不同条件下拍摄的小对象图像，并使用 HSB[③]颜色直方图将其分解为特征向量
kdd99	620 098	1 052	38	KDD-Cup99：包含模拟的正常流量和攻击流量，旨在测试入侵构成异常的入侵检测系统

资料来源：Goldstein 和 Uchida（2016）

数据集的设计或预处理只处理点异常值检测，因此异常是罕见的，不是集体的，并且不同于正常观测。这种数据选择涵盖了无监督机器学习的一系列应用，并且具有不同的属性，如大小、异常值的数量和属性。作者使用不同的方法给出了最受欢迎的异常检测算法。具体如下。

[①] UCI 机器学习库，可从以下网址获取：https://archive.ics.uci.edu/ml/index.php.检索日期：2018 年 7 月 17 日。

[②] 使用的数据集可从以下网址获得：https://dataverse.harvard.edu/dataset.xhtml？persistentId=doi:10.7910/DVN/OPQMVF.检索日期：2018 年 7 月 17 日。

[③] 色度（hue）、光度（lightness）、饱和度（saturation）。

KNN 是一种全局离群点检测算法（Ramaswamy et al.，2000）。它取特征空间中观测值到第 k 个最近邻点的距离，并以此为基础为数据集中的每个点分配离群值分数。通常，k 在 10 到 50 之间，并且为给定的数据集单独设置异常值阈值。有关 KNN 更多的讨论，请参阅第 4 章。

LOF（local outlier factor）是局部异常因子，它搜索局部异常值（Breunig et al.，2000）。为了得到局部异常值得分，每个观测值都要找到 k 个最近邻。然后估计观测点附近的局部密度。最后一步是将此局部密度与点的最近邻点的密度进行比较。得到的分数是局部密度的平均比率。如果在 1 左右，则该点被认为是正常的；如果大于 1，则认为它是一个异常。LOF 分数可视化示例如图 9.1 所示。

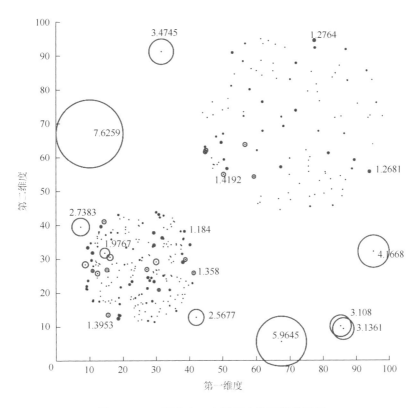

图 9.1　LOF 评分在 2 个维度上的可视化示例

围绕每个点的圆的半径表示其分数

资料来源：维基百科，https://commons.wikimedia.org/wiki/File：LOF.svg，公共领域，检索日期：2018 年 8 月 6 日

CBLOF（cluster-based outlier factor algorithm）是基于聚类的离群因子算法（Goldstein，2014）。聚类（通常是 k 均值）确定属性空间中观测值分组的区域。

离群值的计算基于观测值到最近的聚类中心的距离。它依赖于参数 k，由于 k 均值的随机性，不同的运行得到的结果不同。

HBOS（histogram-based statistical outlier detector）是一种基于直方图的统计异常值检测器（Goldstein and Dengel，2012）。对于每个属性，建立一个值的直方图，其分数等于所有直方图的高度的倒数积。这种方法忽略了属性之间的依赖性，但它速度快，尤其适用于高维稀疏数据集。HBOS 中的参数决定了分数的形成方式，可能会影响结果。

单类支持向量机（Schölkopf et al.，2001）估计属性空间中正态观测值集中的区域。这种方法通常用于半监督设置，但也适用于无监督问题，因为假设异常值很少，并且软边界优化过程允许模型训练为只有少数异常值。异常值得分是基于观测值到正常情况区域边界的距离。有关支持向量机的更一般性的讨论，请参见第 4 章。

比较无监督机器学习技术的一个行业标准是对所有观察值的输出结果进行评分并排序，然后从第一个到最后一个等级迭代应用一个阈值。这就产生了一对真阳性率和假阳性率的集合，形成了一个 ROC 曲线。该曲线下的面积称为 AUC，表示性能度量。AUC 可以解释为一个给随机选择的正常值分配比随机选择的异常值高的分数的概率的算法（Fawcett，2006）。

Goldstein 和 Uchida（2016）的研究结果表明，局部异常检测算法（如 LOF）在仅包含全局异常的数据集上表现不佳，因为它们会产生许多假阳性（它们将正常观测值标记为异常值）。同时，全局异常检测算法在只存在局部异常值的问题上表现一般或优于平均水平。因此，如果数据的上下文是先验未知的，则最好选择全局异常检测算法。

Goldstein 和 Uchida（2016）推断，在大多数情况下，KNN 型算法比聚类方法表现更好且更稳定。另外，聚类算法的计算时间较短，这对于大数据集或实时数据集至关重要，但对于小数据集无益。结果表明，CBLOF 的变体平均表现良好，可以作为基于聚类的方法。最后 KNN、LOF 和 HBOS 在比较评估中显示出良好的结果，并且工作速度很快，特别是对于大型数据集。我们应该注意到，其中一些技术可能只适用于非时间数值数据集。

9.7　异常值解释方法

在一个无监督的环境中，有许多检测异常值的方法，实现了数百种算法。但是，即使某个特定研究领域的专家从这些方法中得到了结果，也可能不清楚为什么这些观测值被归类为异常值。

有些方法为异常检测过程的副产品提供了直观的解释，但这些解释仅适用于由这些方法选择的观测值。例如，决策树会给出一组规则作为输出，说明当某些属性的值高于或低于特定阈值时，则将观察值归类为异常值，否则，将被归类为正常值。如果这种方法不认为观测值是异常值，则不能解释观测到的异常。

相反，离群值解释的目的是描述其与数据集其余部分的区别。如果数据集的属性对专家是有意义的，那么离群值解释可以帮助专家弄清楚异常值的根本原因，而不管算法是否将该点标记为异常。这意味着解释应该是直观和简洁的。一种经典的解释方法是绘制数据集，这样可以看到一个点异常值或一个外部微簇。但是可视化需要一个属性子空间，在这个子空间中，其他对象分布在标记的异常值周围，强调其异常性。此外，可以提供多个子空间来帮助解释。

最近，许多研究建议采用其他方法来解释离群值，其中一些方法给出了一组属性来区分离群值，而另一些方法则导出了不同种类的关联规则（Agrawal et al.，1993）。解释可能是异常值检测的副产品，也可能是一个单独的问题。下面我们总结了 Micenkova 等（2013）、Duan 等（2015）和 Angiulli 等（2009，2017）的研究成果。这些解决方案是基于它们的全面性、在不同情况下的适用性、易于实现和计算复杂性来选择的。

与异常值检测类似，比较和评估解释算法也很重要。Vinh 等（2016）的考虑为分析奠定了基础。在选择了一个主要方法之后，总是留一个机会，以便在结果不符合预期的情况下切换到另一个方法。

9.7.1　Micenkova 等

Micenkova 等（2013）建议通过线性边界将离群值与其邻域中的正常值分离，然后将分离问题转化为分类问题。在该方法的假设下，在分类中具有最高重要性的特征是那些证明观测值异常的特征。这种方法是有效的，但似乎是"局部的"。根据 Angiulli 等（2009）的研究，如果有一小群观测值与其他绝大多数观测值不同，那么这种方法的局部性会有所不同，它不会落在一个离群点的小范围内。此外，在某些情况下，离群值和正常邻域不能用线性边界分开（图 9.2）。

Vinh 等（2016）在对解释异常值问题的不同方法进行比较评估时指出，虽然基于特征选择的方法效果良好，但有两点很重要。首先，全属性空间中的 k 近邻可能与子空间中的 k 近邻显著不同，甚至完全不同。这意味着全空间中的邻域不一定代表子空间中离群点周围的局部性。因此，一个物体可以很好地从它的 k 近邻的全空间邻域中分离出来，而实际上却不能很好地从它的子空间邻域中分离出来。

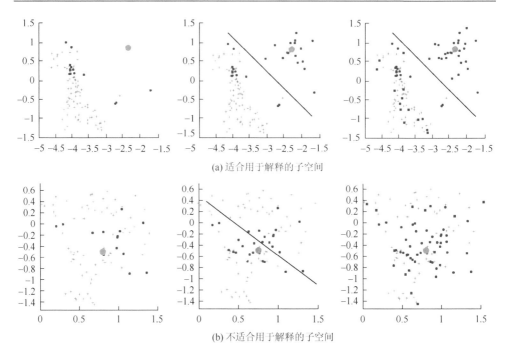

(a) 适合用于解释的子空间

(b) 不适合用于解释的子空间

图 9.2 线性边界无法区分离群值

在离群值周围选择一个正常值邻域（子空间）以便用线性边界将它们分开的潜在困难的一个例子。选择代表邻域的正常值以深色突出显示，而交叉离群值周围的较亮圆形点表示合成正态分布，在分类任务中产生离群值类

资料来源：Micenkova 等（2013）

基于特征选择方法的第二个潜在缺点与分类问题中的异常值的合成分布的扩散有关。它依赖于全特征空间中的 k 近邻距离，不考虑子空间之间的差异。虽然某些子空间可以给出很好的解释（点是局部离群点），但由于合成分布与正态邻域有严重重叠，特征选择方法最终可能会排除该子空间。

9.7.2 Duan 等（2015）

Duan 等（2015）提出了一种不同的离群值解释。离群值解释被定义为搜索属性空间中观测值离群最严重的一个子集。为了度量异常值，作者在特征子空间中对所有观测值的概率密度进行排序。简言之，他们根据所选特征值组合的稀有程度对所有观察结果进行排序。给出异常值排名最佳（最例外的）的维数子空间的最小值作为解释。

对于进行离群值解释的学科专家来说，Duan 等（2015）的方法似乎更全面。它的缺点是估计数据集所有属性子集的概率密度函数计算复杂。而且如 Vinh 等

（2016）所述，排序统计量并不总是以最佳的方式选择描述异常值的子集。例如，即使一个观测点离其余观测点不远，但它在一个子集中的密度排序可能很高，然而在另一个子集中，它可能是明显的离群点，其排序更低（图 9.3）。

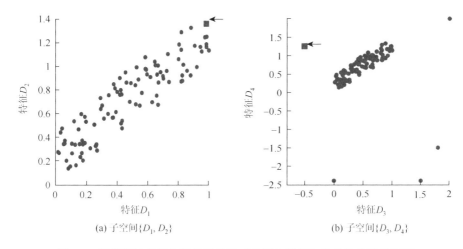

图 9.3　排序统计量不能提供异常值（以箭头指示）的最佳解释的情况

在最好的解释应为特征 D_3 和 D_4 时，它给出了特征 D_1 和 D_2

资料来源：Vinh 等（2016）

值得注意的是，Vinh 等（2016）对异常值度量进行了彻底的探索，重点在于适当的度量不应取决于使用它的子空间维数。根据这项研究，几个不错的异常值度量为：Z-score[Vinh 等（2016）建议的子集观察点的归一化密度函数]、隔离路径长度[如 Liu 等（2012）建议的隔离树中异常值的路径标准化长度]和形式上满足维度无偏性的 LOF 评分（Breunig et al.，2000）。

我们注意到密度 Z-score 具有良好的性能，但计算量大，因此它只适用于小数值数据集。隔离路径评分是一种有效的度量方法，显示出了良好的性能，且适用于大型数据集。它的局限性在于隔离路径并不是为了检测局部异常值而设计的，尽管在所有可能的设置中没有度量方法是最优的。

这些技术（Micenkova et al.，2013；Duan et al.，2015）代表了两种不同类型的方法：基于特征选择的方法和基于评分和搜索的方法。Vinh 等（2016）讨论了这两类方法之间的联系，并提出了一种混合解决方案。

9.7.3　Angiulli 等

本章考虑的三种方法中的最后一种由 Angiulli 等（2009，2017）提出。它侧重于对整个数据集的相对离群值或围绕离群值的同质（即由相似的观测值组成）子集建模。这是一种更具技术性的解释离群值的方法，也是最切合实际的。

对于具有分类属性和给定离群值的数据集，Angiulli 等（2009）找到了使得离群点在单个属性评分中最高的最佳子集。离群值的计算方法是频率和子集中属性值的统计变异性的线性组合。在后续工作中，Angiulli 等将方法进行了扩展和改变来处理连续的数值特征。

异常值总是针对单个属性计算，而观测值的子集（异常值邻域）始终在全特征空间中，这使得一致性比较成为可能。Vinh 等（2016）的研究表明，问题设置满足异常值度量的期望属性。

如果给定离群值的异常性是相对整个数据集而建立的，那么它就是一个全局异常值。否则，如果是某个子集的离群值，则为局部异常值。对全局异常值的解释是属性超过了其异常阈值。局部异常值更为复杂。相对于整个数据集而言不是离群值的数据点被视为相对于包含它的子集的异常值。在此设置中，如果异常值与数据集中的其他对象相比并不罕见，则不会检测到离群特征。

Angiulli 等（2017）提供了一个关于技能/年龄的数据集例子，这种方法对异常值给出了 Duan 等（2015）和 Micenkova 等（2013）没有给出过的有意义的解释。在这个例子中，员工的技能是根据他们的年龄来衡量的。备受关注的离群者是一个 18 岁的年轻人，他表现出了很高的技能水平。在 Micenkova 等的方法中，局部分离可能会产生误导，因为离群值的最近邻实际上可能位于观测值的下方或右侧的任何位置。这意味着分离任务中年龄和技能特征的权重会被误导。Duan 等的方法因为对象的低概率密度只表现在技能和年龄的联合空间中，所以得到的属性子集等于整个集合。

同时，如果 Angiulli 等框架下的解释子集是 18 岁的人，离群属性是技能水平，那么被考虑的个体就成为明显的异常值，如图 9.4 所示。

除其他技术细节外，Micenkova 等（2013）、Duan 等（2015）和 Vinh 等（2016）提出的方法与 Angiulli 等（2009，2017）提出的方法存在一些实质性差异。Angiulli 等假设离群值与全属性空间中的整个数据集有关。其他方法则是回到查询对象与其他子空间相比最远的单个子空间。

很明显，Angiulli 等（2009，2017）提出的方法可能是最适用的。首先，它是为分类数据和数值数据开发的，尽管方法并不完全相同。其次，它只测量特定属性的异常值，因此计算总是单变量的（涉及单个变量）。唯一需要注意的是当整个数据集的一个子集作为异常值的邻域时的情况。最后，所提供的解释在同类中最具关联性。

Angiulli 等在两篇文章中介绍了解释挖掘的关联性方法。在 2009 年的工作中，作者重点讨论了分类属性的情况，引入了离群性度量，为进一步解释构建

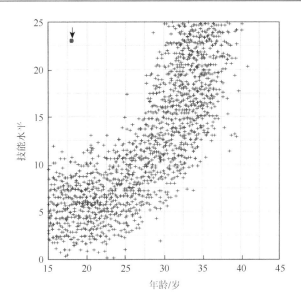

图 9.4　问题情境中的离群值解释：衡量技能与员工年龄的关系

异常值在左上角用箭头指示
资料来源：Angiulli 等（2017）

了一个通用框架，并开发了一个基于树的搜索，以获得解释子集和离群属性的最佳值。在 2017 年的工作中，作者专注于处理连续的数值数据，引入了一个离群属性的概率密度函数估计，修正了离群值度量，使其适用于概率密度函数而不是频率，并引入了一种对离群值构建解释时删除子集的新方法。

9.8　案例研究：联邦通信指数的离群值检测

在这一节中，我们展示了一个与金融市场相关的另类数据集上使用离群值检测的实际案例。我们使用 Cuemacro 的美联储通信指数的初步版本作为数据集。原始数据包括各种美联储通信事件。例如，美联储理事会和地区联储主席的讲话、联邦公开市场委员会（FOMC）的声明、FOMC 会议记录以及其他各种形式的美联储通信数据。美联储向市场发布的这些信息统称为 Fedspeak。美联储定期通过这些方式向市场提供信息，以使其运作方式更加透明。这种做法与许多其他央行与市场互动的方式相一致。

对于每个美联储通信事件，我们有许多已被标记的其他字段。其中包括：①美联储通信的日期；②美联储通信的事件类型（如演讲、联邦公开市场委员会声明等）；③发言人（如鲍威尔）；④通信对象（或地点）；⑤通信文本；⑥文本标题；⑦文本长度；⑧文本 CScore。

在每个通信文本上运行一个专有算法，创建 CScore 来表示该文本的潜在情感。然后，汇总所有不同的美联储通信事件的 CScore 值，基于美联储通信构建一个代表整体美联储情绪的指数。在第 15 章中，我们将更详细地讨论该指数，说明如何使用该指数来了解 10 年期美国国债（United States Treasury，UST）收益率的变动。

虽然文本数据在网络上是公开的，但是在收集它的时候也存在各种各样的挑战。特别是，这些信息来源于各种各样的网站，需要大量的维护才能持续进行网络解析，包括更新代码和执行手动检查。虽然这是一个耗时和劳动密集的过程，但维护问题是可以解决的。

另一个潜在的问题是，在填充美联储通信事件的历史记录时，我们需要阅读大量历史存档网站。它们的格式可能有很大的不同，并且通常与同一网站上较新的页面格式不一致。因此，我们必须处理无数不同的网页格式，即使它们可能来自同一个网站。这可能会导致在网络解析某些历史记录时出现问题，花费额外的时间以检查分析所有内容，同时编写代码也需要更多时间。

我们得到的联邦通信事件数据集中的历史文本量约为 4000 篇，涵盖了大约 25 年的 Fedspeak，是相当全面的，我们注意到它并没有完全包括美联储在此期间的所有通信事件。从一开始，我们就把一些文本排除在任何进一步的分析之外，包括没有任何许可和访问权限的文本，如付费的文本。我们还排除了美联储发言人的视频采访。事实上，为了从视频采访中提取文本，我们需要访问视频数据（和适当的许可）①。不管怎样，通常网页上与视频采访相关的文本都会附带文本摘要，然而，它只是一个简短的总结，可能不足以衡量全部意义。

在排除各种美联储通信事件的初始过程之后，我们以相对自动化的方式识别数据集中的异常值。以这种方式标记的任何异常值都需要进一步的人工检查，以评估这些美联储通信事件是否应包含在最终数据集中。我们希望在指数中包括美联储的相关通信事件，同时排除虚假事件。

对异常值检测的第一次尝试涉及为我们识别的"异常"美联储通信事件创建特征。现在我们来解释如何创建这些特征。首先，我们创建测量日志（文本长度）的变量。图 9.5 报告了日志（文本长度）的柱状图。由于不同的美联储通信事件的文本长度变化很大，我们使用对数。依据图 9.5，将异常短的文本定义为日志（文本长度）小于 6 的文本。

---

① 如果可以访问，我们需要从所有视频中提取文本来创建我们自己的转录本。即使我们能够下载采访视频，随后我们也需要对这些数据进行语音到文本的转录。有很多 API（其中一些几乎是免费提供的）能够进行转录（如 Google、AWS、IBM Watson），因此这并不困难。

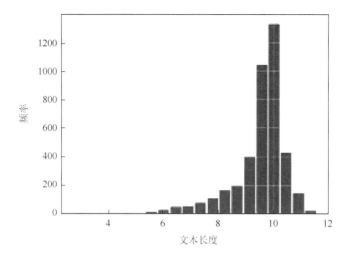

图 9.5　日志的直方图

资料来源：美联储，Cuemacro

　　我们还统计了这些美联储通信事件的类型，如图 9.6 所示。这有助于我们评估是否存在特别"不寻常"的事件类型。在大约 4000 个美联储通信活动中，约 75% 是美联储发言人发表的演讲。接下来最常见的美联储通信事件是 FOMC 声明/会议记录/新闻发布会，约占 12%。其余比较"不寻常"的则由小组讨论、随笔等活动组成。

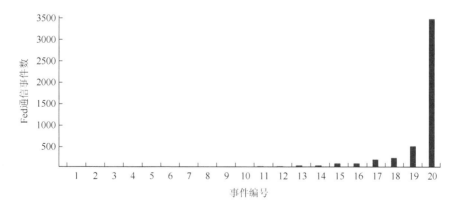

图 9.6　美联储通信的事件类型

上述 1~20 按顺序分别代表博客文章、新闻发布会、信件、文章、短评、采访、社论、随笔、记录、评论、电台采访、声明、小组讨论、欢迎辞、证词、开场白、报告、评述、FOMC、演讲

资料来源：美联储，Cuemacro

　　在图 9.7 中，我们绘制了 CScores 的柱状图，正如我们前面所提到的，它代表了与每个美联储通信事件相关的文本情绪。可以看出，绝大多数分数大致在−2 到 ＋2 之间。因此，识别异常 CScore 的一个简单方法就是标记该范围之外的所有内容。

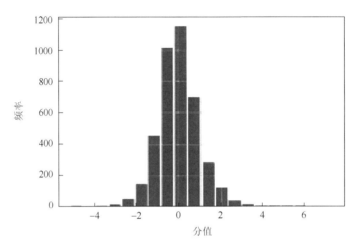

图 9.7　CScores 直方图

资料来源：美联储，Cuemacro

　　我们还统计了与特定美联储发言人相关的美联储通信事件的数量。图 9.8 报告了 25 年 Fedspeack 历史中最"健谈"的 20 位发言人。最重要的是 FOMC，它包括 FOMC 声明和 FOMC 会议记录等美联储通信事件。接下来，我们看到，Bullard（布拉德）拥有最多的美联储通信活动。在市场参与者中，Bullard 以经常与市场沟通而闻名，所以这也许并不令人惊讶。Yellen（耶伦）出现过两次，一次是在他担任美联储主席期间，一次是在担任旧金山联储主席期间。

　　相比之下，历史上有一些发言人只在我们的美联储组合数据集中出现过几次，比如州长 Lindsey（林赛）。原因有很多：其中一个是他们的任期。计算出每一年美联储的年度事件数，可以更公平地计算出每届任期内的事件数。然而，尽管如此，即使我们调整了这一数据，美联储发言人与市场沟通的频率可能还是存在很大差异。

　　另一个复杂的问题是，在实践中，美联储发言人对市场的影响并不总是一致的。这使得通过检查发言人来确定美联储通信事件是否为异常值变得更加困难。例如，我们期望在 FOMC 投票的美联储发言人对他们提及的市场有更重要的作用。FOMC 的投票成员在改变美联储政策方面发挥着更加积极的作用。FOMC

有 12 名成员。美联储理事会有 7 个常任理事，其中包括美联储主席，纽约联储主席也是常任理事。FOMC 有 4 名轮值成员，他们都是从地区性联储银行行长中抽调出来的。这些轮值成员任期一年。值得注意的是，地区性联储银行行长仍在参加 FOMC 的会议，并参与围绕美联储政策和美联储经济评估的讨论。此外，我们预期市场参与者更加关注美联储主席的通信。

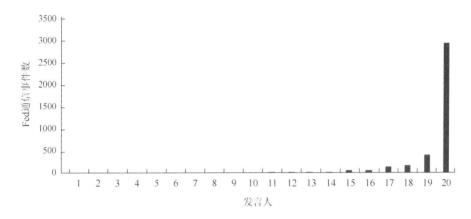

图 9.8　活跃的美联储发言人

上述 1～20 按顺序分别代表 Pres. Yellen，Gov. Meyer，Pres. Parry，Gov. Bies，Pres. Pianalto，Vice Chariman Ferguson，Chair Yellen，Pres. Plosser，Chariman Bernanke，Pres. Kocherlakota，Pres. Williams，Pres. Lockhart，Pres. Evans，Pres. Rosengren，Pres. Lacker，Pres. Fisher，Pres. Dudley，Chairman Greenspan，Pres. Bullard，FOMC

资料来源：美联储，Cuemacro

综上所述，基于规则识别美联储通信是否"异常"的方法以以下几点为基础。

（1）非同寻常的美联储发言人（如州长 Lindsey，他在历史上作为发言人只出现过几次）。

（2）美联储通信的不寻常事件类型（如在历史上很少出现的"社论"）。

（3）异常 CScore，即极值（在 -2/+2 之外的值）。

（4）异常日志（文本长度），即非常短的文本（小于 6）。

因此，基于我们所使用的各种启发式度量，异常值可能包含一些具有特征的美联储通信事件，这些特征包括具有短文本、极端 CScore、异常事件类型和相对很少与市场沟通的发言人等。但是在组合这些特征时，精确量化每个变量的相对影响可能会更困难。在标记异常值时，我们避免使用某些变量，如美联储通信事件的受众/位置。在这种情况下，从市场如何解读这一信息的角度来看，很难凭直觉解释为什么美联储发言人演讲的地理位置必然会使其成为"局外人"。此外，大量的位置信息和受众信息在数据集中没有重复，并且是唯一的，因此很难提出标记异常值的特定规则。

　　显然，在创建异常值标志的情况时，我们试图使用我们的美联储通信领域知识手动创建指标，以帮助识别异常的美联储通信事件，并将其标记为异常值。然而在实践中，我们可能希望有一种更自动化的方法来识别异常值，特别是当通信量太大无法手动检查且需要填充历史记录时。这种自动化方法还可以被认为是每个美联储通信事件标记的不同变量的组合。我们早些时候注意到，很难精确地描述输入变量的组合是如何指出异常值的。

　　为了实现更自动化的方法，我们使用无监督的机器学习技术来检测异常值，即：①k 均值；②基于直方图的异常值评分（HBOS）；③基于分层密度的带噪应用程序空间聚类（hierarchical density-based spatial clustering of applications with noise，HDBSCAN）；④KNN（k 近邻）；⑤隔离林（isolation forest，ISO）。

　　在每一个实例中，算法都被设置为识别最不寻常的1%的案例，这相当于我们的 4000 个数据集中的大约 40 个美联储通信事件。这些方法可以搜索远离主簇的离群点。需要注意在生产环境中，异常值分析需要在滚动的基础上进行，而不是查看整个历史。为了使用这些技术，与之前基于规则的方法一样，需要为每个美联储通信事件选择输入变量。与基于规则的方法不同，我们没有特别创建临界点来定义这些输入变量何时构成离群值。对于分类变量，有几种方法可以对它们进行编码。如果特殊类别的数量低于某个阈值，则它们是一个独热编码。本质上，分类变量被几个二进制变量代替。例如，如果我们用这种方式对发言人进行编码，将有一个二进制变量来表示 Yellen 主席是（或不是）发言人，另一个二进制变量代表 Bernanke（伯南克）主席等。在其他情况下，分类变量被简化为类似于"信息值"的模拟，它是值基于相应类别频率的列向量。

　　我们使用了以下输入变量，它们是分类变量和连续变量的混合：①发言人——分类变量；②美联储通信事件类型——分类变量；③日志（文本长度）——连续变量；④CScore 的相关文本——连续变量。

　　通常，被不同的无监督机器学习技术标记为离群值或极端 CScore 时，多数往往与较短的文本相关。这似乎很直观，因为较少的文本需要解析时，确定文本情感可能会更加困难。这些事件包括通常只有简短文本摘要的演示文稿。在某些情况下，美联储通信事件因为文本解析不完整而被标记为异常值。其他原因还包括不同标签的错误标注，例如发言人姓名的拼写错误或不正确的事件类型（包括对本质相似的事件，标签略有不同）。在这些情况下，"离群值"问题可以通过再次解析文本来解决，方法是修正网络解析方法并更改标记。一旦完成，新读取的文本需要手动检查。任何新标签也需要检查。如此，美联储通信事件可以在历史记录中更新，并使用清理后的字段。

　　大约一半的异常值由与文本自身相关的变量（如长度或 CScore）和/或其组合来解释。例如，对于所提供的文本而言，其 CScore 是不寻常的。大多数强有力的解释都与演讲是异常长的文本或长文本带来的罕见 CScore 有关。

就无监督技术而言，k 均值最适用于标记异常值，鉴于我们数据集中存在的美联储通信事件的范围相对较广，这似乎是可以理解的。

图 9.9 统计了这些美联储通信事件的事件类型总数，这些事件类型被之前讨论的各种无监督模型标记为异常值。注意，k 均值倾向于标记美联储通信的异常事件类型，如在数据集中不经常出现的证词。许多被标记为异常值的事件很可能会被某个领域的专家（如定期阅读美联储通信的经济学家）视为不寻常事件或特殊事件。通常情况下，证词会被市场广泛关注，尤其是美联储主席的证词。因为这些证词的篇幅较长，而且在作证过程中还面临着立法者提出的诸多问题，因此，对美联储的政策有很强的洞察力。一个特别值得注意的例子是，美联储主席 Bernanke 在国会的证词中暗示了量化宽松政策的逐步结束。由此引发的"缩减恐慌"导致债券收益率大幅上升。

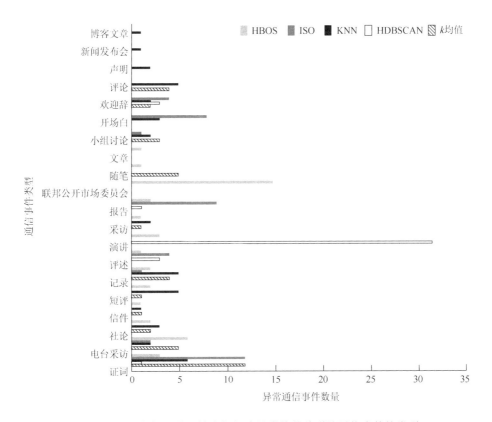

图 9.9 无监督机器学习技术标记为异常值的美联储通信事件的类型

这与 HDBSCAN 形成鲜明对比，HDBSCAN 主要标志事件类型，如演讲，正如前面提到的，演讲在美联储数据集中经常出现。HBOS 也是如此，它似乎标记了相当多的 FOMC 事件，这些事件在数据集中也很常见。虽然很难对其他数据集进行概括，但实际上这些被 HDBSCAN 和 HBOS 判定为异常值的美联储通信事件都不太可能被领域专家标记为异常值。取消 FOMC 的声明和会议记录等事件的确是极不寻常的，因为这些事件都是美联储向市场宣布和解释政策变化的事件。

最后，我们还应该注意到，我们可以尝试将这两种方法结合起来，例如标记满足基于规则的方法的异常值（如我们标记为短文本的异常值），同时也可以选择被无监督方法（如 k 均值）视为异常值的文本。

9.9　小　　结

我们研究了一系列检测和解释离群值的技术。同样，没有免费午餐定理在这里也适用——没有通用的最佳算法，但一切都取决于上下文和当前的具体问题。有时候，异常值是技术故障和/或记录错误的结果，这种情况在另类数据世界中时有发生。在这种情况下，它们可以被消除，并将再次出现在缺失数据域中。有时，它们是数据生成过程的属性，需要单独解释和建模。因此，在另类数据世界中，拥有正确的技术工具包至关重要。我们意识到每个应用程序都需要适合自己的最佳方法。

我们对一个真实世界的案例进行研究，重点关注美联储通信事件数据集，比如演讲、FOMC 的声明和会议记录。每个事件都有相关字段，如通信文本、通信日期等。我们从两个方面着手发现解决联邦储备委员会离群通信事件的问题。首先，尝试了一种简单的基于规则的方法。我们创建了自己的指标，根据变量的极值标记异常值，比如文本情感评分、每个文本的长度等。然后，使用相当简单的方法定义这些变量的极值，例如，在绘制这些变量时查看直方图的尾部。

其次，我们使用无监督的机器学习技术来检测数据集上的异常值，而不是指定特定的规则。这种方法基于变量的组合，可以更容易地找出异常值。此外，我们未必需要为每个输入变量定义极值。相反，我们定义了希望算法定义为异常值的比例。我们发现，k 均值最适合挑选不寻常的美联储通信事件类型，比如不常见的证词。这与其他方法形成了鲜明对比，比如 HDBSCAN 和 HBOS，它们似乎分别挑选演讲和 FOMC 事件。通常，FOMC 的声明和会议记录等事件是最受关注的美联储通信事件。许多领域专家都认同这些数据对于理解美联储的政策非常重要，通常不应将这些数据归类为异常值并删除。

9.10　附　　录

异常值检测的方法大致可分为基于模型的技术、基于距离的方法、基于密度的方法和基于不同启发式的方法。我们详细描述如下。

9.10.1　基于模型的技术

在半监督或监督设置中，可以建立数据模型。在监督学习下，使用标记为正常/异常的数据训练模型识别异常值。在半监督环境中，目标是不符合正常数据模型的数据。

例如，统计方法通常会估计数据分布，任何在框架内具有低概率的对象都被视为异常。大多数经典方法假设正常数据为高斯分布或混合高斯分布，并使用基于该分布性质的测试，如 Grubb 异常值检验、Dixon Q 检验、Chauvenet 准则或 Pierce 准则。Barnett 和 Lewis（1978）列出了大约 100 个不同分布的不一致性检验，这些分布具有已知/未知参数、不同数量的预期异常值及其类型。

在某些情况下，很难建立一个模型，因为数据的基本分布很难估计，或者没有可获取的训练数据。在这种情况下，必须采用其他方法。

许多现代的异常值检测方法都涉及统计方法。与焦点数据集的其他值相比，它们对观察属性值的概率进行估计。此外，它们通常依赖于关联规则挖掘（Agrawal et al.，1993），其中关键度量是支持度（观察值组合的频率）和相关性的度量（两个值同时出现的频率）。这种类型的分析称为基于规则的分析，与传统的基于模型的方法不同。

9.10.2　基于距离的技术

如果可以在多维属性空间中定义距离度量，则可以通过查找距离其邻域或距离最近簇中心较远的对象来实现异常检测。在数据可以在二维可视化的情况下，离群值是与其他点最容易分开的点。可分离是离群值的一种替代度量方法——很容易将点与其邻域区分开。

为了克服统计方法的局限性，Knorr 和 Ng（1996）提出了基于距离的异常检测方法。如果数据集中有少于 k 个对象位于距离 R 内，则该对象被称为相对于参数 k 和 R 的基于距离的离群值。该方法基于欧几里得距离属性空间中观测值的固定半径邻域中的密度。后来，这个定义被不同的学者修正以放松对固定半径的依赖。例如，用第 k 个相邻距离代替固定半径，或者取 k 个相邻的平均距离等。

与基于模型的统计技术相比，基于距离的方法不假设数据的分布。这使它们更加灵活和通用。此外，在已知潜在分布并使用统计方法的情况下，基于距离的异常检测方法是统计学中离群值定义的推广，因此距离测量值越大，来自正态观测分布的可能性越小（Angiulli et al.，2009）。

即使在使用的距离度量背后没有几何直觉，基于距离的方法也可以很好地工作。这些技术的另一个有价值的特性是离群评分相对用于计算它们的数据量是单调不变的，这就产生了有效的删除规则和高效的算法。

9.10.3　基于密度的技术

在属性空间具有距离度量的情况下，可以估计数据集中对象邻域的密度。基于此密度和邻域的密度，可以找出相对于其他观测值而言罕见的观测值，因此可以认为是异常的[这一想法是由 Breunig 等（2000）提出的，采用了局部离群因子测度 LOF，并在本章前面进行了讨论]。离群评分高是因为观测值周围的相对密度较低。

与基于距离的定义（将数据密度较低的点称为离群值）不同，基于密度的方法根据观测值周围的密度与其周围点的估计密度之间的不平衡程度来评分。因此，其更侧重于检测局部异常值，例如，位于簇边界上的异常值。如果数据集由聚集在一起且具有不同密度的一组观测值组成，那么基于密度的技术在发现簇间空间的异常上是有效的。

即使没有通用的距离测量可用，基于密度的方法可以依赖任何适当的相异函数。然而，通常所得到的离群值缺乏解释力，并且在高维空间计算非常复杂。此外，基于密度和距离的方法很容易受到"维度诅咒"的影响，因为随着维度的增加，很难找到足够的观测邻域。理想情况下，异常值度量不应依赖于数据维度。

9.10.4　基于启发式的方法

在高维数据集中，向量之间的角度（余弦距离）比距离更可靠、方便（Kriegel et al.，2008）。在稀疏数据集的情况下尤其如此，例如，在文本处理问题中。基于角度的离群因子（angle-based outlier factor，ABOF）方法通过一个点和所有其他点之间角度的变化以成对的方式对观测值进行评分。

Liu 等（2012）提出的基于隔离的离群值被定义为：数据集中的观测值在随机特征的随机连续分割下很容易被快速分离，直到所有点都被隔离在生成的随机树的不同叶中。由于异常很少，而且与其他数据不同，它们更容易被孤立。这种方法速度很快且对实际数据的处理效果令人惊讶。此外，它还提出了一个有用的异常值度量，即隔离路径的标准化长度。该度量与维度无关，无论是异常值检测还是异常值解释（Vinh et al.，2016），在子集挖掘问题中与 Z-score（Mahalanobis 距离的模拟值）一起使用都是一个不错的选择。

隔离林只能应用于有序属性，而不是为与分类数据一起使用而设计的，而且，它们往往缺乏解释力。但是在一组异常值检测方法中，强烈建议提供独立于其他方法的结果。

另一类异常检测方法依赖于聚类技术，其中一个小簇可以由离群值组成，也可以不包含离群值（Kaufman and Rousseeuw，2008）。首先确定高密度和低密度的聚类，然后将数据分为两组不重叠的离群值和非离群值，并对每个观测值进行排序，以反映其离群程度。

第10章 汽车行业基本数据[①]

10.1 引　　言

在第 6 章中，我们认为可以使用另类数据来预测公司基本面，继而基于 Fama-French 原理可以通过公司的基本面数据来预测股权回报（第 6 章中的模型 A 和模型 C）。同时，我们也认为另类数据可以绕开基本面数据直接对股权回报进行预测（第 6 章中的模型 B）。在本章中，我们将分别对这两种方法进行解释说明，我们称之为方法一和方法二。方法一要求一个额外的建模步骤（例如，首先将另类数据与公司基本面数据进行关联，再将基本面数据和公司回报进行关联）。因此，应用这种方法在方法论和操作性上会更为复杂。但是，这种方法在经济上更为直观且具有较强的解释力度。理论上，方法二更简单，因为它背后的模型更简单，只需对另类数据进行较少的转化。但现在让我们先看看哪种方法的结果更好，然后再进行取舍。

我们的关注重点为汽车行业中的一组公司集，但本章所选用的程序、方法和回溯测试都可以应用到其他任何工业行业之中。

汽车行业是世界经济增长和变革的主要驱动力之一，也常常是新技术的催化剂。在本书的写作过程中，随着四项关键技术的融合（拼车、连通性、自动驾驶和电气化），汽车行业正进入加速转型时期。可是，技术和社会变革的大规模冲击增加了对汽车行业未来预测的难度，尤其是对其股票表现预测的难度。虽然我们可以合理预期汽车产销业绩仍将是影响汽车股表现的关键因素，但寻找和整合其他相关信息的工作也变得更具挑战性。例如，电气化、贸易关税和新兴市场重要性的变化，导致股票价格受到一些因素的驱动，而这些因素可能无法在标准的财务报表中体现。然而，从长期来看，这些隐藏的因素很可能成为决定股票价格行为的更重要的因素。因此，获得这些额外的信息判断有助于预计汽车制造商的潜在趋势，并提供关键的竞争优势。这也是寻找财务报表以外的另类数据的理由。

---

① 本章是基于本书第一作者 Alexander Denev 在埃信华迈（IHS Markit）团队中的工作。我们感谢 Henry 允许我们分享他的工作，其中一部分已经成为伦敦帝国学院数学金融学的论文。本章中的大部分数据是由埃信华迈提供的。

10.2　数　　据

我们的研究范围包括 30 家汽车公司。总市值约为 1 万亿美元，涵盖了 8 个不同国家的公司，占据了约 91% 的全球汽车销量。根据埃信华迈专有数据集的特点，我们选取了这组样本公司进行研究。正如我们将尝试展示的那样，数据集包含了与预测股票回报率排名相关的信息，从而可以制定策略。

纳入我们研究的具体公司名单可以在 10.7.1 节中找到。对于专有数据，由于埃信华迈的帮助，我们拥有数据集中 30 家汽车公司的各种基于销售/生产指标的月度报告[①]，其中包含了销售量、产量、预期销售收入、生产工厂利用率、车辆使用寿命和市场份额等信息。

让我们对另类数据和数据提供者进行更为详细的描述。埃信华迈为美国和全球市场提供汽车行业的历史数据和预测数据。该数据传统上用于原始设备制造商（original equipment manufacturing，OEM）和供应商的决策，提供各细分市场（轻型车、中型和重型车以及商用车）以市场为驱动的历史生产和销售量的资讯。此外，还分析了行业内的各种技术和部件。在全球范围内，埃信华迈还收集了有关新车和二手车注册、运营中的车辆以及预测消费者行为的统计数据，可细化到交易类型、品牌忠诚度和其他指标。

我们利用了埃信华迈三个不同的数据集。

（1）轻型汽车生产数据（全球）。轻型汽车生产数据提供了 50 个国家、600 家工厂和 2300 种车型的历史生产水平的深入观察和替代动力的轻型汽车的信息。

（2）轻型汽车销量数据（全球）。轻型汽车销量数据覆盖了十年间 11 个地区 70 多个国家的各种车型，占全球轻型车销量的 97% 以上。

（3）美国和全球新车的注册 / 销售数据。各个市场的国家月度新车注册/销售数据提供了各种技术、定价、规格、销售渠道和排放量细节信息。这些数据因市场而异。

这些数据集时间跨度较长，大多数情况下可追溯到 2008 年，覆盖全球。有关数据集每月更新一次，比标准财务报表报告的更新频率要及时得多。

埃信华迈的数据收集是由拥有汽车领域专业知识的分析师完成的。他们与原始设备制造商和汽车产业链的成员携手合作。内部团队从各种渠道收集汽车领域的资讯，包括原始设备制造商、供应商、行业协会、辅助企业和政府实体。

---

① 鉴于 2009 年 7 月 "旧通用"（Motors Liquidation Company）向 "新通用"（General Motors Company）出售资产，从另类数据集来看，这两家公司被认为是同一家公司。至于股票，"新通用" 汽车公司的股票要到 2010 年 11 月上市才有交易，而 "旧通用" 汽车公司的股票根本没有交易。

　　下一步，埃信华迈将汽车数据与公司和股票证券进行了适当的映射。这种映射反映了历史上发生的企业合资和并购活动。换句话说，它对时间点问题进行了调整。此外，埃信华迈也对数据进行了适当的滞后处理，以确保不存在前瞻性偏差。汽车分析师收集的数据是每月公布的，每个国家以及原始设备制造商的滞后期不同。在回溯测试中，我们会根据不同市场的数据可用性，酌情对数据采用保守的滞后期。例如，由于发布时间不同，美国销售数据滞后一个月，而中国销售数据滞后两个月。

　　举个例子，假设我们正在收集 2010 年 3 月 1 日的数据。如果我们要查看 2010 年 3 月 1 日所掌握的 2010 年 1 月福特销量数据，我们将只能查看滞后 1 个月的国家的福特销量数据。这是因为在 2010 年 2 月 1 日可以知道发生在 2010 年 1 月 1 日至 2010 年 1 月 31 日的事件，但滞后 1 个月的事件只能在 2010 年 3 月 1 日知道。如果我们现在移到 2010 年 4 月 1 日，再看 2010 年 1 月的数据，我们现在会看到滞后 1 个月和 2 个月的国家的数据。因此，我们要强调的是在使用最新的数据和通过等待更长的时间来获得更全面的情况之间需要进行权衡。我们在图 10.1 和图 10.2 中举例说明在相关时期结束后 x 个月已知的公司销售/生产量的平均百分比。

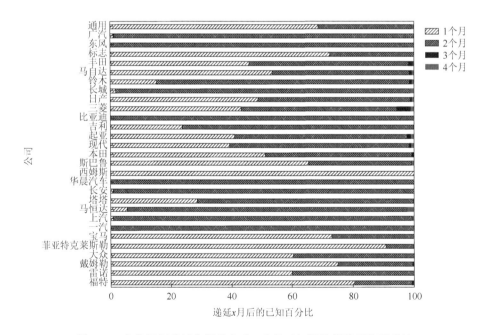

图 10.1　各公司相关销售期结束后 x 个月已知销售额的平均百分比

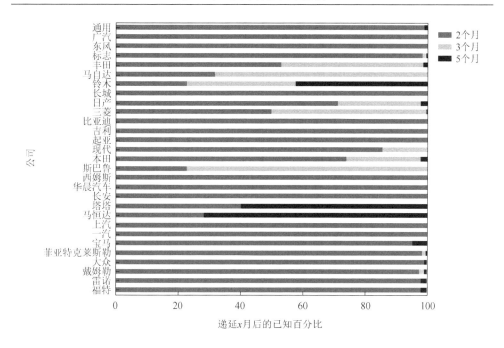

图 10.2　各公司相关生产期结束后 x 个月已知产量的平均百分比

资料来源：埃信华迈

我们可以看到，在事件发生 x 个月后，所了解的各公司的信息量有很大的不同。这可能是由于许多汽车公司会在其国内销售和生产大部分产品。但是，我们确实发现，除了四家公司外①，其他公司的销售和生产数据在 3 个月后我们都知道了 90% 以上。

图 10.3 概述了收集和绘制过程。

表 10.1 举例展示了由埃信华迈提供的一些详细数据。该表显示了 2017 年雪佛兰科鲁兹在十大国家的历史销量/注册量。

然而，我们使用的数据并不包括上述数据库的所有信息和变量，而是其中的一个样本。我们将使用有关公司的销售量、产量、预计销售收入②、车型生命周期、车队年龄、生产厂利用率，以及美国、中国和全球市场份额和公司对电动汽车的风险敞口等信息。更多信息可参见 10.4 节。

---

① 现代（Hyundai）、马恒达（Mahindra）、铃木（Suzuki）和塔塔（Tata）。

② 销售收入采用各地区各车型的平均销售价格以及销售量进行估算。

表 10.1 雪佛兰科鲁兹：2017 年前十大国家的销售/注册量

单位：辆

国家	1月	2月	3月	4月	5月	6月	7月	8月	9月	10月	11月	12月	总计
美国	19 949	15 368	18 608	21 317	17 120	12 828	12 278	16 500	15 268	11 129	10 982	13 407	184 754
中国	8 558	3 589	3 402	5 333	3 273	6 191	6 720	5 056	7 228	7 938	10 165	11 882	79 335
加拿大	1 884	1 715	2 711	3 174	4 097	2 843	2 233	1 995	2 202	1 724	1 892	1 487	27 957
巴西	1 513	1 278	2 152	2 256	2 498	2 308	2 571	2 789	2 284	2 300	2 386	2 168	26 503
阿根廷	1 563	1 289	1 552	1 236	1 239	1 435	1 325	1 710	1 590	1 506	1 387	735	16 567
韩国	232	6	2 147	1 518	1 160	1 434	1 050	429	416	29	821	1 076	10 318
墨西哥	477	450	1 045	1 333	663	578	488	341	141	262	266	305	6 349
越南	283	254	325	170	261	187	211	148	220	208	186	194	2 647
印度	171	188	192	68	71	219	48	48	—	—	—	—	1 005
以色列	129	125	95	62	94	62	117	59	80	61	69	6	959

数据搜集

·销售和生产统计数据

·汇总注册信息

·车辆定价信息

·由行业专家收集数据

　　原始设备制造商和供应商数据

　　政府和行业数据

绘制和清洗

·对兼并和收购进行调整

·对合并企业进行调整

·对各国历史数据进行滞后期的调整

图 10.3　处理过程

资料来源：埃信华迈

对于基本面数据，因为报告是以母公司的本国货币编制的，所以我们使用汤森路透 Worldscope 数据库将所有金额转换为美元，包括每日外汇数据。此外，由于并非所有公司在利润表和现金流项目上都遵守相同的报告频率（从年报到季报不等），因此我们采用了滚动 12 个月（trailing twelve months，TTM）合并法。例如，如果在 2010 年 1 月 1 日，最近四个季度的报告中，过去一年每个季度的收入都是 1 000 000 美元，那么我们就将这 12 个月的收入合计为 4 000 000 美元，并以此作为 2010 年 1 月 1 日的收入数字。这样既可以将报告频率较低的公司与报告频率较高的公司进行比较，也可以考虑到数据的季节性（如美国春季和秋季的汽车销量较高）。所有丢失的数据值将从最后一个已知值开始进行正向填充[①]。由于我们进行重新平衡的频率可能比每个公司的报告频率更频繁，因此我们通过填充最近的已知值来构建每月时间序列（例如，如果我们在 2018 年 3 月 1 日进行重新平衡，而上一次宝马公司的报告发行于 2018 年 1 月 24 日，我们将以 2018 年 1 月 24 日的值作为 2018 年 3 月 1 日的值）。

10.3　方法一：间接法

在这一节中，我们将使用另类数据和基本面数据来预测未来基本面情况，并

---

① 如果某公司在某一天没有交易价格（例如，由于该市场的公共假日），价格将向后填充，以模拟在下一个交易日发生的交易。当然，我们可以选择更复杂的缺失数据填充算法。然而，为了简单起见，我们将坚持这种简单的填充方案。

据此对股票进行排名。为了拥有更好的投资策略，我们提出以下问题。

（1）我们希望预测哪些基本面信息（或功能）？

（2）我们想预测的时间跨度为多久？

本节使用的方法是基于 Alberg 和 Lipton（2018）研究论文背后的直觉，该论文使用基本面的预期值（就像他们拥有先知一样）来证明预见力有利于交易策略。虽然稍微有些复杂，但每一年他们的方法基本上都包括以下内容[①]。

（1）根据一些基本面比率（如账面市值比）对纽约证券交易所、美国证券交易所和纳斯达克证券交易所的所有股票进行排名[②]。

（2）投入等额的资金分别购买其中前 50 名的股票并持有一年。

之后，他们从历史数据集中选取一些选定的基本面比率在未来 x 个月的值[③]（ $x \in \{1,\cdots,36\}$ ），并以此为基础进行排名。他们想要验证使用基本面比率的预期值这一策略所产生的回报是否比使用当前已知基本面比率的回报要更好。结果显示，对于账面市值比、息税折旧及摊销前利润比企业价值[④]、净收入比企业价值和销售额比企业价值而言，它们的价值被知道得越早，策略实现的年复合增长率（compounded annual growth rate，CAGR）就越高。使用预期值带来最大回报的基本面比率是息税折旧及摊销前利润比企业价值，从 0-预见期（即使用今天的数据）到 3 年预见期（3-clairvoyance），年复合增长率从 14.4%增长到近 70%。

之后，他们尝试预测（即代替使用直觉）息税折旧及摊销前利润比企业价值在 1 年预见期下的预期值，其中年复合增长率为 44%，并以该预测因子代替排名。他们通过使用一个深度学习模型[⑤]来实现这一目标，这一深度学习模型是基于过去 5 年基本面数据的时间序列训练得到的。他们设法通过他们的模型达到比简单假设 $x_{t+k} = x_t$ 的模型更好的均方差，他们的结果使得复合增长率从 14.4%增加到 17.1%，夏普比率从 0.55 增加到 0.68。虽然在未来基本面信息完善的情况下，没有达到年复合增长率 44%的假设上限，但考虑到只使用了公开的、相对便宜的数据，即使比简单的策略提高了 2.7 个百分点也是相当了不起的。考虑到复合增长率和夏普比率的提高是可以通过使用公开的、容易获得的数据来实现的[⑥]，我们将测试是否有可能通过我们拥有的特别相关的、专有的另类数据集来获得更高的回报。

---

① 它将股息、收购资金等用于再投资。

② 他们排除了所有金融行业公司、总部不在美国的公司，以及所有经通货膨胀调整后市值低于 1 亿美元的公司。最后包含 11 815 只股票。

③ 关于未来投资组合的再平衡点。

④ 企业价值＝普通股价值＋优先股价值＋债务的市场价值＋少数股东权益−现金及其等价物。

⑤ 他们评估了两类深度神经网络：多层神经网络（MLPs）和循环神经网络（RNNs）。

⑥ 实际上如果一个人有与大学相关的电子邮箱，比如有.ac、.edu 或类似的电子邮件地址，都可以免费下载数据。

10.3.1　操作步骤

我们的目标是利用另类数据预测公司的基本面数据得到与仅仅使用当前基本面信息相比更高的回报。这一方法由以下三个阶段组成。

阶段 1：因子识别。判断数据库里的公司是否有任何基本面信息的变化[①]，如果事先知道这一变化，产生的收益率会超过我们在不了解未来情况下的收益率。值得注意的是，在这一阶段，我们并没有用到另类数据。我们只是在其对外公布之前利用了标准的基本面数据，以确认是否值得用另类数据来预测基本面的预期价值。

阶段 2：因子建模/预测。基于对未来的了解，如果有任何因子可以产生超额回报，我们便尝试基于我们所掌握的另类数据集来预测它们。这样做是为了获得比以下两类预测者更好的回报。

（1）假设在预测范围内没有变化的天真预测者。

（2）假设数据训练集中发生了平均变化的天真预测者。

这是间接法的第一点，我们将另类数据纳入考虑。这样做是为了预测我们认为值得从第一阶段开始预测的因素。

阶段 3：模型回测。给定一个合适的模型来构建投资组合，根据模型的预测进行回溯测试并评估其表现。

10.3.2　阶段 1

1. 过程

在阶段 1，我们将遵循以下步骤。

步骤 1：根据一些因子（如未来三个月的账面市值比）对公司集进行排序。

步骤 2：购买那些因子排名高于某个阈值的股票。如果想要做空，可以做空所有低于某个阈值的股票（例如，根据账面市值比的排序，做多排名靠前的股票，做空排名靠后的股票）。当我们做多或做空资产时，我们会对相关投资组合中所有资产一视同仁（即投资组合中的所有资产买入或卖出均为 x 美元）。

步骤 3：持有这些投资组合一段时间（如一个月）。

步骤 4：在回溯测试期内重复步骤 1 到步骤 3。

---

① 这些变化可能是单项基本面信息或其组合的转变函数。

对于回溯测试，我们需要说明几个概念。

（1）排序因子：用来对公司进行排序的因子（如账面市值比），本节第 4 部分将列示我们所使用的排序因子。

（2）多头阈值：做多股票时要求的百分位数。我们所选的分位数为 $\{0.66, 0.75, 0.8\}$（例如，我们做多排名在前 $\frac{1}{3}, \frac{1}{4}, \frac{1}{5}$ 分位数的股票）。

（3）空头阈值：做空股票时要求的百分位数。我们所选的分位数为 $\{0.33, 0.25, 0.2, 0\}$（例如，我们做空排名在后 $\frac{1}{3}, \frac{1}{4}, \frac{1}{5}$ 分位数的股票）。

（4）持有期：在重新调整资金组合前的资产持有时长。我们选的时间跨度为 $\{$ 季度，年度 $\}$ 或者记作 $\{Q, Y\}$[①]。

（5）预见期：从多久的未来获取所需的信息。考虑到另类数据集性质，我们所选的时间区间为 $\{0, 3\}$ 月。此外，就季度策略而言，使用超出再平衡区间（即超过三个月）的数据是没有意义的。因为，举例来说，第四季度相对于第三季的销售额的变化百分比将反映在第二季度相对于第一季的股票价格的变动之中。

2. 举例

先不考虑预见期，提出以下假设：我们依据账面市值比对股票进行排序，没有做空（即空头阈值为 0），做多排名靠前的股票（多头阈值为 0.8）以及再平衡调整频率为季度（Q）。假设现在是 2016 年 7 月 1 日，我们的股票集合如下（表 10.2）。

表 10.2　股票集合数据（2016 年 7 月 1 日）

公司	账面市值比	股价/美元
宝马（BMW）	1.45	86.92
大众（VW）	1.35	74.48
特斯拉（TESLA）	0.68	132.05
菲亚特克莱斯勒（FIATCHRYSLER）	1.49	63.68
起亚（KIA）	0.71	71.76
现代（HYUNDAI）	0.8	20.72
福特（FORD）	1.4	137.17
通用（GM）	1.36	113.93
本田（HONDA）	0.73	41.04
三菱（MITSUBISHI）	0.69	144.31

---

① 我们没有使用更高的再平衡频率，因为在我们的数据集中，财务报告最高的报告频率为季度。否则，我们实际上是在重新平衡相同的权重（基于基本面的比率），或者根据每家公司在一个季度后多久发布报告进行调整（基于变化的因素）。

我们执行以下步骤。

（1）按账面市值比对公司进行排序，并选取前20%的公司（表10.3）。

表 10.3 按账面市值比对公司排序（前20%）

公司	账面市值比	股价/美元
菲亚特克莱斯勒（FIATCHRYSLER）	1.49	63.68
宝马（BMW）	1.45	86.92
福特（FORD）	1.4	137.17
通用（GM）	1.36	113.93
大众（VW）	1.35	74.48
现代（HYUNDAI）	0.8	20.72
本田（HONDA）	0.73	41.04
起亚（KIA）	0.71	71.76
三菱（MITSUBISHI）	0.69	144.31
特斯拉（TESLA）	0.68	132.05

（2）从选定的股票中建立一个多头的投资组合，每只股票的权重相同[1]（表10.4）。

表 10.4 建立多头投资组合（等权重）

公司	账面市值比	股价/美元	权重
菲亚特克莱斯勒（FIATCHRYSLER）	1.49	63.68	0.5
宝马（BMW）	1.45	86.92	0.5

所选股票集在2016年10月3日（十月的第一个工作日）的情况见表10.5。

表 10.5 股票集合数据（2016年10月3日）

公司	账面市值比	股价/美元
宝马（BMW）	1.89	93.34
大众（VW）	1.28	80.89
特斯拉（TESLA）	0.87	146.77
菲亚特克莱斯勒（FIATCHRYSLER）	1.31	63.97
起亚（KIA）	0.87	73.55
现代（HYUNDAI）	0.86	21.34
福特（FORD）	1.33	144.44
通用（GM）	1.73	119.81
本田（HONDA）	0.94	44.16
三菱（MITSUBISHI）	1.06	154.21

---

[1] 虽然我们没有这样做，但我们仍认为观察等权重、以市值为权重和以因子权重之间的差异是有意义的。

基于此，我们发现菲亚特克莱斯勒（FIATCHRYSLER）的股价从 63.68 美元上涨到 63.97 美元，宝马（BMW）的股价从 86.92 美元上涨到 93.34 美元，从 2016 年 7 月 1 日到 2016 年 10 月 3 日我们计算投资组合的回报为 $0.5 \times \left(\dfrac{63.97}{63.68} - 1 \right) - 0.5 \times$ $\left(\dfrac{93.34}{86.92} - 1 \right) = 0.5 \times 7.38\% + 0.5 \times 0.46\% = 3.92\%$。之后我们再次重复上述步骤，每次向前移动一个月。

3. 预见期

在第一阶段回测中使用未来数据时，比如说三个月，我们先将基本面数据向后移动三个月（例如，将 2016 年 4 月 3 日的数据映射到 2016 年 1 月 1 日，因为这些日期是对应月份的第一个工作日），然后再应用之前解释的没有预见期的方法。如果一只股票不能在给定的再平衡日进行交易，我们假设它可能在第二天交易（即用于执行交易的回填价格）。

注意：要注意在报告延迟和预见期内任何时点所发生的情况。

举例：假设我们想在 2010 年 4 月 1 日产生一个信号。在没有预见期的情况下，我们所掌握的每家公司的最新信息很可能是在 2010 年 1 月 1 日和 2010 年 3 月 31 日之间的某个时间报告的。这将与 2009 年 10 月 1 日至 2009 年 12 月 31 日期间的事情相关。如果有 3 个月的预见期，仍然设定在 2010 年 4 月 1 日，我们假设我们知道截至 2010 年 7 月 1 日所报告的任何信息。最新的消息可能来自 2010 年 1 月 1 日至 2020 年 3 月 31 日的季度报告，该报告通常在 2010 年 4 月发布。因此，虽然我们设置了三个月的预见期，实际上我们只能使用几天前的数据。另外，如果一家公司在此时没有发布任何公告声明（虽然这很少见，但在我们的数据集中确实存在，特别是对于某些亚洲公司而言），则我们不会对其公告声明的项目使用任何预见期进行预测。

仍然使用 2010 年 4 月 1 日作为信号生成日期，我们可以尝试另一种方法。想象一下，我们知道 2010 年 1 月 1 日到 2010 年 3 月 31 日的相关报告是什么，并根据该信息进行再平衡，无论它在未来多久的时间内发布。我们决定采用前一种方法，因为后者有一个（不那么明显的）副作用，那就是你可能会在市场对信息做出反应之前就先发制人地进行再平衡。举一个极端的例子，想象一下，在市场知道之前，你已经知道在 2010 年 1 月 1 日至 2010 年 3 月 31 日期间福特的净收入增加了两倍，所以你在 2010 年 4 月 1 日做多福特。考虑到再平衡期，你将持有福特汽车股票直到 2010 年 7 月 1 日，然后（可能）将其从你的投资组合中剔除。如果福特汽车直到 2010 年 7 月 15 日才发布 2010 年第一季度报告，那么你完全有可能在福特汽车股价大幅上涨之前将其从你的投资组合中剔除，届时市场会发现它们的净收入水平有了新的提高。然而，在所选择的策略中，我们只使用未来的信息，在信息发布时我们将持有该股票，有效地让我们走在市场的前面，而不会因为信息问题使我们错过任何股价的变动。显然，这是一个有点简单的例子，因为我们会一直持有福特股票，直到它不可避免地经历了这次暴涨。然而，我们用这个例子更多是为了说明后一种策略可能存在的缺点，特别是在采用自动化方法的情况下。

4. 所使用的排序因子

基于我们遵循了 Alberg 和 Lipton（2018）提到的许多方法，因此我们在分析中也选用了他们所使用的四个因子中的三个因子，即

（1）息税前利润比企业价值。

（2）净利润比企业价值。

（3）销售收入比企业价值。

可是，我们不想只局限在这三个比率当中。Yan 和 Zheng（2017）对 18 000 个基本面比率进行了基于数据挖掘的详尽搜索。他们报告了一个具有最大的 Alpha 值的因子表（包含负值或正值）。我们从他们所提供的因子报告中选择我们有相关数据的一些因子的子集。对于那些 Alpha 值为负的因子，我们进行适当的转换，以便倒置因子的排序，使其含义易于理解，希望具有负 Alpha 值的因子其相反数是具有正 Alpha 值的因子。例如，自上个季度以来负债的变化百分比本身就是负的。

最后，鉴于大多数文献只关注预见期为 0 时有效率的因子，我们将一些我们认为在经济上有意义的因素纳入其中，使其从预见期的应用中获益。

关于经检验的完整因子列表请参见 10.7.3 节。对于每一个财务报表项目的详细说明可以参见 10.7.2 节。

> 注意：目前，还没有使用另类数据，只是使用了在许多交易策略中被广泛使用的常见财务报告比率。我们只是在评估预测这些数据是否值得，在这一基础上，我们将纳入另类数据进行预测。

5. 辅助统计数据

虽然复合增长率和夏普比率是我们（也是大多数投资者）关心的主要统计数据，但我们也跟踪了一些其他数据，以确保没有"过度拟合数据"。其中最值得注意的是：

（1）信息系数（information coefficient，IC）：在回测中由每一期的下期回报和排序因子获得的斯皮尔曼秩相关系数的平均值。信息系数的值大于（小于）0.3

（–0.3）则认为是好的。对于小于 0.3 的值，我们可以通过合理的方式进行转化。信息系数越高越好，因为这表明该因子和证券回报有很强的相关性。

（2）平均五分位差距（mean quintile gap，MQG）：排名在前五分位数的等权重证券组合与排名在后五分位数的等权重证券组合之间的下期收益的平均差异。通常，人们希望看到平均回报率从底部五分位数到顶部的单调增长。同样，我们希望有一个高的平均五分位差距，因为这表明因子和证券回报之间有很强的相关性。

虽然在这里没有提及，但我们仍需要关注上述方法和标准差以及其类似的变形①。

6. 其他信息

（1）时间区间。由于数据的限制，我们在 2010 年 1 月 1 日到 2017 年 1 月 1 日之间进行回溯测试。测试没有超出 2017 年 1 月 1 日是因为我们需要使用 12 个月的预见期，这导致我们需要 2018 年 1 月 1 日之后的数据，而这些数据我们没有。

（2）交易成本。值得注意的是我们没有考虑交易费用。鉴于我们一年内最多只能再平衡四次，如果在回测中我们以高于 5 个基点的价格买入，以低于 5 个基点的价格卖出，在最坏的情况下，这只会使我们的年复合增长率降低 0.4% 到 0.6%（如果扣除费用前的年复合增长率分别为 0% 和 40%）。而且，因为策略回报的比较基准也会存在这些费用，因此，差异忽略不计。

（3）特斯拉。毫无疑问，特斯拉是一家汽车公司，但其也与科技行业有很强的关联性。因此，它的运作方式可能与我们样本中的其他公司不同。此外，鉴于特斯拉的大部分估值来源于其未来潜力，它的财务报表给市场呈现了不同的报告，糟糕的财务数据可能也不会导致股价的大幅下跌。考虑到我们的方法是横截面研究方法，这种回报与因子之间的不同关系可能会歪曲结果，产生异常②。因此，我们决定将特斯拉剔除出样本集，现在，我们的样本集减少到 29 家公司③。

（4）非季度报告的公司。值得注意的是，并不是所有的公司对每一个基本面数据都遵循相同的报告频率。例如，福特公司每季度发布一次财务报告；然而，标致每半年才发布一次财务报告。由于我们的许多因子与基本面的百分比变化有

---

① 例如，使用皮尔逊（Pearson）相关系数或者肯德尔（Kendall）相关系数，使用其平均四分位数或三次差距（tertial gap），或使用中位数而不是平均值。

② 事实上，这正是我们所看到的。当包含特斯拉时，与库存变化相关的因素表现得非常好，但当移除特斯拉时，就不是这样。当进行公司删除样本的稳健性测试时，我们就会看到测试集平均年复合增长率和实际年复合增长率有很大的差异，同时测试集的年复合增长率具有很大的标准差。

③ 同样，由于在金融危机之后，公司经历了动荡的时期，出现了"旧通用汽车"和"新通用汽车"。鉴于"新通用汽车"随后购买了所有"旧通用汽车"资产，它们再次合并为"新通用汽车"数据。

关,因此,比较不同报告频率的公司是没有意义的。如果要比较不同报告频率公司的基本面数据,对于只报告年度财务报表的公司,要么我们设定四个季度中三个季度的百分比变化为 0,因为在没有财务报告的情况下,财务比率不会发生变化;要么使用最近期的财务报表进行"临近预测"(nowcast)。由于缺失季度财务报表会使数据处理增加更多的不确定性和噪声,因此我们决定从样本集中删除所有没有季度报告的公司。现在样本范围缩小到 22 家公司,根据回溯测试中每个时间点有多少家公司在交易,每个做多/做空组合的规模如表 10.6 所示。

表 10.6 按可交易公司数量划分的多/空组合规模

可交易公司数	多头阈值		
	66%	75%	80%
22	7	5	4
21	7	5	4
20	6	5	4

7. 结果

我们只以 66% 的多头阈值(即做多前三分之一的股票)和 0% 的空头阈值(即不做空)为例展示我们的结果。我们选择一个多头阈值进行结果展示,是因为选择其他任何一个阈值结果都大同小异(除非另有说明)。选择 66% 作为多头阈值是因为我们想要避免投资组合过小的风险。因为投资样本集只有 22 只股票,导致我们投资组合规模为 4、5 和 7 只股票,所对应的多头阈值分别为 80%、75% 和 66%。因为样本集中的所有股票普遍表现较好,在大多数情况下,做空反而会降低年复合增长率,所以我们决定只分析没有做空的策略。不做空的策略还有另外一个好处,那就是它们在实际操作中更容易实施,而且平均来说,产生的成本会更低。

在表 10.7 和表 10.8 中,根据年复合增长率和由我们选择的股票加权平均组成的基准,可以看到最佳的策略的一些统计数据。我们看到,在表现最好的 10 个策略中,只有两个策略(即 Q_pct_delta_ffo 和 Q_pct_delta_netincome)的表现超过了最佳 0-预见期策略和最佳基准。

表 10.7 按年复合增长率排名的前十策略

因子	L	S	R	C	CAGR	DS	WYP	TMWP
Q_pct_delta_ffo	66	0	Q	3	0.143	0.75	0.67	0.69
Q_pct_delta_netincome	66	0	Q	3	0.133	0.74	0.67	0.75
Q_pct_delta_currliab	66	0	Q	0	0.125	0.69	0.56	0.68

续表

因子	L	S	R	C	CAGR	DS	WYP	TMWP
sales_to_Q_lag_entvalue	66	0	Q	3	0.122	0.68	0.67	0.70
sales_to_Q_lag_entvalue	66	0	Q	0	0.122	0.67	0.67	0.71
Q_pct_delta_opincome	66	0	Q	3	0.112	0.63	0.78	0.72
sales_to_entvalue	66	0	Q	0	0.108	0.61	0.67	0.70
Q_delta_currliab_to_Q_lag_sales	66	0	Q	0	0.108	0.61	0.67	0.69
Q_delta_totassets_to_Q_lag_equity	66	0	Q	0	0.103	0.58	0.67	0.66
Q_delta_inventory_to_Q_lag_equity	66	0	Q	3	0.100	0.57	0.67	0.79

注：L 代表多头阈值，S 代表空头阈值，R 代表再平衡频率（Q 代表以季度为频率），C 代表预见期（以月为单位），CAGR 代表年复合增长率，DS 代表日度夏普比率，WYP 代表年度胜出比率，TMWP 代表 12 个月胜出比率，其中 CAGR、DS、WYP 和 TMWP 均运用 Python 中 ffn 软件包计算得到

表 10.8　等权重基准

频率	CAGR	DS	WYP	TMWP
月	0.123	0.72	0.67	0.7
季度	0.124	0.73	0.67	0.71
年	0.128	0.74	0.67	0.69

这些结果似乎不错，但我们希望结果更具有稳健性，并检验这些结果是否有经济和统计理论上的支撑，因此，我们进一步做了五次额外的检验。

（1）根据时间删除数据。我们从数据集中随机去除 12 个月的数据[①]，并重新计算所有的统计数据。重复 100 次并计算平均值和标准差。我们希望样本平均值和我们的观测值大致相同，而且样本中的方差较小。

（2）根据公司删除数据。从数据集中随机删除六家公司并重新计算所有统计数据。重复 100 次并计算其平均值和标准差。再一次地，我们希望样本平均值和我们的观测值大致相同，而且样本中的方差较小。

（3）参数之间的一致性。检验是否在整个参数集上获得了相似的结果，即：①当我们提高多头阈值，我们应该预期年复合增长率增加（或者至少别下降太多）；②当预见期接近我们所考虑的时点时，我们希望两点之间的年复合增长率不会减少太多。

（4）辅助统计数据。我们希望因子强有力的表现可以得到信息系数和平均五分位差距的统计值的支持。

（5）经济理论检验。我们考虑这个因子是否可以预测收益。

---

① 不一定是连续的月份。

Q_pct_delta_ffo 和 Q_pct_delta_netincome 通过了根据时间和公司删除数据的检验，以及参数一致性检验和辅助统计数据检验[①]。至于经济学理论，我们认为，对于未来公司净收入或营运现金流的了解有助于预测未来的股票收益，这是完全合理的。

表 10.9　按年复合增长率计算排名靠前策略的支持性统计数据

因子	L	S	R	C	IC	MQG
Q_pct_delta_ffo	0.66	0	Q	3	0.119	0.150
Q_pct_delta_netincome	0.66	0	Q	3	0.106	0.161
Q_pct_delta_currliab	0.66	0	Q	0	0.029	−0.002
sales_to_Q_lag_entvalue	0.66	0	Q	3	0.017	−0.039
sales_to_Q_lag_entvalue	0.66	0	Q	0	0.023	0.041
Q_pct_delta_opincome	0.66	0	Q	3	0.049	0.050
sales_to_entvalue	0.66	0	Q	0	0.028	0.038
Q_delta_currliab_to_Q_lag_sales	0.66	0	Q	0	0.020	−0.014
Q_delta_totassets_to_Q_lag_equity	0.66	0	Q	0	−0.042	−0.063
Q_delta_inventory_to_Q_lag_equity	0.66	0	Q	3	0.032	0.050

注意，尽管 0-预见期下的 Q_pct_delta_currliab 的辅助统计数据不会影响其他的分析，但还是要注意 0-预见期下的 Q_pct_delta_currliab 的辅助统计数据很差。事实上，如果我们在 75% 和 80% 的多头阈值下观察它的表现，它的年复合增长率仅有 6.7% 和 7.2%，均低于我们的基准年复合增长率。针对这样的情况，稍微改变参数时检验一个因子的辅助统计数据和稳定性十分重要。

由于营运现金流和净收入是类似的现金流，在这里我们只看三个月预见期的 Q_pct_delta_ffo。首先，我们考虑将样本集五等分后该因子在各五分位数的表现。图 10.4 显示了我们根据 Q_pct_delta_ffo 策略的排名创建等权重的投资组合计算所得的每个五分位数的平均年复合增长率。例如，第三列表示按照 Q_pct_delta_ffo 排名在中部五分位数的公司下一季度的平均年复合增长率。由于我们希望因子排名较高的公司获得更高的回报，因此希望下面的图能显示从 1 到 5 的单调增长，这表明我们的因子的确与未来回报相关。虽然没有看到从 1 到 5 的绝对单调性，但随着分位数的增加，有一个明显的增加趋势，只是第二个五分位数（或第一个五分位数，取决于你如何看待它）是一个离群值。这很好地表明，有 3 个月预见期的 Q_pct_delta_ffo 是一个有效因子。

---

① 辅助统计数据在表 10.9。

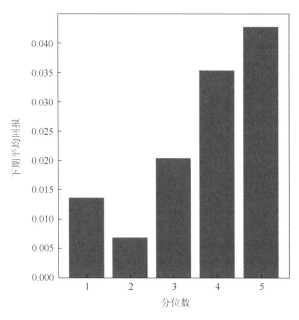

图 10.4　3 个月预见期下 Q_pct_delta_ffo 策略不同分位数的年复合增长率

接下来，图 10.5 向我们证明，较高的年复合回报率不仅仅是由于短期的极端回报，而是来源于持续的优于基准的表现。

图 10.5　Q_pct_delta_ffo 策略回报与季度回报基准的对比

最后，从图 10.6 可以看出在任何时间点下我们的策略所持有的股票种类。可以看到，它很好地覆盖了我们的样本集，不仅仅是挑选几只股票并持有[①]。

---

　　① 事实上，如果我们将特斯拉纳入分析，就会出现这种情况；以库存为基础的策略，我们选择了特斯拉和其他一些公司，获得的强劲的回报主要得益于特斯拉。

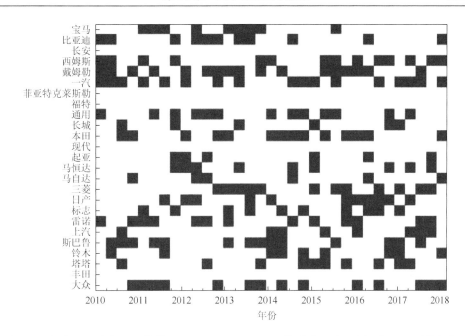

图 10.6　在多头阈值为 66%的情况下，Q_pct_delta_ffo 策略在三个月预见期下股票持有热图

　　既然已经确定了 Q_pct_delta_ffo 是一个潜在的值得建模的策略，那么思考这一策略所代表的意义就变得很重要。我们发现，如果对未来有充分的认识，在对营运现金流有完美预测的情况下，我们所能期望的最佳年复合增长率是14.3%。虽然另类数据早于市场为我们提供了与未来营运现金流相关的特征细分，但我们也不太可能 100%准确地预测营运现金流量，特别是当我们考虑到某些国家的报告延迟时。鉴于 Q_pct_delta_ffo 在 0-预见期时的表现远比基准差，我们必须获得相当高的预测准确率才能使我们的预测因子结果超过基准结果。在继续对 Q_pct_delta_ffo 进行建模之前，考虑到它可能会需要大量的时间来设计功能等，寻找是否有一些其他简单的方法可以直接利用另类数据来超越这些策略是有意义的。

10.4　方法二：直接法

　　与从公司的财务报表报告中构建因子的方式类似（即使用它们的基本面数据），我们也可以使用另类数据直接预测回报率（第 6 章的模型 B），而不必费心去预测基本面。这样会消除一些复杂的因素，但是会缺乏一些会计和经济原理上理解的直观性，特别是当另类数据仅仅包含工程或逻辑特征时。幸运的是，在我们的另类数据集中，我们有一些变量（如产量）可以与公司的业绩建立经济联系。

利用汽车行业的统计数据并在几个类别中应用行业特定的衡量标准，我们构建了可以体现汽车制造商业务的因子，用以销售为基础的因子衡量历史销售额、隐含收入以及在美国和中国等主要市场的市场份额。生产因子关注的是产量的趋势，并衡量工厂的利用率。汽车趋势因子着眼于车型生命周期的变化和公司在电动汽车市场的参与度变化。

10.4.1　数据

通过使用 10.2 节所述的 2008 年汽车历史数据集，我们创建了几个因子，以捕捉汽车制造商的历史销售趋势、生产趋势、市场风险和电动化政策，并分析了回报率的横向可解释性。这种方法不同于我们之前采用的简易数据挖掘，它更多地参考了埃信华迈分析师的专家意见。为了便于报告，我们选取了具有代表性的关键因子（表 10.6），而没有报告与这些因素高度相关的其他因子。我们用来构建所有其他因子的核心因子如下：

- 上月销售额
- 预计未来 3 个月的销售收入
- 上月产量
- 上月工厂利用率
- 上月全球市场占有率
- 上月美国市场占有率
- 上月中国市场占有率
- 当前电动比例
- 当前距离量产结束的平均时间
- 当前平均寿命
- 当前平均生命周期

这些因子中每一个因子所代表的内容，可参见附录 10.7.4。

10.4.2　因子生成

假设我们拥有每个月每家公司的上述相关数据，我们可以通过以下两种方式使用我们的数据。

（1）最新数据（例如，2010 年 1 月报告所有的销售量数据）。

（2）递延数据（例如，2010 年 3 月 1 日报告所有与 2010 年 1 月有关的销售量数据）[①]。

我们决定使用最新数据，否则，我们需要在使用最新可得数据和对整个公司的整体情况有更好的了解再使用数据之间进行选择[②]。

之后，我们从这些"核心因子"出发构建更大的因子集合。过程如下。

步骤 1：将每个核心因子汇总为过去 x 个月的总和，$x \in \{3, 12\}$。这样是考虑到一年中时间的自然截点，例如以月度、季度和年度的时间长度来看待事物。例如，我们拥有上一季度的销售量数据。

步骤 2：对于每一个因子，我们计算 x 个月的变化量和百分比，$x \in \{1, n_{sum}\}$，n_{sum} 代表步骤 1 中构建因子时的总月份。和步骤 1 相似，之所以这样做是因为检验自从上一个自然截点之后各个因子的变化情况是有必要的。例如，我们可以比较最近一年的销售量与之前 12 个月的销售量。

步骤 3：对于在步骤 2 生成的每个特征，我们采用两个月的平均值作为识别趋势成分的一种基本方法[类似于简单移动平均（simple moving average，SMA）策略]。这可以使我们看到由步骤 1 和步骤 2 生成的各个因子的平均增长趋势。

步骤 4：删除不能横向使用的因素——例如，任何与数量差异（而不是百分比差异）有关的因素——因为这些因素会因公司规模而异，当与不同规模的公司进行比较时，这些因素并不能说明公司的实力。

关于每个因子名称的命名结构约定为：<核心因子>-<汇总期>-<差异>-<平均值>。

例如，sales_volume_prev_3m_sum_prev_1m_pct_change_prev_2m_mean 对应于，考虑销售量，并且：①计算过去三个月的总和；②根据①的结果计算 1 个月前的变化百分比；③对②的结果取过去两个月的平均值。

我们希望那些产量增长趋势（比如 prod_volume_prev_3m_sum_prev_3m_pct_change_ prev_2m_mean）比较乐观的公司在接下来的一个月会比不那么乐观的公司有更好的回报。

由于这一过程产生了大约 2000 个因子，其中许多因子高度相关，因此我们选择了一些我们和埃信华迈的专家分析师认为合理的因子进行讨论。表 10.10 对这些因子以及它们试图刻画的内容进行了描述。

[①] 按国家分类列示的递延期见附录 10.7.5 节中的表 10.16。

[②] 并不是说我们所选择的方法更好，只是它避免了做出选择带来的问题。

表 10.10　根据另类数据集创建的汽车因子

因子类型	因子	描述
生产	prod_volume_prev_12m_sum_prev_12m_pct_change	年产量的年度变化
生产	prod_volume_prev_12m_sum_prev_12m_pct_change_prev_2m_mean	年产量的逐年增长趋势
生产	prod_volume_prev_12m_sum_prev_1m_pct_change	年产量的月度变化
生产	prod_volume_prev_12m_sum_prev_1m_pct_change_prev_2m_mean	年产量的逐月增长趋势
生产	prod_volume_prev_12m_sum_prev_3m_pct_change	年产量的季度变化
生产	prod_volume_prev_12m_sum_prev_3m_pct_change_prev_2m_mean	年产量的逐季增长趋势
生产	prod_volume_prev_1m_pct_change	月产量的月度变化
生产	prod_volume_prev_1m_pct_change_prev_2m_mean	月产量增长趋势
生产	prod_volume_prev_3m_sum_prev_12m_pct_change	季度产量的年度变化
生产	prod_volume_prev_3m_sum_prev_12m_pct_change_prev_2m_mean	季度产量的逐年增长趋势
生产	prod_volume_prev_3m_sum_prev_1m_pct_change	季度产量的月度变化
生产	prod_volume_prev_3m_sum_prev_1m_pct_change_prev_2m_mean	季度产量的逐月增长趋势
生产	prod_volume_prev_3m_sum_prev_3m_pct_change	季度产量的季度变化
生产	prod_volume_prev_3m_sum_prev_3m_pct_change_prev_2m_mean	季度产量的逐季增长趋势
生产	ave_utilization	平均生产车间利用率
生产	ave_utilization_prev_1m_pct_change	生产车间利用率的月度变化
生产	ave_utilization_prev_1m_pct_change_prev_2m_mean	月度生产车间利用率的增长趋势
销售/注册	revenues_sales_prev_3m_sum_prev_12m_pct_change	季度销售收入的年度变化
销售/注册	revenues_sales_prev_3m_sum_prev_12m_pct_change_prev_2m_mean	季度销售收入的年增长趋势
销售/注册	revenues_sales_prev_3m_sum_prev_1m_pct_change	季度销售收入的月度变化
销售/注册	revenues_sales_prev_3m_sum_prev_1m_pct_change_prev_2m_mean	季度销售收入的月度增长趋势
销售/注册	revenues_sales_prev_3m_sum_prev_3m_pct_change	季度销售收入的季度变化
销售/注册	revenues_sales_prev_3m_sum_prev_3m_pct_change_prev_2m_mean	季度销售收入的季度增长趋势
销售/注册	sales_volume_prev_12m_sum_prev_12m_pct_change	年度销售量的年度变化
销售/注册	sales_volume_prev_12m_sum_prev_12m_pct_change_prev_2m_mean	年度销售量的年度增长趋势
销售/注册	sales_volume_prev_12m_sum_prev_1m_pct_change	年度销售量的月度变化
销售/注册	sales_volume_prev_12m_sum_prev_1m_pct_change_prev_2m_mean	年度销售量的月度增长趋势
销售/注册	sales_volume_prev_12m_sum_prev_3m_pct_change	年销售量的季度变化
销售/注册	sales_volume_prev_12m_sum_prev_3m_pct_change_prev_2m_mean	年销售量的季度增长趋势
销售/注册	sales_volume_prev_1m_pct_change	月销售量的月度变化

续表

因子类型	因子	描述
销售/注册	sales_volume_prev_1m_pct_change_prev_2m_mean	月销售量增长趋势
销售/注册	sales_volume_prev_3m_sum_prev_12m_pct_change	季度销售量的年度变化
销售/注册	sales_volume_prev_3m_sum_prev_12m_pct_change_prev_2m_mean	季度销售量的逐年增长趋势
销售/注册	sales_volume_prev_3m_sum_prev_1m_pct_change	季度销售量的月度变化
销售/注册	sales_volume_prev_3m_sum_prev_1m_pct_change_prev_2m_mean	季度销售量的逐月增长趋势
销售/注册	sales_volume_prev_3m_sum_prev_3m_pct_change	季度销售量的季度变化
销售/注册	sales_volume_prev_3m_sum_prev_3m_pct_change_prev_2m_mean	季度销售量的逐季增长趋势
销售/注册	usa_sales_volume_prev_12m_sum_prev_3m_pct_change	美国年销量的季度变化
销售/注册	china_sales_volume_prev_12m_sum_prev_3m_pct_change	中国年销量的季度变化
市场份额	china_market_share_prev_3m_sum_prev_3m_pct_change_prev_2m_mean	上一季度平均中国市场份额季度增长趋势
市场份额	china_market_share_prev_1m_pct_change	中国市场份额的月度变化
市场份额	usa_market_share_prev_3m_sum_prev_3m_pct_change_prev_2m_mean	上一季度平均美国市场份额季度增长趋势
市场份额	usa_market_share_prev_1m_pct_change	美国市场份额的月度变化
市场份额	ww_market_share_prev_3m_sum_prev_3m_pct_change_prev_2m_mean	上一季度平均全球市场份额季度增长趋势
市场份额	ww_market_share_prev_1m_pct_change	全球市场份额的月度变化
电气化	electric_ratio_prev_1m_pct_change	电气化率的月度变化

10.4.3　因子表现

接下来，我们对之前选择的"最新"因子的表现进行分析。为了测试因子的有效性，我们再次追踪每个因子的信息系数和平均五分位差距，以及从交易中获得的年复合增长率，假设条件为 66% 的多头阈值，没有做空，每季度进行重新平衡，类似于基于基本面分析的因子方法。结果见表 10.11。

表 10.11　最新汽车因子相关统计数据汇总

因子	CAGR	IC	MQG
prod_volume_prev_12m_sum_prev_12m_pct_change	0.102	0.028	0.0075
prod_volume_prev_12m_sum_prev_12m_pct_change_prev_2m_mean	0.102	0.033	0.0085
prod_volume_prev_12m_sum_prev_1m_pct_change	0.091	−0.020	−0.0149

续表

因子	CAGR	IC	MQG
prod_volume_prev_12m_sum_prev_1m_pct_change_prev_2m_mean	0.107	0.023	−0.0050
prod_volume_prev_12m_sum_prev_3m_pct_change	0.103	0.020	−0.0229
prod_volume_prev_12m_sum_prev_3m_pct_change_prev_2m_mean	0.119	0.014	−0.0187
prod_volume_prev_1m_pct_change	0.058	−0.048	−0.0241
prod_volume_prev_1m_pct_change_prev_2m_mean	0.136	0.059	0.0203
prod_volume_prev_3m_sum_prev_12m_pct_change	0.110	0.016	−0.0189
prod_volume_prev_3m_sum_prev_12m_pct_change_prev_2m_mean	0.111	0.014	−0.0168
prod_volume_prev_3m_sum_prev_1m_pct_change	0.110	−0.004	−0.0144
prod_volume_prev_3m_sum_prev_1m_pct_change_prev_2m_mean	0.110	0.030	0.0077
prod_volume_prev_3m_sum_prev_3m_pct_change	0.061	−0.009	−0.0029
prod_volume_prev_3m_sum_prev_3m_pct_change_prev_2m_mean	0.006	−0.010	−0.0122
ave_utilization	0.105	0.007	−0.0099
ave_utilization_prev_1m_pct_change	0.078	−0.070	−0.0379
ave_utilization_prev_1m_pct_change_prev_2m_mean	0.120	0.039	0.0268
revenues_sales_prev_3m_sum_prev_12m_pct_change	0.093	−0.012	0.0022
revenues_sales_prev_3m_sum_prev_12m_pct_change_prev_2m_mean	0.082	−0.010	−0.0034
revenues_sales_prev_3m_sum_prev_1m_pct_change	0.146	0.027	0.0275
revenues_sales_prev_3m_sum_prev_1m_pct_change_prev_2m_mean	0.121	0.027	0.0221
revenues_sales_prev_3m_sum_prev_3m_pct_change	0.115	0.017	0.0070
revenues_sales_prev_3m_sum_prev_3m_pct_change_prev_2m_mean	0.092	−0.016	−0.0245
sales_volume_prev_12m_sum_prev_12m_pct_change	0.120	−0.010	−0.0076
sales_volume_prev_12m_sum_prev_12m_pct_change_prev_2m_mean	0.107	−0.014	−0.0039
sales_volume_prev_12m_sum_prev_1m_pct_change	0.127	0.031	0.0153
sales_volume_prev_12m_sum_prev_1m_pct_change_prev_2m_mean	0.093	0.003	0.0055
sales_volume_prev_12m_sum_prev_3m_pct_change	0.098	−0.017	−0.0054
sales_volume_prev_12m_sum_prev_3m_pct_change_prev_2m_mean	0.091	−0.020	−0.0102
sales_volume_prev_1m_pct_change	0.104	0.004	0.0287
sales_volume_prev_1m_pct_change_prev_2m_mean	0.147	0.024	0.0261
sales_volume_prev_3m_sum_prev_12m_pct_change	0.096	−0.020	−0.0047
sales_volume_prev_3m_sum_prev_12m_pct_change_prev_2m_mean	0.093	−0.028	−0.0152
sales_volume_prev_3m_sum_prev_1m_pct_change	0.109	0.000	0.0307
sales_volume_prev_3m_sum_prev_1m_pct_change_prev_2m_mean	0.122	0.020	−0.0005
sales_volume_prev_3m_sum_prev_3m_pct_change	0.128	0.007	0.0066
sales_volume_prev_3m_sum_prev_3m_pct_change_prev_2m_mean	0.124	−0.008	−0.0046

续表

因子	CAGR	IC	MQG
usa_sales_volume_prev_12m_sum_prev_3m_pct_change	0.187	0.081	0.0326
china_sales_volume_prev_12m_sum_prev_3m_pct_change	0.137	0.025	−0.0008
china_market_share_prev_3m_sum_prev_3m_pct_change_prev_2m_mean	0.077	−0.003	−0.0168
china_market_share_prev_1m_pct_change	0.141	0.003	0.0106
usa_market_share_prev_3m_sum_prev_3m_pct_change_prev_2m_mean	0.162	0.032	0.0377
usa_market_share_prev_1m_pct_change	0.085	−0.014	−0.0051
ww_market_share_prev_3m_sum_prev_3m_pct_change_prev_2m_mean	0.121	0.036	−0.0035
ww_market_share_prev_1m_pct_change	0.169	0.065	0.0242
electric_ratio_prev_1m_pct_change	0.118	0.047	0.0203

因为信息量很大，我们在表 10.12 只展示按年复合增长率排序的前十大策略。

表 10.12　按照年复合增长率计算的前十大另类数据策略

因子	CAGR	IC	MQG
usa_sales_volume_prev_12m_sum_prev_3m_pct_change	0.187	0.081	0.0326
ww_market_share_prev_1m_pct_change	0.169	0.065	0.0242
usa_market_share_prev_3m_sum_prev_3m_pct_change_prev_2m_mean	0.162	0.032	0.0377
sales_volume_prev_1m_pct_change_prev_2m_mean	0.147	0.024	0.0261
revenues_sales_prev_3m_sum_prev_1m_pct_change	0.146	0.027	0.0275
china_market_share_prev_1m_pct_change	0.141	0.003	0.0106
china_sales_volume_prev_12m_sum_prev_3m_pct_change	0.137	0.025	−0.0008
prod_volume_prev_1m_pct_change_prev_2m_mean	0.136	0.059	0.0203
sales_volume_prev_3m_sum_prev_3m_pct_change	0.128	0.007	0.0066
sales_volume_prev_12m_sum_prev_1m_pct_change	0.127	0.031	0.0153

在这前 10 个策略中，有 8 个策略的表现优于表 10.8 中的等权重基准 Y。此外，除两个策略外，所有策略的平均五分位差距（MQG）均高于 1%。最后，其中有 5 个策略的信息系数高于 0.03。排名前三的策略表现尤为突出，其年复合增长率均超过 16%，信息系数高于 0.03，平均五分位差距高于 2.4%。

值得注意的是，上述所有策略都通过了 10.3.2 节第 7 部分中提到的根据时间和公司删除数据的稳健性检验，以及参数稳定性检验。它们似乎也有经济意义，因为它们可以预测未来的回报，也就是说，它们都以某种方式预测了公司的增长或相对于其他公司的规模增长。

最后，值得注意的是，在大多数情况下，对于 10.3 节中基于基本面的因子和这里提到的基于另类数据的因子，我们可以通过提高多头阈值得到更高的年复合增长率，但代价是投资组合规模较小，可能会增加波动性。此外，还有一些从另类数据集创建的其他因子也优于基准；然而，它们都与上述因子密切相关，具有较高的相关性。

因此，我们已经证明，利用另类数据直接构建因子，甚至可以获得比那些使用对未来基本面有完美预期的策略更优越的表现。由于这种方法不需要进一步的建模，而且"可以随时交易"，我们决定不对 10.3.2 节第 7 部分中的任何一个因子进行建模，而是继续对上面介绍的因子进行分析。

有趣的是，许多以美国或中国销售因子为样本集划分依据的因子都表现良好。出现这种情况的原因还不清楚，但可能是由于：①与其他国家制造商的销售量相比，大多数非中国公司在中国境外的销售量并不高（如果有的话）；②与中国制造商的销售量相比，许多非中国公司在中国境内的销售量不高；③公司很可能以其在主要市场内的增长为衡量标准。因此，中国公司很可能以其在中国境内的增长为衡量标准，而非中国公司（美国公司）很可能以其在美国的增长率衡量（或欧洲境内的增长为衡量标准，但我们没有这方面的数据）。因此，基于这些地域市场的因子可能更能说明股票市场如何对待这些公司的股票。

10.4.4 详细的因子结果

在这一节中，我们将详细介绍表 10.8 中前十大因子中的三个因子结果，即

· revenues_sales_prev_3m_sum_prev_1m_pct_change
· ww_market_share_prev_1m_pct_change
· usa_sales_volume_prev_12m_sum_prev_3m_pct_change

1. revenues_sales_prev_3m_sum_prev_1m_pct_change——每月季度销售额的变化

第一个因子 revenues_sales_prev_3m_sum_prev_1m_pct_change（图 10.7）衡量了我们目前对于季度销售收入月度变化的最佳估计。因此，它是一个衡量短期销售增长的指标，因此，我们认为它作为未来回报的预测指标是有经济意义的。我们看到，该指标比我们的季度再平衡基准更胜一筹，实现了 14.6% 的年复合增长率，而季度再平衡基准的年复合增长率为 12.4%（表 10.12 和图 10.8），2.75% 的平均五分位差距（MQG）和值为 0.027 的信息系数（IC）也支持了这一优异表现，信息系数虽然低于 0.03 但接近 0.03 是可以接受的。此外，我们看到，五分位图显示

了从 Q1 到 Q5 明显的增长，只有 Q4 是一个轻微的异常值（图 10.7）。最后，我们注意到，该策略获得了 75%的平均 12 个月命中率（即每年获得正收益的平均月份数）。

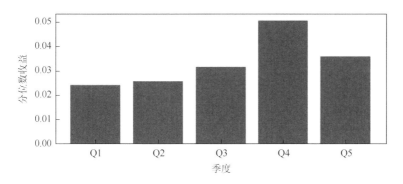

图 10.7　revenues_sales_prev_3m_sum_prev_1m_pct_change 策略五分位数年复合增长率

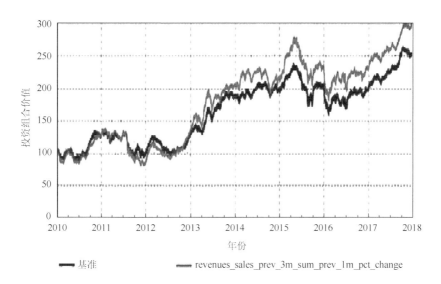

图 10.8　revenues_sales_prev_3m_sum_prev_1m_pct_change 收益图与季度收益基准的对比

2. ww_market_share_prev_1m_pct_change——每月全球市场份额的变化

第二个因子 ww_market_share_prev_1m_pct_change 衡量了每家公司全球市场销售份额每月变化的最佳估计。因此，这又是一个衡量销售增长的指标，但这次考虑的是相对于其他公司的业绩。鉴于它考虑了每家公司相对于其他公司的销售增长，因此，它可以预测未来的回报，并且它可能是一个比单独的销售增长更有效率的因子。我们看到，这个因子相关的策略几乎在整个回溯测试中都优于我们的基准，获得了 16.9% 的年复合增长率（表 10.12 和图 10.9）。与此相辅相成的是它在信息系数（IC）和平均五分位差距（MQG）方面的强劲表现，分别达到了 0.065 和 2.42%。五分位数图也是正向的，虽然不是单调的，但从下五分位数到上五分位数有一定的增长（图 10.10）。最后，我们注意到该策略在 12 个月的命中率达到了 74%。

图 10.9　ww_market_share_prev_1m_pct_change 收益图与季度收益基准的对比

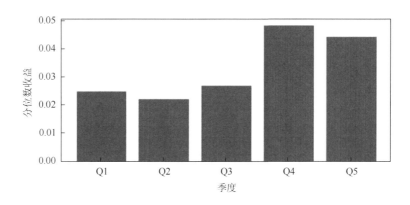

图 10.10　ww_market_share_prev_1m_pct_change 策略五分位数年复合增长率

3. usa_sales_volume_prev_12m_sum_prev_3m_pct_change——美国年度销售额的季度变化

我们详细分析的第三个也是最后一个因子是 usa_sales_volume_prev_12m_sum_prev_3m_pct_change，它衡量了自上一年最后一个季度以来美国销售量的变化。因此，这是另一个衡量销售增长的指标；然而，需要注意的是，这个因子很可能总是将中国汽车制造商排在中间的某个位置，因为它们不在美国销售，因此增长率为 0。在我们的策略中，这一相关策略的年复合增长率最高，达到 18.7%，有 0.081 的信息系数（IC）和 3.26%的平均五分位差距（MQG）作为支持，其在信息系数（IC）方面表现最强，在平均五分位差距（MQG）方面表现第二。收益示意图（图 10.11）和五分位图（图 10.12）都有令人惊喜的表现，收益示意图显示我们策略的累计收益率始终高于基准，而五分位图则显示从 Q1 到 Q5 有明显的上升，Q5 的表现远超其他几个五分位数的表现。最后，我们注意到该策略 12 个月的命中率为 72%。

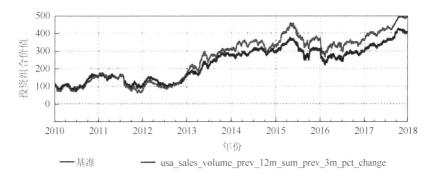

图 10.11　usa_sales_volume_prev_12m_sum_prev_3m_pct_change 收益图与季度收益基准的对比

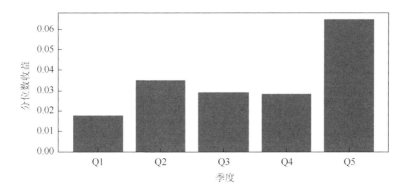

图 10.12　usa_sales_volume_prev_12m_sum_prev_3m_pct_change 策略五分位数年复合增长率

4. 因子的相关性

涉及投资组合的多元化时，我们希望采取一个聪明 Beta（smart Beta）的方法进行因子投资，并同时投资于多种因子。在这样做的时候，我们需要确保因子不代表相同的信息或补偿相同类型的风险。因此，我们从两个重要的方面来研究因子是如何相互关联的。首先，对于以下每个因子[1]：

- 1、ww_market_share_prev_1m_pct_change
- 2、sales_volume_prev_1m_pct_change_prev_2m_mean
- 3、prod_volume_prev_1m_pct_change_prev_2m_mean
- 4、revenues_sales_prev_3m_sum_prev_1m_pct_change
- 5、usa_sales_volume_prev_12m_sum_prev_3m_pct_change

我们研究每种策略下投资组合周收益超过等权重季度再平衡基准的超额回报与表 10.10 中其他因子的超额回报的皮尔逊相关性。这些相关性可以在表 10.13 中找到。

表 10.13　皮尔逊相关系数：多头前 33% 策略的超额回报与等权重基准的对比

因子	1	2	3	4	5
prod_volume_prev_12m_sum_prev_12m_pct_change	0.14	0.29	0.01	0.10	0.16
prod_volume_prev_12m_sum_prev_12m_pct_change_prev_2m_mean	0.13	0.26	−0.02	0.08	0.18
prod_volume_prev_12m_sum_prev_1m_pct_change	0.26	0.27	0.17	0.21	0.24
prod_volume_prev_12m_sum_prev_1m_pct_change_prev_2m_mean	0.29	0.36	0.21	0.26	0.16
prod_volume_prev_12m_sum_prev_3m_pct_change	0.23	0.30	0.12	0.19	0.17
prod_volume_prev_12m_sum_prev_3m_pct_change_prev_2m_mean	0.23	0.26	0.08	0.17	0.16
prod_volume_prev_1m_pct_change	0.18	0.19	0.21	0.14	0.27
prod_volume_prev_1m_pct_change_prev_2m_mean	0.33	0.43	N/A	0.35	−0.01
prod_volume_prev_3m_sum_prev_12m_pct_change	0.27	0.30	0.13	0.24	0.21
prod_volume_prev_3m_sum_prev_12m_pct_change_prev_2m_mean	0.25	0.29	0.09	0.18	0.18
prod_volume_prev_3m_sum_prev_1m_pct_change	0.38	0.31	0.37	0.55	0.14
prod_volume_prev_3m_sum_prev_1m_pct_change_prev_2m_mean	0.34	0.18	0.24	0.48	0.18
prod_volume_prev_3m_sum_prev_3m_pct_change	0.22	0.10	−0.01	0.33	0.13
prod_volume_prev_3m_sum_prev_3m_pct_change_prev_2m_mean	0.12	0.01	−0.05	0.25	0.17
ave_utilization	0.22	0.22	0.30	0.10	0.29
ave_utilization_prev_1m_pct_change	0.34	0.24	0.20	0.18	0.31
ave_utilization_prev_1m_pct_change_prev_2m_mean	0.27	0.39	0.64	0.21	0.16
revenues_sales_prev_3m_sum_prev_12m_pct_change	0.23	0.32	0.09	0.16	0.30
revenues_sales_prev_3m_sum_prev_12m_pct_change_prev_2m_mean	0.26	0.27	0.10	0.22	0.25
revenues_sales_prev_3m_sum_prev_1m_pct_change	0.46	0.37	0.35	N/A	0.19

---

[1] 这些代表表 10.8 中表现最好的前五个因子。

因子	1	2	3	4	5
revenues_sales_prev_3m_sum_prev_1m_pct_change_prev_2m_mean	0.31	0.35	0.38	0.79	0.10
revenues_sales_prev_3m_sum_prev_3m_pct_change	0.38	0.20	0.26	0.63	0.11
revenues_sales_prev_3m_sum_prev_3m_pct_change_prev_2m_mean	0.26	0.14	0.13	0.32	0.09
sales_volume_prev_12m_sum_prev_12m_pct_change	0.11	0.25	0.07	0.02	0.15
sales_volume_prev_12m_sum_prev_12m_pct_change_prev_2m_mean	0.14	0.25	0.09	0.04	0.14
sales_volume_prev_12m_sum_prev_1m_pct_change	0.29	0.36	0.10	0.26	0.27
sales_volume_prev_12m_sum_prev_1m_pct_change_prev_2m_mean	0.20	0.32	0.10	0.11	0.21
sales_volume_prev_12m_sum_prev_3m_pct_change	0.24	0.36	0.13	0.16	0.21
sales_volume_prev_12m_sum_prev_3m_pct_change_prev_2m_mean	0.20	0.34	0.12	0.11	0.16
sales_volume_prev_1m_pct_change	0.62	0.41	0.18	0.64	0.24
sales_volume_prev_1m_pct_change_prev_2m_mean	0.44	N/A	0.43	0.37	−0.04
sales_volume_prev_3m_sum_prev_12m_pct_change	0.22	0.36	0.10	0.14	0.21
sales_volume_prev_3m_sum_prev_12m_pct_change_prev_2m_mean	0.20	0.34	0.12	0.12	0.16
sales_volume_prev_3m_sum_prev_1m_pct_change	0.46	0.41	0.36	0.90	0.13
sales_volume_prev_3m_sum_prev_1m_pct_change_prev_2m_mean	0.34	0.42	0.33	0.70	0.07
sales_volume_prev_3m_sum_prev_3m_pct_change	0.31	0.24	0.19	0.57	−0.01
sales_volume_prev_3m_sum_prev_3m_pct_change_prev_2m_mean	0.18	0.13	0.11	0.29	0.07
usa_sales_volume_prev_12m_sum_prev_3m_pct_change	0.18	−0.04	−0.01	0.19	N/A
china_sales_volume_prev_12m_sum_prev_3m_pct_change	0.08	−0.02	−0.04	0.16	0.28
china_market_share_prev_3m_sum_prev_3m_pct_change_prev_2m_mean	0.06	0.04	0.12	0.27	0.10
china_market_share_prev_1m_pct_change	0.34	0.20	0.13	0.32	0.33
usa_market_share_prev_3m_sum_prev_3m_pct_change_prev_2m_mean	0.26	0.03	0.12	0.25	0.43
usa_market_share_prev_1m_pct_change	0.14	−0.17	−0.06	0.13	0.44
ww_market_share_prev_3m_sum_prev_3m_pct_change_prev_2m_mean	0.23	0.10	0.24	0.37	0.15
ww_market_share_prev_1m_pct_change	N/A	0.44	0.32	0.46	0.18
electric_ratio_prev_1m_pct_change	0.15	0.03	−0.01	0.06	0.16

正如我们所预期的那样，其中一些因子确实高度相关，至少与我们这里选择分析的一些因子高度相关。然而，特别值得关注的是，以下这些因子之间相关性较低。

（1） ww_market_share_prev_1m_pct_change 和 china_sales_volume_prev_12m_sum_prev_3m_pct_change = 0.08。

（2） sales_volume_prev_1m_pct_change_prev_2m_mean 和 usa_sales_volume_prev_12m_sum_prev_3m_pct_change = −0.04。

（3） sales_volume_prev_1m_pct_change_prev_2m_mean 和 china_sales_volume_prev_12m_sum_prev_3m_pct_change = −0.02。

（4） sales_volume_prev_1m_pct_change_prev_2m_mean 和 usa_market_share_prev_3m_sum_prev_3m_pct_change_prev_2m_mean = 0.03。

（5） prod_volume_prev_1m_pct_change_prev_2m_mean 和 usa_sales_volume_prev_12m_sum_prev_3m_pct_change = −0.01。

（6） prod_volume_prev_1m_pct_change_prev_2m_mean 和 china_sales_volume_prev_12m_sum_prev_3m_pct_change = −0.04。

每一对因子都有很低的相关性，与每个因子各自的策略相关，产生的年复合增长率优于我们的基准。

接下来，我们考虑因子本身之间的相关性（例如，prod_volume_prev_12m_sum_prev_12m_pct_change 和 ave_utilization 之间的相关性），而不是它们所构建的投资组合的回报率。在它们的策略产生超额收益之后，在试图评估因子的正交性时，这些因子的排序是下一个需要考虑的最重要事项。为此，我们计算了每个因子之间随时间变化的平均斯皮尔曼（Spearman）相关性。也就是说，我们计算了每个因子在时间点 t_0 到 t_n 的斯皮尔曼相关性，并取其平均值。我们将结果报告在表 10.14 中。

表 10.14　时间平均的斯皮尔曼秩相关性

因子	1	2	3	4	5
prod_volume_prev_12m_sum_prev_12m_pct_change	0.00	0.02	0.00	0.01	0.27
prod_volume_prev_12m_sum_prev_12m_pct_change_prev_2m_mean	0.01	0.02	−0.01	0.00	0.26
prod_volume_prev_12m_sum_prev_1m_pct_change	0.05	0.11	0.23	0.13	0.20
prod_volume_prev_12m_sum_prev_1m_pct_change_prev_2m_mean	0.02	0.09	0.16	0.11	0.23
prod_volume_prev_12m_sum_prev_3m_pct_change	0.02	0.05	0.05	0.09	0.25
prod_volume_prev_12m_sum_prev_3m_pct_change_prev_2m_mean	0.01	0.03	0.00	0.06	0.26
prod_volume_prev_1m_pct_change	0.11	0.27	0.54	0.14	0.01
prod_volume_prev_1m_pct_change_prev_2m_mean	0.11	0.40	N/A	0.29	0.03
prod_volume_prev_3m_sum_prev_12m_pct_change	0.02	0.05	0.06	0.08	0.25
prod_volume_prev_3m_sum_prev_12m_pct_change_prev_2m_mean	0.01	0.03	0.01	0.06	0.26
prod_volume_prev_3m_sum_prev_1m_pct_change	0.09	0.29	0.56	0.37	0.02
prod_volume_prev_3m_sum_prev_1m_pct_change_prev_2m_mean	0.10	0.23	0.37	0.37	0.04
prod_volume_prev_3m_sum_prev_3m_pct_change	0.05	0.15	0.11	0.28	0.05
prod_volume_prev_3m_sum_prev_3m_pct_change_prev_2m_mean	0.02	0.07	−0.04	0.19	0.06
ave_utilization	0.03	0.06	0.19	0.18	0.10

因子	1	2	3	4	5
ave_utilization_prev_1m_pct_change	0.03	0.20	0.34	0.12	0.01
ave_utilization_prev_1m_pct_change_prev_2m_mean	0.06	0.29	0.66	0.23	0.05
revenues_sales_prev_3m_sum_prev_12m_pct_change	0.03	0.02	0.02	0.19	0.44
revenues_sales_prev_3m_sum_prev_12m_pct_change_prev_2m_mean	0.01	0.00	0.00	0.12	0.43
revenues_sales_prev_3m_sum_prev_1m_pct_change	0.29	0.44	0.29	N/A	0.05
revenues_sales_prev_3m_sum_prev_1m_pct_change_prev_2m_mean	0.05	0.33	0.22	0.73	0.09
revenues_sales_prev_3m_sum_prev_3m_pct_change	0.09	0.11	0.09	0.60	0.12
revenues_sales_prev_3m_sum_prev_3m_pct_change_prev_2m_mean	−0.02	−0.02	0.01	0.31	0.14
sales_volume_prev_12m_sum_prev_12m_pct_change	0.00	0.03	0.02	−0.01	0.32
sales_volume_prev_12m_sum_prev_12m_pct_change_prev_2m_mean	0.00	0.02	0.01	−0.01	0.31
sales_volume_prev_12m_sum_prev_1m_pct_change	0.14	0.22	0.14	0.22	0.31
sales_volume_prev_12m_sum_prev_1m_pct_change_prev_2m_mean	0.04	0.16	0.10	0.17	0.34
sales_volume_prev_12m_sum_prev_3m_pct_change	0.03	0.08	0.07	0.13	0.36
sales_volume_prev_12m_sum_prev_3m_pct_change_prev_2m_mean	0.00	0.03	0.04	0.07	0.36
sales_volume_prev_1m_pct_change	0.67	0.52	0.20	0.38	0.01
sales_volume_prev_1m_pct_change_prev_2m_mean	0.34	N/A	0.40	0.44	0.04
sales_volume_prev_3m_sum_prev_12m_pct_change	0.03	0.07	0.07	0.12	0.36
sales_volume_prev_3m_sum_prev_12m_pct_change_prev_2m_mean	0.00	0.04	0.04	0.07	0.36
sales_volume_prev_3m_sum_prev_1m_pct_change	0.32	0.52	0.33	0.85	0.02
sales_volume_prev_3m_sum_prev_1m_pct_change_prev_2m_mean	0.08	0.40	0.27	0.63	0.05
sales_volume_prev_3m_sum_prev_3m_pct_change	0.10	0.17	0.14	0.51	0.06
sales_volume_prev_3m_sum_prev_3m_pct_change_prev_2m_mean	−0.01	0.02	0.04	0.25	0.08
usa_sales_volume_prev_12m_sum_prev_3m_pct_change	0.00	0.04	0.03	0.05	N/A
china_sales_volume_prev_12m_sum_prev_3m_pct_change	0.04	0.04	0.03	0.08	0.13
china_market_share_prev_3m_sum_prev_3m_pct_change_prev_2m_mean	0.03	0.09	0.09	0.18	0.05
china_market_share_prev_1m_pct_change	0.23	0.25	0.12	0.14	0.01
usa_market_share_prev_3m_sum_prev_3m_pct_change_prev_2m_mean	−0.03	0.00	−0.01	0.07	0.29
usa_market_share_prev_1m_pct_change	0.36	0.19	0.04	0.13	0.01
ww_market_share_prev_3m_sum_prev_3m_pct_change_prev_2m_mean	−0.02	0.02	0.05	0.25	0.07
ww_market_share_prev_1m_pct_change	N/A	0.34	0.11	0.29	0.00
electric_ratio_prev_1m_pct_change	0.00	0.01	−0.01	0.02	−0.02

同样，尽管我们发现一些因子之间存在很强的相关性，但我们似乎也发现一些根本不相关的因子。特别地，我们发现：

（1）ww_market_share_prev_1m_pct_change 和 usa_sales_volume_prev_12m_sum_prev_3m_pct_change = 0.00。

（2）ww_market_share_prev_1m_pct_change 和 china_sales_volume_prev_12m_sum_prev_3m_pct_change = 0.04。

（3）ww_market_share_prev_1m_pct_change 和 usa_market_share_prev_3m_sum_prev_3m_pct_change_prev_2m_mean = −0.03。

（4）sales_volume_prev_1m_pct_change_prev_2m_mean 和 usa_sales_volume_prev_12m_sum_prev_3m_pct_change = 0.04。

（5）sales_volume_prev_1m_pct_change_prev_2m_mean 和 china_sales_volume_prev_12m_sum_prev_3m_pct_change = 0.04。

（6）sales_volume_prev_1m_pct_change_prev_2m_mean 和 usa_market_share_prev_3m_sum_prev_3m_pct_change_prev_2m_mean = 0.00。

（7）prod_volume_prev_1m_pct_change_prev_2m_mean 和 usa_sales_volume_prev_12m_sum_prev_3m_pct_change = 0.03。

（8）prod_volume_prev_1m_pct_change_prev_2m_mean 和 usa_market_share_prev_3m_sum_prev_3m_pct_change_prev_2m_mean = −0.01。

（9）revenues_sales_prev_3m_sum_prev_1m_pct_change 和 usa_sales_volume_prev_12m_sum_prev_3m_pct_change = 0.05。

（10）usa_sales_volume_prev_12m_sum_prev_3m_pct_change 和 china_market_share_prev_1m_pct_change = 0.01。

在下一节，我们将展示一种组合因子的方法，以实现更高效的策略。

10.5 高斯过程举例

与 Ghoshal 和 Roberts（2016）类似，我们决定看看一些因子通过高斯过程组合是否会生成更高绩效的因子。你可能会问，为什么要用高斯过程回归？为什么不采用更简单、更容易理解的方法，比如线性回归或主成分回归？以下是我们更倾向于高斯过程回归的原因。

（1）正交性：例如，如果两个因子有一定的正交性（即它们的相关性为 0 或者很小），则两个主成分将解释完全相同的方差量。因此，我们无法构建一个单一因子来反映来自两个独立因子的大部分信息。这便是我们不选择主成分分析方法的原因。

（2）非线性：显然我们希望，随着每个因子的增加，相关的回报也增加。然而，谁能确保两个因子之间没有相互作用呢？或许，给定两个因子的回报表面不是一个简单的平面，而是更为复杂的、起伏的形状。线性回归会强制认为或者假设回报是水平的，但是高斯过程回归没有。这是我们没有选择线性回归方法的原因。

举个例子，我们将 sales_volume_prev_3m_sum_prev_3m_pct_change 和 prod_volume_prev_ 1m_pct_change_prev_2m_mean 进行组合，通过高斯过程生成一个新的因子。我们选择这些因子的原因在于：①它们至少和基准一样具有效率；②它们之间的相关性相对较低（从表 10.13 可以得到它们超额回报之间的皮尔逊相关性为 0.19，从表 10.14 可以得到按时间平均后斯皮尔曼相关系数为 0.14）。

对于高斯过程，我们使用立方向量点积核函数（cubic-dot-productkernel），定义如下：

$$K(x, x') = \left(\sigma_0^2 + [x, x'] \right)^3$$

它将高协方差分配给在向量空间中彼此指向相似方向的输入变量。由于我们真正关心的是因子和下期回报在样本集中的相对价值（假设选择前 $x\%$ 作为我们的因子并且持有前 $x\%$ 的股票作为下期回报），我们决定将下期回报产生的五分位数和因子产生的五分位数进行回归。考虑到高斯过程假设所有的值均在 R^n 中，在回归前我们通过逆向逻辑（inverse logistic）转化将五分位数从[0, 1]转化为实数 R。然后，根据前一年的数据对高斯过程进行训练以预测下个月回报的五分位数，在每一个点上通过对训练集进行 k 倍（$k = 5$）交叉验证来优化 σ_0^2，然后逐月滚动创建一个从 2010 年 1 月 1 日到 2018 年 1 月 1 日的预测时间序列。然后，将这些预测的下期回报五分位数的排名作为新的因子，并在此基础上进行排名。具体结果见表 10.15。

表 10.15　因子的年复合增长率

因子	年复合增长率	夏普指数	波动性	平均回撤/天
sales_volume_prev_3m_sum_prev_3m_pct_change	12.8%	0.69	0.197	49
prod_volume_prev_1m_pct_change_prev_2m_mean	13.6%	0.72	0.200	40
Gaussian process factor	16.7%	0.84	0.199	36

从这些结果可以看出，高斯过程在将多个因子组合成一个因子时可能是有用的，在波动率相似和较小的平均回撤下，可以获得优于单个因子的年复合增长率和夏普比率。我们的介绍到此为止，但高斯过程为探索更多不同的因子组合打开了大门，这些因子组合原则上可以提高策略的收益。

10.6　小　　结

在本章中，我们探讨了两种基于财务报表和汽车行业的另类数据生成交易策略的方法。方法 1 使用另类数据预测公司基本面，方法 2 直接使用另类数据。我们的研究表明，方法 2 产生了更高的回报，而且更容易运用。但这个结论不应该被推广到任何策略上，因为它可能只具体地针对我们研究的问题。因此，有必要根据具体情况进行评估。我们所掌握的埃信华迈另类数据集既包含财务信息（如按具体市场划分的销售量、产量等）和近似财务报表，也包含附加信息（如电气化份额、按具体市场划分的市场份额）。因此，信息的粒度和其他因素有助于获得高于仅由财务报表比率产生的收益。此外，我们的另类数据集每月发布一次，为了比较方法 1 和方法 2，我们没有探索月度重新平衡策略。最后，我们可以探索基于另类数据和财务报表数据的方法 3，类似于 6.8 节中的模型 C。为了简洁起见我们不再赘述，有兴趣的读者可以对此进行进一步的研究。

10.7　附　　录

10.7.1　公司名单

1. 宝马汽车有限公司
2. 华晨汽车控股有限公司
3. 比亚迪股份有限公司
4. 中国汽车股份有限公司
5. 重庆长安
6. 戴姆勒股份公司
7. 东风汽车集团有限公司
8. 一汽汽车有限公司
9. 菲亚特-克莱斯勒汽车公司
10. 福特汽车公司
11. 吉利汽车控股有限公司
12. 通用汽车
13. 长城汽车有限公司
14. 广州市汽车集团有限公司

15. 本田汽车有限公司

16. 现代汽车公司

17. 起亚汽车公司

18. 马恒达有限公司

19. 马自达汽车公司

20. 三菱汽车公司

21. 日产汽车有限公司

22. 标致雪铁龙公司

23. 雷诺汽车公司

24. 上海汽车集团股份有限公司

25. 斯巴鲁公司

26. 铃木汽车公司

27. 塔塔汽车

28. 特斯拉有限公司

29. 丰田汽车公司

30. 大众汽车公司

10.7.2　财务报表项目说明

（1）应付款。当公司赊购货物并需要在短时间内偿还时，称为应付账款。它被视为负债，属于流动负债范畴。应付账款是为避免违约而需要支付的短期债务。

（2）主营业务成本。主营业务成本指归属于公司销售商品的直接生产成本，包括生产商品所使用的直接材料成本和直接人工成本，不包括间接费用，如分销成本和销售人员成本。

（3）流动负债。负债是指企业所欠款项，分为流动负债和长期负债。流动负债是指一年内到期的负债，包括以下项目：

· 应付账款

· 工资

· 所得税减免

· 养老金计划缴款

· 医疗计划缴款

· 建筑物和设备租金

· 客户存款

· 公用事业费用

- 临时贷款、信贷额度或透支
- 利息
- 到期债务
- 销售税和/或商品和服务的购买税。

（4）息税前利润。息税前利润 = 净利润 + 利息 + 税收或者息税前利润 = 收入−营运费用。

（5）股本。普通股股本代表公司普通股股东的投资。

（6）企业价值。企业价值（enterprise value，EV）是衡量公司总价值的指标，通常作为另一个更全面地衡量股票市值的指标。企业价值的计算方法是：普通股市值加上债务市值和少数股东权益以及优先股，再减去现金和现金等价物。EV = 普通股市值 + 优先股市值 + 债务市值 + 少数股东权益−现金和投资。

（7）营运现金流。营运现金流（funds from operations，FFO）代表净收入与所有非现金费用或者贷项之和。这是公司的现金流量。

（8）存货。存货包括原材料、在产品和产成品。公司在报告商品销售时会使用该科目，通常在损益表的销货成本科目之下。

（9）净利润。净利润是指销售额减去销货成本、销售费用、一般管理费用、营运费用、折旧费、利息、税金和其他费用后的净收益（利润）。

（10）息税折旧摊销前利润。息税折旧摊销前利润（earnings before interest，taxes，depreciation and amortization，EBITDA）是指公司在扣除利息支出、所得税和折旧前的利润，其计算方法是将税前收入加上债务的利息支出和折旧、损耗以及摊销，再减去资本化的利息。

（11）收入。收入是指公司在某一特定时期内实际收到的金额，包括折扣和退货的扣除额。它在损益表的第一行，从中扣减成本以确定净收入。

（12）总资产。总资产是指流动资产总额、长期应收款、对未合并子公司的投资、其他投资、净资产、厂房和设备以及其他资产的总和。资产是个人、公司或国家拥有的具有经济价值的资源。

10.7.3　所用到的比率

Alberg 和 Lipton 提出的：
- 息税前利润比企业价值
- 净收入比企业价值
- 销售收入比企业价值

Yan 和 Zheng 提出的：

- 销售收入比流动负债
- 存货的负向变动与滞后期销售额的比率（即，如果存货减少则比率为正）
- 流动负债的负向变动与滞后期股本的比率（即，如果流动负债减少则比率为正）
- 流动负债的负向变动与滞后期总资产的比率（即，如果流动负债减少则比率为正）
- 存货的负向变动与滞后期主营业务成本的比率（即，如果存货减少则比率为正）
- 存货的负向变动与滞后期总资产的比率（即，如果存货减少则比率为正）
- 存货的负向变动与滞后期流动负债的比率（即，如果存货减少则比率为正）
- 存货的负向变动与滞后期股本的比率（即，如果存货减少则比率为正）
- 总资产的负向变动与滞后期股本的比率（即，如果总资产减少则比率为正）
- 流动负债的负向变化百分比（即，如果流动负债减少则比率为正）
- 存货的负向变动百分比（即，如果存货减少则比率为正）
- 流动负债的负向变化与滞后期销售额的比率（即如果流动负债减少，则比率为正）
- 息税前利润比企业价值
- 净收入比企业价值
- 销售收入比企业价值

我们自己提出的：

- 销售额变动百分比
- 息税前利润变动百分比
- 净利润变动百分比
- 销售成本变动百分比
- 营运现金流变动百分比
- 营业收入变动百分比
- 总资产变动百分比

10.7.4　埃信华迈数据说明

- 销售量：销售/注册的单位数量
- 预期销售收入：基于销售国每款车型销售量和平均售价的预期销售收入
- 生产量：生产的单位数量

- 工厂利用率水平：各国平均的生产产量占总可能产量的百分比
- 全球市场份额：全球汽车销售份额
- 美国市场份额：美国汽车市场的销售份额
- 中国市场份额：中国汽车市场的销售份额
- 电动比率：按加权平均电动汽车曝光率计算的电动汽车份额
- 平均产品停产（end of product，EOP）时间：按车型的产量加权计算所有车型的平均产品停产时间
- 平均车龄：汽车公司车队的单位平均车龄
- 平均生命周期：按车型产量加权计算的所有车型平均的生命周期

10.7.5　按国家列示的报告延迟

汽车行业因子计算滞后期见表 10.16。

表 10.16　汽车行业因子计算所应用的滞后期

国家	销售滞后期	生产滞后期
阿根廷	1	1
澳大利亚	1	N/A
比利时	1	2
巴西	1	1
加拿大	1	2
中国	2	2
法国*	1	2
德国	1	2
印度	2	5
印度尼西亚	2	2
伊朗	2	2
意大利	1	2
日本	2	3
马来西亚	2	2
墨西哥	2	2
荷兰	1	2
菲律宾	3	2
波兰	1	2
俄罗斯	2	2

续表

国家	销售滞后期	生产滞后期
南非	1	2
韩国	2	2
西班牙	1	2
瑞典	1	2
泰国	2	2
土耳其	2	2
英国	1	2
美国	1	2

资料来源：埃信华迈

*因生产商而异

第 11 章　调查和众包数据

11.1　引　　言

我们将在第 12 章分析和讨论采购经理人指数的应用。从本质上讲，采购经理人指数是从行业经理人对经济预期的调查中收集得到的。实质上，采购经理人指数可以作为更为传统的宏观经济数据集（如 GDP）的代表，正如我们在第 1 章中所讨论的那样，这些数据的发布往往具有严重的滞后性。投资者在很多不同的情形下会使用调查数据结果。在本章中，我们将讨论如何使用其他类型的调查数据，这些数据可从诸如消费者或行业专家等群体中收集获取。在本章中，我们将研究讨论两个案例，以说明如何利用这些数据来了解消费品（以电脑游戏公司为例）和估计原油产量。

后续，我们将研究 Alpha 数据获取服务。这些数据集实质上由卖方经纪商的交易建议组成。本章最后，我们将研究关于企业盈利数据发布和宏观经济数据发布的调查数据。我们将展示如何使用众包来编译这些数据集。

11.2　另类数据：调查数据

通过对某一公司（或任何其他感兴趣的实体）或某一资产（实物或金融资产）有见解的人进行调查或访谈获得的数据可能是有价值的。特别是当信息无法通过其他方式获得，或者获得信息的时间较晚或价格过高时（如现场访问和旅行、卫星图像、信用卡交易和收购），尤其如此。这些信息可以用来监测当前的头寸，评估将要进行的交易，提取交易信号，或评估风险情况。

在这种情况下，被调查的"人员"不是"内部人员"。相反，调查所涉及的被采访者往往可以凭借其背景就某一方面发表有见地的意见，例如对某一公司和（或）其经营所在行业的当前和（或）其潜在未来业绩以及广泛的市场环境的判断。调查中的这些相关"人员"也可以是指观察员和研究人员，他们可以收集有关公司资产的视频信息或其他类型的信息，如建筑物和设施的状况、产品的质量、人流量等。在后一种情况下，并不需要具备深厚的专业知识。

一般来说，一项调查凭借的不是一个人，而是一群人。这些人的意见可以通过平均化作为一个集体智慧的观点。原则上，这可能优于单个人的想法。图 11.1 显示了调查中潜在贡献者[从现场人员（观察员）到经理和公司高层管理人员]的层次结构。

图 11.1　贡献者的层级结构

资料来源：依据 GrapeData 的数据

目前的技术可以通过移动应用程序识别、联系和培训贡献者。地理定位、图像上传功能和贡献者评级等功能使我们能够控制此类数据源的真实性。通常在几天甚至几个小时内就可以建立一个贡献者的样本，很快就可以得到调查结果。潜在贡献者是指能够使用移动设备的个人，估计约为 30 亿人，覆盖范围是全球性的，包括其他手段无法进入或监测的偏远地区。

调查可以在产品发布、财报（我们将在本章后面讨论众包盈利预测）或选举结果等事件发生前进行预测。它也可以对已经公开的信息或任何私人理念进行确认。它们可能并不总是与任何特定事件有关，它们可以被用来更好地了解趋势，例如，某一人群改用非专利药（和更便宜的）药物的行为，某一群体下次购买电动车的意愿，等等。所有这些信息能为投资者、资产管理人和风险管理人提供宝贵的帮助。

11.3　数　　据

在第一个案例研究中，我们将使用 GrapeData 的数据。该公司提供了一个另类数据的数据平台，通过这个平台，人们可以与全球任何个人或群体进行即时连接，并按需进行调查。这为我们提供了一个解锁离线信息的机会，这些信息对财务决策和尽职调查非常重要。这些信息可能无法从其他来源获得。它利用了一个在线手机平台，目前已有超过 70 000 名贡献者加入该平台。该平台提供合规监督、汇总和匿名化服务。

GrapeData 的主要任务包括对精准的人口群组进行有针对性的数据调查，并寻找通过传统途径无法接触到的特定个人。一旦联网，对话渠道就可以实时地进行信息共享。它与客户的移动设备同步，客户可以通过一个加密的应用程序随时输入查询。

为了能对 GrapeData 所进行的调查的典型时间流程有所了解，图 11.2 举例进行了展示。

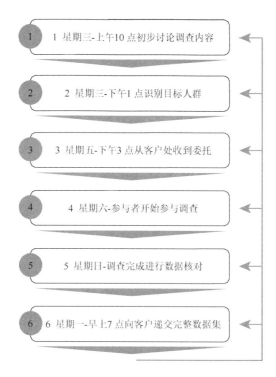

图 11.2　典型的调查时间表

资料来源：基于 GrapeData 的数据

GrapeData 在调查中遵循的流程如图 11.3 所示。在客户查询后，GrapeData 检查贡献者的地理位置，并对他们进行背景调查，目的是提高以后交付给客户的数据集的真实性。在回答问卷之后，GrapeData 会对受访者进行评级。评分基于回答的质量和及时性。低评分的受访者的回答不会被纳入最终的数据集，未来的调查也会摒弃这些受访者。

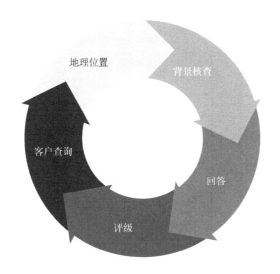

图 11.3　调查流程

资料来源：基于 GrapeData 的数据

11.4　产　　品

GrapeData 通过其在线平台以完全数字化的方式提供地理定位调查。它通过三种方式与受访者互动：集合调查、问答调查和报告。

观察员以集合调查的方式收集不需要深厚专业知识的信息。例如，这些人可以是商场的顾客，他们被要求对客流量的变化发表意见。为了获得更好的见解，这一数据信息有时可以与人流数据提供商所提供的数据进行补充或交叉检查，这些数据商提供的数据通常是通过使用其他手段收集的。在其他情况下，集合调查数据可能是获得某些特定信息的唯一途径。例如，投资者可能想检测一家连锁药店的人流变化和/或其销售额的变化，但这些商店不在卫星或手机追踪的公司范围内。集合调查中的问题是有针对性的，但不要求具备深厚的专业知识和提供详细的答案。例如，问题可以是："过去 6 个月的总销售额有什么变化？"答案可以是简单的"上升/不变/下降"，"顾客数量是否有所下降？"答案可以是"是/否"，等等。

问答调查一般是较小范围内以具备特定领域知识的受访者为基础的。问答调查所得到的回答更加详细。问答调查的客户要求对受访者进行更细致的背景调查以及受访者能对其回答提供更详细的说明。这些答案针对非常具体的问题，如"某地区的石油日产量是多少？"这些问题需要比集合调查更深入的专业知识和领域知识。

除了集合调查和详细的问答环节之外，如果客户需要，还可以要求受访者针对具体的问题（如公司绩效和评估）编写详细的报告。

与集合调查不同的是，问答调查和报告的受访者需要通过"World Check-One"进行自动背景调查后才能进行后续操作。GrapeData 会通过初步的任务来测试他们的知识。在这种情况下，数据在与客户共享之前，会由 GrapeData 和 Optima Partners（针对合规敏感案例）进行筛选。

11.5 案 例 研 究

11.5.1 案例研究：公司事件研究（集合调查）

2019 年 1 月 31 日，GrapeData 针对中国软件公司金山软件即将于 2019 年第二季度发布的新游戏（剑侠情缘三手游版，又称剑网三手游版）的市场态度进行了集合调查。

该调查由一家长期持有金山软件股票的资产管理人委托进行的。他们想了解游戏社区对新版本的态度是否积极。他们还想知道客户愿意为游戏支付多少费用。这项调查将有助于资产管理人评估几个指标，包括金山软件的未来收益以及其对股价的影响。这些信息将被用来评估他们是否应该继续持有该股票。GrapeData 慷慨地向我们提供了这份调查数据。

金山软件旗下有四家子公司，分别是负责视频游戏开发的西山居、负责移动互联网应用的猎豹移动、负责云存储平台的金山云和负责办公软件的 WPS，包括 WPS Office。所有这些业务线决定了金山软件的收益。剑侠情缘三手游版的推出是金山软件的重大事件，因为剑侠情缘游戏产品线是金山软件收入的重要来源。剑侠情缘二手游版计划于 2019 年第四季度末发布，预计对 2019 年业绩的整体贡献有限，因此未将其纳入调查范围。

GrapeData 针对经过精心挑选的中国游戏玩家群体设计了一项调查，据估计，在任何时候都有 330 万名剑侠情缘一和剑侠情缘三在线玩家[①]。本次调查的总样本为 700 人。其中 350 名玩家是剑网三端游或剑网一手游的玩家，或者是两者的玩家。这些都是剑网三手游版的潜在玩家。尚未在 GrapeData 平台上注册的受访者数据是通过不同的游戏平台、博客和社交媒体在线获取的。附录 11.10 列出了此次调查的问题。

其中三个问题的答案分布见图 11.4、图 11.5 和图 11.6。

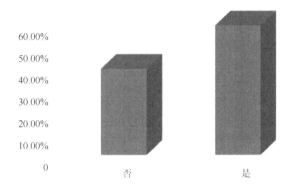

图 11.4　您现在是剑侠情缘三手游内测版的玩家吗？

资料来源：基于 GrapeData 的数据

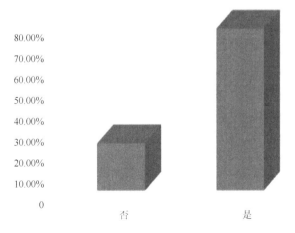

图 11.5　您愿意在剑侠情缘三手游发布时为它付费吗？

资料来源：基于 GrapeData 的数据

① Lu M.，October 5，2016，US Video and Computer Game Industry Overview Report，University of British Columbia。

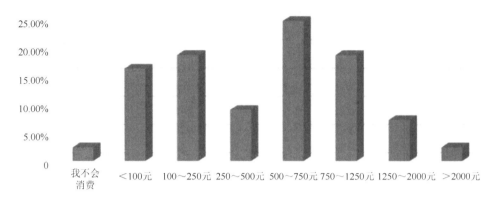

图 11.6　您每月为剑侠情缘三端游的消费额是多少？

来源：基于 GrapeData 的数据

调查结果帮助资产管理人将金山软件 2019 年盈利预期上调 14%，原因是游戏收入预期提高。该预期的上行风险包括：剑侠情缘二手游版和剑侠情缘三手游版的推出早于预期。下行风险包括：①剑侠情缘三网络版表现弱于预期；②办公应用和公共云市场的竞争更加激烈。根据 GrapeData 的调查结果，资产管理人认为上述下行风险①发生的可能性较低。

图 11.7 为调查后（2019 年 1 月 3 日前后进行）金山软件股价的表现和市场（恒生指数）的表现。

自调查进行以来，金山软件的股价上涨约 100%，而市场涨幅约为 20%。因此，借助游戏社区对于剑侠情缘三手游版前景的一些肯定，投资者可以先于其他市场参与者锁定利润。这一分析需要格外注意的是这只适用于这一只股票在相对较短时间内的表现分析。

11.5.2　案例研究：石油和天然气的生产（问答调查）

在本案例研究中，我们将展示如何使用问答调查的方法在相关数据被其他数据提供者公开之前来估计 OPEC 国家的原油、液化天然气和凝析油的产量。调查对象是一位积极参与石油产品和期货交易的商品交易员。GrapeData 公司慷慨地向我们提供了这项调查数据。

OPEC 国家的石油供应量是石油价格的驱动因素之一。事实上，OPEC 国家提供了全球约 40%的石油产量，OPEC 国家的石油出口量占国际石油贸易总额的 60%左右。因此，OPEC 国家增加或减少石油产量会对油价产生影响。特别是，

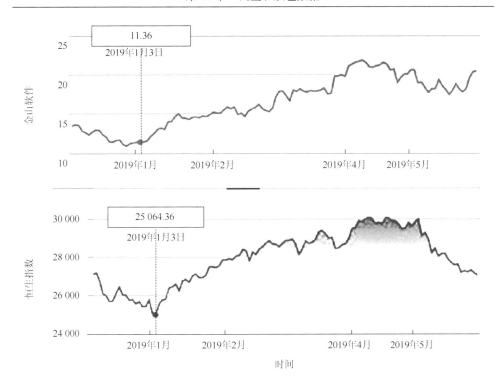

图 11.7　调查日（2019 年 3 月 1 日）后金山软件（上方）和恒生指数（下方）的股价表现

数据来源：GrapeData

OPEC 国家中最大产油国沙特阿拉伯原油产量的变化迹象会经常影响石油价格。非 OPEC 国家的石油产量和需求也会对此产生影响。所有这些都是典型的商品交易商平衡模型的组成部分。OPEC 国家会在每个月 15 号公布前三个月的官方产量数据。经销商认为，一些国家的数字可能被低估或高估，因为要么政府认为这些数字是保密的，不公布数据，要么公布的数字不值得信赖。因此，OPEC 秘书处基于"二手来源"[①]的估计数据公布生产数据。

在这种情况下，专家调查总是可以提供有价值的估计，既可以作为其他数据来源的核查，也可以作为及时的主要信息来源。为此，GrapeData 在 OPEC 国家建立了一个受访者网络（200 人左右），在 OPEC 官方数据公布的 15 天前，由具备石油和天然气行业知识的受访者提供他们的估算数据。图 11.8 是通过 GrapeData 估算的各期产量图。除此之外，图中还包括 OPEC、普式能源资讯、

---

① 这些来源包括普式能源资讯（S&P Global Platts）、阿格斯媒体（Argus Media）、能源情报集团（Energy Intelligence Group）、埃信华迈、国际能源署（the Energy Information Agency）和国际能源理事会（the International Energy Agency，IEA）。

伍德麦肯兹（Wood Mackenzie）国际能源宏观研究和国际能源理事会对产量的估计。

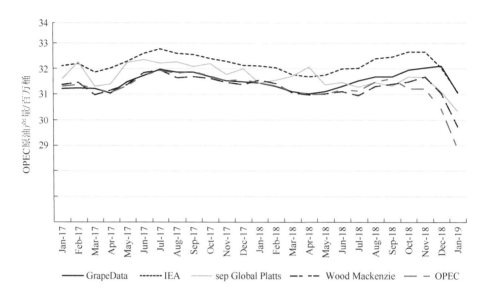

图 11.8　不同数据提供商估计的 OPEC 原油产量

数据来源：GrapeData

　　它们对产量的估计接近。然而，即使是成熟的数据提供者，它们所估计的数量之间也存在一些差异，特别是在样本的最后几个月。最后几个月的差异源于伊朗局势，自 2018 年 11 月美国对该国石油行业的制裁生效以来，伊朗的出口变得更加不透明。虽然大多数行业专家都认为产量已经大幅下跌，但对数量的估计却存在每天多达数十万桶的差异。如图 11.8 所示，GrapeData 预测的下降幅度小于其他供应商，这对其全球供应估计产生了积极影响。之后，由行业专家证实，原油产量的下降幅度与 GrapeData 的估计一致，并没有其他数据供应商[①]估计得那么大。

　　图 11.9 是根据 GrapeData 数据绘制的石油价格月度变化与供应量月度变化之间的相关性图。该关系与预期相符——供应量的负变化和油价的正变化。R^2 大概为 22%，但如前所述，石油供应只是油价的决定因素之一。大宗商品交易商所使用的标准平衡模型必须包括需求量，像 GrapeData 的调查可以作为这类平衡模型的可靠输入。

---

① https://www.reuters.com/article/us-iran-oil-exports/despite-sanctions-irans-oil-exports-rise-in-early-2019-sources-idUSKCN1Q818X。

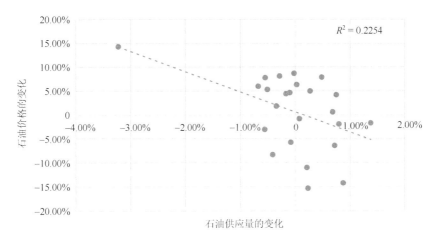

图 11.9　2017 年 1 月至 2019 年 1 月每月石油价格的变化与 OPEC 石油供应量变化的对比

数据来源：GrapeData

11.6　关于调查的一些技术性考虑

在开始调查之前，必须做出两个重要决定。第一个决定是，如何选择样本的规模、覆盖面和渗透率，使其能代表整个总体。政治调查或任何其他必须估计总体比例的调查可能就是这种情况。当然，由于成本和时间的限制，调查不能覆盖总体，因此不得不选择较小的被调查者集合。如果所选择的样本确实具有代表性（GrapeData 通过成熟的方法来确保），那么，通过使用统计公式，可以计算出给定样本大小下的误差范围。因此，客户需要根据他们愿意接受的误差容忍度来选择样本大小。我们注意到在某些情况下可能并不需要代表性原则，例如，侦察员来评估工厂或任何其他资产的状况。

第二个重要决定是如何选择进行调查的最佳时机。如果目标是估计该事件的影响（新产品发布、财务报告等），通常希望在事件发生之前进行，但提前多久需要仔细思考[1]。太接近事件发生时点会导致消息滞后，因为有关它的信息可能已经反映在市场价格中了。过早测算以及包括系统性事件在内的其他事件可能影响股价，使我们事先通过调查收集的信息完全失真。

11.7　众包分析师估计调查

从历史上看，了解市场对特定事件（如财报发布）共识的方法包括查看彭博社

---

① 这些决定也适用于在政治和营销领域已经存在多年的"传统"调查。

或 Refinitv 等数据公司的共识调查。这可以涵盖宏观数据的发布，也可以涵盖对股票、外汇和固定收益等交易资产的预测。前面我们已经分析了一个类似的专家调查案例，即 GrapeData 设计的对原油产量的估计。通常，这些"群体"都是卖方投资公司的行业专家。如前所述，这些预测是由彭博社和 Refinitiv 等数据公司编制的。它们通常被作为群体判断的代理变量。Refinitiv 的 I/B/E/S 数据库可追溯到 1976 年，包括了关键的业绩指标，例如对收益预期的估计，覆盖了 22 000 家公司。

因此，传统上，分析师对盈利预测等指标的估计往往超过卖方贡献者"群体"。如果我们考虑增加这一群体，让更多来自不同背景的参与者参与，而不仅仅是那些在卖方工作的分析师，会怎么样？Estimize 等新出现的数据公司从更广泛的市场参与者中获得这些估计。Estimize 是一个为对冲基金、经纪商、独立或业余的分析师提供不同个体估计的数据平台。Estimize 主要涵盖美股的盈利预测、某些宏观经济数据的发布，以及 Netflix 的用户数等关键业绩指标。Jame 等（2016）发现 Estimize 众包盈利预测为共识估计的传统来源 I/B/E/S 估计提供了额外的信息支持。他们指出，众包的价值是群体规模的函数。Drogen 和 Jha（2013）表明，与传统的华尔街共识相比，以 Estimize 数据为基准的盈利意外、盈余惯性更为明显。他们应用这一观察构建了一个交易策略，特别是对大盘股而言，这种策略会产生异常回报。Banker 等（2018）认为，Estimize 众包估计的出现改变了参与 I/B/E/S 调查的分析师行为，从而更早、更频繁地进行预测。他们也倾向于发布更多的预测。

11.8 Alpha 获取数据

除了为客户发布资产价格和特定事件（如盈利发布）的长期预测外，卖方经纪商还定期在发送给客户的报告中提供交易建议。客户了解最新情况的方法之一是阅读每一份研究报告。考虑到客户收到的研究报告的数量，这可能会非常耗费时间。对客户来说，快速和高效地汇总这些交易建议可能是一项挑战。由于研究报告没有一个标准的格式，因此将这一过程自动化是一项挑战。Alpha 获取系统是一款软件，它使银行能够以标准格式提交交易建议，然后将其传达给客户。这种方法最早是由对冲基金 Marshall Wace 设计的（Greene，2008）。买方公司可以汇总和使用这些交易建议，以帮助其进行决策。具体的贡献者和公司也可以更容易地跟踪这些交易建议的价值。虽然 Alpha 最初是作为一种将股票交易建议标准化的方式，使其成为一种更容易接受的结构化形式，但对冲基金目前也将这些数据集用于其他资产类别的交易。如今，有很多由个人对冲基金开发的专有 Alpha 获取平台，也有 TIM 集团和彭博社等供应商的平台。

11.9　小　　结

本章讨论了一些调查的形式和众包数据集。首先，我们提出调查数据可以被看作一种另类数据源，描述了来自 GrapeData 公司的调查数据集，这些数据集通过手机平台从消费者和行业专家处获得。我们给出了如何使用这些数据集的具体案例，首先是一个游戏行业消费者调查的案例，第二个例子显示了如何对行业专家进行调查，同时与 OPEC 国家的估计结合，帮助估算原油产量指标。在这两个案例中，调查数据提供了通过其他手段无法轻易和迅速获得的价值。

我们谈到了众包分析师共识估计，展示了与传统的华尔街共识相比，如何从更广的范围内获得众包估计。我们还讨论了 Alpha 获取的数据集，它所包含的卖方经纪商交易建议是标准化的、结构化程度更高的——在金融行业中，这一趋势正在不断发展。在第 12 章中，我们将详细介绍采购经理人指数，该指数也来自调查。

11.10　附　　录

金山公司涉及的问卷问题如下：

1. 性别

2. 年龄

3. 您是否玩大型多人在线角色扮演游戏（massively multiplayer online role-playing games，MMORPG）？

4. 您是否现在或者曾经是剑侠情缘三电脑端游戏的玩家？

5. 您每天玩剑侠情缘三端游的时长是多久？

6. 您每月为剑侠情缘三端游的消费额是多少？

7. 您是否现在或者曾经是剑侠情缘一手游玩家？

8. 您每天玩剑侠情缘一手游的时长是多少？

9. 您每月为剑侠情缘一手游的消费额是多少？

10. 您现在是剑侠情缘三手游内测版的玩家吗？

11. 您每天玩剑侠情缘三手游内测版的时长是多久？

12. 您愿意在剑侠情缘三手游发布时为它付费吗？

13. 如果您不玩剑侠情缘三手游，您认为您愿意玩什么游戏？

14. 请对剑侠情缘三手游做出简要评价。

第 12 章 采购经理人指数

12.1 引 言

正如我们在第 1 章中所讨论的那样，准确预测 GDP 等关键经济指标变化的能力可以为众多群体服务，而不仅仅是投资者。我们提到，采购经理人指数（PMI）指标可以作为一个很好的代理指标来实现这一目的。鉴于它的重要性，在本章中，我们将围绕这一指标进行更多的阐述。我们将进行一些定量分析，以证明其应用的合理性。

GDP 预测（或更好的即时预测）可被决策者用来优化利率或财政政策等关键宏观经济管理杠杆的变化。同样，通过了解当前的宏观经济环境，投资者和企业可以更有把握地做出投资分配决策，并可能获得更好的业绩。因此，近年来，从业者们把重点放在提高他们对经济表现近乎"实时"的理解上，而不是等待更新缓慢的官方数据的公布，如 GDP，况且这些数据在未来会有明显的修订。完成这样的任务需要使用其他及时发布的高频数据集。这些最新的信息可以用来预测，或实时预测发布较慢的低频宏观经济变量，如 GDP。

例如，埃信华迈对 40 多个国家编制的 PMI 系列数据就是这样一个高频和及时的数据来源。PMI 数据是通过对制造业和服务业的固定企业管理人员进行问卷调查得到的，提供了关于产出、新订单、就业、价格和库存等多种指标的月度信息。因此，通过 PMI 数据集可以了解各国当前和预期的经济活动水平。它们也可以作为预测即将到来的经济扩张或衰退的领先指标。

PMI 数据的优势在于它比其他官方指标数据，如工业生产指数或 GDP，更早发布。通常情况下，它们在月中进行。调查结果在参考期后的第一天（制造业）或第三个工作日（服务业和两个行业的综合总量）公布。然而，对于欧元区（加上美国、英国、日本和澳大利亚），PMI"速报"数据会在"最终"发布前 10 天左右公布。这些"速报"数据基于约 85%～90%的最终样本，"速报"和"最终"PMI 数据之间的修正通常存在但很小。在欧元区，还提供了法国和德国的详细速报 PMI 数据。

图 12.1 显示了 PMI 数据如何与即时预测特定季度（本例为 2018 年第二季度）GDP 增长的典型时间线相吻合。

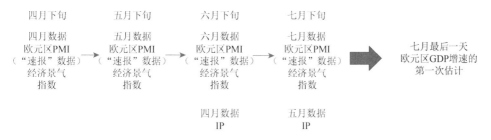

图 12.1　即时预测欧元区 2018 年第二季度 GDP 增长

资料来源：埃信华迈

　　为了突出 PMI 的相对时间优势，我们还提供了两个备受关注的指标的发布格式，即欧盟委员会的经济景气指数（economic sentiment indicator，ESI）和欧盟统计局的工业生产（industrial production，IP）官方数据。

　　经济景气指数是由五个不同权重的行业信心指标组成的综合指数，包括：①工业信心指标（40%）；②服务业信心指标（30%）；③消费者信心指标（20%）；④零售贸易信心指标（5%）；⑤建筑业信心指标（5%）。经济景气指数由欧盟委员会每月公布。经济景气指数来自经济参与者对当前经济形势的评估和对未来发展预期的调查[①]。

　　图 12.1 中的时间轴显示了数据可得性是如何通过一个即时预测周期构建的：在一个季度的前两个月，只有调查（所谓的"软"）数据可得——比如 PMI 和 ESI。直到季度最后一个月的中旬，才有第一个月的官方"硬"数据（本例指工业生产）。因此，在某一阶段之前，经济学家，投资者和政策制定者都要依赖"软"数据来衡量经济表现。事实上，正是 PMI 的非同步发布和后续时间优势，为其应用提供了基础，特别是在货币政策等领域。

12.2　PMI 表现

　　与 GDP 统计数据相比，PMI 数据集公布频率更高且时效性更强，可以满足持续跟踪经济增长的需求。在图 12.2 中，我们可以观察到欧元区 GDP 与 PMI 数据季度变化之间的关系。

　　自 2006 年以来，欧元区综合 PMI（将制造业和服务业结合起来）准确地反映出在 2008～2009 年的金融危机、2011 年欧债危机的加剧以及 2017 年经济恢复中 GDP 增长的潜在变化。表 12.1 列出了欧元区及其三个最大成员国的相关性统计。

[①] 想要了解更多信息，请访问欧盟统计局网站：https://ec.europa.eu/eurostat/statistics-explained/index.php?title = Glossary：Economic_sentiment_indicator_(ESI)。

比较期从 2000 年 1 月开始，但为了让大家了解 2008～2009 年全球金融危机以来的表现，我们还提供了 2010 年 1 月以来的子样本结果。

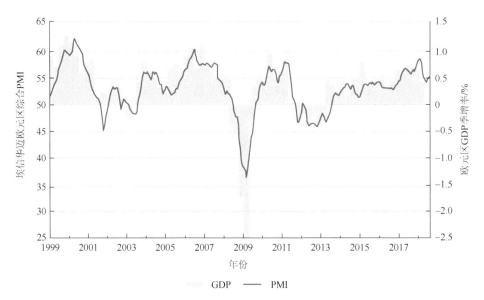

图 12.2　欧元区 GDP 和综合 PMI

资料来源：埃信华迈，欧盟统计局

表 12.1　GDP 增长与选择的指标百分比变化之间的相关性

	指标	欧元区	法国	德国	意大利
2000 年 1 月以来	综合 PMI	0.87	0.57	0.76	0.79
	ESI	0.76	0.41	0.61	0.70
	IP	0.88	0.55	0.86	0.82
2010 年以来	综合 PMI	0.84	0.52	0.64	0.89
	ESI	0.71	0.46	0.32	0.74
	IP	0.74	0.41	0.79	0.70

资料来源：基于埃信华迈的数据

　　一般来说，PMI 的表现优于 ESI，可与欧元区和国家层面的工业生产相提并论。自然也有一些例外，德国的工业生产数据表现突出，考虑到德国的经济结构，这也许不足为奇。自 2010 年 1 月以来，这些结果也基本成立，其中，意大利的 PMI 表现尤为抢眼。从纯相关性统计来看，法国仍然落后，尽管其 PMI 指数的表现继续好于 ESI 和工业生产数据。

12.3　GDP 增长的即时预测

现在，我们通过简单的即时预测模型来探讨 PMI（以及 ESI 和工业生产）在预测 GDP 季度变化方面的短期预测能力。为了规避时间频率错位的问题（PMI 数据按月发布，GDP 按季度发布），我们的即时预测模型基于一个简单的自回归混合数据抽样（autoregressive model-mixed data sampling，AR-MIDAS）风格的回归。这是一种单方程方法，其中 GDP 季度数据由月度预测因子进行特定加权来解释。它的数学形式如下：

$$\mathrm{GDP}_t = \alpha + \beta_1 \mathrm{GDP}_{t-1} + \beta_2 \sum\nolimits_{j=0}^{q_{w-1}} W_j X_{k,t-j} + \varepsilon_t \tag{12.1}$$

在这种广义的标准预测设置中，当前季度的 GDP_t 是通过使用自身滞后期数据 GDP_{t-1} 和以 W_j 为权重进行加权平均的解释变量 $X_{k,t}$ 预测所得到的。在时间 t 内 X 有 $k = \{1,2,\cdots,m\}$ 个观测值（在本例中，$k = 3$ 是指每个季度内解释变量每个月的观测数）[①]。

我们将模型作为 2010 年第一季度至 2018 年第一季度即时预测的样本外训练模型来运行。我们分别使用 PMI 和 ESI 作为变量 $X_{k,t}$。对于工业生产数据，我们尝试简化过程，即通过创建一个 3 个月/3 个月（3m/3m）变化的季度序列，并将其（连同因变量的滞后期数据）与 GDP 进行回归。但请注意，工业生产数据是基于"伪时间"的，这意味着在预测 GDP 增长时，我们假设工业生产数据仅有一个季度前两个月的数据（在实时 GDP 测算中也是如此）。从本质上讲，这意味着对季度工业生产序列进行时间转换，即在回归训练模型中使用两个月的观测结果。

为了比较即时预测的表现，我们提供了均方根预测误差（root mean square forecasting errors，RMSFE）和预测 GDP 变化的准确率。对于 RMSFE 来说越接近零越好。为了丰富内容，我们还提供了一个简单的基准模型（称为"BM"）的结果，这是一个简单"没有变化"的预测（即假设当前季度 GDP 增长与上一次观察相比没有变化）。表 12.2 总结了各种模型的表现。

表 12.2　各模型表现（2010 年第一季度至 2018 年第一季度）

	统计量	BM	PMI	ESI	IP
欧元区	RMSFE	0.3	0.23	0.34	0.28
	准确率		82.8%	72.4%	65.5%

[①] 在这一设置中，我们还可以选择加入 $X_{k,t-j}$ 的滞后 j 期数据，其数量由 q_w 所决定。为了简化，我们坚持使用解释变量一个季度内的一致读数（例如，用 1 月、2 月、3 月的观测值预测第一季度的 GDP）。

	统计量	BM	PMI	ESI	IP
法国	RMSFE	0.39	0.32	0.42	0.21
	准确率		59.4%	56.3%	81.3%
德国	RMSFE	0.62	0.5	0.62	0.39
	准确率		68.8%	56.3%	78.1%
意大利	RMSFE	0.31	0.29	0.34	0.44
	准确率		69.0%	69.0%	65.5%

资料来源：基于埃信华迈的数据

结果显示，就即时预测而言，包含 PMI 数据的模型在预测季度同比增长率方面一般优于基于经济景气指数（ESI）的模型。尤其是在欧元区，基于 PMI 的模型的 RMSFE 统计量远远优于同等条件下基于 ESI 和工业生产的模型。同时，与基准模型相比，获得了近 25%的平均即时预测收益。此外，PMI 模型在 80%以上的时间里正确预测了欧元区季度增长的方向（同样比 ESI 和工业生产的结果更好）。

对于法国和德国，基于 PMI 的模型再次优于简单的基准模型和基于 ESI 的模型，说明在预测 GDP 增长时使用基于 PMI 的模型具有一定的价值，但在 RMSFE 统计量和预测方向方面表现最强的是基于工业生产的模型（需要注意的是工业生产数据公布晚于 PMI 数据）。对于意大利而言，只有基于 PMI 模型的 RMSFE 统计量优于基准模型的 RMSFE 统计量。

12.4 对金融市场的影响

已经证明了 PMI 指数对 GDP 的预测能力，现在我们关注于投资者感兴趣的内容，即 PMI 指数对金融市场的影响。

正如 Gomes 和 Peraita（2016）所指出的，衡量经济指标对金融市场影响的主要问题之一是这两组数据通常以不同的频率获得。虽然金融数据可以获得每日、每小时甚至更高频数据，但宏观经济指标发布频率最多为月度。从过去的研究来看，这就导致了在研究宏观经济信息与金融市场之间的关系时形成了两种研究思路。一种是通过将金融市场变量汇总到一个较大的时间尺度上，采用较低频率的回归方法（如按月度频率计算股票回报率，然后对月度宏观经济变量进行回归）。另一种方法是进行事件研究分析，即在宏观经济信息发布后立即研究其对金融市场的影响。例如，薪资数据的公布对股票市场的影响。Gomes 和 Peraita（2016）

对这两种研究方法进行了翔实的文献整理。然而，他们的研究侧重于第二种方法。

Gomes 和 Peraita（2016）分析了 2003 年至 2014 年期间 PMI 数据公布对德国、法国、意大利和西班牙的股票回报率和主权债券收益率的影响以及对欧元汇率的影响。他们发现，所有纳入研究的金融市场都受到 PMI 数据公布的影响，尤其是在欧元危机期间 PMI 负面信息产生的影响。PMI 指数对股票市场的影响最剧烈，负面的 PMI 数据对其影响更甚。他们还发现，PMI 数据对债券市场的影响幅度较小并且是对称的，而且 PMI 数据对大多数金融市场的影响在 2008 年金融危机开始后变得显著。

Hanousek 和 Kočenda（2011）分析了 PMI 指数对捷克共和国、匈牙利和波兰这三个欧盟国家股票市场的影响。他们发现，PMI 指数以一种与直觉相符的方式影响市场，即低于预期的数据会对股票市场产生负面影响，反之亦然。Gomes 和 Peraita（2016）以及 Hanousek 和 Kočenda（2011）研究中所涉及的分析都是基于"意料之外的信息披露"（news surprise）（即预期 PMI 和实际 PMI 之间的偏差）。更严谨的表述方式为，按照 Andersen 等（2007）的方法，他们用如下表达式定义了"意料之外"（"surprise"）：

$$surprise_t = \frac{I_t - E_{t-1}[I_t]}{\hat{\sigma}} \qquad (12.2)$$

其中，I_t 表示经济指标的披露值；$E_{t-1}[I_t]$ 表示市场在 t–1 时刻对该指标的预期值；$\hat{\sigma}$ 等于 $I_t - E_{t-1}[I_t]$ 这一偏离期望部分的样本标准差。在回归模型中使用多个指标时，对结果的标准化可以更好地对其系数进行比较。

Johnson 和 Watson（2011）发现，PMI 的变动对市值较小的公司和贵金属、计算机技术、纺织和汽车等行业的股票影响较大。Hess 等（2008）研究了 PMI 数据的公布对商品期货指数、标普 500 指数和政府债券指数的影响，其中包括这些指数在美国的影响。

我们可以通过一个短期事件研究来说明英国服务业 PMI 数据公布对英镑/美元汇率的影响。我们使用 2013 年中期至 2019 年中期的历史样本，计算历史样本中每次英国服务业 PMI 指数发布前后 15 分钟内英镑/美元的绝对回报率。通常情况下，英国服务业 PMI 数据在每月月初伦敦时间上午 9:30 发布。我们的分析涵盖了 72 次英国服务业 PMI 数据的发布。然后，我们对样本中所有事件发布的每分钟绝对收益率进行平均。这为我们提供了一个针对每分钟波动的简单估计。另外，我们还可以使用基于范围的衡量方法，这也需要每分钟的最高价/最低价数据。另一种选择是计算滚动的日内波动率。在图 12.3 中，我们报告了英镑/美元汇率围绕英国服务业 PMI 指数的平均绝对回报率。我们注意到，当英国服务业 PMI 指数公布时，英镑/美元的日内平均绝对回报率出现了非常明显的上升。然而，这种波动的突然上升很快就会消失。5 分钟后，市场恢复到正常的波动水平。

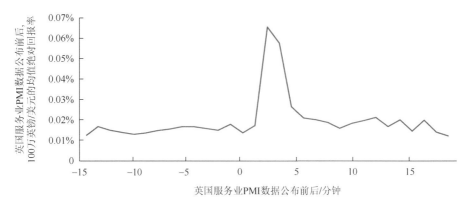

图 12.3　2013 年中期至 2019 年中期，英镑/美元围绕英国 PMI 服务业指数的日内波动

最后，我们注意到，我们重点研究了衡量经济供应方的 PMI 数据对金融市场的影响，但还有其他重要的经济指标。例如，作为经济需求方指数的消费者信心指数衡量消费者对其个人和总体经济形势发展的预期。这些数据可以通过第 11 章所解释的调查方法收集。原则上，与我们在此说明的情况类似，我们设想这些信息的发布也会对市场产生影响。不过，我们在本书中不会进一步讨论消费者信心指标。

12.5　小　　结

对宏观资产（如利率和外汇）的投资者以及对微观资产（如某一家公司的股票）的投资者来说，了解经济增长情况十分重要。然而，GDP 数据的发布往往有很大的滞后性，因此它可能是相当落后的。本章研究已经表明，基于企业高管调查的 PMI 数据可以为经济增长提供更有效的及时估计。换句话说，PMI 数据可以作为 GDP 数据的即时预测。这类信息的发布也会对金融市场产生影响，这一点从有关该主题的大量文献中可以看出，我们在本章对此进行了简要讨论。

第13章 卫星图像和航空摄影

13.1 引 言

1957 年 10 月 4 日，苏联发射了第一颗人造卫星"伴侣号"。1959 年 8 月 14 日，NASA 的"探索者Ⅵ"卫星在距离地表 2.7 万公里处的高空拍摄了第一张地球图像（图 13.1），展示了太平洋中部阳光照射区域及其上空覆盖的云层。

图 13.1 "探索者Ⅵ"卫星拍摄的第一张地球图像

资料来源：NASA

当然，这并不是人类首次从空中视角观测地球。在第一次世界大战期间，航空摄影已经成为一种重要的武器。尽管战争爆发后的前六个月里可能只拍摄了几百张照片，但在 1918 年，英国的航拍照片已经超过了 500 万张（Cable，2015）。然而这还不是首次用于军事目的的空中观测。早在美国内战中，撒迪厄斯·洛就曾使用热气球对南方军队进行空中侦察。

卫星图像和航空摄影之间最明显的区别就是拍摄高度不同。卫星图像拍摄位置更高，拍摄范围更广，更容易捕捉天气变化。由于卫星运行轨迹是固定的，因此它们可以提供定期的图像更新。近年来随着卫星数量增多，图像更新频率也在逐渐提高。与此同时，卫星图像的拍摄成本也在逐渐下降。相比之下，航空摄影通常更加清晰。虽然近年来卫星图像的分辨率有所提高，但法律对允许对外发布的卫星图像的分辨率存在限制（Bump，2017）。目前，许多公共或私人组织都会应用卫星获取图像。

高空拍摄地球存在一定困难，过大的地球表面积和拍摄分辨率导致产生了大量数据。此外，云层覆盖等问题有时会使一些图像变得模糊和无效。与其他几乎所有的另类数据集一样，原始卫星图像本质上也是一种非结构化数据。因此，投资者要想利用上这些数据，需要对其进行结构化处理，统一为标准格式数据。就像人类看待世界的方式：我们通过视网膜接收大量信息，最终忽略掉大部分数据，只关注其中的重要部分。

计算机视觉是一个汇集了许多不同领域的技术，使得计算机能以类似人的方式看世界。接下来我们将简要描述计算机视觉涉及的几个步骤。第一步是图像采集，包括通过数码相机等工具将实物转换成原始的二进制格式。值得注意的是，计算机视觉并不总是需要处理肉眼可见的图像。有些数据可能是看不见的波长，比如可以用于夜视的红外波长。还有许多与计算机视觉相关的转换，用于增强原始图像，如彩色化、模糊去除或图像重构。

第二步是图像加工。这一环节的图像需要经过预处理和清洗，从而为下一步打好基础。具体操作包括调整对比度和图像锐化，以及去除噪声和边缘跟踪。常用的处理图像的应用包括Photoshop和Instagram等，处理后的最终输出结果仍然是图像。

下一步包括分析和理解图像，本质上是将图像转换为可以描述它的文本。在最高层次上，图像识别将试图理解整个图像。深入研究图像的某一指定部分，可以用有界边框进行标记。图像分类和识别能够给图像打标签，判断其属于什么类型和它到底是什么。对于视频，这些概念可以扩展到对象追踪。关于计算机视觉的详细讨论，请参阅第 4 章。

从经济或市场的角度来看，相比使用传统和人工方法收集图像的高成本和困难程度，卫星图像可以让我们以一种相对自动化且成本更低的方式对世界进行快照。显然，卫星图像的分辨率越高，我们从图像中检测和构造的内容就越多。此外，如果可以重复捕捉某个位置的图像，我们就可以建立一个时序数据来展现整个变化过程。当然，对卫星图像的采样频率越高，获取和存储原始数据的成本也会越高。另外，在收集图像过程中可能会存在一些挑战，比如天气变化和云层覆盖，这些都会影响后期图像处理的方式，而且考虑到卫星的运行轨迹，在所有需要的位置定期收集图像不是一件易事。

在接下来的几节中，我们将讨论一些将卫星图像应用于经济学上的实例，包括使用夜间灯光强度来描述和预测美国出口数据，以及更细颗粒度地使用图像来识别停车场活动和估计零售商股票收益。

13.2　美国出口增长的预测

估计出口增长是一项艰巨的任务。实际上，它通常由一个国家出口伙伴的 GDP 数据作为代理变量。正如前面详细讨论的那样，GDP 数据通常是季度数据，其发布和修订往往存在很大延迟。因此，GDP 数据发布的时候，可能已经是几个月以后了。如果可以用一个更及时的指标来衡量国外 GDP，我们就可以在没有很大滞后的情况下估算当前季度的出口增长（即进行及时预测）。一种衡量 GDP 的方法是通过 PMI 调查（见第 12 章）。在这里，我们将讨论另一种方法。

Nie 和 Oksol（2018）提出使用卫星图像作为国外 GDP 的代理变量，即用其指代美国对外出口增长。方法的关键是从卫星图像中测量夜间灯光，其原理是相当直观的。我们可以预期，随着一个国家变得越来越富裕，经济活动也会越来越多，那么夜间灯光的使用就会越来越多。Nie 和 Oksol 使用了美国国家海洋和大气管理局地球观测组提供的公开图像数据集，其中云层等特定"噪声"已经被过滤掉了。

图像上的每个像素代表了大约 1 平方公里的区域。这种分辨率可能不足以观测到特定的物体，比如汽车或建筑物。然而，这种方法更加关注的是一个相对大的区域的光强。每个像素都有一个值代表夜间灯光强度，数据范围在 0 到 63 之间。一旦确定了特定的地理区域，就可以创建一个指数来测该区域的灯光强度，无论它是一座城市、一个国家还是其他地区。

Nie 和 Oksol 指出，这种衡量 GDP 的方法对新兴市场特别有用。表 13.1 给出了 1993 年到 2013 年两两指标间的相关结果，包括出口增长和灯光增长、出口增长和 GDP 增长以及 GDP 增长和灯光增长。在发达国家，出口增长和 GDP 增长之间似乎存在更强的相关性。相比之下，这种相关性在发展中国家表现较弱。作者推测是因为发达国家的 GDP 比发展中国家的 GDP 更容易衡量。

表 13.1　出口增长、灯光增长和 GDP 增长年度数据相关性

变量	发达国家	发展中国家
出口增长和灯光增长	0.29	0.28
出口增长和 GDP 增长	0.79	0.49
GDP 增长和灯光增长	0.17	0.14

资料来源：堪萨斯城联邦储备银行，Haver Analytics

随后，Nie 和 Oksol 构建了预测当前季度出口增长数据的模型：随机游走模型、GDP 模型和灯光模型。他们指出，虽然 GDP 数据只提供季度数据，但近年来的灯光数据已经可以按月提供（自 2017 年以来每天提供）。因此，他们在月度随机游走模型和月度灯光模型中重复操作，以估计出口增长。

然后，他们计算了模型估计和实际数据之间的平均推导率，如表 13.2 所示。值得注意的是，在对美国出口增长进行预测时，基于月度灯光数据的模型在所有经济体中的表现均为最优。这表明，夜间灯光数据确实能够及时有效地帮助估计出口增长，尤其是在 GDP 数据存在滞后的情况下。

表 13.2　模型估计和实际数据之间的平均推导率

模型设定	所有国家	发达国家	发展中国家
随机游走模型：季度数据	2.2	3.23	4.13
GDP 模型：季度数据	2.89	3.06	4.06
灯光模型：季度数据	3.06	4.05	3.11
随机游走模型：月度数据	2.28	2.14	3.27
灯光模型：月度数据	1.33	1.28	2

资料来源：堪萨斯城联邦储备银行，Haver Analytics

13.3　汽车数量和零售商每股收益

假设你希望了解某个商店的零售额或某个餐馆的老顾客数量，一种方法就是数一数走进商店或餐馆的顾客人数。如果一个商店只有一个入口和出口，那么人工计数是可行的。然而，如果我们讨论的是一家有多个出入口并且在全国各地有着许多分店的大型商店，人工计数将会成为一场噩梦。如果我们想跟踪整个零售行业，获取这些数据并管理背后的流程，将会是一项非常庞大的任务。或许我们可以尝试通过使用卫星图像来解决这个问题，即使用商店停车场的卫星图像作为输入数据。

前文已经广义地解释过（见 4.5 节），如何使用多种技术对图像或物体进行分类。特别地，我们注意到相比传统分类方法，卷积神经网络的效果更好。无论选择哪种技术，目标都是构造图像并提取相关信息。这通常需要使用卷积神经网络等技术识别并计算每张卫星图像中的汽车数量。需要验证的假设是，任何时间的汽车数量可以代表商店的零售活动或餐馆的繁忙程度。我们可能会认为，这是公司报告收益的一个良好指标。为了做到这一点，卫星图像必须有足够高的分辨率。这与前面使用低分辨率的图像测量夜间灯光强度的例子形成了对比。此外，与任何卫星图像一样，可能存在云层等其他因素的干扰，从而影响图像分析和结论。

当然，汽车数量只是一个近似值，因为我们并不能从卫星图像上确切知道每个顾客的消费情况。同时，这种方法也最适用于那些顾客大多开车去的零售店。虽然我们在这里关注的是零售店或餐馆，但也可以将这些技术应用到任何其他以消费者为导向的企业。

为了使这些汽车数据派上用场，我们还需要一些额外数据，如地址，借此将其与地理空间数据联系起来。需要强调的是，一旦确定了图像中停车场的具体地址，我们就可以专注于指定零售商店附近的停车场，而忽略其他停车场。如果我们的目标是将这些数据用于市场交易，那还需要进行一些实体匹配。换句话说，还需要将停车场的各种零售品牌与它们的标的股票相匹配，那么我们就可以交易这些股票。事实上，正如我们在第 3 章中提到的，这种与其他数据集的连接和实体匹配是大多数另类数据用例的共同特征。

为了验证这一假设，我们使用了来自 Geospatial Insight 的卫星图像数据集。Geospatial Insight 可以利用一个由 250 多颗在轨卫星组成的网络来收集图像。它们主要使用 DigitalGlobe 公司 Worldview 的卫星网络。这些卫星拍摄的图像分辨率特别高（26～51 厘米），完全可以达到识别汽车的程度，但不能识别号码和人。

我们重点通过 Geospatial Insight 的 RetailWatch 数据集来评估几家欧洲零售商的业绩。它包括对停在这几家零售店附件的汽车数量进行定期观察。输入图像后，根据地理围栏轮廓限定的区域，特定零售商的停车场会被裁剪下来。卷积神经网络（CNN）在这些被剪切过的停车场区域预测汽车可能的位置，内在机制来自人工标注汽车位置的大型数据集上的训练结果。然后，后续处理将提取单个汽车的位置，得到对应停车场的汽车数量。虽然这一过程是自动化的，但也需要人工核验以检查准确性。

该数据集目前追踪了一些上市公司，以及其他一些私营公司。虽然有一些类似美国零售商（如沃尔玛）的停车场数据集，但在撰写本书时，很少能找到专门针对欧洲的数据集。显然，这种方式对完全依靠线上业务的零售商来说意义不大，那么针对线上公司，我们可以尝试查看消费者交易数据等其他方法。

我们重点关注在股票市场上公开交易的公司的零售网点。Geospatial Insight 提供的原始数据包括了每家公司的名称、对应的彭博股票代码以及零售店停车场的名称和位置。每个样本都有一个时间戳，包括停车场的面积和车辆数量。因为不一定每天都有观测值，所以样本数据在时间上的连续性不高。正如我们预期的那样，某一天的观测数据并不是在同一时间一次性全部拍摄下来的。考虑到卫星的运行轨迹，它们将在不同的时间拍摄地球的不同部分，故每天能够被拍到的停车场数量也存在很大差异。另外还需要考虑云层覆盖相关问题。第 8 章已经给出了实例，解释了怎样对停车场卫星图像缺失数据进行处理。

我们通过以下几个步骤来计算基于汽车数量的指标。

首先，在滚动窗口的基础上计算拍摄的总面积和在那段时间内的汽车数量。

其次，考虑到不同零售商对应停车场的图像会存在变化，我们用汽车总数除以拍摄的总停车场面积。如果不这样做，最终会重复计算那些碰巧收集到更多图像的日子。

显然，还有其他方法可以整合数据。目前，我们忽略了商店之间的差异，选择将所有观察结果聚合到一个变量中。相反，我们可以尝试先根据商店等级合并部分汽车计数数据，然后在任意模型中将它们作为单独的变量。还可以尝试根据停车场的相对大小对商店进行分类，并将它们分成"小型""中型"和"大型"商店，从而将对应的汽车数量作为模型中的不同变量。

我们目前的方法虽然考虑了每个商店停车场的相对大小（由总停车场面积所代表），但除此之外，没有用到与商店相关联的其他任何元数据，比如位置。我们也不会根据其他指标（如停车场大小）来存储特定商店的信息。由非常高的颗粒度聚集带来的困难是数据集可能变得太稀疏。因此，任何类型的 bucket（对象存储中的一个存储空间）都需要考虑到这一点。快照的不规律也可能带来问题。例如，将一个特定的商店与一天中不同时间拍摄的快照进行比较，不太可能是一个好方法。而云层覆盖等其他问题也会带来阻碍。

根据我们之前的假设，汽车计数数据可以很好地代表收益，我们可以取一个与每家公司的官方收益公告相匹配的移动平均数。这将有助于解决数据的稀疏性问题。一般来说，上市公司每季度发布一次收益报告，或者每半年发布一次，或者一年发布一次。使用汽车数据集的好处是，我们将在图像拍摄后，官方宣布之前就获取到数据。几十年来，人们都知道，股票会在收益公布后出现波动，通常来讲，如果收益好于预期，股票会在收益公布后立即走高，而在收益令人失望时下跌（Ball and Brown，1968）。

因此，如果汽车数量指标可以用来提升盈利预测，我们就有可能围绕盈利公告交易相关股权。如果预测收益高于市场预期，我们就会在消息公布前买入股票，然后在消息公布后获利。另外，我们的汽车数量增加的收益预测可能会被用作横截面多头/空头股票篮子的潜在因子。

在案例中，欧洲零售商的停车场数据集通常每半年报告一次。因此，我们计算了调整后的汽车数量的 6 个月移动平均值，然后算出对应时期报道的每股收益。使用汽车数据的一个主要好处是，它可以在收益期结束后立即获得。相比之下，收益报告可能会滞后几周。收益共识估计也可以在实际的官方收益公告之前获得。然而，随着分析人士更新他们的预测，这一数字很可能还会在正式公告官宣之前发生变化。因此，收益共识估计不太可能像纯粹基于汽车数量指标那样给出早期的提示。

　　然而，如彭博社提出的那样，汽车计数方法是否与实际每股收益公告和收益共识有任何关系呢？图13.2展示了基于玛莎百货的汽车数量和每股收益的实际值和估计值。至少在这个特殊的例子中，我们从玛莎百货停车场的卫星图像中得出的汽车数量似乎与共识估计和实际声明都有很强的相关性。诚然，本案例的现有数据样本相对较少，后续可通过增加样本量来扩大研究范围。

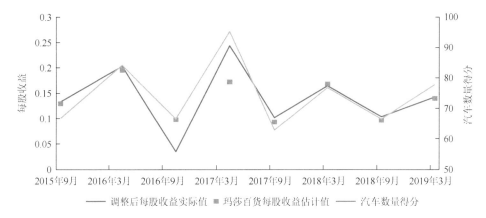

图 13.2　玛莎百货的汽车数量和每股收益（实际值和估计值）

资料来源：基于 Geospatial Insight 的数据，彭博社

　　与使用共识数据相比，使用车辆数据是否有额外的优势呢？为了验证这一点，我们研究了数据集中的几家拥有整套彭博社共识数据的公司。我们构建了几个全样本线性回归来帮助预测因变量 y——每股收益。第一个回归仅使用共识数据作为其自变量 x_1，第二个回归仅使用汽车数量作为自变量 x_2，最后一个回归同时将共识数据 x_1 和汽车数量 x_2 作为自变量。图 13.3 中给出了基于几个英国零售商回归分析的调整 R^2。

　　可以看到，与单独使用共识数据相比，添加了车辆数据后更有助于提高调整后的 R^2。这表明，在预测收益时，使用汽车数量作为共识数据以外的补充变量可能确实是有价值的。

　　当然，案例中还有一些需要注意的地方。该研究的数据时间跨度只从 2015 年到 2019 年，相对较短，而且只涉及三家公司。我们可以从其他来源获取共识估计数据，从而将地理空间洞察数据集中的其他公司添加到研究中。此外，另一个问题是，我们试图使用这些数据来进行短期预测，然后用非常小的样本集计算回归。然而，随着时间的累积，这将不是一个问题。

　　已经证实，将汽车数量数据添加到共识估计中将有助于解释每股收益。进一步探索如果将汽车计数方法与其他另类数据集结合起来呢，比如新闻？此外，这将使

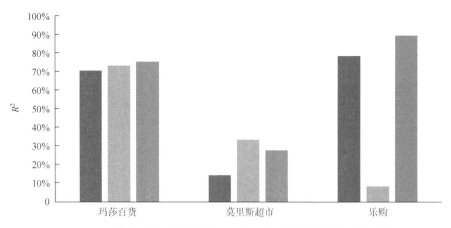

图 13.3　2015 年 9 月至 2019 年 3 月期间共识数据和汽车数量对每股收益的回归结果

资料来源：基于 Geospatial Insight 的数据，彭博社

我们能够比较这两个另类数据集。与汽车数据一样，基于新闻的数据将在收益期结束后立即发布，不存在滞后，或仅在接近实际收益发布时才完全更新。这一点和只有在非常接近财报电话会议的时候才会全面更新的共识数据大为不同。如果我们想更早地预测收益，则需要关注那些在实际收益公布之前就可以得到的数据集。

基于新闻数据的测算方法中，我们记录了一些特定的公开交易股票的彭博社新闻文章数量，同时区分了正面文章和负面文章数量。为创建新闻情绪指标，我们对应报道周期，计算了正面报道数量减去负面报道数量的移动平均值。

我们在每个报告周期结束时截取新闻度量指标的移动均值。因此，这个方法有点类似于之前基于汽车数量的方法。我们将样本范围扩展到 RetailWatch 数据集中的所有上市公司，即使是那些没有完整共识数据集的公司，因为在本例中不涉及共识数据。

我们再次构建了几个全样本线性回归来解释因变量 y—实际每股收益。第一个回归仅使用新闻指标作为自变量 x_1，第二个回归只使用汽车数量作为自变量 x_1，最后一个回归分别使用上述两个指标作为自变量 x_1 和 x_2。图 13.4 展示了基于一些欧洲零售商回归分析的调整后 R^2。可以发现，自发布以来，Geospatial Insight 已经在 RetailWatch 数据集中增加了大量新股票。

对于少数公司，如家乐福，车辆数量和新闻情绪指标的调整 R^2 都很低。对此可以有很多解释，原因可能是许多顾客是乘坐公共交通工具去商店的；或者它的新闻情绪相对比较中立，因此，很难确定具体是正向指标还是负向指标。

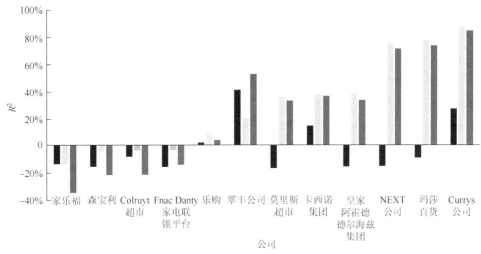

图 13.4　2015 年 9 月至 2019 年 3 月期间新闻情绪数据和汽车数量对每股收益的回归结果

资料来源：基于 Geospatial Insight 的数据，彭博社

在大多数情况下，当单个变量分别与每股收益回归时，基于汽车数量的调整后 R^2 高于基于新闻情绪的调整后 R^2。我们发现，除了翠丰公司，其他公司在添加新闻情绪指标作为自变量以后并不能额外提高调整后 R^2。在本书的后面，我们将展示一些实例，历史上新闻可以用来在交易中获利，特别是在外汇市场中。然而，这通常需要在较短的时间内汇总新闻，而不是通过在很长一段时间内（6 个月）看新闻来预测每股收益。

总之，我们已经使用了相对简单的方法来聚合汽车计数数据，即使这些方法非常简单和直观，我们也看到了应用汽车计数方法的前景。进一步的工作可能包括在其他数据集上使用相同的技术，例如，美国和加拿大等其他发达国家。此外，鉴于数据集中展示的数据并非包含了上市公司对应的所有停车场，值得商榷的是，部分停车场数据是否能够很好代表整个公司。我们还注意到，将汽车数量指标与其他指标（如收益共识估计或基于新闻情绪的指标）相结合，可以在某些情况下提高每股收益的整体解释程度。然而，由于数据集缺乏丰富的历史资料，目前还无法得出强有力的统计结论。

同样值得探讨的是，是否可以将共识收益预测与其他另类数据集（除了我们已经做过的新闻）相结合，如消费者交易数据或手机位置数据，以得到更准确的收益预测。在实践中，所有这些措施都只是对消费者支出模式或对一家公司新闻的部分样本。因此，通过使用更多的另类数据集来增加样本大小可能会提高精度，但前提是样本不完全重叠。

13.4　利用卫星数据测算中国制造业 PMI

在第 12 章中，我们详细讨论了采购经理人指数（PMI），指出这种基于调查的"软"数据可以成为 GDP"硬"数据的先行指标。那么问题来了，我们是否可以使用另一个另类数据集（如卫星图像）为 PMI 数据创建一个先行指标呢？从而使得这种预测在 PMI 数据汇编和发布之前就能实现。

对于某些经济活动，如工业活动，人们似乎认为，留下的有形活动痕迹是可以被利用起来的。毕竟，为了制造可以被追踪的成品，往往需要储存原材料。这与金融业形成了鲜明对比，金融业不太可能因为其活动结束而留下有形印记。此外，在世界某些地区，官方经济数据可能不那么可靠，或者发布时存在很大滞后。因此，正如我们之前详细讨论的那样，寻找经济活动的替代指标这件事意义重大。

Eagle Alpha 2018 年探讨了利用 SpaceKnow 卫星图像估算中国制造业 PMI 数据的方法。SpaceKnow 追踪工业活动的特定迹象，比如新建建筑工地或库存积累。过去的 14 年中，SpaceKnow 已经收集了 22 亿次观测数据，覆盖范围超过了 50 万平方公里。

归一化差值植被指数（normalized difference vegetation index，NDVI）可以告诉我们地球表面的植被覆盖面积（Weier and Herring，2000）。植物吸收可见光用于光合作用，但倾向于反射红外光，防止自身过热。相比之下，土壤吸收的可见光较少。因此，肉眼看到的植被往往是浅色的，而土壤是深色的。类似原理的指数还有增强植被指数（enhanced vegetation index，EVI），它纠正了由于空气中粒子而造成的反射光畸变。

SpaceKnow 在拍摄图片的过程中使用了类似的方法，尽管是用来识别人造建筑范围而非植被覆盖范围。算法背后的基本思想是，水泥和钢铁以特定的方式反射不同波长的光。因此，就像 NDVI 一样，可以确定地球表面有多大范围被水泥和钢结构覆盖。该算法不但根据可能影响图像的各种大气因素，比如云层或气溶胶进行了调整，还比较了来自 6000 多个工业设施的图像，最终得出卫星制造业指数（satelite manufacturing index，SMI）。与官方 PMI 和财新 PMI 滞后 1 个月发布的月度数据相比，SMI 每周一、周三和周五更新，滞后期仅为 10 天。

中国官方 PMI 制造业数据主要来源于国有企业等大型企业，而财新 PMI 则侧重于中小企业。图 13.5 显示了中国官方制造业 PMI 指数、财新制造业 PMI 指数以及 SpaceKnow 卫星制造业指数。大体上看，SMI 和其他 PMI 之间似乎存在良好的相关关系，尽管它们的源数据非常不同。在我们的样本中，SMI 与中国官方 PMI 制造业指数之间的相关性为 0.64。

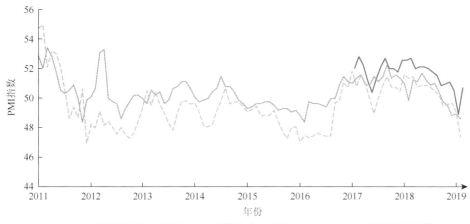

图 13.5　SpaceKnow 卫星制造业指数与中国官方制造业 PMI 和财新制造业 PMI 对比结果

资料来源：基于 SpaceKnow 数据，彭博社

　　站在交易的角度来看，如果预测一个经济指标，比如 PMI，我们可能会有兴趣了解它与共识预测的对比情况。共识预测是由彭博社等公司从许多市场经济学家（通常为卖方）那里搜集来的。

　　至少在很短的时间内，市场对突发事件的反应会高于市场预期。如果市场预期非常糟糕，而实际发布的数据也确实不好，那么市场的反应可能会比较温和。如图 15.5 所示，我们给出了一个例子来说明美元/日元收益率对异常非农就业人数变动的反应情况。在这种情况下，短期回报与意外事件（至少对于相对较小的意外）之间大体上呈线性关系。这也表明，如果能够理解突发事件的本质，我们也许就能将其货币化。

　　与单独使用共识预测相比，SMI 是否提供了额外信息呢？考虑到中国官方制造业 PMI 数据有较多历史数据，我们重点通过预测该指标来回答上述问题。

　　我们构建了一个混合模型，如式（13.1）所示，使用了窗口可变的滚动线性回归，其中自变量 x_1 和 x_2 分别是共识预测和 SMI，因变量 y 是中国实际发布的制造业 PMI 数据，β_0 是回归系数，ε 是残差。

$$y = \beta_0 + \beta_1 x_1 + \beta_2 x_2 + \varepsilon \qquad (13.1)$$

　　其中，回归系数我们由前一个月的数据估计得出，自变量 SMI 和共识预测选用当月数据。

　　图 13.6 绘制了 2011 年至 2019 年初期分别对应彭博社共识数据、SMI 指数以及混合数据的中国制造业 PMI 结果。表现最差的是仅用 SMI 作为自变量的模型，其平均绝对误差为 1.05。仅用共识数据作为自变量的模型平均绝对误差为 0.42，几乎与混合模型相同。

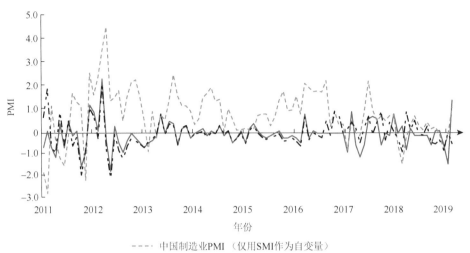

图 13.6　分别用 SMI、共识数据和二者混合作为自变量对应的中国制造业 PMI 变化

资料来源：基于 SpaceKnow 数据，彭博社

　　那么问题出现了，如果仅含共识数据的模型和共识数据与卫星数据并存的混合模型有着几乎相同的平均绝对误差，我们为什么还要使用卫星数据呢？前面曾提到，卫星数据是在中国制造业 PMI 公布前 10 天发布的。我们需要使用在实际发布之前更新的最终共识数据。而随着经济学家在调查中更新预测和接近实际经济数据的发布，共识数据往往会发生变化。因此，很可能在事件发生的 10 天前，我们不会得到一个最终确定的共识数据，但可以拿到 SMI 数据。此外，SMI 数据也在每周一、周二和周三高频更新。相比之下，中国 PMI 仅每月发布一次。

　　在实际应用中，我们也可以通过添加更多的变量来减少平均绝对误差从而改进混合模型。换句话说，可以通过增加现有数据集的样本量，而非使用其他代理变量。当然，要提醒大家，绝对误差不应该是判断预测结果的唯一标准。我们也可以尝试基于 SMI 指标对交易策略进行回测。此外，还可以尝试使用 SMI 来为其他指标建模，特别是之后发布的"硬"数据。

13.5　小　　结

　　来自卫星成像和航空摄影的数据信息已被使用多年，尤其是在军事领域。近年来，这些数据也被应用在了投资领域。我们已经描述了几个数据集，包括 Geospatial Insight 的欧洲零售商停车场的汽车数量数据，研究表明使用该数据集能够较好地估计股票收益。我们还展示了如何使用多个数据集来提高每股收益的估计效果（如新闻情绪数据）。

使用这些基于图像的数据集的关键是通过高效的结构化技术，将图像转换成更实用的数字化数据，从而使投资者更容易购买。已经证实，利用卷积神经网络等技术进行图像中的目标检测是非常有效的（关于使用机器学习构造图像的进一步讨论参见第 4 章）。

然而，使用卫星数据作为另类数据集的时间不长，可用数据不多。当然，这个问题是暂时的，我们很快就会有足够的图像数据来得到可靠的统计模型和结论。

第 14 章　位　置　数　据

14.1　引　　言

前面一章已经讨论过卫星在拍摄图片方面的深远应用，除此之外，卫星还能通过 GPS 或者 Galileo 系统实现定位功能。现如今，GPS 已经被广泛安装在汽车、轮船、飞机和手机等设备中。

而当人们处于某些无法使用 GPS 的建筑内部时，还可以通过其他移动设备的发射机对手机进行三角定位从而实现位置锁定。除此之外，手机上的应用程序也可以获得位置信息。

接下来，本章将重点讨论投资者利用位置数据获利的案例，比如通过研究船舶的运动轨迹来监测海上原油出口；使用移动电话位置数据来预测零售活动；通过联邦公开市场委员会（FOMC）会议期间的出租车搭乘数据研究特殊时期的市场信息流动情况以及利用公司高管商旅行程数据预测并购活动。

14.2　利用航运数据实现原油追踪

通过联合国商品贸易统计数据库或国家统计局可以获取全球贸易统计数据。这些机构通常会按照约定对数据进行标准化处理，因此我们可以轻松获取不同国家之间商品和货物的贸易往来数据。每种特定类型的交易都会对应一个标准码，比如原油，其中一些代码可能具有非常细的颗粒度。

然而从上述机构获取贸易统计数据的困难在于，这些机构并不能对数据进行实时更新。因此，不同国家发布数据的时间往往存在不同程度的滞后。针对这种情况，一种备选方法是查看国家之间进行贸易往来的船只航行次数，然后将这些数据汇总起来，作为联合国商品贸易统计数据库和类似数据集的替代数据。从历史上看，这些信息通常是由船舶经纪人整理的，但这种工作也很难频繁进行。

然而，随着自动识别系统（automatic identification system，AIS）的出现，对船舶交通进行高频监测变得更加可行。Adland 等（2017）讨论了利用 AIS 数据来了解原油流动。我们将在这一部分引用论文中的一些结果，并进行总结。所有客船和总吨位大于 300 的船舶都安装了 AIS 发射机，帮助记录船舶位置、速度、当前航线以及其他细节数据，如船舶名称、船舶类型、吃水、当前航程的目的地等，通过收集 AIS 信号可以获取船舶运动轨迹。接收器可以是陆基信标，也可以是卫星接收器。随着船只位置与接收器的不同，追踪频率也存在差异。如果只通过卫星接收器追踪船只在公海发送的 AIS 信息，每次需要间隔几个小时。因此，在更高频率上评估位置的唯一方法是根据船只运动的速度和方向从最后可用的 AIS 信息中进行推算。相比之下，陆基 AIS 接收机可以实时接收其射程范围内的船只信号。

原始 AIS 数据集可能非常庞大而且很难理解。在试图辨别其中某些数据是否被故意伪造时，也存在困难，如当前航行的目的地。此外还存在需要正确匹配实体的缩写数据。Button（2019）指出，在 AIS 数据集中，船长使用了多种方式来记录 Rotterdam[①]，包括 R'dam、Rdam、Roterdam 和 R-dam。综上所述，如果我们要用 AIS 数据来量化海上商品流动，需要进行大量结构化处理，从而将其转换为更可用的形式。

许多数据公司，如埃信华迈，都有基于 AIS 数据的数据产品。通常，数据公司会花很多时间来构建 AIS 数据，尤其是从交易员的角度总结数据集中最重要的部分。数据公司通常会添加标签，比如每艘船的起运港和到达港，所载商品以及其他一些细节数据并做定期（如每天）汇总。为了定义港口，有必要在地图上做地理围栏标出这些区域。利用吃水数据和每种商品的相对密度，就可以对船舶所载商品做出有根据的猜测。

油轮是专门为运输原油而设计的，它们不能运输其他商品。同样，只有某些特定船舶可以装载液化石油气。而对于干散货船舶来说，要具体了解它们所载的货物（如煤和谷物）就比较困难了。因为 GPS 数据可能不足以准确定位使用了哪个泊位（为了做到这一点，还需要对每个泊位进行地理围栏标记），所以我们需要从港口当局获得更多基于船只卸货时的细颗粒度泊位数据。此外，某些泊位只能容纳某些特定类型的商品。

该数据还可以与其他数据集结合起来，如端口代理报告。然后汇总这些结构化数据，来了解特定商品和货物的贸易轨迹。通常，最终的结构化航运数据集将比原始 AIS 收集的数据小几个数量级。

上述方法特别适用于由船舶运输的商品，如原油。但不可否认的是，会遗漏通过其他方式运输的商品贸易轨迹，比如通过管道运输的原油。而对于运载多种货物的集装箱船舶来说，也可能存在问题。因为集装箱内的具体货物名称没有逐一申报。但是在某些情况下也可以通过第三方渠道获得更精细的数据。例如，Adland 等（2017）指出，在美国，上述数据会记录在提单中，但并不是其他所有国家都会这么做。此外追踪任何海到海的运输也很棘手。

[①] 鹿特丹港市（荷兰西南部港市）。

埃信华迈基于原油航运数据集（IHS Markit，2019）进行了建模。数据集包括船舶的运动轨迹并且考虑了多程旅行，使用了超过 2600 个 AIS 探测器，其中，部分探测器基于陆基信标，另外一部分基于卫星系统，并结合港口和特定泊位的位置数据监测船舶移动。

埃信华迈还汇总了原油进出口信息。原油轨迹按产品类型（超过 300 种）和地理位置（从区域到港口等级）进行分组。尽管石油通常储存在陆地上的油罐里，但同时也有大量石油正处在海洋运输途中。事实上，一些船只可能已经停止运输，成为"漂浮的海上仓库"。埃信华迈提供的数据显示了目前海上的石油储量，而且还根据包括卫星图像在内的一些另类数据集给出了提前 5 周的原油量预测。

Adland 等（2017）使用了另一家公司 Clipper Data 收集的原油数据，该数据来源于 AIS 对船舶轨迹的跟踪以及港口代理报告（由 Inchscape 航运服务提供），其中不包括船只在本国内的航程数据。为了衡量 AIS 估算的出口量有多精确，作者将其与 JODI（Joint Organisations Data Initiative Oil World Database，联合组织数据倡议石油世界数据库）的官方石油出口数据进行了对比（官方数据来自欧盟统计局、OPEC 和 IEA 等多渠道）。表 14.1 中展示了 Adland 等（2017）提出的海运原油出口前 20 的 AIS 数据和 JODI 数据。

表 14.1 AIS 数据与官方原油出口数据比较结果

原油出口总量排行前 20	2013 年			2014 年			2015 年		
	AIS	JODI	相差%	AIS	JODI	相差%	AIS	JODI	相差%
沙特阿拉伯	2 486	2 753	−9.7	2 326	2 592	−10.2	2 352	2 698	−12.8
俄罗斯	1 360	1 565	−13.1	1 282	1 640	−21.8	1 393	1 787	−22
阿联酋	835	945	−11.7	937	934	0.4	941	468	101.1
伊拉克	688	867	−20.7	868	920	−5.7	980	1097	10.6
委内瑞拉	667	468	42.8	698	539	29.5	713	530	34.6
尼日利亚	584	755	−22.6	729	765	−4.6	709	777	8.8
科威特	663	751	−11.8	672	730	−7.9	681	661	3
安哥拉	591	595	−0.8	572	577	−0.9	598	607	1.6
伊朗	352	606	−42	422	506	−16.6	439	496	11.6
墨西哥	417	464	−10.2	410	445	−7.9	413	455	9.3
卡塔尔	436	218	99.5	401	217	84.7	406	179	126.5
挪威	206	437	−52.9	373	439	−15	339	451	24.8
土耳其	292	−	249	−		368	−		
阿曼	271	306	−11.4	280	294	−4.6	307	287	7
埃及	266	35	657.7	253	43	492.4	281	57	396.7
哥伦比亚	245	257	−4.6	267	264	1.2	263	156	68.8

续表

原油出口总量 排行前 20	2013 年			2014 年			2015 年		
	AIS	JODI	相差%	AIS	JODI	相差%	AIS	JODI	相差%
英国	224	224	0.3	234	208	12.6	237	217	9.2
巴西	133	133	−0.4	189	189	−0.1	228	269	15
阿尔及利亚	190	229	−17	170	206	−17.5	165	193	14.7
荷属安的列斯群岛	142	—	161	—		189	—		
总计	11 047	11 610	−4.8	11 493	11 506	−0.1	12 002	11 384	5.4

资料来源：Clipper Data，JODI

正如作者所说，许多国家的 AIS 数据和官方数据存在很大差异。例如，一些没有任何石油生产的地区莫名出现在了榜单上，如荷属安的列斯群岛（主要的石油转运和储存站）。而像加拿大这样主要通过管道出口石油的国家却根本没有上榜。

即使个别 AIS 数据和真实数据存在较大差异，但总的来说并不是太大的问题。还是可以说，基于 AIS 的方法能够很好地通过航运数据进行出口预测。当然，为了详细了解特定国家的出口数据，我们可能还会用上其他数据集来进行综合考量。

从交易的角度来看，与滞后性非常强的联合国商品贸易数据相比，高频率的原油供应数据可能会更有用处。虽然我们讨论的 Adland 等（2017）的实例主要应用在了原油上，但类似的方法很可能也适用于其他商品，特别是谷物、铁矿石和煤炭等不能通过管道运输的干散货。

虽然我们的关注点是利用航运数据来了解原油流动，但 AIS 数据集还有许多其他的潜在用途。例如，利用 Clipper Data 中的航运数据集预测油轮未来运费（Olsen and Fonseca，2017）。此外，Button（2019）还探讨了如何使用 MarineTraffic 的 AIS 衍生数据集来解释某些船舶的货运供需失衡，这对预测运费率很有帮助。

14.3　利用手机定位数据了解零售活动

获取特定地点的人群信息可以有多种方法，其中一种是在当地安装一个传感器。这可能是一种基于闭路电视监控系统的解决方案，即通过录像或红外传感器实现自动计算。如果能广泛安装传感器，那我们将得到一个数量可观、覆盖广泛的样本数据。然而，这种方法非常具有挑战性，除非我们有权利在所有感兴趣的场所都能安装这些设备。

另一种方法是通过追踪人们携带的设备，尤其是手机。利用 Wi-Fi 已经可以实现定位，并且不需要在手机上安装任何东西。然而，出于《通用数据保护条例》（GDPR），每个 Wi-Fi 设备都有一个唯一的 MAC（media access control，直译为媒体存取控制位址）地址用来识别身份，考虑到隐私问题，用户很难接受这种 Wi-Fi 式追踪。

之前提到过，移动电话的位置可以通过许多不同的方式进行定位。一种方式是在手机上安装具有定位功能的应用程序。如果用户明确允许应用程序获取位置信息，那么这些数据就可以被记录下来。所在位置可以通过 GPS 和其他方法来测量，比如通过测算与移动电话发射塔和 Wi-Fi 接入点的距离。显然，想要保证充足的样本数量并使其具有广泛的代表性，需要安装足够多的应用程序。同时还必须考虑一些不愿意曝光位置信息的用户。

与大多数另类数据集一样，为了使投资者能够利用位置数据，需要进行大量的结构化处理。单纯地观察从移动电话中获得的原始位置数据不太可能为投资者提供更多有用的信息。实际操作中，将位置数据与企业地址数据结合起来是非常重要的，而且对每个感兴趣的地址和其他元数据（如营业时间），还需要使用地理围栏进行标记，由此来确定更加精确的位置信息。地理围栏也需要以时间点的方式进行记录，因为位置信息可能会随着时间的推移而有所变化。例如，商店新开业或者闭店。显然，与大型区域（如主题公园）相比，很难确定一个人是否去过较小的地理围栏区域（如社区商店）。此外还有必要排除那些只是开车或步行经过的路人。

从投资者的角度来看，我们可能只对某些商店感兴趣，借此探究它们是否处于行业领先地位。或者，我们可能只是想汇总某个特定商店品牌的客流量，即得到访问过该商店的总人数。此外，还需要将我们想要交易的品牌和母公司之间进行实体匹配。除了客流量，其他值得关注的变量还包括顾客的停留时间。如果顾客重复进店，并且在里面停留更多时间，那么这很可能预示着商店盈利的上升。相比之下，如果客流量很大，但停留时间较少，则表明顾客没有花足够的时间来购买任何商品或服务。

需要注意的是，手机位置数据与其他数据集一样仅仅是一个样本，不太可能代表总体。任何样本都要足够大才能具有代表性。此外，任何观测都要适当地进行标准化处理。例如，客流量指标不应该随着样本数量增加而增加，而是应该根据面板大小的变化进行调整。标准化处理还需要考虑到人口、地理和行为等方面的偏差。另外一个问题是我们不想仅仅因为某些人是应用程序的活跃用户，就过多计算他们的位置数据。通常，应用程序应该记录人们正在使用它时的位置信息，而不是在后台运行时的。

此外，还可以将这样的数据集与其他以零售为中心的数据集结合起来进行综合分析。例如，我们前面讨论过的卫星图像中的汽车数量。为了从更大粒度上获悉每个访问者的实际支出，考虑添加消费者交易数据也是一个不错的选择。此外，还可以加入与情感相关的数据集，这个我们将在后续进行讨论。

显然，在发布此类数据之前，都需要对其进行充分的匿名化和整合处理。从投资者的角度来看，任何情况下汇总处理后的数据才是更重要的。虽然本节中只谈到了手机位置数据对零售商的用处，但实际上该数据集还可以应用在工业企业活动和追踪进入特定环境的工人数量上。

14.3.1　使用手机位置数据交易 REIT ETF

Thasos（2019）研究了 Thasos 购物中心的客流量指数。该数据通过调查美国最大的零售地产投资信托公司拥有或管理的约 4000 处房产，提供了每日访客数量的同比变化。首先，图 14.1 展示了 Thasos 购物中心客流量指数与美国官方零售额月度数据的对比情况。显然这两个数据集之间是存在一定相关性的（0.21），而且使用购物中心客流量指数与美国零售额等官方数据相比好处在于，数据更新更及时。

图 14.1　Thasos 购物中心的客流量指数与美国官方零售额同比数据对比

资料来源：Thasos 数据，彭博社

计算 XRT[①]的同比收益数据和 Thasos 购物中心的同比客流量指数之间的相关性，结果为 0.63。因此可以认为，XRT 和基于客流量指数计算的零售数据具有一定相关性。Thasos 指出，这些相关性之间的差异可能表明，客流量同比指数具有正交信息。由于 XRT 并不包含在美国零售数据中，这对理解 XRT 的价格走势将很有帮助。接下来本书提出了一个利用 Thasos 指数进行 XRT 交易的策略。

---

① SPDR S&P Retail ETF（XRT）由美国大型零售房地产投资信托基金组成。

参照 Thasos（2019）的研究，我们创建了一个比较简单的交易规则。

当 Thasos 同比指数高于其 20 天移动平均值时，应用做多策略。

当 Thasos 同比指数低于其 20 天移动平均值时，应用做空策略。

该交易规则的基本原理是，如果客户访问量越多，收入可能就越高，因此股票的表现就会更好。我们假设 Thasos（同比）数据可以和收盘价在同一时间获得。图 14.2 给出了基于这种交易策略的累积收益（包含交易成本）。然而，我们并未考虑额外成本，如做空时的融资。除了这种积极的交易策略，我们还展示了只做多 XRT 仓位的收益情况。积极交易策略的信息比率为 0.96，而做多策略的信息比率为 0。此外，基于 Thasos 的积极策略的收益很高，做多所需借款也并不多。这表明，至少从历史上看，Thasos 从手机位置数据中得出的商场客流量指数确实为交易 XRT 提供了一些帮助。

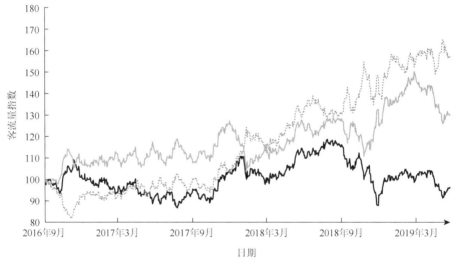

—— 仅做多XRT	收益率 = 0.8%	波动率 = 18.8%	信息比率 = 0.04 除权除息 = −26.8%
····· 交易Thasos和XRT	收益率 = 18.7%	波动率 = 18.8%	信息比率 = 1 除权除息 = −18.5%
—— 交易Thasos和XRT（滞后1个月数据）	收益率 = 11.6%	波动率 = 18.8%	信息比率 = 0.62 除权除息 = −18.4%

图 14.2　根据 Thasos 购物中心的客流量指数交易 XRT

资料来源：Thasos 数据，彭博社

需要注意的是，考虑到实际操作中的数据处理延迟和产生信号所需的时间，我们可能需要做延迟处理。如果我们在交易中引入一天延迟，会使回报率降低到 6% 左右，信息比率降低到 0.35。因此，考虑到市场需要时间来将信息反映到价格上，有理由认为引入更长的滞后期是有必要的。如果我们延迟一个月，信息比率为 0.6。然而，即使应用了滞后数据，模型结果仍然远远好于只做多的策略。

Thasos（2018）的访问数据也可以通过物业获取。这对直接投资于某些地产或正寻求投资于这些地产的私募股权投资者尤其重要。此外，从股权投资者的角度来看，某些商场是行业整体健康状况的领先指标。因此，拥有更多的细颗粒度数据可以帮助我们进行更广泛的预测。

图14.3给出了加州两个距离相对较近的购物中心——Century City 和 Westside Pavilion 的客流量同比数据变化。除此之外，我们还标出了新店开业时间（1，3，4），以及老店关闭的时间（2 和 5）。可以看到，随着 Century City 新开大型商店，客流量也随之上升。然而，一段时间之后，这种增长开始减弱。相比之下，Westside Pavilion 的客流量在同一时期并伴随着店铺的关闭，开始下降。

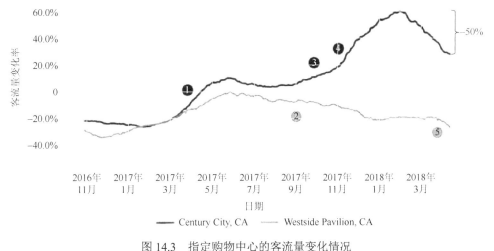

图 14.3　指定购物中心的客流量变化情况

资料来源：Thasos 数据

图中数值表示基于 91 天滚动窗口期的客户访问量的年变化情况

除了客流量数据，本书还讨论了从移动位置数据衍生出的其他指标，如游客到商场的距离，这可以用来衡量一个商场的吸引力。也许不出所料，在同一时期，人们到 Century City 的平均距离会增加，而到 Westside Pavilion 的距离会减少。

14.3.2　利用手机位置数据估算每股收益

上一小节中我们已经看到了如何利用手机数据来交易基于 REIT 的 ETF。本节中，我们将手机数据应用在那些进行线下而非线上交易的公司。

在这个例子中，我们使用了来自 Thasos 更细粒度的数据集。该数据集包含了2016～2018 年部分美国零售商店和餐馆的每日客流量数据，这些公司包括著名的消费品公司，如麦当劳和沃尔玛。所有的样本公司会在每季度发布收益。基于每个季度日数据的平均值，我们创建了一个客流量得分，恰好对应一个收益周期。由于各公司每个季度的结束时间各不相同，Thasos 的数据已经通过多种方式进行了标准化处理来解决位置数据中可能出现的各种偏差。通常，数据集中的面板仅仅是整个样本（即所有访问人数）中的一小部分。它需要进行规范化处理，以确保该数据在各种特征方面都具有代表性，如访客的年龄或收入。

图 14.4 给出了一个典型案例，展示了来自彭博社的共识估计、实际报告收益和客流量得分三个指标的对比情况。可以看到，客流量评分、共识估计都与实际收益高度相关（分别为 0.85 和 0.98）。至少在这个例子中，客流量很可能是估算每股收益的重要指标。

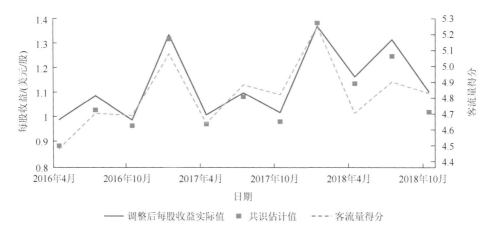

图 14.4　沃尔玛每股收益实际值、共识估计值和客流量得分的比较结果

资料来源：Thasos 数据，彭博社

接下来我们要探究的是上述结果是否可以推广到数据集（2016～2018 年）中的其他公司。因此，我们用实际每股收益作为因变量，共识估计、客流量得分作为自变量分别进行以下三个回归。

（1）仅将共识估计作为自变量。

（2）仅将客流量得分作为自变量。

（3）将共识估计和客流量得分同时作为自变量。

图 14.5 展示了每种回归分析结果中的调整后 R^2。使用调整后 R^2 有助于判断回归分析中的变量个数是否合适。结果发现，对于一些公司，如达顿餐饮公司（Darden Restaurants Inc），第一种回归模型的调整 R^2 值非常高，表明仅用共识估计作为自变量来进行预测是很准确的。一种可能的解释是，许多参与共识估计的人都在使用另类数据集来帮助他们进行预测。在回归中添加客流量得分并不会显著改善

调整后的 R^2。虽然共识估计数据似乎很好地解释了实际每股收益，但正如我们在第 13 章卫星数据中提到的，共识估计数据要等到接近实际收益发布的时候才完全公布。这与手机定位客流量得分形成了鲜明对比，后者在收益季末和官方收益发布之前就可以获得，大大缩短了延迟。

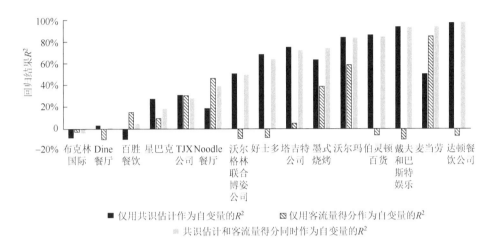

图 14.5　共识估计和客流量得分对每股收益的回归结果

资料来源：Thasos 数据，彭博社

是否有办法利用其他早期可用的另类数据集改进使用客流量得分进行单一回归的调整 R^2 呢？这将使我们能够比较客流量与其他另类数据集的解释能力，并在共识估计最终更新之前获得更好的预见性。

在第 13 章中，我们使用了股票新闻的情绪数据，并将其与欧洲零售商的汽车数据进行比较。通过计算每个盈利期内正面报道和负面报道的数量均值得到了新闻得分。这里我们将尝试类似的方法，用一个新闻分数来补充客流量得分。此外，我们还将查看每个公司正面和负面推文的数量，以类似构建新闻得分的方式，获取对应收益期内的正面和负面推文数量均值。

为了说明将新闻、客流量和 Twitter 数据结合起来解释实际收益有多有效，我们将进行五个回归分析。因变量是实际每股收益，自变量分别为：①新闻得分；②客流量得分；③Twitter 得分；④客流量得分和新闻得分；⑤客流量得分、新闻得分和 Twitter 得分。

图 14.6 给出了基于数据集中所有美国公司的五种回归分析的调整 R^2。对于一些公司，如沃尔玛（WMT US Equity）和麦当劳（MCD US Equity），调整 R^2 显示实际每股收益和客流量之间存在很强的关联。而在大多数情况下，添加了新闻和 Twitter 数据的模型似乎并没有明显帮助提高调整后的 R^2。

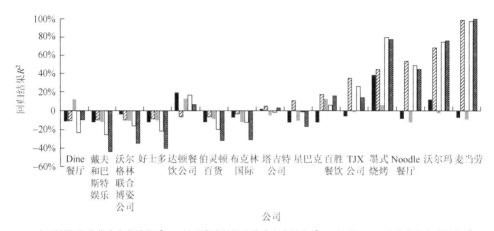

图 14.6 客流量得分、新闻得分和 Twitter 得分对每股收益的回归结果

资料来源：Thasos 数据，彭博社

对于样本中的其他公司，我们发现使用其他另类数据集得到的调整后 R^2 值并不显著。本书的后面章节将着眼于新闻和社交媒体数据的其他用例，历史证明它们是可以帮助投资者获利的。一般来说，这往往适合短时间内的投资决策，从而避免 α 衰变。

实际操作中，如果我们想根据这些观察结果创建一个可交易的策略，就不能使用全样本回归。相反，需要使用某种类型的扩展窗口（或滚动回归）来估计模型系数。此外，我们应该注意到，如果想在交易环境中对每股收益进行建模，另类数据集只能作为补充变量来改进模型，而不能作为唯一变量。此外，类似之前根据客流量制定的 REIT ETF 的交易策略，我们还可以尝试进行高频交易。

14.4 出租车出行数据和纽约联储会议

出租车通常都装有 GPS 来获取位置信息。当把这些数据整合在一起后，对市场参与者有帮助吗？纽约出租车和豪华轿车委员会每年会提供现成免费的打车数据，包括乘坐出租车、优步（Uber）和 Lyft 等。每个记录都包含一些字段，比如上车点、下车点、各自对应的时间以及乘客的数量。由于这些数据每年才公布一次，因此，对短期交易可能帮不上什么忙。一个典型的做空实例可能是交易 Lyft 等公司的股票，或者利用打车数据估算整体经济活动。然而，尽管该数据集的发布相对滞后，但仍可用于长期分析，例如，解释优步和 Lyft 等服务对出租车的影响。

出于不同的目的，Finer（2018）也使用了相同的出租车数据集，旨在利用它来了解联邦公开市场委员会（FOMC）会议期间美联储和市场参与者之间的信息流动。文章分析了 2009 年至 2014 年期间纽约市主要银行周边地区和纽约联邦储备银行周边地区之间的出租车搭乘情况，用这些出行数据作为市场参与者与纽约联邦储备银行会面的代理变量。当然，即使假设似乎是可信的，我们也不可能肯定地说，这些地点之间的每一次出行数据都与此类会面有关。

报告指出，在 FOMC 会议期间，大型银行和纽约联邦储备银行周边地区之间的出租车行程数量出现明显上升，尤其是在美联储沟通中断期之后的午餐时间以及深夜。

美联储的沟通中断期（或静默期）发生在 FOMC 会议召开之前，在此期间官员们不能就货币周期发表公开评论。即使我们假设这些出租车行程的大部分是美联储官员和市场参与者之间的私下会面，也不可能准确地确定这些会议期间的信息流动。此外，这种方法没有涵盖使用其他交通工具的行程。

14.5　公司商务机位置数据和并购

现在很多会议都是在网络上进行的，无论是通过电话还是视频形式。高速通信可以保持通话清晰，也可以共享屏幕和媒体。然而，在实践中，任何技术都不太可能取代商旅出差，尤其是对于非常重要的商务会议。如果我们能够追踪公司高管的行程，就有可能深入了解他们正在计划的交易。鉴于高层管理人员可以经常乘坐私人飞机出行，这让我们有机会追踪这类活动，特别是当他们访问相对不寻常的地点时。

Kamel（2018）研究了 Quandl 公司的企业航空情报数据集，该数据集跟踪了企业飞机的活动行程。为了更好地利用原始数据集，Kamel（2018）指出需要进行大量的实体匹配。也就是说，有必要将私人飞机与所属公司进行匹配，然后再与该公司股票进行匹配。鉴于公司专机的所有权结构可能很复杂，这一步匹配工作往往不是件简单的事情。例如，飞机可能不是直接归公司所有，而是租赁或部分拥有。然后需要进行下一步匹配，即将公司的股票代码对应到特定的飞机行程。

Adams-Heard 和 Crowley（2019）根据 Quandl 的数据集给出了一个具体案例，详细说明了私人飞机上的企业商旅数据如何成为并购活动的领先指标。2019 年 4 月底，属于西方石油公司（Occidental Petroleum Corp）的一架私人飞机分别出现在了奥马哈，这里是沃伦·巴菲特的家乡，也是伯克希尔·哈撒韦公司（Berkshire Hathaway）总部所在地。尽管 Gordon Haskett 研究顾问公司的研究人员无法确定飞机为什么会出现在奥马哈，但还是引用了这个信息。（"我们已经意识到，这可能试图让巴菲特参与这笔交易[①]，并帮助提供其收购要约中的现金支付"）。

---

① 这宗交易可能就是西方石油公司打算收购阿纳达科石油公司（Anadarko Petroleum Corp.），后来证实巴菲特确实参与了这笔交易。

Strohmeier 等（2018）使用了来自 OpenSky 的关于飞机位置的网络数据，然后将它与各种元数据结合，来补充相关信息，比如飞机类型和所有权的数据集。基于这一点，它可以排除商用飞机的数据。然而，正如作者指出的那样，这些数据集噪声很大，也暗示了 Kamel（2018）早些时候提出的观点，即将飞机与企业所有者匹配是很困难的。Strohmeier 等的研究中，一部分通过政府飞机的活动来了解政府之间的关系，另一部分则用来预测并购交易，本节将重点介绍第二部分的内容。

Strohmeier 等研究了 88 架公司飞机的详细活行程数据，这些飞机相对来说更容易与欧洲或美国的大型上市公司匹配得上。数据集中大部分的行程时间集中在 2016 年 1 月至 2017 年 6 月，平均每架飞机完成 91 次飞行。考虑到 OpenSky 数据集的特点，Strohmeier 等将重点放在了欧洲并购项目上，最终得到 7 个可识别的并购案例。此外，还有一个由 31 家公司组成的对照组。表 14.2 给出了研究结果，其中详细列出了这 7 个并购案中每一个项目对应的航班数量。

表 14.2　收购目标地的公司飞机访问数量

项目	2～12 个月前	2 个月前	1 个月前	1 个月后	6 个月后	距离公告前最后一次被看到/天数	联合股价变动/%
案例 1（EU/EU）	0.11	1	0	2	0.67	50	6.71
案例 2（EU/EU）	2.56	2.5	2	0	0.75	25	1.1
案例 3（EU/EU）	0	1	2	4	1.56	20	1.96
案例 4（US/EU）	0	2.5	3	0	0	8	1.83
案例 5（US/EU）	0.11	0	0	0	0	325	0.2
案例 6（US/EEA*）	0.22	6	12	2	5	1	20.29
案例 7（US/EU）	0.29	1	2	0	1	1	23.18
平均值	0.47	2	3	1.14	1.28	61.43	7.9
对照组	0.14	0.33	0.4	0.42	0.34	—	—

资料来源：Strohmeier 等（2018）

* European Economic Area，欧洲经济区

对于每一个案例，Strohmeier 等计算了并购发生前后一个月以及一年前等不同时间内到达并购目标公司的航班数量。他们将"着陆"定义为距离接管目标 100 公里以内。诚然，考虑到研究对象是容易识别的大型公司飞机，而且分析时间相对较短（1.5 年），最终得到的样本非常少。然而，分析结果似乎确实表明，在收购前的一个月，发生收购的平均访问次数为 3 次，未发生收购的对照组平均访问次数为 0.4 次。

　　显然，这种分析不可能像上面的例子那样，确切地知道在机场附近访问的是哪家公司。因此，任何类型的公司商务机数据都应该结合其他数据集（可能是基于新闻数据）使用，从而进行更全面的分析。这将有助于减少现实投资场景中出现"误报"的可能性，避免出现事后诸葛。此外，这种对商务飞机活动的分析可能更适合那些位于"不寻常"地点的公司，因为在这些地方，针对会议的潜在起飞数量有限，易于整理。同时，这种方法并不适用于收集乘坐商用飞机进行并购活动的数据。

14.6　小　　　结

　　近年来，启用位置追踪功能的设备越来越多。当这些位置数据被充分地汇总和清洗清理后，就可以为投资者决策提供帮助，而且现在许多数据供应商都有基于位置信息的数据产品。

　　从通过追踪航运轨迹了解世界各地的商品流通，再到汇总零售店附近的手机位置数据来帮助预测这些公司的每股收益，地理位置数据已实现广泛应用。

　　另外，我们还讨论了更新颖的位置数据集，如私人飞机的位置数据，并介绍了过去如何使用这些数据对可能的并购活动进行有根据的猜测。

第15章 文本、网页、社交媒体和新闻

15.1 引　　言

基于文本的数据对金融市场交易有用的概念并不罕见。毕竟，几个世纪以来，新闻一直是影响交易者行为和市场价格的主要因素。而近年来在互联网的推动下，交易员需要关注的文本数量发生了巨大变化，太多信息需要阅读和理解，因此我们不得不求助于机器来实现从大量的文本中提取有效信息，进而帮助投资决策。

在本章中，我们首先介绍了如何获取网页数据，其次从投资者的角度出发，给出了许多应用文本数据的案例，包括如何利用社交媒体数据来解释市场情绪等概念，以及如何利用它预测美国非农就业人数的变化。再次，我们将重点介绍基于新闻专线数据的外汇市场自动化交易规则，以及如何整合美联储信息并借助自然语言处理以了解美国国债收益率的变化。最后，我们将讨论如何利用网上零售商的数据估算消费者价格指数。

15.2　收集网络数据

1989年蒂姆·伯纳斯·李在欧洲核子研究中心工作时发明了万维网（Web）。显然，30多年后的今天，网络上的可用信息呈现爆发式增长。Web信息既包括新闻、社交媒体、博客、企业数据等文本内容，也包括图像、音频和视频等非文本内容。有些信息是免费的，而有些内容访问会受到限制，比如付费墙后的新闻。网络内容来源渠道广泛，往往以非结构化形式呈现，没有固定的标准化格式。因此，如果我们希望从大量的网络数据源中提取信息，就需要花费大量的精力来结构化不同的数据源。要想真正地从海量文本中获取可用信息，我们需要通过自动化的方法来收集数据并理解其含义。

要从 Web 中收集文本内容，我们可以设置一个自动程序，一个系统地浏览 Web 页面并开始下载内容的 Web 爬虫（或蜘蛛）。然而网站数量如此之多，我们通常需要引导爬虫对网页进行一些过滤，有选择性地收集数据。但即使借助爬虫（使用大量的计算和带宽资源来索引 Web）也不太可能遍历整个 Web。此外，信

息所有者可能会通过某些设置限制爬虫访问，并且可能有限制自动化爬取过程的条款。在第 3 章中，我们讨论了一些关于从网络收集数据的法律要点。

一旦我们找到了感兴趣的网页，下一步就是理解网页内容。利用 "Web 抓取"从特定的页面获取内容通常包括以下步骤。

（1）下载原始格式的页面内容。

（2）创建爬取页面的时间戳（如果可能的话，创建内容时也设置一个时间戳）。

（3）删除 HTML 标记。

（4）标识元数据，如页面标题、超链接等。

（5）捕获页面的文本主体。

（6）获取多媒体内容（如图像）。

然后，我们可以把提取出的元素分字段存储到数据库的每条记录中，并通过它来了解网页具体内容。实际操作中，我们可能希望进一步结构化数据，并添加额外的元数据字段来丰富信息。对于文本数据，这将涉及大量的自然语言处理。

当然，除了网络之外，还有许多其他获取文本数据的渠道。其中一些可能是公开数据，如新闻专线和书籍，还有许多私密数据，如电子邮件、短信和聊天记录。通常，在金融公司中，这些私人文本数据尤其适用于诸如贸易监督或价格收集等项目（如交易对手之间的谈话记录）。

15.3　社　交　媒　体

也许最早的社交媒体来自我们祖先在洞穴里的涂抹痕迹，或者是古罗马时期墙上的涂鸦（Standage，2014）。当下，互联网中有很多社交网站，有些非常有名，如 Twitter、Facebook 和 Instagram，它们的用户遍布世界，因此讨论的话题非常丰富。其他的比较专一的社交网站，比如 Stocktwits，用户更关注市场。通常许多社交媒体网站都有 API，允许机器读取用户发布的消息，并且这些数据本身就已经包含了一些结构化的元素，同时通常会有一个与之相关的时间戳，以及用户名、位置信息等元数据。然而，通常这样的信息流就是未经处理的原始数据，并没有指明任何主题或情绪。

尽管供应商会依托头部社交媒体提供一个系统性的服务（如社交媒体分析），通过获取 Twitter 和 Stocktwits 的原始数据并基于此额外生成数据所属主题和传递的情绪，但实际上这些额外分析通常还是留给消费者自己通过 API 来操作的。

如前所述，理解文本数据是非常困难的。与传统新闻媒体相比，社交媒体面临着额外挑战，进一步加剧了困难程度。首先新闻专线的文本通常能保持一致的写作风格，相比之下，社交媒体信息往往掺杂了更多噪声，同时也更难理解。其次，社交媒体上的帖子通常比一般的新闻稿短很多，比如 Twitter 平台上就有明确的字符限制。此外，社交媒体中的语言风格往往并不正式，经常包含俚语和缩写。另一个主要问题是社交媒体常常用到讽刺语言。比如 Twitter 上的一个例子：提到"购买黄金""buy gold"通常是对黄金投资者的讽刺反驳，而不是说作者真的去购买黄金。可能还会出现像"#chartcrime"这样具有特定含义的标签，指的是 Twitter 上出现的一些非常具有误导性的市场分析。

在解释社交媒体信息时，还要考虑语境。虽然有时候标签已经暗含了话题所属类别，但它们常常被省略。因此，有时候很难在没有上下文的前提下理解一条孤立存在的推文。以围绕欧洲央行会议等事件发布的推文为例，人们可能会在 Twitter 上说："一只鸽子！"如果读者不知道彼时将召开欧洲央行会议，这样的推文表述就会非常含糊，很难被理解。毕竟，它可能指的是许多央行的"鸽派"基本政策，或者是完全不相关的东西，或者是一只真正的鸟。一种添加上下文的方法是将社交媒体与其他来源的数据结合起来，比如来自新闻专线的结构化数据。DePalma（2016）讨论了如何将社交媒体上特定股票相关的信息数量与对应的机器可读新闻的情绪数据结合起来，其创新点在于用社交媒体信息热度来代替投资者关注。详情可参考 DePalma（2016）的研究。

15.3.1　幸福指数

我们可以通过许多方法来测算一个经济体的发展情况，然而如何衡量人们的幸福感呢？佛蒙特大学开发的幸福指数（Hedonometer index）给出了答案（指标结构详见 University of Vermont，2013）。首先随机选取当天发布的 10% 的 Twitter 内容作为原始信息，得到容量大约为 100GB 的 JSON 格式数据。然后，根据一个由 5000 个常用单词构成的语料库，计算数据对应的"幸福"得分。这些幸福得分来自 Amazon Mechanical Turk[①]，本质上是一种将任务众包给一大群人的服务。在这种情况下，我们可以把它看作一项大型调查。这些单词对应的分数在 1 到 9 之间。图 15.1 展示了 Hedonometer 数据库中一些表达最快乐和最悲伤的词汇（University of Vermont，2013）。如我们所料，像"笑"这样的单词得分很高，而"战争"这样的单词得分很低。然而，有些词汇对应的幸福感得分不太容易确定，这些词被忽略了。

当然，这种方法只适用于那些发推文的人，特别是用英语发推文的人，即使样本量很大，也不能说具有完全代表性，但是不得不承认这样的数据确实有定期更新和没有延迟的好处。

---

① https://www.mturk.com/。

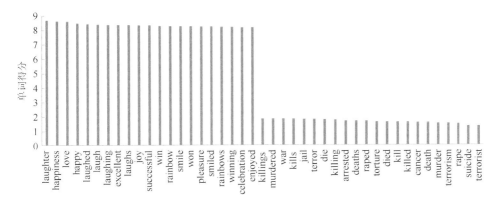

图 15.1　Hedonometer 数据库中一些表达最快乐和最悲伤的词汇

资料来源：Hedonometer 数据库

图 15.2 给出了 2017 年末到 2019 年初的平均 Twitter 幸福感指数。最低值出现在 2017 年 10 月拉斯维加斯发生大规模枪击事件时。相比之下，幸福感较高的时期出现在圣诞节、新年和感恩节前后，直觉上似乎也是这样的结果。

从幸福感数据集中还有其他发现吗？图 15.3 给出了每星期同一天的幸福感得分均值，可以看到，周一、周二或者一周的早些时候人们的幸福感最低，而在周六时会上升。诚然，从投资者的角度来看，这种特定的观察很难货币化。然而，它确实能够说明如何从一个非常庞大的推文数据集得出非常直观的结果。

除此之外，我们能把幸福感和市场联系起来吗？毕竟，我们认为总体消费者信心与幸福感有关，因此它可能是一个合理的风险情绪指标。为了实现这一目标，我们在幸福指数的基础上创建了幸福情绪指数。首先我们剔除了非交易日和异常数据（幸福指数发生显著跳跃，移动值大于 0.05）。此外，因为人们在假期通常会感到更幸福，我们还剔除了所有的美国节假日时期数据，否则模型结果会受到假期影响导致出现正向市场情绪的偏差。事实上，我们已经观察到，幸福指数在周末最高。

接下来使用一个月的简单移动平均（simple moving average，SMA）来平滑指数，最后使用 2 个月窗口的滚动百分比排名将幸福得分进行 0 到 1 范围内的标准化。图 15.4 给出了幸福情绪指数与标普 500 指数首日期货的月度变化情况。至少从这个例子来看，两个指数的走势似乎存在某种关系。如果用 2009 年 2 月至 7 月的数据回归幸福情绪指数与标普 500 指数，回归系数的 t 统计量为 7.7（p 值为 2.13×10^{-14}），表明两个指数之间存在统计学上的显著关系，幸福情绪指数有可能被用来帮助市场交易。当然，在实践中，它可能会与许多其他市场情绪指标结合在一起，如新闻情绪或市场定位。

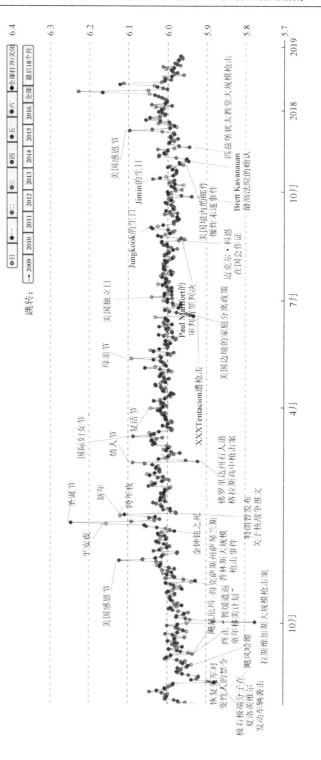

图15.2 2017年末至2019年初的平均Twitter幸福感指数

资料来源：Hedonometer数据库

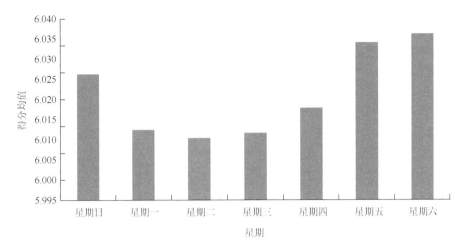

图 15.3　每周同一天的幸福感得分均值

资料来源：Hedonometer 数据库

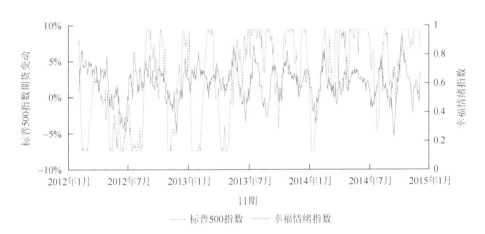

图 15.4　标普 500 指数和幸福情绪指数的月度变化情况

资料来源：Hedonometer 数据库，彭博社

15.3.2　利用 Twitter 数据预测美国非农就业人数变化

前面提到，我们可以从 Twitter 用户的推文中推导出一个指标来表示他们的快乐程度。那是否有具体方式可以通过 Twitter 来了解市场呢？社交媒体可以让我们了解人们在任何特定时刻都在谈论什么。因此，似乎有理由认为，我们在特定的时间可以看到用户对经济的见解。人们最关心的经济数据之一是美国劳工统计局

（Bureau of Labor Statistics）于东部时间 8 点 30 分发布的《美国就业形势报告》（U.S. Employment Situation Report）。该报告通常在每个月的第一个周五发布，内容涉及前一个月的就业市场情况。这通常是官方在本月发布的首个"硬"经济数据。在此之前，很多指标往往是"软"数据，或者来自人们对经济预期的调查。另外还有在美国劳工统计局数据公开之前发布的 ADP（Automatic Data Processing）公司①编制的就业报告，但人们往往不太重视。

《美国就业形势报告》包含了许多与劳动力市场有关的不同数据（Bureau of Labor Statistics，2019），这些数据分为两部分：约 6 万个家庭调查和约 14.2 万个企业机构调查。

与市场最相关的统计数据是全国失业率（来自家庭调查）和全国每月非农就业人数变化（来自企业调查）。对非农就业人数的市场预期，通常取决于对在大型金融机构工作的美国经济学家的共识调查（彭博社所做的调查）。

顾名思义，非农就业数据忽略了农业人口就业。从历史上看，农业劳动人数是由美国农业部普查收集的。《美国就业形势报告》的发布还包括对已经发布数据的修正以及其他统计数据，如平均工作时间、收入和参与率。在许多情况下，在基础统计数据中有大量的可用粒度，有时可以降到州一级和子部门。事实上，在出版的时候，位于北达科他州的阿尔弗雷德（Alfred North Dakota）（n.d）有超过 8500 个来自家庭调查的时间序列和 811 个企业调查的时间序列。

一方面，非农就业数据的意外变化与美国国债收益率的变动以及美元变动之间通常存在很强的关系。一种解释是，当经济走势较强时，联邦公开市场委员会更有可能采取鹰派做法，即收紧货币政策或者加息，使得收益率随之攀升。当经济走势较弱时则反过来。通常情况下，美元也会出现类似反应，即在强势数据发布后随着美国国债收益率的变化而变化。然而也会出现例外，比如金融危机之后发布的就业数据非常糟糕，但实际上美元走势却上升了。可能的原因是，投资者考虑到其作为主要储备货币的地位，纷纷涌向美元避险。

为了说明这一点，图 15.5 展示了 2011 年至 2016 年期间的非农就业人数与《美国就业形势报告》发布后 1 分钟内美元兑日元的回报率与非农人员工资的变化情况。国外净要素收入（net factor income from abroad，NFP）的变化简单地定义为实际发布的数据减去共识估计。可以发现，随着 NFP 变化的增大，两个变量之间倾向于非线性关系。如果 NFP 的变化为正，那么美元兑日元趋向走高，如果 NFP 的变化为负，那么美元兑日元倾向走低。根据我们之前讨论过的原因，出现上述结果也是意料之中。

---

① 美国的一家数据公司。

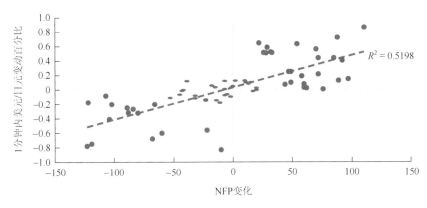

图 15.5　报告发布后 1 分钟内美元兑日元的回报率与非农人员工资的变化情况

资料来源：彭博社

　　因此，如果能够更好地预测非农就业人数的"实际"变化，我们就有可能将其货币化，即在美国东部时间上午 8∶30 之前入场交易，并在《美国就业形势报告》发布后不久结束。换句话说，如果我们的预测数据高于共识估计，就买入美元；相反，则卖出美元。作为交易者，我们的目标不一定是追求最小标准误差，而是得到大于 0 的 α。如果预测的标准误差较小，但错误判断了指标变化的方向，那么对交易员来说用处不大。

　　需要注意的是，我们并没有试图利用某种延迟优势，成为信息发布后第一个入场交易的人。因为那个时候流动性可能非常低，而且必须具备非常复杂和昂贵的技术才能进行这种延迟套利。那么我们如何才能对就业人数做出更准确的预测呢？一种方法是增加用于预测工资的变量（通常与使用现有劳动力市场数据的变量相关）。在本例中，我们将尝试增加与劳动力市场相关的推文数据作为新增变量来改进模型。图 15.6 给出了 2011 年初到 2016 年夏天这一时间段内的改进后的就业数据预测值、首次发布的非农就业数据，以及彭博社经济学家的共识估计。考虑到可以高频访问 Twitter，我们能够算出预测结果的日度数据。可以看到，某些时间点，比如 2014 年初，基于模型的预测结果和真实数据比较接近，而共识估计与实际值相差甚远。然而，单从这个图来看，总体上很难判断 NFP 预测模型交易是否有利可图。为了理解这一点，需要做更多的工作并对交易策略进行回测。

　　那么这个改进版的预测模型对交易者来说有多大用处呢？我们可以通过之前提到的一个非常简单的交易策略来做回测。

　　（1）当模型预测结果优于/高于共识估计时买入美元。

　　（2）当模型预测结果劣于/低于共识估计时卖出美元。

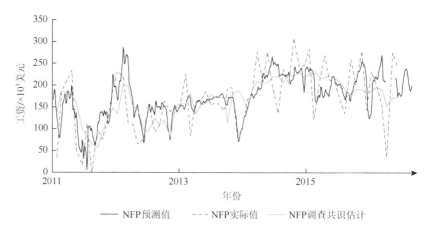

图 15.6　基于 Twitter 数据的 NFP 预测值、实际值以及彭博社调查的共识估计

资料来源：Twitter，彭博社

　　图 15.7 给出了基于改进模型进行欧元/美元和美元/日元的交易结果，我们在 NFP 数据发布前几分钟进场交易，在数据发布后几分钟结束交易。结果发现美元/日元的年化平均回报率为 119 个基点，欧元/美元的年化平均回报率为 59 个基点。等权投资组合的平均回报率为 88 个基点。显然，由于我们的样本相对较小，只有 68 个数据，做这类分析是存在缺陷的。另外一点需要注意的是，执行这一策略对流动性要求较高。随着利差的扩大，这种交易规则很难货币化。

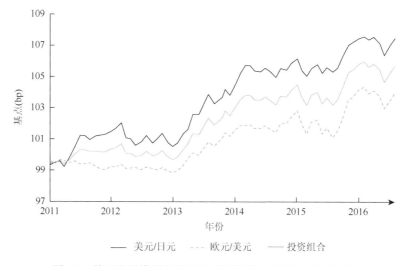

图 15.7　基于改进模型进行欧元/美元和美元/日元的交易结果

资料来源：Twitter，彭博社

15.3.3　利用 Twitter 数据预测股市对 FOMC 的反应

我们已经知道，利用 Twitter 数据可以改进对非农就业人数的预测。除此之外它还有别的用处吗？Azar 和 Lo（2016）讨论了如何使用推文来预测 FOMC 会议召开期间的未来收益。该方法要求在 FOMC 会议开始前筛选出数据，特别是过滤出包含 "FOMC" 和 "美联储" 这两个词的推文，以及包含 2007～2014 年美联储主席名字（即 "伯南克"，后来的 "耶伦"（Yellen），等等）的推文。然后对每条推文应用基本情绪分析，即使用 "模式" 确定性算法对照数据库中每个单词的正/负得分给每条推文在−1 到 + 1 之间打分。如果推文中使用了形容词和副词进行修饰，分数相应地也会提高或降低。因此，如果出现 "不好" 这样的词汇，情绪得分将为负。接着这些得分会根据用户 Twitter 的粉丝数量进行加权，最终被汇总成每天的情绪得分。实际操作中，因为 2007～2009 年推文数量相对较少，所以样本时间缩短为 2009～2014 年。作者构建了各种投资组合来整合推文中的情绪信息，然后将其与市场基准投资组合进行比较。结果发现，新增了推文数据的模型表现很好——尤其是在 FOMC 会议召开之前。正如上一小节的例子一样，这个案例同样需要注意样本中 FOMC 会议数量相对较少的问题。一种可能增加样本量的方法是，将上述方法应用于欧洲央行或日本央行等，并在过滤推文的过程中考虑增加与债券和股票等资产有关的内容。据我们所知，目前尚未有人这样做过。

15.3.4　来自社交媒体的流动性和情绪

前文的一些例子已经证明了 "情绪" 是市场交易中重要的组成部分。当市场情绪处于消极状态，使得投资者更加厌恶风险时，我们预期流动性可能会受到更多限制。因此，在交易员纷纷削减风险敞口的环境下，做市商因提供流动性而需要得到补偿。相反，当市场情绪良好时，人们预期流动性会提升，市场交易会更容易。Agrawal 等（2018）讨论了社交媒体情绪与股票市场流动性之间的关系。为了测量社交媒体的情绪，他们参考了 PsychSignal 的方法，即根据 Twitter 和 Stocktwits 数据生成相关股票情绪得分的时间序列。他们将这些数据与 RavenPack 新闻数据集的情绪得分进行对比。结果发现，基于社交媒体的消极情绪往往比积极情绪更能影响流动性。同时，高动量出现之后，社交媒体情绪往往会出现高度异常，之后再逐渐恢复平均水平。根据这些观察，他们开发了一些股票交易策略，并证明可以获利，但前提是相对较高的采样频率使这种方法只适用于那些交易成本较低的情况。

Agrawal 等进一步指出，总体来说很难确定研究中的因果关系，即究竟是价格波动推动了社交媒体的发展，还是反过来呢？另外直观来看，由于粉丝数量和影响力的不同，应用社交媒体用户数据时也不能不加区分，需要对用户属性加以区分，不能一概而论。

15.4　新　　闻

新闻作为一种非常传统的信息来源，总是能对市场产生影响。近年来新闻的数量出现了大幅增长，为证明这一点，图 15.8 中将标普 500 指数与彭博社（文章中包含标普 500 指数）的报道数量放在一起进行对比，不难发现，20 世纪 90 年代末，新闻报道数量还不及今天的一半。而且在这个例子中，我们只调查了彭博社一家的新闻报道。如今凭借互联网的东风，新闻发布的渠道也在显著增加。显然，大家不太可能有时间和精力读完所有的新闻报道。

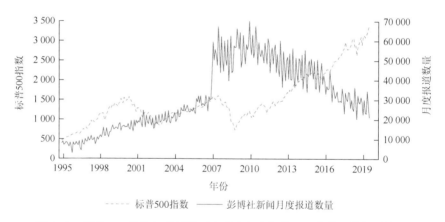

图 15.8　标普 500 指数与彭博社（文章中包含标普 500 指数）的报道数量

资料来源：彭博社

最近，传统上由交易员通过专有应用程序（如彭博社）在电脑上阅读的新闻，已经开始以机器可读的形式发布。顾名思义，该种形式的新闻稿可以由计算机解析处理。通常，机器可读新闻已经有了比较成熟的文章结构，使得更容易对其进行内容识别。同时，供应商通常会添加大量的元数据，如新闻文章的主题、情绪风格和其中提到的实体。此外，它的编写风格也相对一致。

网络上的海量新闻，既有通过传统新闻媒体发布的线上版，也有直接通过博客等其他渠道发布的。不过很多社交媒体本身就是通过新闻报道来获取信息的。其他新闻数据的主要来源还包括公司发布的电话记录和访谈等。在实际操作中需要对来自不同渠道的文本内容进行大量的结构化处理，形成统一的格式，然后才能供交易员使用。

对于高频交易员来说，计算机显然能够更快地解析文本，从而做出更快的反应。在长期策略上，自动解析也是有益的。通过对大量新闻的分类解析，能对新闻内容有更全面的了解。

15.4.1　利用机器可读的新闻进行外汇交易和了解外汇波动

我们已经了解了使用机器可读新闻来解释并预测市场背后的基本原理。本节中讨论的案例包括如何从新闻中提取情绪，从而产生信号来从定向角度进行外汇交易。Amen（2018）研究了如何使用来自彭博社（2009～2017 年的新闻稿）的机器可读新闻来为 G10/发达国家的货币创建情绪得分。按照经验，新闻一直是影响交易员决策的关键，而且机器可读新闻的结构比较统一，每条记录都包含了文章的时间戳、主题以及股票标签等字段。通过对数据集进行过滤我们可以选出只与发达市场货币相关的文章。图 15.9 展示了与 G10 国家货币相关的新闻报道的日均值数据。正如我们预期的那样，像欧元和美元这样交易更活跃的货币，对应的新闻报道数量更多。

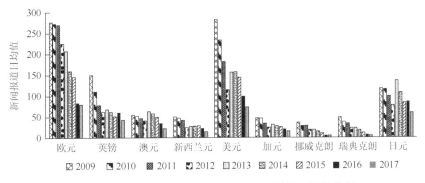

图 15.9　与 G10 国家货币相关的新闻报道的日均值数据

资料来源：Cuemacro，彭博社

Amen（2018）将自然语言处理应用于新闻文章来确定情绪评分。在这里，我们需要考虑外汇报价惯例，因此可能会涉及分母和分子交换位置。例如，如果我们想得到日元的情绪得分，而货币组合是以美元/日元报价的，这时候就需要取倒数。我们将美国东部时间每天下午 5 点作为截止点，将该货币当天所有情绪分数的加权平均值作为最终情绪得分。然后对每天的数据进行标准化处理得到 Z 统计量 Z_t，即用每个观测值 d_t 减去样本均值 μ_t，再除以标准差 σ_t。日观测值的均值和标准差是通过滚动窗口来计算的。Z 分数将不同货币之间的情绪得分标准化。

$$Z_t = \frac{d_t - \mu_t}{\sigma_t} \tag{15.1}$$

得到所有货币的情绪分数之后，想要得到指定货币组合的分数，只需进一步做减法处理即可。例如，美元/日元的得分就是美元分数减去日元分数。图 15.10 绘制了该指标数据和每周收益。

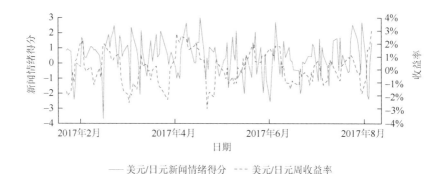

图 15.10　美元/日元新闻情绪得分和周收益率

资料来源：Cuemacro，彭博社

基于上述方法，可以从新闻数据中得到任何指定的发达市场货币组合的情绪得分。对此，我们可以构造一个简单的交易规则，当货币组合情绪得分为正时买入该组货币，而当货币组合情绪得分为负时卖出该组货币。当然，这种利用短期动量进行交易的方法只是使用新闻数据的方法之一。另一种方法是通过长时间的观察，像接下来这样消除极端值。当长时间出现利好新闻时，市场往往会逐渐适应并最终消化掉这些信息。因此，通常不会出现太过极端的正向反应。相反，如果出现极端不好的新闻，一段时间后，市场也会逐渐习惯并将其反映到价格上。因此，消极反应无法长时间持续，甚至可能出现反弹。

那么上面提到的这种短期消息动量交易规则在实践中真的有效吗？我们可以通过历史数据进行回测。图 15.11 展示了应用动量交易规则和一般趋势跟踪策略（外汇交易员历史上常用的典型策略之一）的每组货币的风险调整后收益（即信息比率）。可以看到，趋势跟踪策略收益表现不佳，基于新闻数据的回测结果表现良好。图 15.12 给出了每种货币组合的这两种策略收益之间的相关性。从数据上看并没有发现什么规律，表明我们从新闻数据中提取的影响因素可能会增强价格趋势跟踪策略的价值。

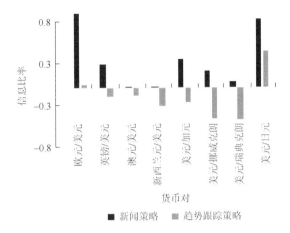

图 15.11　新闻策略和趋势跟踪策略下的信息比率

资料来源：Cuemacro，彭博社

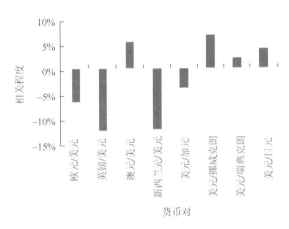

图 15.12　新闻策略和趋势跟踪策略下的货币组合收益的相关性

资料来源：Cuemacro，彭博社

我们还可以构建一个包含所有这些货币的篮子，并对其应用两种交易规则。图 15.13 给出了收益结果。正如我们在前面货币组合例子中所预期的那样，基于新闻策略的货币篮子表现优于趋势跟踪策略（风险调整后的回报率分别为 0.6 和 –0.3）。图 15.14 给出了这两个篮子的年度回报率。在大多数年份中，基于新闻策略的股票表现均优于趋势跟踪策略，但 2010 年是最大的例外，这一年新闻类股的表现明显逊于趋势类股。

除了利用新闻数据进行外汇交易，我们还可以用它解释外汇波动。Amen（2018）讨论了某一资产的新闻数量与该资产波动性之间的强相关关系。在图 15.15 中，我们可以看到美元/日元的新闻量与隐含波动率的关系，新闻量评分本质上是一个标准化的度量指标，它与彭博社上标记的与美元/日元相关的文章的新闻量有关。至少从这张图上可以看出，新闻量和波动率之间确实存在某种联系。这当然是很直观的——资产价格波动越剧烈，其新闻报道越多。

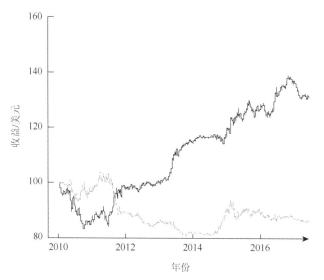

—— 新闻收益率 = 4.2%，波动率 = 6.6%，信息比率 = 0.6，除权除息 = −16.9%
------ 趋势收益率 = −1.5%，波动率 = 5.8%，信息比率 = −0.3，除权除息 = −22.3%

图 15.13　基于新闻策略和趋势跟踪策略的收益

资料来源：Cuemacro，彭博社

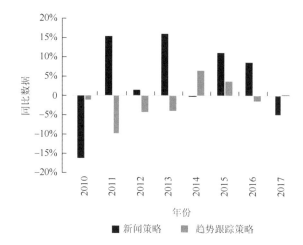

图 15.14　基于新闻策略和趋势跟踪策略的收益率同比数据

资料来源：Cuemacro，彭博社

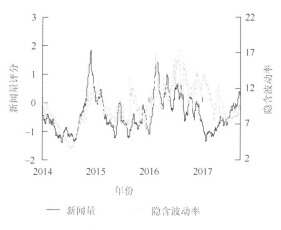

图 15.15　美元/日元的新闻量与隐含波动率

资料来源：Cuemacro，彭博社

图 15.16 中，我们同样使用了 2011～2017 年的历史数据，对同一组货币的新闻数量指标进行日收益回归，并给出了 t 统计量。不难发现，除了美元/挪威克朗，其他货币组合的 t 统计量都是显著的，进一步证实了我们的直觉判断，即波动率和新闻数量是紧密相关的。所有的 p 值均小于 0.05（美元/挪威克朗除外，p 值为 0.27），具有统计学意义。

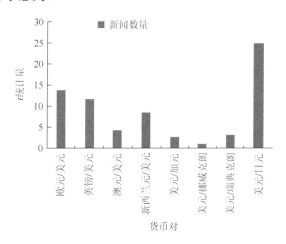

图 15.16　新闻数量对隐含波动率的回归结果

资料来源：Cuemacro，彭博社

新闻量与波动性有关这一发现是否还有其他用处呢？其中一种是用来解释 FOMC 会议和欧洲央行会议等重大事件期间的市场波动情况。显然，事件发生前谁也无法确定最终结果，但我们至少可以明确其发生时间。因此，会议开始之前，在预计这些事件将导致更高的实际波动率的情况下，波动率交易员通常会调高隐含波动率。这种额外的加价通常会在事件波动率附加项中说明，并以隔夜波动率表示。对于央行会议等活动来说，事件波动率增加的幅度是非常大的；而对于较小的事件，波动率的增加值常常可以忽略不计。

图 15.17 中，我们给出了 FOMC 会议之前的欧元/美元隔夜隐含波动率（并未考虑其他时间，因此期权将在 FOMC 会议之后到期）。我们还绘制了与欧元/美元相关的附加组件，它是由一个简单的模型生成的。与此同时，我们绘制了随后 FOMC 日的实际波动率和波动率风险溢价（volatility risk premium，VRP），即隐含波动率减去实际波动率。可以发现，在 FOMC 会议期间，隐含波动率几乎总是高于实际波动率。考虑到交易员出售"保险"需要得到一些补偿后，出现这样的结果并不奇怪。通常情况下，在完全无法预测事件的时间和性质的情况下购买期权是有利可图的，比如"黑天鹅"事件。基于以上定义，像 FOMC 会议这样的事件并不算真正的"黑天鹅"事件，因为我们至少知道它的确切发生时间。附加波动率通常在 4 个波动点左右。换句话说，欧元/美元隔夜隐含波动率在 FOMC 会议之前会高出约 4 个点。

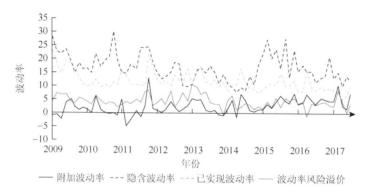

图 15.17　FOMC 会议期间欧元/美元的附加波动率、隐含波动率、已实现波动率以及波动率风险溢价

资料来源：Cuemacro，彭博社

然而，在 FOMC 会议之前，关于欧元/美元隔夜隐含波动率的新闻能告诉我们什么呢？要了解这一点，我们可以看看彭博社发布的 FOMC 会议前几天的标准化文章数量（我们显然会忽略 FOMC 会议后的新闻报道）。图 15.18 给出了 FOMC 会议前欧元/美元的隔夜隐含波动率与标准化新闻数量的对比情况。至少在程序化的基础上，FOMC 会议前的新闻数量和波动率交易者如何为隐含波动率定价之间似乎存在某种关系。直观来讲，如果人们对 FOMC 某次会议的讨论比较多，那么对该次会议可能出现重大政策变化的预期就会更多（因此也会出现波动）。相反，如果没有什么传言，就意味着 FOMC 会议可能会相对平静。

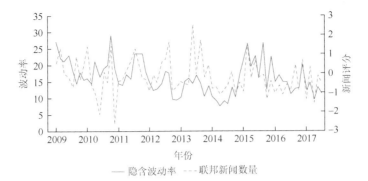

图 15.18　FOMC 会议期间欧元/美元的隔夜隐含波动率与新闻数量的对比

资料来源：Cuemacro，彭博社

我们还可以使用散点图（图 15.19）来观察数据。这些图分别展示了欧元/美元的附加波动率、隐含波动率和已实现波动率的 FOMC 数量和回归模型的 R^2。所有情况下的 R^2 值都是不容忽视的。这表明，在利用计划事件对波动率进行回归建模时，新闻数量指标是个不错的补充解释变量。

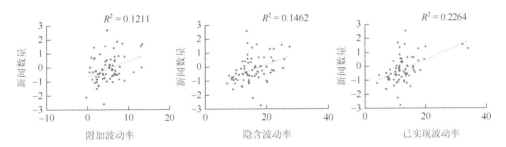

图 15.19　FOMC 会议期间欧元/美元隔夜波动率

资料来源：Cuemacro，彭博社

在欧洲央行会议之前，为了检查欧元/美元的隔夜波动率，也可以重复上述操作（图 15.20）。结果与 FOMC 会议类似。

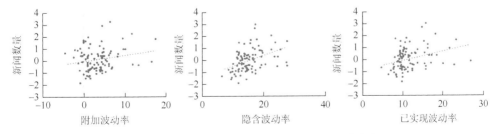

图 15.20　欧洲央行会议期间欧元/美元隔夜波动率

资料来源：Cuemacro，彭博社

15.4.2　美联储通讯和美国国债收益率

从历史上看，央行并非总能对外公开自己的运作方式。1921～1944年担任英国央行行长的蒙塔古·诺曼（Montagu Norman）有一句座右铭："永远不要解释，永远不要找借口。"然而，自那以后的几十年里，各国央行的开放程度逐渐提升。正如伯南克强调的那样，央行行长归根结底是公职人员，他们的决定可能对社会产生重大影响。因此，他们有责任解释决策背后的基本原理。

美联储有很多沟通形式，其中之一是通过联邦公开市场委员会（FOMC）召开会议的方式。FOMC由12名成员组成，并对美联储的政策进行投票。美联储的七名成员和纽约联邦储备银行的董事长是FOMC的常任成员。另外四名候补成员从其他11名一年任期的储备银行行长中选出。如第9章所述，无投票权储备银行行长仍然可以参加FOMC的会议和所有有关美联储政策的讨论，并对美联储对经济状况的评估做出贡献。

来自FOMC的信息包含了每次会议（每年8次）的声明和新闻发布会，以及在这些会议上调整的货币政策。通过更详细的会议记录，可以进一步了解决策过程，而这些记录会在会议结束几周后公布。FOMC会议的发言稿将在几年后公布。尽管它们可能和市场的相关性不大，但它们揭示了美联储的一般运作方式。FOMC有投票权的成员和无投票权的成员也会定期向公众发表演讲，有时涉及货币政策和美联储职权范围内的其他主题，比如监管。他们也经常出现在电视、广播和新闻媒体上，有时甚至通过他们自己的社交媒体账号发送推文。通常，市场参与者将美联储相关信息统称为"美联储式发言"。

如果美联储变得更加强硬，暗示它可能不得不提高基准利率，那么我们会预期，美国国债收益率曲线的前端收益率将上升。相反，如果他们在沟通中对经济增长持悲观态度，并预期通胀下降，表明前景更为温和，那么我们可能预计前端收益率将下降。在某种意义上，我们可以将债券收益率视为货币政策预期的代理变量，尤其是那些没有重大信贷敞口的债券，如美国国债。近年来，通过量化宽松政策，美联储也对收益率曲线产生了更大的影响。

因此，对于市场从业者来说，试图理解美联储如何看待经济形势和未来货币政策是至关重要的。从历史上看，经济学家们一直在认真研究美联储的沟通方式，想知道能否从中获取有关未来政策的信息。最终，美联储和其他所有人一样，无法完美预见未来，但是其确实有能力改变货币政策。

FOMC的年度通信量，虽然需要大量纸质文件来呈现，但如果转存为电子格式，也不过是几兆字节的"小数据"。因此，从理论上讲，如果经济学家是"美联储观察家"，他们是有可能阅读大量文本数据的。然而实际上，许多市场参与者可能最多只会浏览其中的一小部分信息。

　　大部分 FOMC 的信息可以从美联储的各个网站上获取，不过有些信息可能只对不同新闻机构的订阅者开放。因此，通过对多个网站的分析，我们可以得到一个合理的 FOMC 通信语料库。要实现这一点，需要经历哪些步骤？

　　实际上，我们需要做大量的前期准备工作，包括确定提供通信数据的特定网页和对原始文本进行结构化处理，因此我们剔除了 HTML 标记等内容，只保留了文章主体。一旦获得原始文本，我们就可以将其与发言者和通信时间戳等其他元数据放在一起。进一步，还可以为每条数据匹配一个情绪值。最后，基于各种情绪得分得出一个综合指数，借此来了解美联储通信的一般路径，这对长期交易可能是有帮助的。

　　为了方便交易员理解，我们最终"构建"了一个时间序列。那么，在完成所有这些工作之后，这样一个指数真的能帮助解释美国国债收益率的变化吗？

　　图 15.21 展示了 2015～2017 年 Cuemacro 的美联储通信指数，按照上述方式，该指数只使用文本数据作为输入，没有使用债券收益率、股票波动等其他市场变量。虽然它没有收录每一条美联储发言，但它确实已经涵盖了很大一部分，特别是各种声明、新闻发布会、会议记录以及许多演讲。除了该指数，我们还给出了10 年期美国国债收益率的变化。需要注意的是，我们在第 9 章中对美联储通信的各个方面进行了大量详细讨论，特别是讨论了从 Cuemacro 美联储通信数据集的初步版本中检测异常值的方法。

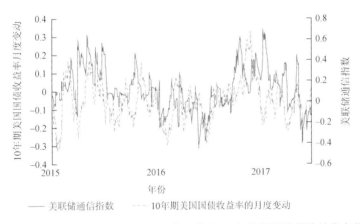

图 15.21　2015～2017 年美联储通信指数和 10 年期美国国债收益率变化

资料来源：美联储

　　可以发现，大体上看这两个时间序列之间似乎存在某种关系。如果我们基于2013～2019 年的两个变量构建回归模型，回归系数 β 的 t 统计量接近 4.8，p 值为1.2×10^{-6}，具有统计学意义。此外，两个指标的相关性约为 0.11。

前面已经讨论了二者之间存在某种关系的原因。但同时我们也发现，在某些时期两个指标的表现还是存在很大差异的。特别是 2016 年 11 月，10 年期国债收益率大幅上升，与 FOMC 通信指数走势大相径庭。在这种情况下，债券收益率更多的是对唐纳德·特朗普当选总统以及"再通胀"做出的综合反应，而不是只对联邦信息做出的反应。这也说明了市场的波动是由多种原因造成的，很难独立出一个始终驱动价格波动的单一因素。

15.5　其他网络来源

网络中显然包含了大量既不属于新闻也不属于社交媒体的信息，比如个人通过博客发布的信息。企业为了推销自己，或者与线上零售商等客户互动，也会发布大量信息作为其日常业务的一部分。考虑到这么多的可用数据，我们很可能从中得到一些相对特殊的数据集。

我们可以利用这些其他形式的网络数据来洞察金融市场。许多数据供应商专门从网络中为交易者爬取相关数据，比如 Import.io 和 Thinknum。我们可以从网上获得工作数据。通过监控公司网站上当前的空缺职位数据，了解公司招聘的具体情况。具体来说，不断扩张的公司可能会有更多的空缺职位。此外，可以通过追踪开店和关店数据来衡量公司的发展状况，还可以通过查看论坛上的帖子来判断消费者对品牌的看法。

许多行业可能没有"传统的数据集"来源，因此我们唯一可以利用的渠道就是网络数据。举个例子，酒店行业已经存在很多公开的指标，供我们了解日均房价、每个可用房间的收益、库存等。然而，对于最近被 Airbnb 等公司推广的位置租赁信息很难获得，一种解决方案就是从网络中搜集。

接下来，我们将讨论如何使用在线零售商的数据生成高频通胀指标。除了通货膨胀，我们还可以从线上零售商的网站中得到许多其他数据集，此外还可以了解到他们产品的实时库存。尤其是对于那些没有类似产品数据集的领域和即使有数据集但往往不能及时更新的领域。随着时间的推移，可以建立数据历史，以构建许多这些 Web 来源的指标的时间序列。拥有更长的时间序列可以帮助回溯测试和理解信号的历史有效性。

Cavallo 和 Rigobon（2016）讨论了使用在线价格来帮助理解消费者通胀，并称其为"天价项目"。消费者通胀价格指数通常是由国家统计局按照每月或双月数据计算的，包括监控一篮子商品的价格并记录其变化。统计机构人员访问数百家商店后进行手工收集，并且随着时间的推移，随着消费者偏好的变化，购物篮也会发生变化。最终这些数据被汇总成消费者价格指数。

如今，大量的消费者选择在网上消费。在某些国家，官方通胀数据可能非常不可靠，甚至根本不公布，正如 Cavallo 和 Rigobon（2016）指出的那样，阿根廷 2007~2015 年的大部分时间里就是如此。因此，找到其他方法衡量消费者价格通胀具有重要意义。即使是那些定期发布数据且被市场参与者认可其准确性的国家，我们也希望得到更高频的测量数据，用来估算官方发布的实际数据，并帮助决策。

相比传统的人工采集方式，可以通过相对自动化的方式收集零售商的产品价格，从而在微观层面上提供更大的价格变化样本。但自动化提取也需要满足一个前提条件，即商品在一段时间内要保持完全一致，也就是说要排除零售商减量不减价的情况，比如缩短巧克力棒的尺寸，但是仍按照原价售卖。

然后，这些数据可以被汇总成更高频率的消费者通胀指数，而这些指数与许多官方的时间序列数据是非常吻合的。通过对类似产品微观层面信息的汇总，也可以了解不同国家的相对价格水平，这是通过比较消费者价格指数本身无法做到的。Cavallo 和 Rigobon 给出了一个具体的例子，比如创建一个包含苹果、宜家、Zara 和 H&M 的消费品篮子。《经济学人》发布的巨无霸指数也试图解决类似问题，虽然仅仅通过一个不起眼的麦当劳巨无霸汉堡来实现，但更多是为了用购买力平价模型来估计货币的长期估值。"天价项目"已经演变成了一个商业实体——PriceStats，目前由道富银行（State Street）所有，每天发布使用这种在线方法生成的消费者通胀指数。

15.6　小　　结

综上所述，使用文本数据来帮助交易者决策并不是什么新鲜事了。令人惊喜的是，由于互联网的出现，最近几年可供投资者阅读的文本数量呈现出雨后春笋般的爆发式增长，这在很大程度上是由互联网的出现推动的。文本数据形式多样，从新闻专线到社交媒体，还有企业网页等许多其他形式。庞大的信息量意味着需要自动化技术来进行辅助处理。一旦经过结构化和整合处理[①]，这些文本数据就可以用来帮助交易员进行决策。

我们已经给出了具体应用文本数据的实例，比如利用社交媒体中关于劳动力市场的讨论数据来预测美国非农就业人数的变化，利用社交媒体帖子的情绪得分来解释标普 500 指数的走势，利用新闻专线中更传统的数据集解释外汇市场情绪值和波动率以及如何利用自然语言处理方法通过美联储通信数据来了解美国国债收益率的变化。

---

① 关于自然语言处理的讨论见第 4 章。

第 16 章　投资者关注度

16.1　引　　言

正如本书前几章所讨论的，新闻量是帮助了解市场的一个非常重要的指标，尤其是在理解市场波动时。值得注意的是，记者（即新闻撰稿人）撰写的是他们认为会被投资者阅读的新闻，但实际上新闻撰稿人写出来的文章并不是都能够吸引投资者关注并被投资者加以利用。因此，我们可以将新闻量视为度量投资者关注度的指标，但这一指标存在明显的缺陷和不足。

换言之，更加精确的度量投资者关注度的指标，可以从投资者对信息的实际利用程度入手，如一篇新文章的读者水平或他们的网络搜索活动，其他对于投资者关注度的衡量指标还包括网站流量和页面浏览量。在本章中，我们给出了一些衡量投资者关注度的具体指标，这些指标的研究主体从阅读有关工资单文章的读者群体、有关投资者搜索情况的数据流量再到研究投资百科（Investopedia）等，以了解投资者的焦虑情绪。我们还将创建一个基于在线关注与新闻量相结合的指标的新兴市场外汇交易策略。

16.2　度量投资者关注度的指标——工资单的读者群体

市场中总有一些事件是重复而规律发生的。这些重复事件中一件重要的事情是《美国就业形势报告》的发布，该报告公布了非农就业人口统计数据的变化，这个我们已经讨论了很多次。报告定期公布，有关非农就业人口变动的报告内容对读者而言非常重要。第一个问题是我们如何定义"重要性"这个概念，一个衡量标准是报告发布之前撰写的新闻文章数量。然而正如我们已经考虑的那样，记者撰写出的新闻并不是总能吸引人们的注意。另一个衡量重要性的指标则是对有关工资单的新闻文章的读者信息统计。

Benamar 等（2018）讨论了如何测量在发布非农就业报告前的信息需求，并使用该指标帮助理解市场反应。他们的数据由对 Bitly 链接的点击量组成。Bitly 提供一种将长 URL（长链接）转换为短 URL（短链接）形式的服务。对于分享字数有硬性要求的社交媒体（如 Twitter 要求用户分享推文字数不超过 280 个字符），短链接通常更容易共享。还可以追踪与短链接相关的统计数据，如点击量、用户点击的地理位置等。Benamar 等（2018）研究了一个基于点击量的数据集，该数据集约为 10 TB，与将近一百亿次点击的数据相关。虽然确实有许多经济数据发布，但他们将研究限制在工资单上，以减少复杂性。他们筛选出在 2011 年 1 月至 2016 年 6 月期间点击包含"工资单"的链接，点击量约为 40 000 次。不同于其他衡量投资者关注度的指标，如谷歌趋势的数据，每周或者每日都可获得，这些点击量的指标背后都有高频数据支撑。Benamar 等（2018）计算了《美国就业形势报告》发布日读者对有关"工资单"文章的点击量均值（图 16.1），他们注意到在美国东部时间早上 8:30 出现了一个明显的高峰，这也就是《美国就业形势报告》发布的时间。

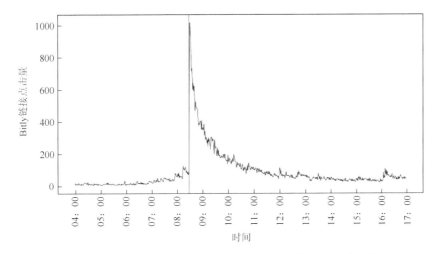

图 16.1　《美国就业形势报告》发布日"工资单"文章点击量

资料来源：美国联邦储备委员会，Bitly

　　在 Benamar 等（2018）的文章后半部分，他们还讨论了控制新闻文章的数量，并计算得到有关工资单的新闻量（由 RavenPack[①]新闻数据集衡量）与工资单的 Bitly 链接读者点击量之间的相关性约为 13%。因此，虽然新闻供给和需求可能是相关的，但它们肯定是不相同的。美国国债期货市场会对非农就业人口数量发生的较大变化做出反应，这篇论文主要讨论内容之一是工资单点击量是否与美国国债期货市场的反应之间存在关系。在这种情况下，报告中公布的实际从业人员数与专业预测分析师预测中值的差异会被视为意外。通常，这些共识预测是由彭博社等公司编制的。负向的意外通常是与下降的美国国债收益率（即债券价格上涨）相关联，而正向的惊喜往往是与上升的收益率（即债券价格下跌）同时出现。当

___

① 数据分析平台，提供大量有关金融、投资等领域数据，官网：https://www.ravenpack.com/。

然，人们一般认为当经济环境较好时（在就业机会增加的情况下），预期收益率会升高，因为市场预期美联储会采取紧缩政策。相反，在经济环境较差的情况下往往意味着美联储会采取更加宽松的政策。

他们的结果显示，当有关工资单的 Bitly 点击量很高时，美国国债期货价格几乎翻了一番。当点击率较低时，市场反应更加平静。因此，对就业信息的更多需求会影响市场对意外出现时的反应功能，即使这种对信息的需求是在实际事件发生之前出现的。

新闻供应量是用彭博新闻社发布的关于类似主题的文章数量来衡量的，在本章的末尾，我们基于网络流量使用了这一类似的概念来调整各种 Predata[①]数据集的在线关注度。

16.3 度量市场主体的指标——谷歌趋势

衡量互联网搜索流量的一个常用指标是谷歌趋势。图 16.2 展示了美国"世界杯"词条搜索量的例子。我们能够清楚地看到每四年出现一次明显的高峰，高峰与世界杯举办的时间不谋而合，显然这在意料之中。然而，这种类型的互联网搜索数据集在金融市场是否有用呢？如果我们想知道一些事情，通常会在行动之前进行互联网搜索。当我们想买一辆新车时，我们首先会对各个汽车品牌在互联网上进行一系列搜索调查。因此，我们可以推测互联网搜索数据有助于了解大众想法，特别是它可能是一个领先的指标。如果我们买卖汽车股，这是非常有用的信息来源。

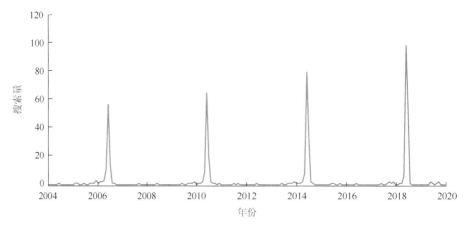

图 16.2　美国"世界杯"词条搜索量

资料来源：谷歌

---

① 重点为技术、政治科学和金融领域，致力于为预测分析构建企业软件的未来，官网为 https://www.predata.com/。

　　然而，我们能否使用互联网搜索数据来获取宏观经济形势更广泛的信息呢？Amen（2013）讨论了如何使用谷歌的国内趋势指数来制定系统的交易规则。最早谷歌国内趋势指数由谷歌构建，用来衡量与各种经济上重要的主题相关的搜索流量。例如，有一个衡量"奢侈品"的指数，该指数由与普拉达、古驰等品牌相关的搜索组成。

　　图 16.3 来源于 Amen（2013）的论文，图 16.3 显示了年度谷歌国内趋势指数同比变化与标普 500 指数同比收益率线性回归的 t 统计量，其中一些主题的搜索指数，如工商业，与股价呈现出显著的正相关关系，与破产及失业等其他因素之间存在负相关关系，考虑到这些因素与经济下行存在较大联系进而影响到股价下降，得出以上相关性结论并不意外。

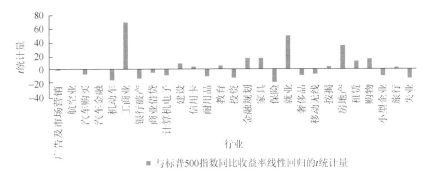

图 16.3　谷歌国内趋势指数回归结果

资料来源：Thalesians 数据，谷歌

　　Amen（2013）接着讨论了谷歌冲击情绪指数的构建，特别是使用了与破产和失业相关联（不相关）的搜索。图 16.4 及图 16.5 分别是 2005 年至 2013 年间谷歌冲击情绪指数与标普 500 指数的同比变化时间序列图及散点图，变量进行回归的 R^2 为 41%，这表明这些变量之间存在强相关关系。根据 Amen（2013）的研究，谷歌冲击情绪指数可用于过滤风险资产敞口，即标普 500 指数和 G10 外汇套利交易。Amen（2013）指出，根据谷歌冲击情绪指数的衡量，在高冲击时期降低资产敞口而非一味采取做多策略有助于提高风险调整后的回报率。使用谷歌趋势的数据时有一些注意事项，尤其是需要时刻牢记我们很难确定谷歌趋势是如何计算得到的。此外在实践中，历史数据会随着时间的推移而变化，考虑到获取该时间点数据的困难，回测也会变得十分困难。在谷歌流感趋势的著名案例中，谷歌搜索词被用来预测流感的传播。虽然它在样本中似乎有效，但在样本外证明是无效（Salzberg，2014）。但是，困难在于很多在网络上搜索"流感"的人实际上或许并未感染但自己误诊自己患上了流感。

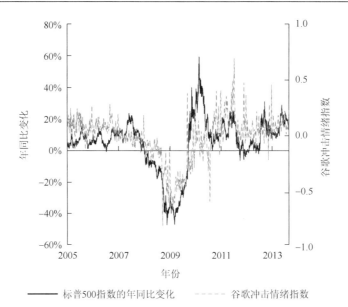

图 16.4　标普 500 指数与谷歌冲击情绪指数时序图

资料来源：Thalesians 数据，谷歌

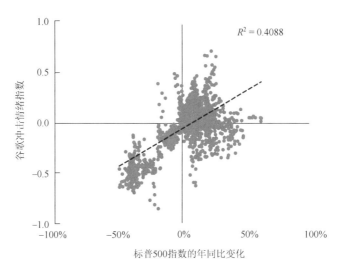

图 16.5　标普 500 指数与谷歌冲击情绪指数散点图

资料来源：Thalesians 数据，谷歌

16.4　度量投资者焦虑情绪的指标——投资百科的搜索数据

投资百科（Investopedia）是一个包含大量关于市场和经济如何运作的信息的

金融教育网站，如果你用谷歌搜索一个通用的金融术语，如债券市场，来自投资百科的页面将会出现在搜索结果的第一条。就像我们之前举过的谷歌搜索的例子，以投资百科的某一网页作为读者最后浏览的网页，即读者浏览完投资百科某一网页后不再跳转到其他网页的网络搜索量能否为我们提供更多留待分析的市场深层次的规律吗？投资百科创建了投资者焦虑指数（investor anxiety index，IAI），专门收集以其网站特定页面结束搜索的搜索流量。这些页面提到了"卖空""破产""违约"等令投资者焦虑的主题。Amen（2016）详细讨论了 IAI，一个与 IAI 类似的指数是波动率指数（volatility index，VIX），它衡量了标普 500 指数期权的隐含波动率，被称为华尔街的恐慌指数。此样本中 VIX 与 IAI 之间的相关性水平为 30%，R^2 约为 9%（图 16.6）。图 16.7 绘制了 IAI 与 VIX 的散点图进行对比，从结果中能直观地看出两个变量变动相互"追随"。

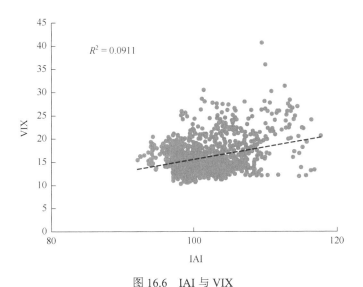

图 16.6　IAI 与 VIX

资料来源：Cuemacro 数据，投资百科

文章后半部分讨论了如何使用 IAI 作为标普 500 指数长期策略的调节器。借助 IAI 对标普 500 指数进行投资的策略为：在 IAI 达到高峰时，持有较少的标普 500 头寸，当投资者焦虑情绪高涨时，投资者应该清空手中持有的股票。因为我们假设当投资者感到焦虑时，他们更有可能将他们的股票变现并转向更安全的资产，如现金。当 IAI 不处于高峰时，在标普 500 指数保持多头仓位。因为当投资者冷静下来的时候，他们会愿意投资风险更高的资产，比如股票或者投资者更愿意把收益而非安全放在投资第一位。

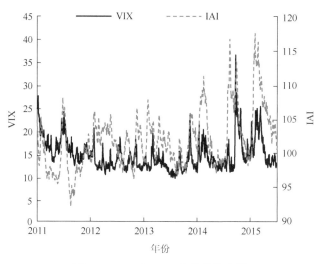

图 16.7　IAI 与 VIX 走势的散点图

资料来源：Cuemacro 数据，投资百科

　　文章还将这种基于 VIX 的交易策略与一直持有标普 500 的交易策略进行了比较。一直以来，VIX 被称为华尔街的恐慌指数，并被用作衡量投资者焦虑。VIX 是根据标普 500 指数各种期权的隐含波动率构建的。随着投资者越来越焦虑，他们越来越倾向于购买期权来对冲现金头寸，会导致波动率上升。

　　在图 16.8 中，我们展示了论文中三种策略的累计收益。我们发现，在我们的样本中，一直长期保持标普 500 指数风险敞口的交易策略经风险调整后收益最低，基于 VIX 和 IAI 的交易策略表现更优。我们注意到，基于 IAI 的交易策略在三种策略中具有最高的经风险调整后收益和最低的撤资量。这意味着与使用 VIX 相比，IAI 是度量投资者恐惧的更好的指标。

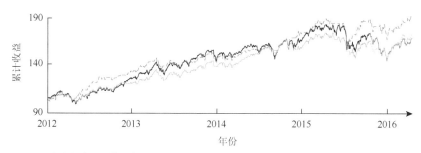

——　长期持有策略收益率 = 12.7%，波动率 = 14.8%，信息比率 = 0.86，除权除息 = −21.6%
-- --　基于 IAI 策略收益率 = 15.5%，波动率 = 11.8%，信息比率 = 1.32，除权除息 = −16.7%
——　基于 VIX 策略收益率 = 13%，波动率 = 12.4%，信息比率 = 1.05，除权除息 = −16.2%

图 16.8　三种交易策略经风险调整后收益率的比较

资料来源：Cuemacro 数据，彭博社，投资百科

在接下来的几节中,我们将继续讨论基于网络流量数据来洞察金融市场的交易信号,探讨维基百科的页面浏览量。

16.5　运用维基百科了解加密货币的价格走势

当我们研究一个主题时,首先要做的任务之一就是进行网络搜索,我们往往会在被称为来自大众智慧的百科全书——维基百科的页面上找到答案。ElBahrawy 等(2019)使用与维基百科中专门介绍加密货币的页面相关的数据以了解价格走势。他们特别检查了这些文章的编辑历史和页面浏览量。编辑历史记录可以用作反映新闻量和创造的信息量。与页面的浏览量进行对比可以用来反映非专家读者对该主题的感兴趣程度。

他们注意到维基百科每天的页面浏览量和比特币的价格之间有显著的相关性(42%),并且这种强相关性并不会随着时间的推移而消失。从他们编辑的网页所处领域的相似程度来看,编辑加密货币页面的人数相对较少并且编辑大多是这个领域的专家。因此,他们指出浏览加密货币页面的人很可能不同于那些创造这些内容的人。

考虑到这一点,ElBahrawy 等(2019)将重点放在使用页面浏览量来开发新的交易策略上。与能够获得高频数据的页面浏览量相反,编辑量往往是零星的(大约每 10 天一次)。他们使用相对高频的交易规则,通过观察页面浏览量每日变化情况从而触发交易规则。基于维基百科的交易规则优于单纯研究价格的交易策略和另一种随机交易策略。但是作者指出,回溯测试的结果不包括任何交易费用。交易成本的引入很有可能显著影响高频交易策略的收益,因为只有降低交易频率才能降低交易成本。在第 19 章,我们将使用 Refinitiv 的数据集探讨外汇市场的流动性问题。

接下来,我们将评估如何利用网上关注度了解新兴国家外汇市场。

16.6　通过各国网上关注度来了解外汇交易

我们已经了解了网络流量是如何被加以利用的,如投资者关注特定的工资单发布或了解加密货币的价格变动。这样做的基本原理是,像页面浏览量这样的指标能够被用来衡量人们对某一领域或者主题的关注程度。在本节中,我们将继续使用"关注度"这个概念来指导决策。Predata 公司分析网络流量数据,针对专业人士和学者可能最为密切关注的分部门,按照具体的部门对数据进行筛选。

接着构建能够代表不同专业人士和学者对各个分部门感兴趣程度的时间序

列。例如，有一些国家的时间序列提供了在某一天该国的整体网上关注度，这是我们的重点。

图16.9显示了土耳其地缘政治波动指数与1个月的美元/土耳其里拉的隐含波动率走势，地缘政治波动指数是基于与政局有关的网络关注度构造的。在这个例子中，我们可以看到这两者之间确实存在某种关系，Predata公司构建的指数的波动有时会伴随着隐含波动率的波动，然而这种情况并不常见。事实上，对地缘政治担忧激增并不总是反映在市场上，也就是说市场并非总是纯粹受地缘政治担忧驱动的，也可能受到其他因素的推动。这个例子表明，市场和网上关注度之间的关系值需要进一步深入研究。

图16.9　土耳其地缘政治波动指数与1个月美元/土耳其里拉隐含波动率

资料来源：Predata数据，彭博社

接下来，我们来看看更精细的网上关注度数据。每个国家都有不同的由分析师和专家组成的一系列子部门。这些子部门包含与宏观经济、微观经济、外交政策或军事等相关的"关注程度"，并不是每个国家的每个子部门都得到持续关注。例如，土耳其持续关注"恐怖主义"这一子部门，因为从历史的角度考虑，恐怖主义一直是该国关注的一个重要领域。这与韩国相反，韩国历史上不存在恐怖主义。用于构造各种Predata构建的指标时使用的网络资源包括每个国家的官方语言和英语。

网络上分别采用英语和葡萄牙语发表了有关巴西各个宏观经济子部门的文章，我们使用相关数据绘制了图16.10，将数据进行标准化处理。作为比较，我们还包括了发表在彭博社上提到巴西的文章数量，这一数据提供了有关新闻供给量的信息。

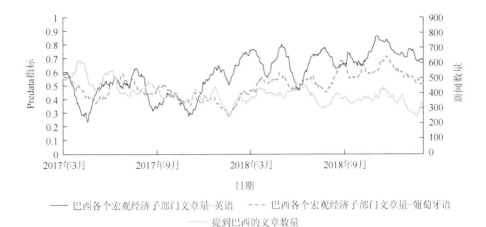

　　　　　　── 巴西各个宏观经济子部门文章量-英语　　--- 巴西各个宏观经济子部门文章量-葡萄牙语
　　　　　　　　　　　　── 提到巴西的文章数量

图 16.10　对英语与葡萄牙语报道的巴西当地新闻的关注度比较

资料来源：Predata 数据，彭博社

　　我们应用了 20 天的简单移动平均使数据更加平滑（不包括周末数据）。我们看到，虽然子部门之间确实存在某种关系，但也存在一些差异。这是因为英语更有可能在国际上吸引读者的注意，而葡萄牙语则更能代表当地的读者关注度。

　　我们观察到正如我们预期的那样，新闻提及的指标似乎确实与 Predata 指标存在某种关系和差异。正如我们在工资单文章读者群体一节中所指出的，信息的提供量和对信息的需求量可能不同，并不是所有被撰写发表的文章、新闻都能够吸引读者的兴趣和眼球。

　　我们可以进一步调查信息需求与所写的新闻数量之间的差异，为了做到这一点，我们构造了指标，计算对宏观经济的关注度与提到该国家的新闻提及度的比率。我们使用彭博社新闻作为我们构造指标时计算新闻数量的信息来源，这个指标能为我们提供经过标准化处理的关于某一个国家的新闻数量。我们将运用这个比率设计交易规则。我们将对一些新兴市场的货币（印尼盾、印度卢比、巴西雷亚尔、土耳其里拉、墨西哥比索和俄罗斯卢布）采用以下交易规则。

　　（1）当关注度超过新闻提及度时（即该比率高于其 20 日简单移动平均线），我们购买该国货币对美元。

　　（2）当关注度低于新闻提及度时（即该比率低于其 20 日简单移动平均线），我们出售该国货币对美元。

　　我们的想法是，可以剥离可能纯粹由新闻供应驱动的那部分关注。因此，当经调整的关注度较高时，市场通常表现为牛市。相反当我们考虑到新闻的数量时，缺乏关注时市场很可能是熊市。

　　图 16.11 展示了 2016 年至 2019 年间两种持有新兴市场一篮子货币（印尼盾、

印度卢比、巴西雷亚尔、土耳其里拉、墨西哥比索和卢布）的累计收益，其中之一为基于"关注度策略"进行交易，并将持有成本和交易费用包括在内的累计收益情况。我们还假设每一种货币的名义权重相等，长期持有新兴市场货币篮子对美元的累计收益作为基准也在图 16.11 中得以体现。

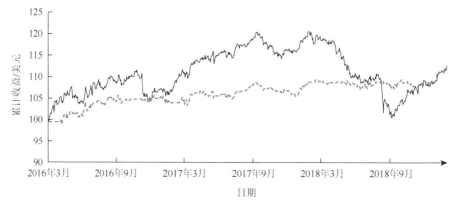

—— 长期持有策略下新兴市场货币对美元走势 收益率 = 4.4%，波动率 = 7.8%，信息比率 = 0.56，
除权除息 = −16.5%
--- "关注度策略"下新兴市场货币对美元走势 收益率 = 4.1%，波动率 = 4.3%，信息比率 = 0.94，
除权除息 = −3%

图 16.11　基于"关注度策略"交易一篮子新兴市场货币的收益率

资料来源：Predata 数据，彭博社

在全样本中，主动策略和仅做多的策略的收益相似，而主动策略的信息比率相对较高。此外，采取仅做多策略收益与主动交易策略相比，下降幅度相当大，即波动率更高。因此，对于新兴市场而言，采取基于关注度的交易策略得到的经风险调整后收益率更高，这意味着交易新兴国家货币时，对关注度的度量在历史上是有效的。

至于国家关注度能否用来理解货币波动率这一问题还有待进一步研究。

16.7　小　　结

如果能做到持续追踪投资者的兴趣，这似乎有助于我们理解是什么因素推动了市场。投资者关注度与新闻量是不同的概念。事实上正如本章所讨论的，读者对新闻的需求量与媒体提供的新闻数量不同，当记者们努力写出文章希望被读者广泛阅读时，读者并不一定会阅读。

在本章中，我们讨论了几种不同的理解投资者关注度的方法，比如从搜索数据中探寻规律，查看谷歌趋势数据以及探究与投资百科相关的网络搜索流量。接着我们探讨了页面浏览量以及维基百科上对加密货币的编辑历史记录。我们展示了如何将新闻供给量（彭博社的新闻数量）和网上关注度（如基于 Predata 数据库的数据）的不同数据结合起来，在历史数据的基础上进行有效的新兴市场外汇交易。

第17章 消费者交易

17.1 引　　言

在许多行业，包括零售、科技和休闲行业，许多公司选择直接迎合消费者的销售策略。如果我们能通过另类数据了解这些公司的消费者支出，我们就能在高频数据的基础上对这些公司财务健康状况有更深入的了解，这与依赖上市公司季度报表了解公司财务状况的方式形成鲜明对比。比起公司披露定期报告，深入挖掘消费者交易数据可以让我们更精确地了解消费者的支出，它也可以提供更多的信息。

投资者希望比较在一个特定的行业中不同公司的消费者支出模式，或者，经济学家将消费者支出作为一个整体来看待，以便从宏观层面更好地理解经济。任何消费者交易数据集都不可能包含每个消费者，像其他试图度量消费者活动的数据集如脚步数据也是如此。相反，它们只是我们正在调查的人群的样本数据集合。因此，关键是要确保数据集中的数据所研究的消费者样本对广大民众具有代表性。例如，如果我们要测量美国的消费者支出并且我们的样本小组主要由像纽约和洛杉矶这样的沿海地区组成，我们的数据集不太可能真正具有代表性。采用的样本小组也应当在人口特征上保持平衡，比如年龄、性别、收入等，确保小组选样合适需要花费大量时间，如果小组不平衡或是包含了特例，观测结果将难以外推到更广泛的人群中，与许多其他替代数据集一样，实体匹配也十分关键。将消费者交易数据中涉及的公司名称映射到可交易资产十分必要，这对于不同的行业来说尤其具有挑战性，因为几个品牌经常同属于作为交易实体的同一母公司。实际上，这些映射会随着时间的推移发生显著变化，因此，任何映射都需要持续不断地进行更正和维护。显然，对于那些客户主要是其他企业的公司来说，消费者交易数据集可能不那么相关。

在本章中，我们将举例说明如何使用信用卡数据反映零售数据。我们将详细介绍消费者收据中的数据，展示如何利用它来了解亚马逊的收益，并与类似公司的表现进行比较[如耳机制造商森海塞尔（Sennheiser）和舒尔（Shure）]。

17.2 信用卡和借记卡的交易数据

Gerdes 等（2019）讨论了美国非现金支付模式。他们指出，近年来信用卡支付的数量和金额都在增加，分别增长了 10.1%和 8.4%。2017 年借记卡支付量占全部用卡结算交易量的 66.9%，然而在金额上，信用卡支付金额占总用卡结算金额一半多一点。总的说来，2017 年美国平均每笔信用卡支付金额为 88 美元，高于借记卡（平均每笔支付金额 35 美元）。

2017 年，个人用卡结算占比 75.3%。当按价值细分时，用卡结算比例仅略高于一半，为 53.7%，表明远程支付金额更高。远程支付包括通过电话、在线支付，以及那些通过移动设备进行的支付（如通过苹果支付）。

Kumar 等（2018）从不同的角度研究了美国的消费者交易和现金交易情况。他们将电子支付考虑在内，其典型的付款项目是抵押贷款。在 2017 年现金支付量比以往任何时候都高。他们注意到现金通常用于支付购买价值较低的物品。55%的消费者使用现金购买 9.99 美元以下的物品，购买高价值物品时，这一比例迅速下降；购买超过 100 美元的物品时现金交易价值仅占全部成交额的 7%，不到信用卡和借记卡的一半。

这两份研究都表明，信用卡支付在消费者交易中占很大比例。随着信用卡支付的日益普及，运用消费者使用信用卡和借记卡支付数据来理解经济变得更加合理可行，此外用卡交易比现金交易更容易追踪。

我们应该注意到，鉴于现金使用方式的不同，仅仅关注信用卡交易可能会忽略一些价值较低的交易。如果我们对高价值交易感兴趣，这可能无关紧要。但是如果我们追踪低值交易，比如说了解一家糖果公司的销售情况，我们可能就无法注意到更具有代表性的交易。

信用卡和借记卡交易数据有许多不同的来源。一些数据可以直接从信用卡公司获得。它们通常会将自己的客户的交易信息进行汇总，还有公司从许多不同的第三方公司采集信用卡数据。信用卡交易数据的一个例子是万事达卡 Master Card 的支出冲动指标（spending pulse index），通过使用全国范围内消费者信用卡的交易数据对零售销售额进行统计，这个数据集与官方数据相比，滞后期更短。

除美国之外，支出冲动指标还包括澳大利亚、巴西、加拿大、中国香港地区、日本、南非和英国的数据。数据集也可以提供更精细的数据信息，可用于特定行业，如食品杂货业和服装业。图 17.1 展示了巴西官方零售额同比数据与支出冲动指标的数据，我们可以看到支出冲动指标数据与官方零售额数据在长期走势相近，官方统计的零售额数据波动性更大。

图 17.1　巴西官方零售额同比变动与信用卡支出冲动指标零售额同比变动

资料来源：彭博社，万事达卡

17.3　消费者收据

电子收据/消费者收据有各种各样的来源。电子收据数据能够为我们提供更详细的支出信息，因为这些收据通常包含详细信息。这与信用卡交易数据形成鲜明对比，信用卡交易信息中往往只有购买商品的商店名称和消费金额，有时，如果想获得更详细的信息，我们需要尝试构建模型来推断缺失的数据，如商店的位置。

在某些情况下，作为用户服务协议的一部分，电子邮件提供商可以阅读用户的电子邮件内容。用户可以选择授予第三方插件"阅读"他们的电子邮件的权限，以提供额外的功能。例如，我们进行网购后通常会收到电子账单作为确认，有一些会计工具可以通过获取电子邮件账单中的数据帮助你分析支出情况。

很明显，电子收据不一定能获得很多面对面的交易信息，因为在大多数情况下，消费者都会收到纸质收据（虽然偶尔也会收到电子账单，比如苹果商店）。通过汇集匿名电子收据，小到了解销售情况大到公司情况都是可行的，收银台的 POS 机可以用来记录消费者在商店购买的物品，Nikkei POS 数据集收集了这一数据，从 POS 机中获取的数据集也能够跟踪现金支付。

Quandl[①]在它们的数据平台上有大量数据，这些数据来自它们的合作伙伴，这些公司能够看到消费者的电子邮件，以收集数以百万计的匿名电子收据信息。Thomas（2016）讨论了 Quandl 的消费者交易数据集，并举例说明如何使用它来

---

① Quandl 是一个金融、经济和另类数据的市场，以 Python、Excel、Matlab、R 等程序通过 API 提供各类数据，官网为 https://www.quandl.com/。

预测亚马逊的收入。虽然季度收入可以在提交的季度报告中找到，但这一想法是为了看看收入能否被提前预测。该方法选择了一组在本季度和上一季度在亚马逊消费的消费者，然后计算了这段时间内支出的变化。数据集使用了 2014 年第二季度至 2016 年第二季度的数据。

有一点需要注意的是，这种使用交易数据的方法显然只适用于主营业务直接面向消费者的公司，而非面向企业的公司。因此，对于亚马逊这样的公司而言，它是理想选择，因为亚马逊的收入与消费者驱动的购买密切相关。在图 17.2 中，我们根据 Quandl 的模型绘制了隐含收入变动图，尽管有少量点未能得到恰当拟合，但数据点的拟合程度很高，季度数据零落的特性是我们在使用季度数据中经常遇到的问题。

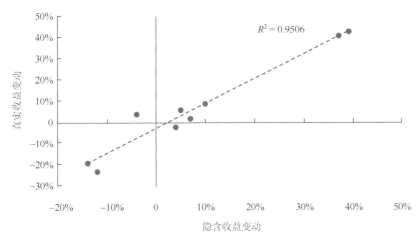

图 17.2 亚马逊收益预测与真实收益变动情况

资料来源：Quandl 数据

很明显，如果我们将圣诞节前的这段时间与一月份进行比较，消费者的支出模式可能会有所不同，因此，Quandl 模型还包括其他有助于解释日历效应和季节性的变量。

必须承认的是，这种方法对于亚马逊的网络服务并不适用。这是因为亚马逊网络服务（Amazon Web Service，AWS）很可能出现在商业交易中而非消费者交易活动中。Thomas（2016）认为这可能解释了为什么最佳拟合线没有穿过原点，并建议在模型中加入其他变量，比如指导数字可能会有帮助。事实上，在第 13 章中，我们采用了一种类似的方法，用公式估计来提高另类数据集（中国制造业 PMI 的数据集）的准确度。

消费者收据中更加详细的数据也意味着数据集可以用来理解诸如项目平均成本之类的指标，而不仅仅是消费者的平均消费额。Thomas（2016）举例说明了消费者收据中数据可以用来了解消费者在不同品牌上的支出。在图 17.3 中，我们引用了论文中的结果，比较了亚马逊市场上不同耳机品牌森海塞尔和舒尔销售量的月度变化。在这种情况下，两家公司都未公开交易，说明这种类型的分析不只限于分析上市公司。在第 20 章，我们将讨论私募股权投资者如何使用另类数据帮助确定公司的投资目标并评估其业绩。

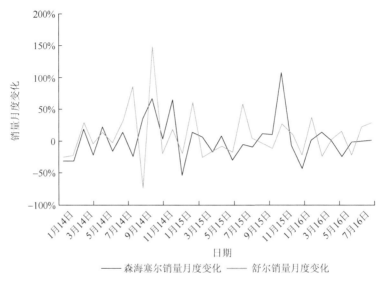

图 17.3　森海塞尔和舒尔亚马逊月度销量比较

资料来源：Quandl

17.4　小　　结

与官方数据的发布相比，消费者交易数据发布更为及时，可以帮助我们了解更广泛的零售数据和消费支出。一般情况下，这些数据可以从信用卡和借记卡交易中获得，让我们对消费模式有更深层次的了解。在本章，我们展示了如何运用万事达卡的交易数据跟踪发布较晚的巴西官方零售数据。

为了了解消费者购买商品的详细信息，例如想要了解消费者购买的产品信息，消费者收据对此很有帮助，这些可以从电子邮件中获取，电子邮件能够帮助我们追踪在线交易。同时，零售商的 POS 机可以追踪线下交易。本章举例说明投资者如何使用消费者收据数据，我们展示了使用消费者收据去估算亚马逊季度收入的例子，我们还举例说明了如何使用消费者收据数据集去理解不同品牌耳机的消费者支出模式。

第18章 政府、行业和公司数据

18.1 引　　言

政府和企业定期会发布大量数据。实际上，这些数据是从企业、个人和政府的日常活动中得出的、已被投资者广泛使用过的数据，其中一些数据不会被视为另类数据。例如，劳动力市场的总体数据、经济增长和通货膨胀的数据，这些数据已经被市场参与者广泛使用。上市公司每个季度必须公告它们的盈利以及其他与其业务有关的各类统计数据。

在现实生活中，许多比较常见的来自政府和企业的数据公布频率很低，最常见的例子是 GDP 数据，尽管存在多种形式的 GDP 数据，但大多数国家通常每季度发布一次。大多数经济数据都是按月发布的，而仅有少数经济数据能够做到每周发布（比如美国的失业救济数据）。

大量经济数据被发布，以至于在日常生活中，许多市场参与者很少能够对其中的大部分数据进行全面了解。我们以《美国就业形势报告》为例，报告中包含的大多数数据会被市场忽略，而市场参与者则倾向于关注标题数据。我们可以把这些不太常用的数据统计作为另类数据，以新颖的方式汇总数据集得到的指数也是另类数据其中一种形式。

事实上，我们将在本章讨论几个例子，展示如何利用政府数据评估企业的创新能力，我们还将为宏观投资者介绍一些另类数据集，一个用于量化外汇风险，另一个用于高频估计央行对外汇市场的干预情况。还有许多数据集供政府和公司内部使用，但一般不对外提供。

另外值得注意的是，除了普遍使用的数据（即官方季度数据），公司也会在它们网站上定期发布大量更详细的数据，这些数据对投资者而言更有用。其中一个例子就是招聘启事，这类数据发布频率更高。此外，我们不仅能够获得上市公司的这类数据，非上市公司的数据也能获得。（在本书第 20 章我们将讨论私募股权公司的另类数据）。

18.2　使用创新性度量指标进行股权交易

当提到总体经济数据时，这些数据集已被市场参与者使用多年。然而，应当指出的是，政府每年公布的数据量巨大，除了经济数据外，其他数据对投资也很有帮助。

早些时候，我们注意到，一家公司持有的数据的价值是难以衡量的，对于一家拥有许多无形资产的公司来说更是如此，特别是对于创新导向型企业，公司主要资产的价值难以准确衡量可能会产生相当大的问题。只看一家公司的公开的财务文件可能无法让读者全面了解到公司的创新性。我们是否有更好的方法来衡量创新性呢？一种方法是统计公司申请专利的数量。但是，如果不对专利数据进行调整，数据可能无法反映公司创新的动力。公司可能只是注册申请了许多专利，但其中很多专利可能价值并不大。因此，这种衡量企业创新性的方式都需要或多或少地进行调整，调整可以基于公司的规模或通过研发支出调整申请的专利数量。调整过后的指标也并不完美，因为我们最终可能会减少投资研发支出巨大的公司的比重。

Jha（2019）提出了衡量企业内部创新性的另一种方法，这种方法不再局限于统计审查申请的专利数。这篇论文不再重点关注企业的财务报表，更加关注ExtractAlpha[①]的 ESGEvents 数据库（企业事件库），该数据集收集了来自不同政府部门包括监管机构的公司数据，数据来源包括消费者金融保护局、环境保护局、职业安全与健康管理局、消费品安全委员会、美国参议院、联邦选举委员会、美国劳工部、美国财政部财政服务局和美国专利商标局。

正如可以预料到的那样，这些实体在不同的来源中通常以不同的公司名称登记，ExtractAlpha 将所有实体映射到一个参考表单中，再进一步映射到其各自的证券。具体而言，Jha（2019）通过 ESGEvents 库中的子数据集来反映公司的创新性，特别是来自劳工部的数据集，涉及：公司上一年度申请 H1B 签证[②]的工人总数；公司上一年度申请永久 H1B 签证数量。

第二个来源是美国专利商标局提供的信息，包括：上一年度公司专利申请数量；上一年度授予公司的专利数量。

上述办法不仅统计了专利申请和授予专利的数量，同时覆盖了需要申请 H1B 签证的高技术人员的数量。

数据的采样方式有一些主要的区别。美国劳工部的数据每季度发布一次，美国专利商标局的数据每周发布一次。因此，在进行回测时需要考虑数据存在的滞后情况，在这两种情况下，数据集在它们所覆盖的时间段内都不是立即可用的。这项研究中的企业所发行的股票在美国市场上交易活跃，其市值为 1 亿美元或更高。

---

① 致力于为投资者提供另类数据，利用独特的资源和分析技术为机构客户提供数据集和定量选股模型，为投资组合经理和分析师提供可视化数据和分析工具。官网为 https://extractalpha.com/。

② 一般指 H-1B 签证，指的是特殊专业人员/临时工作签证 Specialty Occupations/ Temporary Worker Visas（H-1B）。

　　前面提到的这四个指标中的每一个指标都记录了世界上每个公司的水平和同比变化，从而产生了八个指标。对特定行业中的每家公司汇总这些指标，以创建行业级别的衡量标准，然后根据市值进行调整。这八个指标中的每一个指标都会在所有行业中进行排名。构建一个长期的行业组合，指标数值越高，创新性越高，在组合中权重越高；相比之下那些创新性最低的行业权重为零。调整权重至权重总和为 1。表 18.1 显示了 2003 年至 2015 年的不考虑交易成本的样本回测结果。

表 18.1　长期持有组合的交易数据

指标		超额收益	信息比率
水平	H1B 签证	0.45%	0.17
	永久居留签证	0.39%	0.14
	专利申请	0.46%	0.28
	专利授权	0.53%	0.3
年同比变化	H1B 签证	0.29%	0.2
	永久居留签证	−0.78%	−0.47
	专利申请	−0.02%	−0.02
	专利授权	0.61%	0.5

资料来源：ExtractAlpha 数据库

　　大多数经风险调整后的收益都是正的。然而，主要例外是永久签证申请的同比变化。一种解释是签证申请者的数量发生了改变，没有必要再进行同比调整。论文接着讨论了综合创新指标的构建。综合创新指标超额收益率为 47 个基点，信息比率为 0.21。表 18.2 显示了每个指标样本内、样本外和全样本的经风险调整后收益结果，样本外指标显示为盈利。论文指出，虽然在 2009 年之前产业创新与否与产业表现之间的关系不大，但创新产业在 2013 年之后表现出色。

表 18.2　样本内、样本外和全样本长期持有组合的交易数据

指标		样本内 （2003～2015 年）		样本外 （2016～2018 年）		全样本 （2003～2018 年）	
		超额收益	信息比率	超额收益	信息比率	超额收益	信息比率
水平	H1B 签证	0.45%	0.17	1.86%	0.66	0.71%	0.27
	永久居留签证	0.39%	0.14	2.12%	0.76	0.72%	0.26
	专利申请	0.46%	0.28	1.32%	0.68	0.62%	0.36
	专利授权	0.53%	0.3	1.17%	0.6	0.65%	0.37

续表

指标		样本内 (2003~2015 年)		样本外 (2016~2018 年)		全样本 (2003~2018 年)	
		超额收益	信息比率	超额收益	信息比率	超额收益	信息比率
年同比变化	H1B 签证	0.29%	0.2	0.89%	0.41	0.40%	0.25
	永久居留签证	−0.78%	−0.47	0.25%	0.15	−0.58%	−0.35
	专利申请	−0.02%	−0.02	1.49%	1.02	0.26%	0.19
	专利授权	0.61%	0.5	1.21%	1.22	0.73%	0.61
综合创新得分		0.47%	0.21	2.00%	0.87	0.75%	0.34

资料来源：ExtractAlpha 数据库

随后，文章还探讨了利用创新措施在一个行业内交易个股，而不是在行业层面进行交易。然而，文章作者认为如上面的结果所示，在行业层面进行交易时措施更有效，特别是在行业层面实施交易战略，使用 ETF 的成本更低。在本章后半部分，我们的研究将从单一股票转向宏观资产。我们将重点讨论由宏观另类数据构造的数据集，宏观另类数据集由政府和官方机构发布的宏观数据以及市场数据组成。

18.3　量化货币危机风险

货币的波动性往往低于单只股票的波动性。然而，有时货币会大幅波动，我们能观察到波动率出现结构性突变。了解货币危机发生的可能性对于投资者和风险管理者非常重要。我们把货币危机定义为对一种货币进行投机性攻击，从而导致该货币被迅速抛售。一般来说，货币危机会导致各国央行试图通过抛售外国货币来捍卫本国货币，也可以通过提高国内利率来惩罚投机者做空货币。它也会导致政策的转变，比如引入资本管制。Glick 和 Hutchinson（2011）详细讨论了货币危机，指出即使这些投机性攻击没有成功，防范投机性攻击也会产生高额成本，其中包括外汇储备的下降及高利率对国内经济增长的负向作用。其中有一些令人印象深刻的例子，包括 1992 年英镑贬值而被迫退出欧洲汇率机制，1997~1998 年亚洲金融危机。全球金融危机还伴随着一些国家和地区货币的大幅贬值，投资者纷纷转向持有美元和日元等避险货币。近年来，我们也看到了卢布和土耳其里拉的例子，尽管是出于更特殊的原因，它们同样遭受了巨额货币贬值的损失。

Glick 和 Hutchinson（2011）研究了货币危机的相关文献，并通过几代模型对它们进行建模。他们认为任何类型的预测都需要几个组成部分。首先，需要对货币危机进行定义，即什么程度的变动能够算得上是危机？然后需要选择与如此剧烈货币贬值有关的变量。最后，构建统计模型。

　　Sleptsova 等（2019）的实证结果表明有几个共同的因素可以用来估计货币危机。一是高利差以及过热的信贷。另一个因素是双赤字，即既有预算赤字又有经常账户赤字。相对于在货币危机期间可以起到缓冲作用的出口和外汇储备，他们还列举了高水平的短期债务，然而这些变量应当如何被赋予权重，同样取决于几个因素，如基础货币制度（目前是浮动的、有管理的还是盯住货币制度）。他们开发了牛津经济研究院的外汇风险工具（Oxford Economics' FX Risk Tool），涵盖了发达市场和新兴市场 166 种货币，这是一个从市场数据到官方数据，涵盖了各行各业数据的另类数据集。该数据每月更新一次，范围调整为 1 到 10，其中10 表示最易受货币危机影响。我们引用了他们的分析，图 18.1 表明历史上风险分数高的货币经历过更多的货币危机。样本外的结果也表明高风险评分与更高概率发生货币危机或大幅抛售货币之间存在高度相关性。

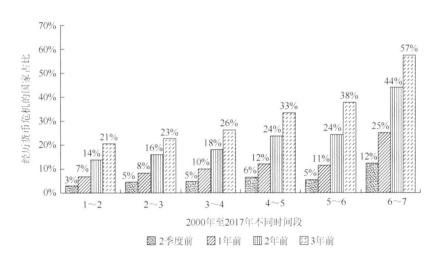

图 18.1　2000 年至 2017 年间的平均外汇危机比率

资料来源：牛津经济研究院

　　正如我们所料，外汇风险得分与波动率之间也有很高的正相关性。从投资者的角度来看，预测货币危机显然有利于避免货币风险敞口。例如，在外汇套利交易篮子中，我们可以减少最有可能出现抛售的货币的权重，增加具有较低抛售可能性货币的权重。通常，在外汇套利组合中，我们会希望购买收益率最高的货币并卖出收益率最低的货币。然而，正如上面提到的，收益率最高的货币通常也是最易被抛售的货币，因此关键是要找到那些拥有高收益率和较低的抛售风险的不寻常的货币。我们也可以在这两个因素之间寻求平衡，接受较低的收益率以降低风险。

就本质而言，我们将使用"风险性"和利差作为货币评级的另一种方法。通常情况下，考虑到纳入货币篮子的货币风险，一种用于对套利货币篮子中货币权重进行排名的方法是计算货币的隐含波动率。纳入外汇风险指数可以提供关于基本面的额外信息，这些信息无法从隐含波动率中得到。比起利差，风险厌恶型投资者在模型中更看重风险因素。

从投机角度来看，外汇风险指数也有助于做空那些被标记为最有可能发生货币危机的货币，当然，当我们这样做的时候，我们需要注意做空的成本。从风险管理经理的角度而言，外汇风险分数是提高在险价值（Value-at-risk，VaR）、预测波动率的附加因素。通常，VaR 估计只考虑历史市场数据，而不是从基本面数据中补充完善。

18.4　模拟中央银行干预货币市场

我们注意到，一些被广泛使用的数据可以从政府活动中获得，试图理解央行的行为一直是市场参与者特别感兴趣的一个领域。在第 15 章我们注意到中央银行与美联储的交流和互动可以用来帮助理解美国国债收益率的变动。显然无论是他们的言论还是直接采取干预市场的行动，中央银行对债券市场都产生了很大的影响，这不仅仅是短期行为，量化宽松政策使得央行已经在市场上推出了许多长期干预市场的政策工具。然而，各国央行不仅活跃于债券市场，某些中央银行也成为大股东。

各国央行也在外汇市场进行交易，这可以作为外汇储备管理的一部分。虽然外汇储备中大部分以美元持有，但各种货币之间的金额会发生变化，不仅因为估值效应，同样是因为央行积极调整投资组合的构成。各国央行也可能会自行干预货币从而更好地管理波动率，并将本国货币兑美元或一篮子货币的金额保持在一定范围内。一般来说，与允许货币汇率自由浮动的发达国家的央行相比，新兴市场的中央银行在干预货币方面会更积极。其中一个主要的例外是瑞士法郎，瑞士央行多年来一直通过不断干预设定欧元/瑞士法郎的下限直到 2015 年 1 月废弃该政策。历史上，日本银行比其他发达市场的中央银行在外汇干预方面更为积极。

图 18.2 绘制了季度官方外汇储备货币构成（currency composition of official foreign exchange reserves，COFER）数据作为该领域常用数据集的示例，该数据集是由国际货币基金组织根据全球央行数据编制的。COFER 展示了全球外汇储备的构成是如何随着时间的推移而变化的。用于构建 COFER 的各国详细的数据是严格保密的，并且对于各国央行，是否同意将其包含在 COFER 数据集中是自愿的。理解中央银行在外汇市场的行为是有难度的，像 COFER 这样的数据往往存

在严重滞后且不够详细的情况，各国央行在官方数据中提供的外汇储备数据的详细程度也可能有很大差异，填补官方数据缺口的一种方法是建立模型。

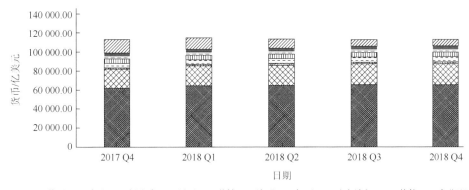

图 18.2　COFER 数据：官方外汇储备的货币构成

资料来源：国际货币基金组织

中国人民银行有时会采取一些指导市场的措施。对投资者来说，一个特别重要的问题就是要试图理解央行何时干预以及干预外汇市场的规模。如果中国人民银行出售大量的外币购入人民币，我们能够预期外汇储备将会下降。相比之下，如果中国人民银行购买外币而不是人民币，外汇储备将明显增加。我们能够获取来自中国官方公布的外汇储备数据，然而，这些数据通常会滞后一个月公布，有没有无须等待公布滞后的数据而估计央行干预措施的方法？

Exante Data[①]（2018）在高频次交易的基础上构建了模型来估计中国人民银行的干预活动，我们在这里对模型进行高层次的概述。模型背后的主要原理是中国人民银行采取的任何干预活动都可能产生可以衡量的市场影响。Exante Data 使用两个独立的模型来实现这一点。第一个模型从异常大的交易中检测市场异常，异常的大额交易很有可能是中国人民银行进行干预活动的结果。第二个模型在第一个模型的基础上同时考察了不同市场的价格和交易量数据以确定中国人民银行是否在价格变动中出手干预。在这两种情况下，日内数据被用作输入变量，最后结果为两个模型的平均值。

在图 18.3 中，我们展示了每月 Exante Data 对央行干预的估计值和基于中国官方数字计算得到的数据比较结果。总的来说，基于模型的估计值与官方稍晚公

① Exante Data 提供大量宏观数据及分析，为机构投资者提供分析工具和智能解决方案，官网为 https://www.exantedata.com/。

布的数据十分接近。这里的数据是按月绘制的，值得注意的是，我们可以使用基于模型的方法对外汇储备进行高频估计。

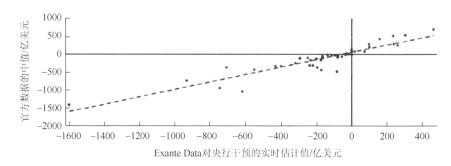

图18.3　采用模型估计中国人民银行对人民币的干预与官方数据的比较

资料来源：Exante Data，Macrobond 数据库，Thomson Reuters（汤姆森路透/汤森路透集团），中国人民银行，国家外汇管理局

虽然这个例子是专门用来模拟中国人民银行对人民币的干预情况，但可以推测类似的方法用于研究其他定期干预货币市场的中央银行也是合理可行的。

18.5　小　　结

通常情况下，投资者倾向于研究由政府和公司公布的热门数据。其中有大量非热门但更详细、更有价值的数据信息，同样可以用来指导投资过程。本章介绍了很多研究来源于政府、行业和企业公布的数据的全新的思路。

我们看到使用政府签证申请及相关数据帮助了解公司的创新性是可能的。我们引用了来自 ExtractAlpha 的研究，讨论了如何将这些创新措施用于股票交易中。在宏观方面，我们研究了牛津经济研究院构造的外汇风险工具，通过与众多经济变量相结合，我们能够了解一个国家违约以及发生货币危机的可能性有多大。我们还介绍了 Exante Data 的一个数据集，该数据集能够及时估计央行的外汇干预措施。

第19章 市 场 数 据

19.1 引　言

人们通常不会将市场数据视作"另类数据"，毕竟像日收盘价这样的市场数据，投资者可以轻松获得。在许多情况下，这些数据可以从谷歌金融（Google Finance）和雅虎金融（Yahoo Finance）等网站免费获得。然而，如果我们深入研究，会注意到市场数据在不同资产类别、数据频率以及数据详细度之间存在很大的差异。如果我们想要非常高频率的市场数据，特别是能让我们了解不同交易规模的报价（即市场深度）的数据，成本会更加高昂。此外，这类数据集的数据量极大，使得它们更难被运用。

对于交易量很少、流动性非常差的资产，仅是获取每天的报价都几乎是不可能的。对于流动性非常强的资产，信息的广度也都不尽相同。股票市场不同于外汇市场，在股票市场类似交易量这样的数据很常见，而外汇交易主要在场外进行，很难获得全面的成交量数据。

在本章，我们将讨论两个从外汇市场数据中获得的另类数据集的例子。首先，我们将讨论 CLS 集团[①]收集的外汇交易流数据，并展示如何利用这些数据创建系统的外汇交易规则。之后我们使用高频外汇交易数据来构建流动性每年的变化情况以及在一天之中流动性如何变化的图像。

19.2　机构外汇流量数据与外汇现货之间的关系

我们注意到外汇现货市场主要在场外交易，在交易所的成交量相对较低。一些可以交易的场所只对做市商开放，相比之下，一些场所对所有参与者开放（所谓的全对全场所，all-to-all venues），许多交易是在买方和卖方之间的双边基础上进行的，因此，鉴于外汇现货市场相当分散，要获得全面的交易量和交易流量数据十分困难。

CLS 集团成立于 2002 年，是由一些从事外汇交易的公司组建的。无论是在交易场所进行交易还是基于双边基础进行交易，CLS 集团在外汇现货市场进行大量

---

① 全球外汇市场风控和结算服务提供商，官网为 https://www.cls-group.com/。

交易，CLS 集团结算的货币对，比例超过了市场的 50%。因此，作为日常业务操作的一部分，CLS 集团收集了大量外汇现货交易数据。在过去的几年里，CLS 集团开始分发从外汇现货交易数据中汇总的数据集，这些数据集包括外汇交易量和外汇流量信息，这些信息按照小时进行划分，给出了相对高频的外汇市场情况。CLS-IDHOF（intraday hourly order flow，日内每小时订单流）数据集由外汇流量数据组成，外汇流量数据每小时发布一次，滞后时间相对较短，不到一小时。同时，CLS-HOF（hourly order flow，每小时订单流）数据集由类似的数据组成，有一天的发布滞后期。流量数据分为公司、基金和非银行金融类别，还有一个买方类别，买方类别下包括所有公司、基金、非银行金融及买方类别账户，以及非银行做市商。Amen（2019）详细地讨论了数据集，首先介绍了一些关于这些账户每日交易量的总体情况，然后基于历史流量数据制定交易策略，我们将引用其中一些结果并总结这篇论文。还有许多其他关于 CLS 外汇数据的论文，包括 Ranaldo 和 Somogyi（2019）、Hasbrouck 和 Levich（2018）以及 Gargano 等（2019）等的论文。

图 19.1 显示了从 2012 年到 2018 年，所有公司、基金、非银行金融及买方类别账户交易欧元/美元的平均日交易量。图 19.2 展示了平均绝对净流量。我们看到，一般来说，与这些账户的日交易量相比每日绝对净流量相对较小，买方交易流包含大量双向交易流。相比之下，基金交易的绝对净流量占总交易量的比例相对较高。因此，作为一个整体，买方交易流数据能够展示更多群体行为。

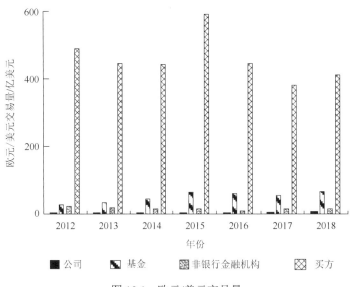

图 19.1 欧元/美元交易量

资料来源：Cuemacro，CLS 集团

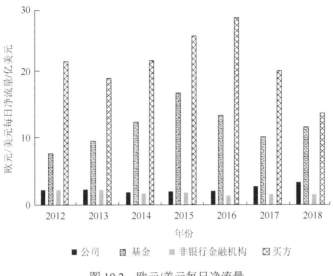

图 19.2 欧元/美元每日净流量

资料来源：Cuemacro，CLS 集团

在图 19.3 中，我们展示了每种货币对下的每种类型的净流量与该货币对收益的多元回归的 t 统计值。我们的回归样本是从 2012 年到 2018 年。我们发现，一般来说，基金和非银行金融类别的回归系数往往是正的。我们可以推断，基金和非银行金融账户往往对现货收益有积极的贡献。这与公司和买方类别形成了鲜明对比，它们对现货交易的收益贡献是负面的。但常数项相当大，这表明大量的价格行为不能仅用流量数据来解释。

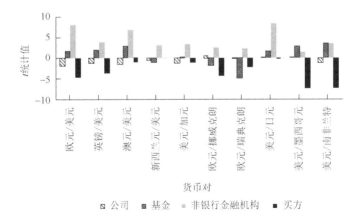

图 19.3 不同货币对下现货收益和净流量多元线性回归 t 统计值

数据来源：Cuemacro，CLS 集团，彭博社

鉴于来自基金账户的流量数据往往具有很强的方向性，并且基金账户的流量数据对外汇现货回报有积极的贡献，因此可以根据这一指标创建交易规则。就本质而言，论文中使用的交易规则为：

当资金流量为正时买入货币对，然后持有直至其实现流量中性。

当资金流量为负时卖出货币对，然后持有直至其实现流量中性。

为了衡量基金的外汇流量，我们创建了一个标准化的分数，如图 19.4 所示，上下界线为交易触发点。

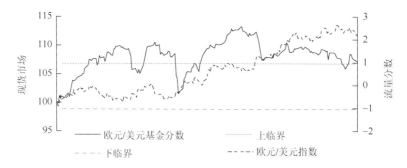

图 19.4　欧元/美元指数与欧元/美元资金流量分数

资料来源：Cuemacro 数据库，CLS 集团，彭博社

当然，也可以使用其他方法来消除外汇流量或定位中的极端情况，但实际上确定这些极端情况发生的时间可能非常棘手，因为定位过程中的极端情况会持续很长一段时间。在图 19.5 中，我们给出了采取了基于日资金流量策略的多个 G10 和新兴国家货币对的经风险调整后收益。为了比较，我们还展示了基于趋势跟踪策略进行交易的经风险调整后收益情况。

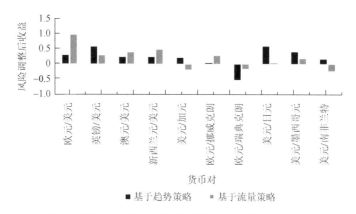

图 19.5　基于趋势策略与基于日资金流量策略交易的经风险调整后收益

资料来源：Cuemacro 数据库，CLS 集团，彭博社

文章显示，这种基于日流量的交易规则在大多数情况下是能够获利的，尽管在历史上，美元/加元、欧元/瑞典克朗和美元/南非兰特的交易都是亏损的。除了欧元/瑞典克朗，趋势跟踪策略在大多数情况下是盈利的。在图 19.6 中，我们基于这些规则创建了货币篮子。我们发现基于流量的交易篮子比基于趋势的交易篮子有更高的经风险调整后收益。然而，将两者结合起来，经风险因素调整后的回报率最高，这表明，对于已经使用趋势跟踪方法的交易员来说，增加流量数据在一定程度上有助于实现回报的多元化，至少从历史收益来看是这样。

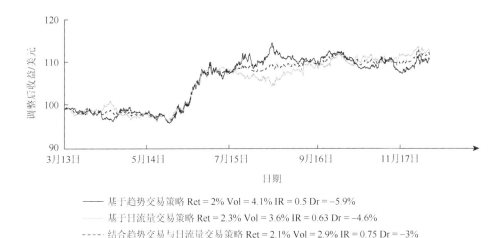

—— 基于趋势交易策略 Ret = 2% Vol = 4.1% IR = 0.5 Dr = −5.9%
—— 基于日流量交易策略 Ret = 2.3% Vol = 3.6% IR = 0.63 Dr = −4.6%
----- 结合趋势交易与日流量交易策略 Ret = 2.1% Vol = 2.9% IR = 0.75 Dr = −3%

图 19.6　基于日流量与基于趋势交易的货币篮子经风险调整后收益

资料来源：Cuemacro 数据库，CLS 集团，彭博社

本书随后还讨论了如何利用外汇流量数据为流动性更强的货币对构建逐时交易策略。基于每小时外汇流量数据的货币篮子交易策略经风险调整收益率为 0.92，高于趋势策略或基于每日流量数据的交易策略。虽然我们一直专注于使用外汇流量数据来创建系统的交易规则，但在理解流动性和交易成本方面，外汇交易量等相关数据就变得非常重要。在下一节，我们将使用外汇数据集量化市场流动性和交易成本，因为市场流动性和交易成本与全权委托交易者和系统交易者是息息相关的。

19.3　使用高频外汇数据理解流动性

我们对另类数据的关注主要集中在如何利用它来提高策略的 Alpha 值。然而，值得注意的是，我们在寻求更高 Alpha 值的时候，交易成本总会影响交易策略，尤其是对于更高频率交易的策略。对于名义规模更大的交易而言，交易成本也更高[①]。

因此，理解交易成本和流动性如何随时间变化以及它如何影响我们的整体收益是非常必要的。某些流动性提供者通常比其他人向我们收取更多费用吗？一天中有流动性最差的时候吗？我们能理解某些事件对市场流动性的影响吗？事实上，交易成本分析（transaction cost analysis，TCA）的整个领域已经发展到足以解决这些问题。为了回答这些问题，我们需要一个高频率的市场数据作为基准，与我们执行的交易进行比较。此外，高频市场数据可用于更广泛地理解市场流动性。

严格来讲，高频市场数据可能不被视为另类数据，它的使用量远远少于其他形式的市场数据，如每日数据。其中一个原因是，高频数据量庞大，使用起来要困难得多。另一个原因是，这些数据集通常更昂贵，如果我们查看提供市场深度的数据（即在不同水平和不同规模下的报价，而不是最佳出价/要价）时，情况尤其如此。

在本节中，我们将研究如何使用高频交易记录数据来了解外汇市场的流动性变化。我们使用 Refinitiv 的指示性报价（交易记录）数据进行分析，重点是2005 年至 2017 年间交易最多的两种货币欧元/美元和美元/日元的最佳买入/卖出指示性报价。如果我们使用可执行数据，我们很有可能会得到不同的结果，最有可能的是更低的价差。我们用基点计算买卖价差，以此表示流动性。图 19.7绘制了一段时间内欧元/美元的每日平均买卖价差，样本中不包括圣诞节和新年期间。我们看到峰值出现在 2016 年 6 月 24 日英国脱欧投票日之后。此类大型事件发生时价差迅速扩大，价差迅速扩大也同样发生在金融危机和雷曼破产期间。

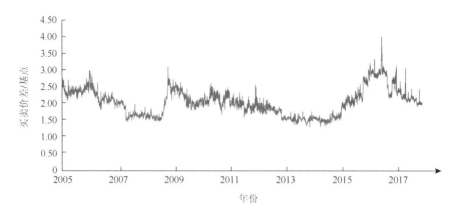

图 19.7　欧元/美元买卖价差变动趋势图

资料来源：Refinitiv 数据库

---

① 关于交易策略水平的讨论，详见第 1 章。

接下来，我们计算伦敦时间一天中每个小时的平均买卖价差，然后，我们对整个样本中每小时的价差取平均。我们对欧元/美元和美元/日元进行以上操作，结果如图 19.8 所示。我们注意到，这两对货币对一天中流动性最差的时间是在纽约时间的下午。相比之下，流动性最强的时段为伦敦和纽约两地均处于活跃交易时。而亚洲时间的流动性较低，美元兑日元的买卖价差在伦敦和亚洲时段之间的差异较小，考虑到亚洲时段可能会有更多日本本地账户活跃交易日元，以上现象就说得通了。相比之下，欧元兑美元的亚洲交易时间并非欧美投资者和企业最活跃的交易时间。

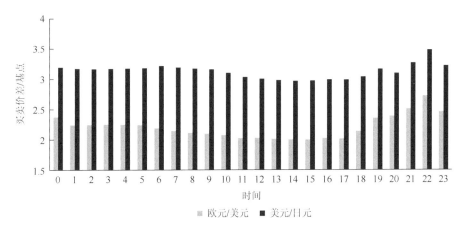

图 19.8　一天中各小时欧元/美元和美元/日元的买卖价差

资料来源：Refinitiv 数据库

了解流动性状况对于交易者来说是很有用的，这样他们就可以了解一天中的哪些时间市场流动性更高。在实践中，如果我们预测流动性，我们还需要考虑是否存在计划的经济活动信息公布，如非农就业人员工资单或 FOMC 会议。显然，我们无法全面考虑到计划外的事件，如政治家通过新闻毫无计划地发表声明，这往往导致交易员争相做出反应，严重影响市场流动性。虽然这些例子相对简单，但它们揭示了日常使用频率较少的数据集如何帮助减少与交易成本相关的收益阻力。

19.4　小　　　结

市场数据很少被认为是"另类数据"，因为大多数市场数据变得越来越具有商品的特性。然而在现实生活中，有一些数据集是从市场参与者的交易中获得的，这些数据集往往更稀有更珍贵。我们讨论了全面的外汇流量和交易量数据集的稀缺性。外汇市场往往是一个非常分散的市场，通常很难全面了解整个市场的交易流量。我们还讨论了来自 CLS 集团的特定外汇流量数据集，它向我们展示了外汇流量的总体情况，并创建了一些外汇交易策略。我们还讨论了如何将交易记录数据视为另类数据，特别是当它包含市场深度信息或真实交易数据时。我们展示了外汇市场中的交易记录数据集如何帮助我们理解市场流动性，这是一个交易者需要考虑的关键因素。对市场流动性了解不到位会严重影响交易成本，进而影响客户的最终收益。

第 20 章　私募市场中的另类数据

20.1　引　　言

人们对另类数据的关注大多集中在另类数据在公开市场的运用上。如果一家公司是公开交易的，它需要披露大量的信息，比如它需要定期披露盈利报告和年度报告。对于宏观交易资产，有许多国家统计机构定期公布数据。正如我们已经多次指出的，另类数据可以帮助我们填补数据空白，它可以让我们获得关于一家公司或整个经济状况更高频率的数据，如日数据和周数据，而不是季度数据。另类数据也有助于减少"官方"数据滞后的状况。然而，在这两种情况下，我们需要有一个官方标准来衡量"基本事实"是什么，例如我们知道一家公司在固定的时间段内的收益是多少，我们知道失业数据会按月公布等。

研究私营企业时，我们没有多少数据来确立"基本事实"。对私营企业信息披露水平的要求远低于上市公司。在一些国家，如英国，我们至少能够从公司之家（Companies House①）等公共来源获得公司的年度账目信息。然而在很多其他国家，我们无法获得私营企业更详细的财务状况。在宏观层面上，官方经济数据的有效性并不一致，尤其是对一些欠发达国家而言。私营企业的"基本事实"更难量化。与上市公司相比，这使得投资者在决定投资时对私营企业进行尽职调查变得更富有挑战性

本章首先介绍了私募股权公司和风险投资公司是什么。接着，讨论关注有关这些公司业绩的数据集。我们还将讨论另类数据如何帮助投资者填补他们对私营企业尽职调查的空白并给出一些具体案例。

20.2　什么是私募股权公司和风险投资公司

通常，私募股权基金由有限合伙人（limited partner，LP）组成，他们拥有绝大多数股份，如养老基金。相比之下，基金中的普通合伙人（general partner，GP）只拥有很少的股份（大约 1%），主要负责指导基金投资。图 20.1 描绘了一些较大的普通合伙人的资产管理规模（asset under management，AUM）。

---

① Companies House 是英国的公司注册处，所有形式的公司均在此注册并备案具体细节，各公司需提交年度财务报告及收益报告。

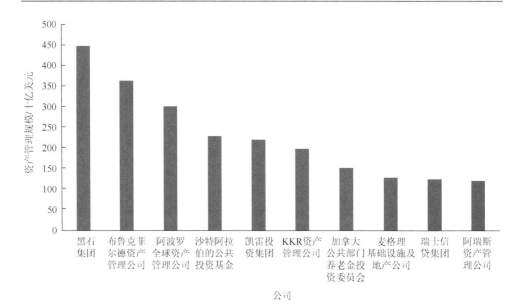

图 20.1　规模较大的普通合伙人的资产管理规模情况

资料来源：彭博社

　　普通合伙人收取管理费和业绩提成，这类似于对冲基金收取的绩效费。私募股权基金的股票份额不公开交易；因此，这些基金的市场往往缺乏流动性，价格发现更具挑战性。

　　有很多进行私募股权投资的方式，其中包括杠杆收购，即通过债务和股权融资相结合的方式收购一家公司，进行债务融资并以公司未来的现金收入流作为抵押。目标收购公司通常是私营企业，尽管有时它是一家公开交易的公司，也会通过交易进入私人市场。不良融资包括接管处于财务困境下的公司，通常是处于破产状态的公司。不良融资通常有几个目标，一是试图通过改变经营模式、经营状况拯救企业，然后通过出售以获取利润。二是它可以进行资产剥离，以最高价格出售公司资产。毫无意外，资产剥离是一个更具争议性的策略，因为资产剥离通常会导致大量失业。

　　风险资本也是私募股权投资的一种形式，通常指的是为企业家及其初创企业提供资金。从某种意义上来说，我们可以将风险资本融资视为初创企业的一种资金虚值看涨期权。在大多数情况下，该期权到期时毫无价值。然而，也有极少数情况在到期时获得高收益。因此，风险投资公司需要进行大量投资。其基本原理是，虽然大多数投资会失败，但它们只需要少数投资的初创企业"成功"，获得的收益就可以抵消所有的失败投入，并为投资者带来可观的收益。

初创企业的种子前阶段通常依赖于创始人自己（以及朋友和家人）的自筹资金。然而，为了更快地扩张，通常要经过几轮外部融资。鉴于初创企业不太成熟，早期阶段的融资显然风险更大，估值更低。种子阶段（seed stage）融资后不同阶段的融资被称为 A 轮融资、B 轮融资等。

外部资本通常在天使投资阶段/种子阶段第一次注入，这个阶段可以专注于产品开发，积极地研究并了解产品应用的市场。一旦企业获得更多发展动力，就会出现早期融资，开始更大规模融资，接着为了扩大已经成功的业务，企业会开始进行后期融资。

20.3　私募股权数据集

对于公开交易的资产，市场数据随时可以获得、使用。因此，当我们将股息、融资成本等因素考虑在内时，我们就能计算股票投资的历史收益率。在私募股权投资领域，由于股权流动性更差且不公开交易，其"价格数据"本质上更难理解。

Kaplan 和 Lerner（2016）介绍了与私募股权相关的数据集，特别是与风险资本相关的数据集。他们指出，正是由于风险投资公司通常不必像共同基金那样向证监会和其他监管机构披露那么多信息，有关风险投资交易的可用数据和信息更少，因此对风险资本的研究更多地依赖于特有的数据集。

正如 Kaplan 和 Lerner（2016）指出的那样，一些风险投资最古老的数据大多是那些已经进行首次公开募股（initial public offering，IPO）并公布了 IPO 招股说明书的公司。然而，这些数据忽略了绝大多数从未进入公共舞台的初创企业。如果我们在进行新的投资时使用历史私募股权交易的数据帮助我们进行投资决策，数据集中仅仅拥有最终成功的初创企业这样罕见的情况是不够的，我们还希望数据集中包括最终失败的公司的情形。这个问题同样也会影响上市公司的数据库，因为幸存者偏差可以影响任何类型的历史研究或回溯测试。

刻画风险资本交易有两个最古老的数据库，一个是可追溯到 1961 年的 VentureXpert（Refinitiv[①]）数据库，另一个是始于 1994 年的 Venture Source（Dow Jones）数据库。本书作者指出了这两个数据集中存在的问题，包括低估已经关闭了的公司的数量（由于存在幸存者偏差，即失败的公司不会出现在数据集中，这将使数据集收益偏高）。除此之外，数据集之间也可能存在一些差异。最近有一些

[①] 原汤森路透金融与风险业务，是全球最大的金融市场数据和基础设施提供商之一，为 190 多个国家和地区的 40 000 多家机构提供服务。公司提供领先的数据和见解、交易平台以及链接繁荣的全球金融市场社区的开放数据和技术平台，以推动交易、投资、财富管理、监管合规、市场数据管理、企业风险和打击金融犯罪。

关于私募股权交易的数据集，如 Preqin①、Capital IQ②和 Pitchbook③数据集。这些数据集数据来源各不相同，如来自有限合伙人的披露、美国证券交易委员会的文件以及公开可用的数据，在风险投资界，另一经常使用的数据来源是 Crunchbase④。需要注意的是，彭博社和 FactSet⑤是私募股权交易数据最大的数据提供方。

当谈到衡量私募股权公司的表现时，有许多数据提供方，包括 Burgiss⑥ Private I 平台、Cambridge Associates⑦和 Preqin。当谈到风险投资业绩数据时，数据可能会存在偏差。数据可能不完整，因为养老基金可能面临来自有限合伙人的压力，而不向数据提供者披露其风险资本投资的业绩。此外，可能存在缺乏新设风险投资公司的数据，以及表现不佳的基金可能不愿报告业绩数据的情况。普通合伙人和有限合伙人提供的数据之间也可能存在偏差，例如对数据供应商的估值，以及每个数据供应商提供数据集的方式也可能有所不同。

20.4　理解私营企业的表现

假设我们借助私募股权的历史交易数据集帮助我们发现过去"成功"的私募投资的特征。我们可能会发现，这种方法可以帮助我们缩小新的私募投资目标，无论它们是初创企业还是更大、更成熟的私营企业。然而，除了基于历史交易数据的高级筛选方法之外，我们还能对私营企业进行怎样的额外研究呢？正如我们前面提到的，私营企业通常不需要像上市公司那样披露那么多数据，这使我们的任务更具挑战性。一种方法是在公开市场上使用同行业公司数据。例如，我们可以在 Shake Shack 上市前，通过调查像 Yum Brands（包括必胜客和肯德基等品牌）和麦当劳这样的同行业上市公司来考察研究其业绩，这至少可以给我们一些有关私营企业业绩的参考。如果我们面临在一个行业中很少有可比的公司的情况，我们可以看看其他范围内是否存在可比公司，如全国范围内。但实际上，使用这种同行业比较的方法可能无法完全捕捉到某家公司的特质信息。

虽然私营企业不需要像上市公司那样披露那么多信息，我们也不知道什么是"基本事实"，但另类数据仍然有助于我们了解私营企业的状况。就像上市公司

---

① 致力于为研究另类资产的专业人士提供私人市场数据和见解，官网为 https://www.preqin.com/。

② Capital IQ 里涵盖全球的上市公司、非上市公司、私募股权的各类详尽信息，包括财务信息、股票信息、盈利预测、年报、客户、合作伙伴、股东、并购、IPO、高管、投资组合，并提供非常方便和强大的筛选工具和 Excel 工具。

③ 提供有关风险投资、私募股权投资以及合并相关数据。

④ 一个用于查找私营企业和上市公司业务信息的平台。

⑤ 一个金融数据和软件公司，为在国际金融机构任职的分析师、投资组合管理者和投资银行家提供金融数据和分析。

⑥ 为投资者提供私募投资的数据及工具，官网为 https://www.burgiss.com/。

⑦ 一家全球性的投资公司，目标为创造长期的超常表现，官网为 https://www.cambridgeassociates.com/。

一样，私营企业仍然需要与他们的客户和外部各方互动产生一些已经被投资者反复使用过的数据，如信用卡交易、网络流量、卫星图像等数据。因此，我们可以使用与考察上市公司业绩相同的方法来研究私营企业。

我们或许可以找到一个卫星图像数据集，其中包括私营零售企业在各自停车场记录的停车数量，就像我们在第 13 章中为上市公司所做的那样。我们可以使用这种方法去了解私营企业的收入是如何变化的以及更详细地了解不同商店之间收入的差异，我们几乎不可能从私营企业的年度账目中获得这么详细的信息，许多为上市公司设计的数据集会忽略私营企业，使上述方法变得更具有挑战性。

Thomas（2016）给出了一个例子，通过使用美国消费者的收据数据来考察优步在上市前的表现。优步经常面临地方当局的禁令，大多数情况下这些禁令会被撤销。这些禁令对优步在这些城市的收入有何影响呢？2015 年，优步在圣安东尼奥面临 6 个月的禁令，Thomas 使用了优步交易中的消费者收据数据进行研究，数据显示，禁令对优步的增长没有影响，这表明禁令的影响只是暂时的。

我们还可以关注上市公司和私营企业网站上的招聘信息，以了解他们是如何发展的，以及他们在寻找具有哪些技能的职员，像 Thinknum[1]和 LinkUp[2]这样的公司有专门的数据产品来跟踪这类企业网络活动。

20.5　小　　结

理解私募市场比理解公开市场更具挑战性，因为一直以来有关私募股权和风险投资公司业绩的数据集较少。我们已经讨论了这些数据集之间的一些差异。

私募股权和风险投资公司投资私营企业。与上市公司不同，这些私营企业不需要公开披露太多公司信息。可以通过考察同行业上市企业来追踪它们的表现。然而，也可以使用另类数据来更直接了解这些私营企业。在本章我们举了一个例子，说明在优步上市之前如何利用消费者账单数据了解消费者的支出。

---

[1] 致力于为投资者提供各类另类数据。

[2] 求职招聘网站，拥有强大而独特的就业数据，开发了一系列数据产品和服务，已成为就业市场数据和分析的领先提供商。

参 考 文 献

Adams-Heard，R.，& Crowley，K.（2019，April 29）. *Occidental Jet Flew to Omaha This Weekend，Flight Data Shows*. Retrieved from Bloomberg：https://www.bloomberg.com/news/articles/2019-04-29/occidental-jet-flew-to-omaha-over-the-weekend-flight-data-shows

Adland，R.，Jia，H.，& Strandenes，S. P.（2017，March 28）. Are AIS-based trade volume estimates reliable?The caseof. *Maritime Policy & Management，44*（5），657-665. Retrieved from http://dx.doi.org/10.1080/03088839.2017.1309470

Agrawal，R.，Imielinski，T.，Swami A.（1993）. Mining association rules between sets of items in large databases. In proceedings of the International Conference on Management of Data，ACM SIGMOD，Washington，DC，5：207-216.

Agrawal，S.，Azar，P.，Lo，A.W.，& Singh，T.（2018，July12）.*Momentum，Mean-Reversion and Social Media：Evidence from StockTwits and Twitter*. Retrieved from SSRN：https://papers.ssrn.com/sol3/papers. cfm?abstract_id=3197874

Alberg，J.，& Lipton，Z. C.（2018，April 26）. *Improving Factor-Based Quantitative Investing by Forecasting Company Fundamentals*. Retrieved from arxiv：https://arxiv.org/abs/1711.04837

ALFRED.（n.d.）. *Categories*. Retrieved from ALFRED：Archival Economic Data -St Louis Fed：https://alfred.stlouisfed.org/categories

alternativedata.org.（2019）. *Alternative Data Statistics*. Retrieved from alternativedata.org：https://alternativedata.org/alternative-data/

Amen，S.（2013，September4）.*Read All About It：Bloomberg News and Google Data to Trade Risk*. Retrieved from SSRN：https://papers.ssrn.com/sol3/papers.cfm?abstract_id=2439858

Amen，S.（2016，October 25）. *Trading Anxiety*. Retrieved from Investopedia：https://i.investopedia.com/downloads/anxiety/20160921_cuemacro_trading_anxiety_index.pdf

Amen，S.（2018，January2）. *Robo-news reader-Using machine-readable Bloomberg News to trade FX*. Retrieved from Bloomberg：https://www.bloomberg.com/professional/blog/machinescan-profitably-read-news/

Amen，S.（2019，May10）.*Going with the FX flow*.Retrieved from Cuemacro：https://www.cuemacro.com/2019/05/10/going-with-the-fx-flow/

Andersen，T.G.，Bollerslev，T.，Diebold，F.X.，et al.（2007）. Real-Time Price Discovery in Global Stock，Bond and Foreign Exchange Markets. *Journal of International Economics*，73（2），251-277.

Ang，A.（2014）. Asset Management：A Systematic Approach to Factor Investing.

Angiulli，F.，Fassetti，F.，Palopoli，L.（2009）. Detecting outlying properties of exceptional objects. *ACM Transactions on Database Systems*，34（1），1-62.

Angiulli，F.，Fassetti，F.，Palopoli，L.，& Manco，G.（2017）. Outlying Property Detection with Numerical

Attributes. Data Mining and Knowledge Discovery. 31. 10.1007/s10618-016-0458-x.

Azar，P.，&Lo，A.（2016，March31）.*The Wisdom of Twitter Crowds：Predicting Stock Market Reactions to FOMC Meetings via Twitter Feeds*. Retrieved from SSRN：https://papers.ssrn.com/ sol3/papers.cfm?abstract_id=2756815

Back，K.（2010）. *Asset Pricing and Portfolio Choice Theory*. Oxford University Press.

Ball，R.，& Brown，P.（1968）. An empirical evaluation of accounting income numbers. *Journal of Accounting Research*，6（2），159-178.

Banker，R. D.，Khavis，J.，& Park，H.-U.（2018，March 25）. *Crowdsourced Earnings Forecasts：Implications for Analyst Forecast Timing and Market Efficiency*. Retrieved from SSRN：https://papers.ssrn. com/sol3/papers.cfm?abstract_id=3057388

Barnard，J.，& Meng，X.（1999）. Applications of multiple imputation in medical studies：From AIDS to NHANES. Statistical Methods in Medical Research，8，17-36.

Barnett，V.，Lewis，T.，（1978）. Outliers in Statistical Data. John Wiley & Sons.

Bauer，J.，Angelini，O.，& Denev，A.（2017）. Imputation of Multivariate Time Series Data-Performance Benchmarks for Multiple Imputation and Spectral Techniques. Econometric Modeling：Capital Markets-Risk eJournal.

Beckers，J. M. and Rixen，M.（2003）. EOF calculations and data filling from incomplete oceanographic datasets. *Journal of Atmospheric and Oceanic Technology*，20（12），1839-1856.

Benamar，H.，Foucault，T.，& Vega，C.（2018，May 3）. *Demand for Information，Macroeconomic Uncertainty，and the Response of U.S. Treasury Securities to News*. Retrieved from SSRN：https://papers.ssrn.com/sol3/papers.cfm?abstract_id=3162292

Bernanke，B.（2007，November 14）. *Federal Reserve Communications*. Retrieved from Board of Governors of the Federal Reserve System：https://www.federalreserve.gov/newsevents/speech/bernanke20071114a.htm

Bird，S.，Klein，E.，& Loper，E.（2009）. *Natural Language Processing with Python*. Retrieved from NLTK：http://www.nltk.org/book_1ed/

Blei，D.，Ng，A. Y.，& Jordan，M. I.（2003，January）. *Latent Dirichlet Allocation*. Retrieved from Journal of Machine Learning Research：http://www.jmlr.org/papers/volume3/blei03a/blei03a .pdf

Bojanowski，P.，Grave，E.，Joulin，A.，& Mikolov，T.（2016，June 7）. *Enriching Word Vectors with Subword Information*. Retrieved from arxiv：https://arxiv.org/abs/1607.04606

Bollen，J.，Mao，H.，& Zeng，X.（2011）. Twitter mood predicts the stock market. *Journal of Computational Science*，2（1），1-8 .

Borovkova，S.，& Lammers，P.（2017）. Sector news sentiment indices. Available at SSRN https://papers.ssrn.com/sol3/papers.cfm?abstract_id=3080318.

Breiman，L.（2001）. Random forests. *Machine Learning*，45，5-35.

Breunig，M.M.，Hans-Peter，K.，Ng，R.T.，et al.（2000）. LOF：identifying density-based local outliers. *ACM SIGMOD Record*，29（2），93-104. DOI：https://doi.org/10.1145/335191.335388.

Briscoe，T.（2013，October 8）. *Introduction to Linguistics for Natural Language*. Retrieved from Cambridge University：https://www.cl.cam.ac.uk/teaching/1314/L100/introling.pdf

Bump，P.（2017，April 21）. *Here's why the resolution of satellite images never seems to improve.*

Retrieved from The Washington Post：https://www.washingtonpost.com/news/politics/wp/2017/04/21/heres-why-the-resolution-of-satellite-images-never-seems-to-improve

Bureau of Labor Statistics.（2019，February 1）. *Employment Situation Technical Note*. Retrieved from Bureau of Labor Statistics：https://www.bls.gov/news.release/empsit.tn.htm

Button，S.（2019，February 18）. *Freight trading with Marine Traffic*. Retrieved from MarineTraffic：https://www.marinetraffic.com/blog/freight-trading-with-marinetraffic/

Cable，S.（2015，June 30）. *Aerial photography and the First World War*. Retrieved from National Archives：https://blog.nationalarchives.gov.uk/blog/aerial-photography-first-world-war/

Carhart，M.M.，（1997）. On persistence in mutual fund performance. *The Journal of Finance*，52，57-82.

Cavallo，A.，&Rigobon，R.（2016）.The Billion Prices Project：Using Online Prices for Measurement and Research. *Journal of Economic Perspectives*，30（2），151–178.

Chandola，V.，Banerjee，A.and Kumar，V.（2009）. Anomaly detection：A survey. ACM Computing Surveys. 41，3，Article 15（July 2009），58 pages. DOI：https://doi.org/10.1145/1541880.1541882

Chapados，N.，& Bengio，Y.（2007）. *Forecasting and Trading Commodity Contract Spreads with Gaussian Processes*. Retrieved from：http://www.iro.umontreal.ca/~pift6266/A07/documents/gp_spreads_cef07.pdf

Clarke，R. G.，de Silva，H.，Murdock，R.（2005）. A factor approach to asset allocation. *The Journal of Portfolio Management*，32（1），10-21.

Cobb，J.（2018，October 10）. *People Counting & Customer Tracking：Counters vs Wifi vs Apps*. Retrieved from crowdconnected：https://www.crowdconnected.com/blog/people-countingcustomer-tracking-counters-vs-wifi-vs-apps/

Cochrane，J. H.（2009）. Asset Pricing，Princeton university press，revised.

Condon，S.（2019，September 9）. *Appeals court：LinkedIn can't block public profile data scraping*.Retrieved from ZDNet：https://www.zdnet.com/article/appeals-court-linkedin-cant-blockpublic-profile-data-scraping/

Connor，G.（1995）. The three types of factor models：a comparison of their explanatory power. *Financial Analysts Journal*，51（3），42-46.

Connor，G.，Goldberg，L. R.，Korajczyk，R. A.（2010）. *Portfolio Risk Analysis*. Princeton University Press.

Deloitte.（2017）. *Alternative data for investment decisions*.

DePalma，E.（2016，June 15）. *News & Social Media Analytics for Behavioral Market Mispricings*. Retrieved from Thomson Reuters：http://sanfrancisco.qwafafew.org/wp-content/uploads/sites/9/2016/07/QWAFAFEW.15Jun2016.ElijahDePalma.pdf

de Prado，L. M.（2016，July17）.*Building Diversified Portfolios that Outperform Out-of-Sample*. Retrieved from SSRN：https://papers.ssrn.com/sol3/papers.cfm?abstract_id=2708678

Devlin，J.，Chang，M.-W.，Lee，K.，& Toutanova，K.（2018，Oct 11）. *BERT：Pre-training of Deep Bidirectional Transformers for Language Understanding*. Retrieved from arXiv：https://arxiv .org/abs/1810.04805

Dixon，M. F.，Igor H.，& Bilokon，P.（2020）. *Machine Learning in Finance*. Springer International Publishing.

Drogen，L.，&Jha，V.（2013，October10）.*Generating Abnormal Returns Using Crowdsourced Earnings Forecasts from Estimize*. Retrieved from SSRN：https://papers.ssrn.com/sol3/papers.cfm? abstract_id=2337709

Duan，L.，Tang，G.，Pei，J.，et al.（2015）. Mining outlying aspects on numeric data. *Data Mining and Knowledge Discovery*，*29*（5），1116-1151.

Dumoulin，V.，& Visin，F.（2018，January 11）. *A guide to convolution arithmetic for deep learning*. Retrieved from arxiv：https://arxiv.org/abs/1603.07285

Eagle Alpha.（2018）. *Alternative Data Use Cases Edition6*. Eagle Alpha.

Edward，W. Ng.（1990）. Lost on Earth: Wealth of Data Found in Space，New York Times.

ElBahrawy，A.，Alessandretti，L.，&Baronchelli，A.（2019，April1）. *Wikipedia and Digital Currencies：Interplay Between Collective Attention and Market Performance*. Retrieved from SSRN：https://ssrn.com/abstract=3346632

Enders，C. K.（2010）. *Applied Missing Data Analysis*. The Guidford Press.

Exante Data.（2018）. *Exante China FX Intervention Models*.

Fama，E.F.，French，K.R.（1992）. The cross-section of expected stock returns. *The Journal of Finance*，47，427-465.

Fama，E.F.，French，K.R.（1993）. Common risk factors in the returns on stocks and bonds. *Journal of Financial Economics*，33，3-56.

Fama，E. F.，French，K. R.（1995）. Size and book-to-market factors in earnings and returns. *The Journal of Finance*，*50*（1），131-155.

Fama，E.F.，French，K.R.（1996）. Multifactor explanations of asset pricing anomalies. *Journal of Finance*，51，55-84.

Fama，E.F.，French，K.R.（2004）. The capital asset pricing model：Theory and evidence. *Journal of Economic Perspectives*，18，25-46.

Farhangfar，A.，Kurgan，L.，Dy，J.（2008）.Impact of imputation of missing values on classification error for discrete data. *Pattern Recognition*，*14*（12），3692-3705.

Fawcett，T.（2006）. An introduction to ROC analysis. *Pattern Recognition Letters*，27（8），861-874.

Finer，D. A.（2018，March）. *What Insights Do Taxi Rides Offer into Federal Reserve Leakage?* Retrieved from Chicago Booth：https://research.chicagobooth.edu/-/media/research/stigler/pdfs/workingpapers/18whatinsightsdotaxiridesofferintofederalreserveleakage.pdf

Fortado，L.，Wigglesworth，R.，& Scannell，K.（2017，August 28）. *Hedge funds see a gold rush in data mining*. Retrieved from FT：https://www.ft.com/content/d86ad460-8802-11e7-bf50-e1c239b45787

Garcia-Laencina，P. J.，Sancho-Gomez，J. L.，Figueiras-Vidal，A. R.（2010）. Pattern classification with missing data：a review. *Neural Computing and Applications*，19，263-282.

Gargano，A.，Riddiough，S. J.，& Sarno，L.（2019，April 18）. *Foreign Exchange Volume*. Retrieved from SSRN：https://papers.ssrn.com/sol3/papers.cfm?abstract_id=3019870

Geirhos，R.，Janssen，D.H.J.，Schütt，H.H.，et al.（2017）.Comparing deep neural networks against humans：object recognition when the signal gets weaker. arXiv preprint arXiv：1706. 06969.

Gerdes，G.，Greene，C.，& Liu，X.（2019，January 18）. *The Federal Reserve Payments Study 2018*

Annual Supplement. Retrieved from Federal Reserve： https://www.federalreserve.gov/paymentsystems/2018-December-The-Federal-Reserve-Payments-Study.htm

Ghoshal，S.，& Roberts，S.（2016）. *Extracting Predictive Information from Heterogeneous Data Streams using Gaussian Processes*. Retrieved from arxiv： https://arxiv.org/abs/1603.06202

Glick，R.，& Hutchinson，M.（2011，September）. *Currencycrises*. Retrieved from Federal Reserve Bankof San Francisco： https://www.frbsf.org/economic-research/files/wp11-22bk.pdf

Goldstein M.（2014）. Anomaly Detection in Large Datasets [PhD-Thesis]. University of Kaiserslautern. München，Germany.

Goldstein，M.，Dengel，A.（2012）. Histogram-based outlier score（HBOS）： A fast unsupervised anomaly detection algorithm. In KI-2012： Poster and Demo Track；Wölfl，S.，Ed.；Citeseer： Princeton，NJ，USA，pp. 59-63.

Goldstein M，Uchida S. 2016. A comparative evaluation of unsupervised anomaly detection algorithms for multivariate data.*PLoS ONE，11*（4）： 1-31.

Golyandina，N.，Korobeynikov，A.，Shlemov，A.，& Usevich，K.（2015）. Multivariate and 2D Extensions of Singular Spectrum Analysis with the Rssa Package. *Journal of Statistical Software，67*（2），1-78.

Gomes，P.，& Peraita，E. V. 2016. The Effects of Announcements of Leading and Sentiments Indicators on Euro Area Financial Markets.

Graham，J.W.（2009）. Missing data analysis： making it work in the real world. *Annual Review of Psychology*，60，549-576.

Greene，S.（2008，April 27）. *Capturing ideas for the good of all*. Retrieved from FT： https://www.ft .com/ content/220cbac0-12f1-11dd-8d91-0000779fd2ac

Greenwich Associates.（2018，December 6）. *Alternative Data Going Mainstream*. Retrieved from Greenwich Associates： https://www.greenwich.com/blog/alternative-data-going-mainstream

Grzymala-Busse，J. W.，Goodwin，L. K.，Grzymala-Busse，W. J.，et al.（2000）. An approach to imbalanced data sets based on changing rule strength. *Cognitive Technologies*，543-553.

Grzymala-Busse，J.，& Hu，M.（2001）. A comparison of several approaches to missing attribute values in data mining. Rough Sets and Current Trends in Computing（RSCTC 2000），LNAI 2005（pp. 375-385）

Guida，T.（2019）. *Big Data and Machine Learningin Quantitative Investment*. Wiley.

Han，J.W.，& Kamber，M. & Pei，J.（2012）. Data Mining： Concepts and Techniques. 10.1016/C2009-0-61819-5.

Hanousek，J. et Kočenda，E.（2011）. Foreign news and spillovers in emerging european Stock Markets. *Review of International Economics，19*（1），170−188. doi： 10.1111/j.1467-9396. 2010.00939.x

Hasbrouck，J.，& Levich，R. M.（2018，March 2018）. *FX Market Metrics： New Findings Based on CLS Bank Settlement Data*. Retrieved from SSRN： https://papers.ssrn.com/sol3/papers.cfm? abstract_id=2912976

Hastie，T.，Tibshirani，R.，&Friedman，J.（2009）.*The Elements of Statistical Learning：Data Mining，Inference，and Prediction，Second Edition*. Springer.

Hawkins，D. M. 1980. *Identification of Outliens*. Springer.

Heckman，J.R.，Boehmer，E.L.，Peters，E.H.，et al.（2015）. A Pricing Model for Data Markets. In iConference 2015 Proceedings.

Hess D，Huang H，Niessen A.（2008）. How do commodity futures respond to macroeconomic news? *Journal of Financial Markets and Portfolio Management*，22（2），127-146.

Hirschberg，J.（2018）. *Truth or Lie? Spoken Indicators of Deception in Speech*. Retrieved from EMNLP：https://emnlp2018.org/downloads/keynote-slides/JuliaHirschberg.pdf

Honaker J，King J，Blackwell L. 2011. AmeliaII：A program for missing data. *Journal of Statistical Software*，45（7），1-47.

Huber P. 1974. *Robust Statistics*. Wiley Newyork.

HIS Markit.（2019，March）.*Commodities at Sea: Crude Oil*. Retrieved from HIS Markit：https://cdn .ihs. com/www/pdf/0319/CommoditiesAtSeaCrude-Brochure.pdf

Jame，R.，Johnston，R.，Markov，S.，& Wolfe，M.（2016，March 24）. *The Value of Crowdsourced Earnings Forecasts*. Retrieved from SSRN：https://papers.ssrn.com/sol3/papers.cfm?abstract_id=2333671

James，G.，Witten，D.，Hastie，T.，and Tibshirani，（2013）. An Introduction to Statistical Learning：With Applications in R. Springer. https://faculty.marshall.usc.edu/gareth- james/ISL/.

Jerez，J.M.，Molina，I.，García-Laencina，P.J.，et al.（2010）. Missing data imputation using statistical and machine learning methods in a real breast cancer problem. *Artificial Intelligence in Medicine*，50（2），105-115.

Jha，V.（2019）. *Innovation and industry selection*. Extract Alpha.

Jia，Y.，& Weiss，R.（2019，May 15）. *Introducing Translatotron: An End-to-End Speech-to-Speech Translation Model*. Retrieved from Google AI Blog：https://ai.googleblog.com/2019/05/introducing-translatotron-end-to-end.html

Johnson，M. A.，& Watson，K. J.（2011）. Can changes in the purchasing managers' index foretell stock returns? an additional forward-looking sentiment indicator. *The Journal of Investing*，20（4），89-98.

Jones，C.I.，and Tonetti，C.（2019）. *Nonrivalry and the Economics of Data. No.w26260.National Bureau of Economic Research*，2019.

Jurafsky，D.，& Martin，J. H.（2019）. *Speech and Language Processing*（3rd ed.）.

Kamel，T.（2018，April 24）. *Corporate Aviation Intelligence: The Sky's the Limit*. Retrieved from Quandl：https://blog.quandl.com/corporate-aviation-intelligence

Kang P.2013.Locally linear reconstruction based missing value imputation for supervised learning. *Neurocomputing*，118，65-78

Kaplan，S. N.，& Lerner，J.（2016，August）. *Venture Capital Data: Opportunities and Challenges*. Retrieved from NBER：http://www.nber.org/papers/w22500

Kaufman，L.，& Rousseeuw，P.（2008）. Monothetic Analysis（Program MONA）. 10.1002/9780470316801.ch7.

Knorr，E.，Ng，R.（1996）. Extraction of Spatial Proximity Patterns by Concept Generalization. KDD-96 Proceedings，347-350.

Kofman P., and Sharpe, I. G. (2003). Using multiple imputation in the analysis of incomplete observations in finance, *Journal of Financial Econometrics*, *1*（2）, 216-249.

Kolanovic, M., & Krishnamachari, R. T.（2017）. *Investing, Big Data and AI Strategies: Machine Learning and Alternative Data Approach to*. JPMorgan.

Kondrashov, D., Ghil, M.（2006）. Spatio-temporal filling of missing points in geophysical data sets. Nonlinear Processes in Geophysics, 13, 151-159.

Kriegel, H. P., Schubert, M., Zimek, M.（2008）. Angle-based outlier detection in high-dimensional data. In Proceedings of the 14th ACM International Conference on Knowledge Discovery and Data Mining（SIGKDD）, Las Vegas, NV: 444-452.

Kumar, R., Maktabi, T., & O'Brien, S.（2018, November 15）. *2018 Findings from the Diary of Consumer Payment Choice*. Retrieved from Federal Reserve Bank of San Francisco: https://www.frbsf.org/cash/publications/fed-notes/2018/november/2018-findings-from-thediary-of-consumer-payment-choice/

Lassen, N. B., Madsen, R., & Vatrapu, R.（2014, December）. *Predicting iphone Sales from iPhone Tweets*. Retrieved from ResearchGate: https://www.researchgate.net/publication/282180382_Predicting_iPhone_Sales_from_iPhone_Tweets

LeCun, Y., Bengio, Y., & Hinton, G.（2015, March 15）. *Deep learning*. Retrieved from Nature: https://www.cs.toronto.edu/~hinton/absps/NatureDeepReview.pdf

Lehalle, C. A.（2019, January）. *Some Stylized Facts On Transaction Costs And Their Impact on Investors*. Retrieved from CFM: https://amf-france.org/technique/multimedia?docId= e1841a80-2bce-4d6c-837a-f238626d192a

Lintner, J.（1965）. The valuation of risk assets and the selection of risky investments in stock portfolios and capital budgets. *Review of Economics and Statistics*, 47, 13-37.

Little, R. J. A.（1988）. A Test of Missing Completely at Random for Multivariate Data with Missing Values. *Journal of the American Statistical Association*, *83*（404）, 1198-1202.

Little, R. J., & Rubin, D.B.（2019）. *Statistical Analysis with Missing Data*. Vol. 793, John Wiley & Sons, Hoboken. https://doi.org/10.1002/9781119482260

Liu, F. T., Ting, K. M., and Zhou, Z.-H.（2012）. Isolation-based anomaly detection. *ACM Transactions on Knowledge Discovery from Data*, *6*（1）, 1-39.

Luengo J, García S, Herrera F.（2012）. On the choice of the best imputation methods for missing values considering three groups of classification methods. *Knowledge and Information Systems*, 32, 77-108.

Marenzi, O.（2017）. *Alternative Data-The New Frontier in Asset Management*. Retrieved from Opimas: http://www.opimas. com/research/217/detail/#.

Markowitz, H. M.（1991）. Foundations of portfolio theory. *The Journal of Finance*, *46*（2）: 469-477.

Markowitz, H. M., Todd, G. P.（2000）. *Mean-variance Analysis in Portfolio Choice and Capital Markets*. Vol. 66. John Wiley Sons.

Micenkova, B., Ng, R.T., Dang, X., & Assent, I.（2013）. Explaining Outliers by Subspace Separability. 2013 IEEE 13th International Conference on Data Mining, 518-527.

Mikolov, T., Chen, K., Corrado, G., & Dean, J.（2013, September 7）. *Efficient Estimation of*

*Word Representations in Vector Space.*Retrieved from arxiv：https://arxiv.org/abs/1301.3781

Mikolov，T.，Sutskever，I.，Chen，K.，Corrado，G.，&Dean，J.（2013，October16）.*Distributed Representations of Words and Phrases and their Compositionality.* Retrieved from arxiv.org：https://arxiv.org/ abs/1310.4546

Miller，G.（2006）. Needles，haystacks，and hidden factors. *The Journal of Portfolio Management，32*（2），25-32.

Montjoye，Y.-A. d.，Hidalgo，C. A.，Verleysen，M.，& Blondel，V. D.（2013，March 25）. *Unique in the Crowd：The privacy bounds of human mobility.* Retrieved from Scientific Reports：https://www.nature.com/articles/srep01376

Mossin，J.（1966）. Equilibrium in a capital asset market. *Econometrica，34*（4），763-768.

Murphy，K.P.（2012）.*Machine Learning：A Probabilistic Perspective.* MIT Press.

Muschalle A.，Stahl，F.，Löser，A.，Vossen，G.（2012）.*Pricing Approaches for Data Markets. In：Castellanos M.，Dayal U.，Rundensteiner E.A.（eds）Enabling Real-Time Business Intelligence.* BIRTE 2012. Lecture Notes in Business Information Processing，vol 154. Springer，Berlin，Heidelberg.

Naili，M.，Chaibi，A. H.，Hajjami，H.，& Ghezala，B.（2017，Sep 6）. *Comparative study of word embedding methods in topic segmentation.* Retrieved from ScienceDirect：https://www.sciencedirect.com/science/article/pii/S1877050917313480

NASA.（2009，August 20）. *First Picture from Explorer VISatellite.* Retrieved from NASA：https://web.archive.org/web/20091130171224/http://grin.hq.nasa.gov/ABSTRACTS/GPN-2002000200. html

Ng，A. Y.，& Jordan，M. I.（2001）. On Discriminative vs. *Generative Classifiers：A comparison of logistic regression and naive Bayes. Advances in Neural Information Processing Systems14.* Retrieved from https://papers.nips.cc/paper/2020-on-discriminative-vs-generative-classifiersa-comparison-of-log istic-regression-and-naive-bayes

Nie，J.，&Oksol，A.（2018）.Forecasting Current-Quarter U.S.Exports Using Satellite Data. *Federal Reserve Bank of Kansas City*（Q II），5-24. Retrieved from Federal Reserve Bank of Kansas City：https://ideas.repec.org/a/fip/fedker/00065.html

Norges Bank Investment Management.（2018）. *Responsible Investment.* Retrieved from Norges Bank Investment Management：https://www.nbim.no/contentassets/e1632963319146bbb040024114 ca65af/responsible-investment_2018.pdf

Olsen，M. F.，& Fonseca，T. R.（2017）. *Investigating the predictive ability of AIS-data：the case of arabian gulf tanker rates.* Retrieved from Semantic Scholar：https://www.semanticscholar.org/paper/Investigating-the-predictive-ability-of-AIS-data-%3A-OlsenFonseca/e5499c28fc1c4189a282b8f0d8 62614115586c3c

Pardo，F. D.（2019，August 22）. *Enriching Financial Datasets with Generative Adversarial Networks.* Retrieved from TUDelft: https://repository.tudelft.nl/islandora/object/uuid：51d69925fb7b-4e82-9ba6-f8295f96705c?collection=education

Passarella，R.（2019，May 1）.*If Data is the new Oil-we should think about the industry as：Upstream-Exploration & Production，Mid-Stream-Transport & Storage，&Down Stream-Refining & the Customer ... this way we know where the players fit.* Retrieved from Twitter：https://twitter.com/

robpas/status/11236584 27056705536?

Pearl, J.（2009）. *Causal inference in statistics*：*An overview*. Statist. Surv. *3*，96-146.

Petkar, H.（2016, October）.A Review of Challengesin Automatic Speech. *International Journal of Computer Applications*，*151*（3），23-26.

Ramaswamy, S., Rastogi, R., & Shim, K.（2000）. Efficient algorithms for mining outliers from large data sets. *ACM SIGMOD Record*，29，427-438. 10.1145/335191.335437.

Ranaldo, A., & Somogyi, F.（2019, April 19）. *Heterogeneous Information Content of Global FX Trading*. Retrieved from SSRN：https://papers.ssrn.com/sol3/papers.cfm?abstract_id=3263279

Rasmussen, C.E.（2003）. *Gaussian Processes in Machine Learning. In*：*Bousquet O.*，*von Luxburg U.*，*Rätsch G*（*eds*）*Advanced Lectureson Machine Learning. ML 2003*. Lecture Notes in Computer Science，vol 3176. Springer，Berlin，Heidelberg.

Refinitiv.（n.d.）. *I/B/E/S Estimates*. Retrieved from Refinitiv：https://www.refinitiv.com/en/financial-data/company-data/institutional-brokers-estimate-system-ibes

Rezvan, P. H., Lee, K.J., and Simpson, J.A.（2015）. The rise of multiple imputation: a review of the reporting and implementation of the method in medical research. *BMC Medical Research Methodology*，*15*（30）：1-14.

Rocher, L., Hendrickx, J. M., & Montjoye, Y.-A. d.（2019, July 23）. *Estimating the success of re-identifications in incomplete datasets using generative models*. Retrieved from Nature：https://www.nature.com/articles/s41467-019-10933-3/

Rosenblatt, M.（1956）. Remarks on some nonparametric estimates of a density function. *Annals of Mathematical Statistics*，27，832-837.

Ross, S. A.（1972）. Portfolio and capital market theory with arbitrary preferences and distributions：The general validity of the mean-variance approach in large markets. Wharton School Rodney L. White Center for Financial Research：12-72.

Ross, S. A.（1973）. Return，risk and arbitrage. Rodney L. White Center for Financial Research，The Wharton School，University of Pennyslvania.

Ross, S. A.（2013）. The arbitrage theory of capital asset pricing. In Handbook of the fundamentals of financial decision making：Part I. Singapore：World Scientific，11-30.

Saacks, B.（2019, March14）. *Hedge funds closely watching LinkedIn lawsuit on web scraped data*. Retrieved from Business Insider：https://www.businessinsider.com/hedge-funds-watching-linkedin-lawsuit-on-web-scraped-data-2019-3

Salahat, E., & Qasaimeh, M.（2017, March 17）. *Recent Advances in Features Extraction and Description Algorithms*：*A Comprehensive Survey*. Retrieved from arxiv：https://arxiv.org/abs/1703.06376

Salzberg, S.（2014, March 23）. *Why Google Flu Is A Failure*. Retrieved from Forbes：https://www.forbes.com/sites/stevensalzberg/2014/03/23/why-google-flu-is-a-failure/#5613adcf5535.

Schafer, J.L.（1997）. *Analysis of Incomplete Multivariate Data*. Chapman and Hall.

Schaffer, C.（1994）. *A conservation law for generalization performance*. International Conference on Machine Learning，H. Willian and W. Cohen, Editors. San Francisco：Morgan Kaufmann，pp. 259-265.

Schölkopf, B., Platt, J. C., Shawe-Taylor, J., et al.（2001）. Estimating the support of a high-dimensional distribution . *Neural Computation*，13（7）：1443-1471.

Sharpe，W.F.（1964）. Capital-asset prices-a theory of market equilibrium under conditions of risk. *Journal of Finance*，19，425-442.

Short，J. E.，& Todd，S.(2017). *What's Your Data Worth?* Retrieved from https:// sloanreview.mit. edu/article/whats-your-data-worth/

Sleptsova，E.，Tukker，M.，& Fennessy，R.（2019，May 3）. *A new tool for managing currency risk.* Retrieved from Oxford Economics.

Soe, A. M., & Poirier, R.(2006). *SPIVA® U.S. Scorecard.* Retrieved from https://www.spglobal.com/ spdji/en/documents/spiva/spiva-us-mid-year-2016.pdf.

Standage，T.(2014). *Writing on the Wall：The Intriguing History of Social Media，from Ancient Rome to the Present Day.* Bloomsbury Paperbacks.

Stekhoven，D. J.，Bühlmann，P.（2012）. MissForest-non-parametric missing value imputation for mixed-type data. *Bioinformatics*，28（1），112-118.

Strohmeier，M.，Smith，M.，Lenders，V.，& Martinovic，I.（2018，April 24）. *The Real First Class? Inferring Confidential Corporate Mergers and Government Relations from Air Traffic Communication.* Retrieved from IEEE：https://ieeexplore.ieee.org/document/8406594

Su，Y.S.，Gelman，A.，Hill，J.，Yajima，M.（2011）. Multiple imputation with diagnostics（mi） in R：Opening windows into the black box. *Journal of Statistical Software*，45（2），1-31.

Sugiyama，M.，Suzuki，T.，&Kanamori，T.（2012）. *Density Ratio Estimation in Machine Learning.* Cambridge University.

TensorFlow Tutorials.（n.d.）. *Vector Representations of Words.* Retrieved from TensorFlow：https:// www.tensorflow.org/tutorials/representation/word2vec

Thasos.（2018）. *Redefining Key Performance Indicators for Retail REITs.*

Thasos.（2019）. *Trading SPDR S&P Retail ETF（XRT）Using Thasos Mall Foot Traffic Index.*

The Economist.（2017，June 6）. *The world's most valuable resource is no longer oil，but data.* Retrieved from The Economist：https://www.economist.com/leaders/2017/05/06/the-worldsmost-valuable-resource-is-no-longer-oil-but-data

Thomas，A.（2016，October 13）. *Email Receipts used to Forecast Amazon and Uber Revenues.* Retrieved from Quandl：https://blog.quandl.com/alternative-data-action-email-receipts

Treynor, J.L.(1962). Toward a theory of market value of risky assets，unpublished manuscript. A final version was published in 1999. In：Korajczyk，R.A.，editor. Asset Pricing and Portfolio Performance：Models，Strategy and Performance Metrics. London：Risk Books. p15-22.

University of Vermont.（2013）. *Hedonometer.* Retrieved from Hedonometer：https://hedonometer. org/about.html

van Buuren S，Groothuis-Oudshoorn K. 2011. MICE：multivariate imputation by chained equations in R. *Journal of Statistical Software*，45（3），1-67.

Vapnik，V.（2000）. *The Nature of Statistical Learning Theory.* Springer-Verlag.

Vapnik，V.（2013）*The Nature of Statistical Learning Theory.* Springer Science & Business Media，Berlin，Heidelberg，Germany.

Vinh，N. X.，Chan，J.，Romano，S.，et al. 2016. Discovering outlying aspects in large datasets. *Data*

Mining and Knowledge Discovery，30，1520-1555.

Wang，H.，& Wang，S.（2010）. Mining incomplete survey data through classification. *Knowledge and Information Systems*，24，221-233.

Weier，J.，& Herring，D.（2000，August 30）. *Measuring Vegetation（NDVI & EVI）*. Retrieved from NASA：https://earthobservatory.nasa.gov/features/MeasuringVegetation/measuring_vegetation_1.php

Witten，I. H.，& Frank，E.（2005）. Data Mining：Practical Machine Learning Tools and Techniques（Third Edition）. Morgan Kaufmann Publishers.

Witten，I. H.，Frank，E. & Hall，M. A.（2011）. *Data Mining: Practical Machine Learning Tools and Techniques*. 3rd Edition. Morgan Kaufmann Publishers.

Wolpert，D. H.（2002）. *NThe Supervised Learning No—Free—Lunch Theorems. In：Roy R., KöppenM., OvaskaS., FuruhashiT., HoffmannF.（eds）SoftComputingandIndustry.*Springer，London.

Wolpert，D. H.，& Macready，W. G.（1996，Feburary 23）. *No Free Lunch Theorems for Search.* Retrieved from Santa Fe Institute：https://pdfs.semanticscholar.org/8bdf/dc2c2777b395 c086810 c03a8cdeccc55c4db.pdf

Young，T.，Hazarika，D.，Poria，S.，& Cambria，E.（2018，November 25）. *Recent Trends in Deep Learning Based Natural Language Processing.* Retrieved from arXiv.org：https://arxiv.org/abs/ 1708. 02709.

Yan，X. S.，Zheng，L.（2017）. Fundamental analysis and the cross-section of stock returns：A data-mining approach. *The Review of Financial Studies*，30（4），1382-1423.

Zou，Y.，An，A.，& Huang，X.（2005）. Evaluation and automatic selection of methods for handling missing data. *2005 IEEE International Conference on Granular Computing*，2，728-733.

Zuckerman，G.（2019）. *The Man Who Solved the Market：How Jim Simons Launched the Quant Revolution.*Penguin.

原书作者介绍和中文版译者介绍

（1）原书作者介绍

Alexander Denev

Alexander Denev 在金融、金融建模和机器学习方面拥有超过 15 年的经验，目前担任德勤有限责任合伙公司金融服务、风险咨询、人工智能主管。此前，他曾在 IHS Markit 领导定量研究和高级分析，创建并维护了一个卓越的分析产品开发中心。同时，他也是 Graph Risk（一家旨在促进风险管理和资产配置中使用图形模型的公司）的创始人，是 Risk Dynamics 的高级顾问。

他曾在苏格兰皇家银行、法国兴业银行、欧洲投资银行和欧洲投资基金任职，在欧洲不同国家拥有丰富的金融经验。他参与了美国和欧洲主要银行为 CCAR/EBA 压力测试做准备的项目。在 2014 年之前，Denev 一直领导着苏格兰皇家银行负责压力测试的建模团队。他还领导了 EAD（exposure at default）/LGD（loss given default）建模的整个团队。在苏格兰皇家银行担任固定收益结构师，负责该银行的尾部对冲项目，为大型机构客户（养老基金和保险公司）提供建议并设计对冲产品。在加入苏格兰皇家银行之前，Denev 负责欧洲投资银行和欧洲投资基金的巴塞尔 II/III 实施项目。还负责了欧洲投资银行和欧洲投资基金的压力测试工作，参与了欧洲金融稳定基金和欧洲稳定机制的运作。

Alexander Denev 拥有罗马大学物理学硕士学位，专注于人工智能研究。同时他持有牛津大学的数理金融学士学位，并在牛津大学担任客座讲师。他的论文和专著集中在压力测试、情景分析以及资产配置领域。他也是重要会议和全球论坛的定期发言人。其他代表著作有：*Probabilistic Graphical Models*: *A New Way of Thinking in Financial Modelling*、*Portfolio Management under Stress*: *A Bayesian-Net Approach to Coherent Asset Allocation*、*Class and Hierarchy*: *The Social Meaning of Occupations*。

Saeed Amen

Saeed Amen 是 Cuemacro 的创始人。15 年来，他在包括雷曼兄弟和野村等主要机构投资银行编制了系统的交易策略和量化指数。

通过 Cuemacro，他现在为客户提供咨询并发表系统交易领域的研究。他开发了许多流行的开源 Python 库，包括在 GitHub 上开发交易策略的最流行的库之一，finmarketpy 和 Tpay。他为数据公司的另类数据集（包括彭博社和 RavenPack）做过许多研究项目。曾在许多会议和机构上介绍过他的研究，如欧洲央行、国际货币基金组织和美联储委员会。Amen 是量化智库 Thalesians 的联合创始人，也是伦敦玛丽女王大学的客座讲师。Saeed Amen 毕业于伦敦帝国理工学院，获得一级荣誉数学和计算机科学 MSCI 学位。其他代表作：*Trading Thalesians: What the Ancient World Can Teach Us About Trading Today*。

（2）中文版译者介绍

沈德华，南开大学金融学院副教授、博士生导师、百名青年学科带头人。现任中国管理现代化研究会金融管理专业委员会副秘书长、中国信息经济学会理事和中国运筹学会决策科学分会理事等职务。担任 *Asia-Pacific Financial Markets* 和 *Journal of Behavioral and Experimental Finance* 等国际知名学术期刊的副主编（Associate Editor）和编委（Editorial Board）等职务。主持国家自然科学基金青年科学基金 1 项、面上项目 1 项，作为青年骨干参与国家自然科学基金重大项目 1 项。